MERRIDY EASTMAN

Nachtschicht

Buch

Als die Schauspielerin Merridy Eastman dringend Arbeit suchte, erhielt sie vom Arbeitsamt ein Angebot, das sie arglos annahm. Aus der Welt des grellen Scheinwerferlichts in den Fernsehstudios gelangte sie so auf direktem Weg in das große Drama der Sexindustrie. Vorbereitet war sie darauf freilich nicht. Neugierig tauchte sie ein ins Milieu und lernte Begriffe, die nützliche Gegenstände und lustvolle Tätigkeiten bezeichnen, von denen sie nie zuvor gehört hatte. Sie arrangierte sich mit den Neurosen ihrer Chefs, und sie gewann nach und nach das Vertrauen der Mädchen im Team. Zusammen meisterten sie in der Nachtschicht mehr als eine heikle Situation. Merridy Eastman erzählt mit herzerfrischender Offenheit von ihrem unkonventionellen Nachtleben, von ihren bizarren Erlebnissen und aufregenden Erfahrungen an der Rezeption eines Bordells. Ein tabuloser Blick hinter die Kulissen der geheimnisvollen Welt der käuflichen Liebe.

Autorin

Schauspielerin Merridy Eastman, geboren 1961 in Canberra, Australien, überbrückte eine Zeit ohne festes Engagement durch die Arbeit an der Rezeption eines »Hotels«, das sich zu ihrer Überraschung bald als Bordell entpuppte. Was sie dort erlebte, inspirierte sie zu ihrem ersten Buch. Heute lebt Merridy Eastman mit ihrer Familie in München.

Merridy Eastman

Nachtschicht

Mein bewegtes Leben an der Rezeption eines Bordells

Aus dem Englischen
von Maren Klostermann

GOLDMANN

Die Originalausgabe erschien 2003 unter dem Titel
»There's a bear in there (and he wants swedish)«
bei Allen & Unwin, Crows Nest NSW, Australia.

1. Auflage
Deutsche Erstausgabe Juni 2006

Umschlaggestaltung: Design Team München
Umschlagfoto: Mauritius/nonstock (34.079.614)
Redaktion: Diane von Weltzien
KF · Herstellung: Str.
Satz: DTP Service Apel, Hannover
Druck und Bindung: GGP Media GmbH, Pößneck
Printed in Germany
ISBN 10: 3-442-15404-9
ISBN 13: 978-3-442-15404-3

www.goldmann-verlag.de

Für Rox und Da,
die der lebende Beweis sind,
dass das Leben eigentlich mit siebzig beginnt,
und mit denen ich so gern zusammen bin,
dass ich sie adoptieren müsste,
wenn sie nicht meine Eltern wären

Wenn es etwas gibt, das sie beim Arbeitsamt hassen, dann ist es eine Schauspielerin

»Was können Sie sonst noch?«, fragte Colin, ohne die Augen von seinem Bildschirm zu wenden. »Ich meine, Sie können nicht einfach nur ›Schauspielerin‹ eintragen.«

»Na ja«, begann ich meinen Abstieg, »ich hab nie was anderes gemacht.«

»Nicht mal gekellnert?«

Ich schüttelte den Kopf.

Colin schaute mich über den Rand seiner Brille an. »Ich dachte, alle Kellnerinnen wären arbeitslose Schauspielerinnen.«

Ich lachte.

»Haben Sie Ihren Lebenslauf mitgebracht?«

»Ja«, verzweifelt durchsuchte ich mein schwarzes Loch von einer Tasche, »aber ich fürchte, er wird nicht ... äh ...«

Colin beobachtete mit Verachtung, wie ich meinen zerknitterten dreiseitigen Lebenslauf auf seinem Schreibtisch ausbreitete und glatt strich. »Robin Gardiner Management«, las er laut vor. »Ist das eine private Stellenvermittlung?«

»Mein Gott, nein!« Ich verschluckte mich fast. »Das ist meine Agentin!«

Schauspieler hätten das witzig gefunden. Aber Colin musterte mich so geringschätzig, als sei ich mit Wams und Pluderhose in sein Büro marschiert. Ich spielte kurz mit dem Gedanken, ob ich ihm sagen sollte, dass sie auch die Agentin von Cate Blanchett war, aber der Vergleich erfüllte mich plötzlich mit abgrundtiefer Verzweiflung.

»Sie haben eine Krankenschwester gespielt?«, fragte Colin.

»Was?«

»Hier steht ›Schwester Mary‹.«

»Nein! Nein, das ist eine Nonne.«

»Eine Nonne?«

»*Australien-Express*. Eine Fernsehserie.«

Colin überprüfte meinen beruflichen Werdegang. Er schien ihn noch mehr zu deprimieren als mich. »Sind das alles Fernsehserien?«

»Nein, das meiste sind Theaterstücke.«

Colin ersparte mir eine Antwort.

»Schwester Josephine?«, fragte er tonlos.

»Auch eine Nonne.«

»Sie spielen ziemlich viele Nonnen, was?«

»Ja, das stimmt«, lachte ich. »Ich hab wohl ein gutes Gesicht.«

Colin betrachtete mein Gesicht.

»Ich meine, ein *gutes* Gesicht.«

Colin sah erschöpft aus. »Also, damit werden Sie keine Arbeit finden«, verkündete er und lehnte sich resigniert in seinem Stuhl zurück.

»Oje!«, seufzte ich.

»Ich meine, nach dem, was hier steht«, er schnipste geringschätzig mit dem Finger nach meinem Lebenslauf, »verfügen Sie über absolut null Fähigkeiten.«

»Oh ...«

»Absolut null!«, wiederholte er.

»Haben Sie die beiden Greenroom-Auszeichnungen ...?«

»Absolut null«, resümierte Colin und schleuderte seinen Stift auf meine Papiere.

Mir war nicht klar gewesen, dass meine fünfzehn Jahre als Charakterdarstellerin in größtenteils britischen Komödien jemanden derart vor den Kopf stoßen konnten. Es erinnerte mich daran, wie ich einmal bei einem freien Theater in Marrickville gearbeitet hatte. Dort empfand man meine Erfahrung mit klassischem Theater ebenfalls als Affront und als »bourgeois«. Ich verließ die Truppe, als Alfonso, ein Grobian ohne Hemd, der jeden mit »Genosse« anredete, mir mit dem Van über den Fuß fuhr.

Roy bei Jobfinder war viel netter und ganz begeistert, weil ich bei der bekannten Kindersendung *Play School* mitgewirkt hatte.

»Ich liebe Noni.« Er strahlte.

Ich lächelte und hielt Ausschau nach den Kinderfotos auf seinem Schreibtisch.

»Und John«, fügte er schnell hinzu.

Wenn Noni, die Moderatorin von *Play School*, wüsste, wie viele erwachsene Männer Stielaugen bekamen, sobald sie auf allen vieren durchs Studio robbte, würde sie nie wieder singen.

»Na, dann wollen wir doch mal unseren schlauen Computer fragen, ob nicht irgendwo ein nettes Kindermädchen für ein paar Krümelmonster gesucht wird«, sagte Roy und fügte augenzwinkernd hinzu: »Wer nicht fragt, bleibt dumm, was?«

Ich lachte herzlich.

Während ich beobachtete, wie Roys Finger fröhlich über die Tasten tanzten, kam mir in den Sinn, dass die Beaufsichtigung anderer Leute Kinder bei einer allein stehenden Frau Ende dreißig möglicherweise eine schwere Depression auslösen könnte.

»Roy, wissen Sie, was ich wirklich gern tun würde?«

Roys Finger hielten mitten im schönsten Rachmaninow-Schwung inne.

»Ich glaube, ich würde gern was am Telefon machen.«

Roy sah schrecklich enttäuscht aus. »Telefonmarketing?«, fragte er ungläubig. »Sie meinen ›Telefonmarketing‹?«

»Nein!« Heb das Dach von einem Callcenter und du siehst Tausende von kleinen arbeitslosen Schauspielern herumhuschen. »Ich dachte eher an so etwas wie ... Telefonempfang. So eine Art Rezeptionistin, die Anrufe entgegennimmt, Leute in die Warteschleife schaltet ... so was in der Art.«

Roy dachte einen Moment nach und tippte dann etwas in seinen Computer ein. »Eine Sekunde.« Er lächelte. Wir warteten.

»Sie kennen also Noni?«

»Wir haben nur ein einziges Mal zusammengearbeitet.«

»Sie sind in derselben Sendung aufgetreten?«, fragte Roy, etwas zu eifrig.

»Nein. Wir haben nur einmal ein Lied für dasselbe Album aufgenommen.«

Roys Lächeln wurde angestrengt. Der Drucker setzte sich surrend in Bewegung.

»Aha! Da hätten wir's.«

Mir rutschte das Herz in die Hose, als Roy die Arbeitsplatzbeschreibungen für offene Telefonistinnenstellen vorlas. Die meisten lagen in Vorstädten, von denen ich noch nie im Leben gehört hatte, und alle erforderten wesentlich mehr, als dass man Anrufer in Warteschleifen schaltete.

»Wie wär's damit?«, schwärmte er. »DHL. Express-Kurier, Alexandria!«

Dann lieber Kindermädchen auf Antidepressiva.

»Muss mit ›Commander Phone System‹ vertraut sein ...«

»Oje!«, unterbrach ich ihn. »Das kann ich nicht.«

Roy sah gekränkt aus. »Das ist bloß ein Telefon mit sechs bis zwölf Leitungen.«

Ich zuckte zusammen. Roy ging zum nächsten Angebot über. Mein Krümelmonster-Bonus schrumpfte bedenklich zusammen.

»Hier hab ich was!«, rief er. »Angenehme Telefonstimme gesucht. Teilzeit. Nachts …« Roy runzelte die Stirn und erstarrte mitten in der Stellenbeschreibung. »Nein. Das ist wohl doch nichts.« Er zuckte nervös, knüllte den Zettel mit meinem reizvollen nächtlichen Teilzeitjob zusammen und war im Begriff, ihn in den Papierkorb zu werfen.

»Was stimmt nicht damit?«, piepste ich.

»Ähm …«, Roys Wangen röteten sich. »Zu wenig Informationen. Klingt ein bisschen suspekt.«

»Oh.«

Ich schaute vom errötenden Roy zum zerknitterten Zettel und zurück zu Roy. Es war ein Bordell! Mein Herz rutschte freudig an seinen alten Platz zurück. Roy wusste nicht, wie er mir sagen sollte, dass es ein Bordell war. Ich wusste nicht, wie ich Roy sagen sollte, dass ich ganz gern in einem Bordell arbeiten würde. Am Telefon.

»Eigentlich«, platzte ich heraus, »würde Teilzeit mir ganz gut passen.«

»Oh!« Ein steifer Arm bot mir den halbzerknüllten Zettel an. »Selbstverständlich.«

Verlegen nahm ich den Zettel.

Und sie wurden gewahr, dass sie nackt waren, und flochten Feigenblätter zusammen und machten sich Schurze.

»Also dann.« Ich stand auf.

»Ja, dann.« Roy stand ebenfalls auf.

»Ja –«

»Schauen Sie einfach mal, wie …«

»Ich melde mich«, sagte ich und rannte gegen eine Wand. »Uups.«

»Prima.«

Verlegen nickten Roy und ich unseren Füßen zu und verabschiedeten uns, wie wir hofften, für immer.

In der stickigen Telefonzelle vor der Arbeitsvermittlung fächerte ich mir selbst Luft zu, während ich der Frau am anderen Ende der Leitung erklärte, dass ich wegen der freien Stelle als Empfangsdame anriefe und gern mit einer »Didi« sprechen würde.

»Haben Sie schon einmal in dieser Branche gearbeitet, Meredith?«

Normalerweise korrigierte ich die Leute, wenn sie meinen Namen falsch aussprachen, aber wenn ich in einem Bordell arbeiten sollte, kam mir Meredith gerade recht.

»Um was für eine Branche handelt es sich?«, fragte ich beiläufig.

Gedämpfte Stimmen. »Einen Moment bitte.«

Ein halbes Chopin-Nocturne später nahm die Frau meine Personalien auf und versprach, dass Didi mich in ein oder zwei Tagen zurückrufen würde.

Das Treffen mit Didi

Zwei Wochen später, an einem heißen Februarnachmittag, rief mich eine Frau mit slawischem Akzent zu Hause an. Didi fragte mich sehr freundlich, ob ich bereit wäre, sie am nächsten Tag um 12 Uhr in ihrer Wohnung in North Sydney zu einem Gespräch aufzusuchen. Ihre Stimme ließ mich jede Menge Lippenstift und Nagellack vermuten und hatte etwas von einem beruhigenden Streicheln. Didi wohnte im vierten Stock und freute sich, mich kennen zu lernen.

Ich hatte am Vormittag Probeaufnahmen für einen McDonald's-Werbespot gemacht. Von daher war mein Outfit nicht hundertprozentig auf die Sexbranche abgestimmt, als ich um 11.30 Uhr in Kittelkleid und Sandalen in North Sydney aus dem Zug stieg. Ich tauschte die Sandalen gegen die hochhackigen

Schuhe in meiner Tasche, schnallte mir einen Gürtel um die Taille und öffnete zwei Knöpfe. Dann drei. Dann nur einen. Ich machte einen kleinen Umweg durch eine teure Einkaufspassage, wo ich mich unter dem Vorwand, neue Produkte »austesten« zu wollen, durch die Kosmetikgeschäfte arbeitete und aufbrezelte. Nachdem ich mir schließlich an einem Revlon-Stand unter den missbilligenden Blicken der Revlon-Damen die Nägel lackiert hatte, wurde es Zeit, die Straße zu überqueren, um Didi in einer Wolke aus Chanel, Arpège und Guerlain gegenüberzutreten.

Als ich im Penthouse-Stockwerk aus dem Fahrstuhl stieg, erwarteten mich an einer eisernen Sicherheitstür eine Frau, die aussah wie Britt Eklund, und einer dieser kleinen Hunde, die Daisy heißen. Sogar zu Hause war diese Frau besser zurechtgemacht als eine Stewardess. Ich schloss aus ihrer Haltung und höflichen Direktheit, dass Didi eine beinharte Geschäftsfrau war, die wahrscheinlich noch nie im Leben einen Trainingsanzug getragen hatte. Ihr glänzendes blondiertes Haar war auf eine Weise gestylt und gesprayt, die nahe legte, dass sie ihr Gewerbe früher selbst – erfolgreich – ausgeübt hatte.

Der Hund hieß Max, nicht Daisy, und er roch ebenfalls sehr gut.

Ich fragte mich, ob Didi einen Innenarchitekten hatte oder ob sie sich das »Ivana Trump auf Safari«-Motiv selbst ausgedacht hatte. Wohin ich blickte, sah ich Podeste, Topfpflanzen in Messingtöpfen, Bonsai, Kronleuchter, Spiegel, flauschige weiße Teppiche, Tierfelle, schäferhundgroße Zebrastatuen und außerdem einen Elchkopf, der etwas deplatziert an einer rosa geblümten Tapete hing. Irgendwo um die Ecke befand sich garantiert eine Bar mit Dutzenden von Spiegeln und wahrscheinlich ein Stutzflügel. Das gerahmte Bild eines wunderhübschen blonden Schuljungen hob sich auffällig von den dekorativen Artefakten ab. Ich fragte mich, was um alles in der Welt er wohl denken mochte, womit sich seine Mutter ihren Lebensunterhalt verdiente.

Didi führte mich zu einer gemütlichen kleinen Nische mit weißen Ledersofas. Sie setzte sich, schlug ihre wohl geformten Beine anmutig übereinander und notierte sich meine Antworten auf einem Klemmbrett in ihrem Schoß. Ich mochte Didis freundliche Art und die Mischung aus professioneller Förmlichkeit und Humor, obwohl ich weiterhin jeden Moment damit rechnete, dass sie mir gleich den nächsten Ausgang zeigen würde. Aber ich glaube, Didi mochte meine fröhliche Art.

»Du hast ein hübsches Gesicht«, erklärte sie.

Ich musste lachen und machte prompt ein so idiotisches Gesicht, dass Didi ihr Kompliment bestimmt bereute.

»Und du bist groß«, fügte sie mit charmantem Lächeln hinzu. »Männer mögen das.«

»Oh«, ich nickte liebenswürdig und fragte mich plötzlich besorgt, ob Didi womöglich ihren 12-Uhr-Termin mit ihrem 12.30-Uhr-Termin verwechselt hatte.

Didi warf mir einen seltsamen Blick zu und fragte dann mit hochgezogener Augenbraue, ob ich je überlegt hätte, »auf der anderen Seite« zu arbeiten. Ich sagte Nein und lachte, und sie lachte auch. Dann sagte ich noch einmal Nein, ohne zu lachen, und weise nickend schauten wir beide einen Moment auf Max. Doch um Didi zu versichern, dass ich keineswegs auf diejenigen, die »auf der anderen Seite« arbeiteten, herabsah, erzählte ich ihr, meine Cousine hätte als »Escort« in London gearbeitet. Sie habe einen Haufen Geld verdient, plapperte ich, sei mit ihren Freundinnen zu den feinsten Hotels chauffiert und von reichen Ölscheichs fürstlich bewirtet worden. Einmal, erzählte ich Didi, hätte ich beim libanesischen Konsul auf sie gewartet und dabei Satellitenfernsehen geschaut. Ich konnte nicht glauben, was da aus meinem Mund kam. Meine Cousine ist Altsängerin im Chor von Westminster Abbey. Allerdings hat Briony damals in den Achtzigern, als sie »Kellnerin« war, sehr häufig Urlaub im Nahen Osten gemacht, ist wiederholt bei einem Sekretär des Kronprinzen von Abu Dhabi abgestiegen und hat mich einmal von der Yacht von Sam Spiegel angerufen. Wie auch immer, sagte Didi mit beruhigender Stimme, eine ihrer Telefondamen sei kürzlich auf die andere Seite gewechselt, es sei also nicht unmöglich, falls ich je die Neigung verspüren sollte.

»Alles klar«, erklärte ich fröhlich und wechselte das Thema.

Didis Begleitservice, zu dem insgesamt sechzig Frauen gehörten, hatte bis vor zwei Monaten im Erdgeschoss unter Didis Wohnung in North Sydney residiert. Ohne ein einziges Mal das Wort »Bordell« zu benutzen, erklärte Didi mir, dass sie den Geschäftssitz im Januar nach Darlinghurst verlegt habe, weil sie jetzt auch »internen« Service anbiete und daher mehr Platz brauche. Mehr Zimmer, um genau zu sein. Deshalb würde zu meinen Aufgaben als Empfangsdame nicht nur gehören, dass ich telefonische Buchungen von Männern aus Hotels entgegennahm, sondern auch, dass ich die Kunden unten persönlich begrüßte, sie mit den Dienst habenden Frauen bekannt machte und das Geld kassierte.

»Die Frauen sind also ... unten?«, fragte ich vorsichtig.

»Ja, wenn sie nicht gerade gebucht und unterwegs sind«, lächelte Didi.

Ich konnte an nichts anderes denken, als dass ich mit Prostituierten arbeiten würde!

Didi trug mir auf, am folgenden Nachmittag um halb vier zum Dienst zu erscheinen. Eine Empfangsdame namens Pip würde mich einarbeiten. Wenn mir der Job gefiel, könnte ich gleich drei Nächte arbeiten, zusammen mit zwei anderen Empfangsdamen.

»Manche Frauen stellen fest, dass es nicht das Richtige für sie ist«, sagte Didi mit einem verständnisvollen Lächeln an der Tür.

Nun, diese Frauen konnten meinetwegen bei ihren Antragsformularen, Heftklammern und Bürojausen bleiben. Ich würde Geld von Männern entgegennehmen, die Sex wollten! Ich würde Handtücher waschen! Und ich würde Frauen kennen lernen, die Geschlechtsverkehr mit völlig Fremden hatten und dafür bezahlt wurden!

Als ich Didi verließ, schwebte ich auf Wolke sieben. Ich hatte ihr nicht gesagt, dass ich Schauspielerin war. Und obwohl sie einen Sohn hatte, hatte sie mich nicht aus *Play School* wieder erkannt. Aber was war, wenn ein Kunde mich wieder erkannte? Meine Agentin reagierte nicht gerade begeistert auf diese Aussicht, als ich sie von meinem Handy aus anrief. Ich sei zwar nicht berühmt, erklärte sie, dennoch würde sich eine Schlagzeile wie MODERATORIN VON KINDERSENDUNG IN BORDELL ERTAPPT! bestimmt gut verkaufen.

»Und was ist, wenn du die Tür aufmachst und da steht ein Producer von Kanal Neun?«, schimpfte sie.

Ich war nicht sicher, aber konnte das nicht eher zu meinen Gunsten ausschlagen? Jedenfalls beschloss ich, sofort nach Hause zu gehen und meine Eltern anzurufen, um ihnen die frohe Botschaft zu verkünden. Sie würden sich bestimmt kaputtlachen über meinen witzigen neuen Job. Hoffte ich jedenfalls inständig.

Seit meine Eltern den Lautsprecherknopf an ihrem neuen kombinierten Telefon- und Fax-Gerät entdeckt haben, stecken sie für ihr Leben gern die Köpfe über dieser Zauberkiste zusammen und brüllen, was das Zeug hält. Tasmanier denken oft, niemand würde sie hören. Doch an dem eisigen Schweigen, das meiner Ankündigung folgte, merkte ich sofort, dass beide mich erstklassig verstanden hatten. Schließlich lachte einer von ihnen, aber ich konnte nicht ausmachen, wer es war, weil das Lachen eine Oktave höher war als sonst. Mein Vater, der selbst einmal Schauspieler war, folgte dem Beispiel meiner Agentin und äußerte sofort die Befürchtung, dass ein solcher Job eine ernsthafte Gefahr für meine Karriere darstellen könne.

»Was genau meinst du damit, Dad?«, fragte ich vorwurfsvoll. »Dass er mich daran hindern könnte, noch mehr nervöse Hausfrauen in britischen Farcen zu spielen?«

Meine Eltern wussten beide, dass dies der Hauptgrund war, weshalb ich von Melbourne nach Sydney gezogen war: Um der Welt und mir weitere Bühnenauftritte als chronische Neurotikerin aus wechselnden keltischen Provinzen zu ersparen – immer wieder dieselbe Rolle in wechselnder Perücke und Kittelschürze.

Meine Mutter, die beruflich mit Kinderbüchern zu tun hat, brachte die weitaus schlimmere Befürchtung zum Ausdruck. In den liebevollen Augen meiner Mutter bin ich seit meinem zwölften Lebensjahr nicht mehr gealtert, und sie bezeichnet mich – sogar in der Öffentlichkeit – immer noch hartnäckig als »Sonnenschein«, »Flaumfeder« oder »Goldstück« und gelegentlich als »Samtschnecklein«. Was, begann sie mit zitternder Stimme, wenn meine neuen Arbeitgeber in ihren krausen Gehirnwindungen die Idee ausbrüteten, dass ihre neue Empfangsdame mehr Geld einbringen würde, wenn sie ihren Körper feilbot? Natürlich wurde ich für zu flaumfedrig gehalten, als dass ich selbst ein Wörtchen dabei mitzureden hätte.

»Red keinen Unsinn«, lachte ich, entschlossen, nicht preiszugeben, dass Madame Didi mir genau dieses Angebot bereits unterbreitet hatte. »Ich bin achtunddreißig, Mama, erinnerst du dich? Als ob sie eine alte Spinatwachtel wie mich fragen würden!«

Zu meiner Enttäuschung stieß mein Vater ein erleichtertes Schnauben aus, bis der ärgerliche Protest meiner Mutter ihn verstummen und hastig versichern ließ, dass ich mich »prima gehalten« hätte und mühelos in einem Bordell arbeiten könnte, wenn ich das wollte. Es war das seltsamste Kompliment, das mein Vater mir je gemacht hatte. Nach dem Schweigen zu urteilen, das folgte, dachte er genau dasselbe.

Durch das Bogenfenster

Arlington House war ein wunderschönes, dreistöckiges Reihenhaus mit einer Veranda und zwei großen Palmen vor dem Eingang. Bei Tageslicht wirkte es von außen ein bisschen seltsam. Wie ein Bühnenbild zwischen zwei Auftritten. Ich klingelte an der Tür, und aus der Gegensprechanlage fragte eine weibliche Stimme: »Wer ist da?«

Da ich die Kamera über der Tür bemerkt hatte, winkte ich fröhlich hinein und formte lautlos mit den Lippen: »Mer-e-dith!«

»*Wer*?«, knarzte die Stimme aus der Gegensprechanlage.

Ich unterließ das Affentheater. »Meredith«, sagte ich verlegen.

Die Tür öffnete sich einen Spalt weit und enthüllte die obere Hälfte einer Blondine in einem schicken schwarzen Kostüm, mit Dekolletee.

»Ja?«, fragte sie fordernd und schaute sich dabei nervös nach allen Seiten um.

Ihr Haar war zu einem strengen Knoten zurückgebunden, in dem sie zweifellos auch ihren ganzen Humor gelassen hatte.

»Ich bin Meredith. Ich möchte zu Pip.«

Ein angespanntes kleines Lächeln huschte über ihr Gesicht, als sie mich hereinließ.

Ich folgte Victoria in die kühle Dunkelheit. Als meine Augen sich an das schummrige Licht gewöhnt hatten, sah ich jede Menge Holzvertäfelung. Wir befanden uns in einem wunderschön renovierten Haus mit burgunderfarbenen Teppichen, gedämpftem Kronleuchterlicht und dem allgegenwärtigen Duft von Jasminöl. Rechts lag eine Art Wartezimmer, eingerichtet mit großen Ledersofas, Lampen, einer Bar, nachgemachten Antiquitäten und einem weiteren Elchkopf. Didi sammelte offenbar Elche.

»Hier warten die Kunden darauf, den Frauen vorgestellt zu werden«, nuschelte Victoria.

Die Krönung war ein Pornovideo, das auf einem großen Fernseher in der Ecke lief. Ich wollte gerade losprusten, aber etwas in Victorias steinerner Miene hielt mich zurück. Wir gingen an einer prachtvollen alten Treppe auf der Linken vorbei und gelangten geradewegs in eine große, hell und freundlich wirkende Küche.

Vor mir am Küchentisch saß eine zerzauste junge Renoir-Schönheit. Daneben ein herber wirkendes, aber hübsches blondes Geschöpf, das große Ähnlichkeit mit der amerikanischen Schauspielerin Heather Locklear hatte, bis es den Mund aufmachte.

»Tach, olles Haus«, begrüßte sie meine Begleiterin.

Victoria stellte mich hastig und fast unhörbar vor, trotzdem schauten Odette und Heather von ihren Zeitschriften hoch und hießen mich zerstreut, aber freundlich willkommen. Obwohl es später Nachmittag war, sah Odette aus, als ob sie gerade aus dem Bett käme, und Heather, als ob sie auf einen Ball wollte. Vielleicht war Odette »intern« und Heather »ausschließlich Begleitung«.

Hinter ihnen befanden sich ein großer Arbeitstresen, der fast wie ein Raumteiler wirkte, und ein großes Fenster auf der

Rechten, durch das man auf einen leeren, mit rotem Backstein gepflasterten Innenhof sah. Am anderen Ende der Küche lag ein weiterer Raum, aus dem man die monotonen Umdrehungen eines Wäschetrockners hörte. In der Waschküche, erklärte mir meine Führerin mit leicht verständlichen Worten, befanden sich das Klo und die Dusche für die Frauen. Victoria trat in eine kleine Nische zu unserer Rechten und wartete vor mehreren großen Schränken auf mich.

»Kommst du?«, kommandierte sie.

Vor den Wandschränken der kleinen Nische standen zwei Stühle an einer Hintertür. Sie wurde von einem riesigen Terrakotta-Aschenbecher offen gehalten, der fast bis zum Rand mit Lippenstift-verschmierten Zigarettenkippen gefüllt war. Der Hintertür gegenüber lag der Eingang zum Aufenthaltsraum der Frauen, wo das Rauchen, wie ich messerscharf schlussfolgerte, vermutlich verboten war. Ich folgte Victoria in den stickigen, fensterlosen Raum und tauchte erneut aus warmem Sonnlicht in kühle Dunkelheit. In dem mit Teppichen ausgelegten Zimmer standen mehrere Ledersofas, ein Couchtisch in der Mitte und ein Fernseher in der Ecke.

»Schau her«, sagte Victoria knapp. Sie drückte auf die Fernbedienung, und auf dem Bildschirm wurden plötzlich die singenden *Play School*-Moderatoren John und Noni lebendig:

Wenn du glücklich bist und froh, klatsch in die Hände einfach so!

War das ein Scherz? Ich schaute Victoria an, aber ihr Gesichtsausdruck sagte mir, dass sie selten scherzte. Sie klickte erneut auf die Fernbedienung. In krassem Gegensatz zum bunten Kinderprogramm sah man jetzt auf dem Bildschirm ein Schwarz-Weiß-Video von einem leeren Zimmer mit einem vertraut wirkenden Elch an der Wand. Waren wir nicht gerade in diesem Raum gewesen?

»Genau«, bestätigte Victoria. »Während der Kunde da drin sitzt und den Pornofilm anschaut, sitzen die Frauen hier und schauen den Kunden an. Versteckte Kamera im Fernseher. Genial, was?«

Aha. Jetzt lächelte sie. Victoria war hübsch. Als ich ihr nach oben folgte, bemerkte ich, dass ihre Beine nackt waren und dass sie schwarze High Heels trug. Die Schuhe und das Dekolletee ließen mich darüber nachgrübeln, auf welcher Seite Victoria wohl arbeitete.

Im ersten Stock führte Victoria mich in ein großes plüschiges Schlafzimmer mit blassrosa Wänden, rosa Veloursteppich und einem riesigen Bett, das mit einem imitierten Leopardenfell bedeckt war. Auf dem Bett lagen zwei Handtücher in kräftigem Burgunderrot, farblich abgestimmt auf das kräftige Burgunderrot der beiden Samtvorhänge am Fenster und der beiden Frotteebademäntel, die an der Innenseite der Tür hingen. In der anderen Ecke des Raums standen eine große Pflanze in einem Messingtopf und an der Wand eine Kieferkommode, über der ein großes gerahmtes Bild hing. Es zeigte eine nackte Dame mit viel Lipgloss und wallendem Haar, die sich an die Brüste fasste, als ob sie dort Schmerzen hätte. Auf der einen Seite des Betts befand sich ein Stuhl und auf der anderen ein Nachttisch mit einer Lampe, einer Box mit Papiertüchern und einer Pumpflasche in einer diskreten Schildplattummantelung.

»Gleitmittel«. Victoria deutete auf die Flasche und pustete den Staub von der Hülle.

Daneben standen verschiedene Vibratoren. Einer war so groß, dass er definitiv furchterregend aussah.

»Du meine Güte!« Lachend blickte ich von dem monströsen Gerät zu Victoria, deren tote Augen mir sofort jeden Frohsinn austrieben.

Victoria zog die Schubladen der Kommode auf. »Hier sind

die Handtücher drin, zusammen mit den Kondomen und den Dams.«

»Dams?«

Victoria sah mich an, als sei ich mittelgradig schwachsinnig. »Alle Frauen benutzen Dams.«

Na, da fiel mir doch ein Stein vom Herzen.

»Dental Dam«, sagte sie, angewidert von meiner Ignoranz.

Ich wusste, dass wir nicht über die Rettung des Amazonas sprachen, aber jetzt deutete sie an, dass die Frauen diesen »Damm« in den Mund nahmen. Um ihre Zähne abzudecken?

»Ach so«, nickte ich und versuchte, einen Blick auf diese rätselhaften Dinger zu erhaschen.

»Als Schutz«, schnappte Victoria und schloss die Schublade.

Um die Zähne der Frau vor dem Penis des Mannes zu schützen? Ich würde mir jetzt nicht länger den Kopf darüber zerbrechen, sondern einfach später jemanden fragen, der das Ganze nicht so ver*damm*t ernst nahm.

»Das ist das Bad für die Kunden«, erklärte sie und zeigte mir den anliegenden Raum. Es war ein sehr schönes, mit dunkelgrünem Marmor gefliestes Bad mit Spiegelwänden und einer vollständig verspiegelten Decke. Ich war überall, wo ich hinschaute. Die glänzenden Messingarmaturen waren auf antik getrimmt, und an den Handtuchhaltern hingen große burgunderfarbene Badelaken. Neben dem Waschbecken stand eine große Flasche mit antibakteriellem Mundwasser, daneben ein Turm aus Plastikbechern.

»Du musst dafür sorgen, dass die Toilette immer gespült ist, dass saubere Handtücher da sind und die Seife nachgefüllt wird.«

Über einige Stufen gelangten wir in ein weiteres Schlafzimmer. Hier war das Bett mit einem imitierten Zebrafell bedeckt, und über der Kommode hing eine weitere Frau mit wallendem

Haar und jeder Menge Lipgloss, die auf einem weichen Teppich kniete und sich den Unterleib hielt, als ob sie dort Schmerzen hätte. Wie alle Räume war auch dieser von Jasminduft erfüllt und in gedämpftes Licht getaucht.

»Unter jedem Nachttisch befindet sich ein Alarmknopf, falls es Ärger gibt«, sagte Victoria an der Tür. »Und nein«, erklärte sie weiter, bevor ich fragen konnte, »seit ich hier bin, ist das noch nicht passiert.«

Nebenan befand sich eine geschlossene Tür mit dem Schild *Empfang*. Doch zunächst mussten wir eine weitere Treppe nach oben steigen, um den »Partyraum« zu besichtigen. Victoria nahm ein mit Goldquasten versehenes Seil ab, das den Weg versperrte, und wir stiegen die blitzblank polierte dunkle Holztreppe ins oberste Stockwerk hinauf. Der Partyraum hatte keine Tür und keinen Teppich, nur glänzende Dielenbretter, die ihn ein bisschen nackt aussehen ließen, doch davon abgesehen bestach er durch eine überwältigende Opulenz. Die eine Hälfte des Raums wurde beherrscht von riesigen Topfpflanzen, verschiedenen Statuen, einer Chaiselongue und einer großen Fernseh- und HiFi-Anlage, die schwer auf einem zerbrechlich wirkenden Tischlein im Antikstil lastete. Die andere Hälfte enthielt zwei riesige, mit rotem Samt bedeckte Betten, zwischen denen der gewohnte Tisch mit Lampe, Dildos, Vibratoren, Gleitmittel, Papiertüchern etc. stand.

»Das kann nicht besonders schalldicht sein«, flüsterte ich.

»Stimmt«, sagte Victoria. »Du kriegst jedes Wort mit, das hier gesprochen wird, wenn du unten im Büro sitzt.«

Ich verbarg mein Entzücken und nickte missbilligend. Wie schrecklich.

»Komm weiter«, blaffte Victoria, die bereits wieder die halbe Treppe nach unten gestiegen war.

Schließlich kamen wir ins Büro, und Victoria stellte mich einer zierlichen jungen Frau in enger schwarzer Hose und schwarzem Top vor, die gleich hinter der Tür an einem Schreibtisch saß. Pip hatte superkurzes Haar wie ich, trug kein Make-up und hatte überhaupt kein Dekolletee. Sie war freundlich, der Raum war groß, und die Sonne schien durch ein doppeltes Paar Flügelfenster, die auf einen Balkon führten und den Blick auf die Palmen freigaben. Nicht dass Pip sie sehen konnte. Die beiden Reihen schwerer Holzschreibtische, die mit Telefonen, Stiften und anderen Büroutensilien übersät waren, kehrten der luftigen Aussicht konsequent den Rücken und waren stattdessen auf die gegenüberliegende Wand ausgerichtet. Insgesamt gab es fünf Schreibtische, wenn man den einen ganz hinten in der Ecke nicht mitzählte, der von einem großen Computer und einem von der Decke hängenden Fernsehmonitor beherrscht wurde. Ein irgendwie überlegen wirkender Schreibtisch stand etwas abseits von den anderen, mit der Frontseite zur Ostwand, die den Fenstern am nächsten lag. Victoria ließ sich in den großen, schwarzen Ledersessel vor diesem Schreibtisch fallen, und ich sah zu meiner Erleichterung, dass sie sich im Kreis drehte wie ein hibbeliger Teenager.

»Ich finde es grässlich, im Haus rumzulaufen«, lachte sie und verwandelte sich schlagartig in ein menschliches Wesen.

Victoria war erst die zweite Woche hier, aber Pip arbeitete schon seit mehreren Jahren als Empfangsdame für Boris und Didi. Das war das erste Mal, das jemand Boris, Didis Ehemann, erwähnte, und als Pip mit einem Nicken auf den makellosen Mahagonischreibtisch deutete, sprang Victoria hoch, rückte Boris' Ledersessel wieder ordentlich zurecht und schlich zu ihrem eigenen Schreibtisch zurück, der hinter dem von Pip stand. Würde ich Boris auch irgendwann kennen lernen?

»Ja, klar« versicherte Pip, »bei deiner ersten Nachtschicht. Boris erscheint immer um Mitternacht.«

Nach dem Lächeln der beiden Frauen zu urteilen, würde das Treffen mit Boris sich als denkwürdiges Ereignis erweisen. Und wer war der Chef, fragte ich, Boris oder Didi?

Die Frauen brachen in schallendes Gelächter aus, und ich musste eine Weile warten, bis sie sich wieder beruhigt hatten. »Tut mir Leid«, sagte Pip immer wieder, was sehr rücksichtsvoll von ihr war. Mit einer Hand auf ihrer bebenden Brust warf sie mir schließlich einen mitleidigen Blick zu. »Didi«, sagte sie, mühsam um Haltung ringend.

»Ding dong« erklang es von der Eingangstür, was Victoria unwillkürlich schnauben ließ, während sie sich kerzengerade aufrichtete und auf den Monitor in der Ecke starrte.

»Mein Gott«, sagte Pip mit einem Blick auf das junge Mädchen vor der Haustür, »das ist Lola.«

»Komm rauf, Fremde«, brüllte sie in die Gegensprechanlage.

Um auch wie eine Empfangsdame auszusehen, setzte ich mich schnell an den Schreibtisch, der neben dem von Victoria an der Wand stand.

»Wer ist Lola?«, flüsterte Victoria.

»Arbeitet nicht mehr für uns«, gab Pip zurück. »Drogen. Wir mussten sie bitten zu gehen. Sie hatte die Angewohnheit – hallo, Prinzessin.«

Eine schlanke Frau mit langer Lockenmähne, in engen Jeans und abgeschnittenem T-Shirt, lächelte angespannt von der Türschwelle. Pip machte uns bekannt, während Lola nervös auf der Stelle trat und sich mit ihren dunklen Augen suchend im Zimmer umsah.

»Hi.« Ihre Stimme klang wie die eines Jungen im Stimmbruch, und als sie ins Licht trat, bemerkte ich den entstellten Zustand ihrer jungen Haut. »Ich komm wegen meinen Sachen. Ich hab ein paar Sachen in meinem Schrank gelassen, aber Sofia sagt, ihr habt ihn ausgeräumt oder so was …«

»Klar, Süße«, flötete Pip, »die Sachen aus dem Schrank sind alle hier.«

Pip deutete auf etwas über meinem Kopf. Ich sah hoch und entdeckte einige Plastiktüten auf einem Schrank hinter mir. Als ich mich wieder umdrehte, schoss Lola bereits auf meinen Stuhl zu, und ich konnte ihr gerade noch rechtzeitig ausweichen. Was immer es war, das sie suchte, sie würde ziemlich außer sich geraten, wenn sie es nicht fand.

Während Lola auf meinem Stuhl stand und lautstark anfing, mehrere Plastiktüten zu durchwühlen, taten die anderen beiden Frauen so, als seien sie beschäftigt. Ich stand untätig herum und sah hilflos zu, wie Korsetts und Spitzenteddys auf meinen Schreibtisch regneten.

»Mist!«, schrie Lola, während ein roter Schuh zwischen meine Stifte knallte. »Sie ist nicht da!«

Verzweifelt schaute sie sich im Zimmer um.

»Was ist nicht da, Schätzchen?«, fragte Pip, als ob sie mit einem Krabbelkind spräche.

»Meine verdammte schwarze Lederjacke. Echtes Leder! Sie ist weg! Und mein ganzes Make-up auch!«

Lola kletterte unbeholfen vom Stuhl herunter und beäugte argwöhnisch meine große Segeltuchtasche, die an der Rückenlehne hing.

»Und wie geht's dir sonst so, meine Schöne?«, fragte Pip fröhlich.

Lola sah plötzlich verlegen aus und bewegte sich in Richtung Tür. »Na ja«, nuschelte sie und verschränkte abwehrend die Arme vor der Brust, »ich geh rauf in den Norden. Raus aus der Stadt und ein bisschen clean werden.«

Wir nickten alle ermutigend, bis draußen eine wütende Autohupe erklang.

»Bis dann.«

Und damit war Lola verschwunden.

Wir warteten, bis wir die Tür zuknallen hörten.

»Lederjacke ...«, höhnte Pip. »*Ganz bestimmt* hatte sie eine Lederjacke.«

Während ich an meinem Schreibtisch in einem beängstigenden Wälzer mit dem Titel *Regeln für Empfangsdamen* blätterte, hörte ich zu, wie die beiden Frauen ankommende Anrufe entgegennahmen und Aufträge bestätigten. Pip und Victoria hauchten mit so versierter Intimität ins Telefon, dass ich kaum verstand, was sie sagten. Aber ich bemerkte, dass sie sich strikt an das Skript hielten, das Pip mir auf den Schreibtisch gelegt hatte.

Hallo. Was kann ich für Sie tun? ... Ja, Sir, wir haben wunderschöne asiatische, australische und europäische Damen für Sie. Sie bieten den vollen Service, einschließlich einer sinnlichen Körpermassage. Die erste Stunde kostet 200 Dollar, und jede weitere Stunde 150. Was für eine Dame suchen Sie für heute Nachmittag/Abend? ... Soll ich einmal nachsehen, wer zur Verfügung steht, und Sie dann umgehend zurückrufen? ... Und darf ich fragen, ob Sie von einem Hotel oder von einer Privatwohnung aus anrufen? ...

Ich beobachtete aufmerksam, wie Pip den Schichtplan durchging, der vor ihr an der Wand hing, und feststellte, dass nur zwei Frauen zur Verfügung standen, die entfernte Ähnlichkeiten mit den Anforderungen des Kunden aufwiesen. Einige Minuten später rief sie Derek in Zimmer 255 im Airport Hilton zurück.

»Ich habe mehrere junge, vollbusige Blondinen, Derek«, zirpte Pip wie eine Wetteransagerin. »Eine Dänin, sehr sexy, die gerade aus dem Skiurlaub zurück ist, einen Meter siebzig, lange blonde Locken, blaue Augen, 25 Jahre alt und eine Traumfigur, Derek, 90-60-90. Oder eine etwas zurückhaltendere, sehr schöne strohblonde Australierin, Derek, neunzehn Jahre alt …«

Und so beschrieb Pip ein und dieselbe Frau, hier und da ein paar Zentimeter mehr oder weniger, vier Mal auf unterschiedliche Weise. Wenn man ihr zuhörte, konnte man glauben, wir beschäftigten ein veritables Blondinenheer. Es klang, als hätten wir das reinste Smörgasbord im Angebot.

Mir fiel auf, dass der Preis variierte, je nachdem, auf welcher Leitung der Mann anrief. Jedes Telefon hatte ein Tastenfeld, das sechzehn roten Lämpchen Platz bot, die bei jedem hereinkommenden Anruf wie wild blinkten, deshalb war ich erleichtert, als ich am unteren Rand einen kleinen Knopf entdeckte, mit dem man die Anrufer in der Leitung halten konnte. Ich konnte es kaum erwarten, mit diesem Knopf herumzuspielen und ihm all die nervenzermürbenden Wartezeiten heimzuzahlen, die er mich in den letzten zwanzig Jahren gekostet hatte.

»Wieso gibt es so viele verschiedene Leitungen?«, fragte ich meine junge Tutorin.

Pip schenkte mir ein müdes Lächeln. »Die Hälfte der Anzeigen in den Gelben Seiten ist von uns«, seufzte sie mit geschlossenen Augen, fuhr dann mit einem Finger über die kleinen Knöpfe und zirpte: »›Australische Schönheiten‹, ›International‹, ›Asiatische Fantasy Ladys‹, ›Sinnliche Gefährtinnen‹, ›Erotische Verführerin‹, ›Exotisch‹, ›Eurasisch‹, ›Sanfte Streicheleinheiten‹ …«

Wie um alles in der Welt sollte ich mir diese ganzen Begriffe merken? Ich schielte auf das Telefon, das vor mir stand, und konnte mit Mühe die winzigen Buchstabenkürzel erkennen, die in abgewetzten Goldlettern unter den Knöpfen klebten: AS, I, AFL. Hoffnungslos. AFL war für mich untrennbar mit der Australischen Football-Liga verbunden. Pip erklärte, dass wir bei allen Knöpfen, ganz gleich für welche nationale Sportart sie stünden, 200 Dollar die Stunde berechneten, außer der Mann rief auf der Exklusiv- oder Prestige-Leitung an. Plötzlich wirbelte Pip mit ihrem Drehstuhl zu mir herum und lehnte sich vor, als ob sie mir etwas von größter Wichtigkeit mitteilen wollte.

»Wenn der Mann auf der Exklusiv- oder Prestige-Leitung anruft«, verkündete Pip und tippte dabei mit einem perfekten künstlichen Fingernagel auf meine E- und P-Knöpfe, »wechseln wir die Taktik und nach Möglichkeit auch die Stimme.« Sie machte es mir vor und säuselte verführerisch wie die Mädels in den Late-Night-Werbungen. Ich verkniff mir mit Mühe ein Lachen.

»Wir haben Studentinnen, Dessous-Models und Fotomodels. Asiatinnen, Australierinnen und Europäerinnen, die den vollen Service einschließlich einer sinnlichen Körpermassage bieten. Die Studentinnen kosten 280 Dollar die Stunde, die Dessous-Models 350 und die Fotomodels 500.«

Als Pip ihre Ausführungen beendet hatte, fragte ich, ob es einen besonderen Stab von wunderschönen Models gebe, die sich um solche vermögenden Männer kümmerten. Sie schloss die Augen und lächelte. Nein, sagte Pip schließlich. Es wurden immer dieselben Frauen geschickt, egal, auf welcher Leitung der Mann anrief.

»Außer Genevieve«, warf Victoria schüchtern ein.

»Genevieve würden wir natürlich nie zu einem Standardauftrag schicken«, wies Pip sie zurecht.

Einen Moment lang vergaßen die beiden, dass ich da war und schwärmten von Genevieves neuester Frisur, ihrem begnadeten Stylisten bei Pascha und dem Versace-Mantel, den sie aus New York mitgebracht hatte. Victoria hatte gehört, dass man Imitate auf Bali kaufen konnte, aber Pip versicherte ihr, dass Genevieve so etwas nie tun würde. AFI klingelte, und mit einem seitlichen Nicken in meine Richtung übergab Pip mich an ihre Kollegin, bevor sie den Anruf annahm.

Falls der Kunde aus einem Hotel anrief, setzte Victoria meine Lektion fort, mussten wir ihn zurückrufen, um zu überprüfen, dass tatsächlich ein Mann dieses Namens in dem angegebenen Hotelzimmer wohnte. Wenn er dagegen von zu Hause anrief, benutzten wir den Computer. Victoria warf dem altersschwachen Computer auf dem Schreibtisch in der Ecke einen bösen Blick zu. Schwer seufzend zog sie sich von ihrem Schreibtisch hoch, stapfte an mir vorbei und ließ sich auf ihren neuen Platz fallen.

»Name?«, wandte sich Victoria an mich. »Irgendein Name.«

»Äh, Smith«, sagte ich, und Victorias Finger tippten flink den Namen ein.

»Ist Smith dein Ex?«, fragte sie knapp, ohne ihren Blick vom Bildschirm zu lösen.

»Nein!«, schrie ich und wünschte, ich hätte Beatty gesagt.

»Das ist schon okay«, murmelte Victoria. »Wir haben genug Zeit.«

Während hinter Victorias strengem blondem Haarknoten der sexuelle Werdegang eines Mr. Smith auf dem Bildschirm erschien, erklärte sie mir, dass der Computer automatisch überprüfte, ob der Name eines Kunden, der nicht bei uns gespeichert war, im Telefonbuch eingetragen war, und dann eine Datei mit seinem Namen anlegte. Wenn der Mann einmal in unserem Computer war, mussten wir eintragen, welche Frauen er getroffen hatte, wie viel er bezahlt hatte und außerdem »Kommentare«.

»Kommentare?«

»Alle Informationen, die die Frauen für wichtig halten, oder Sachen, vor denen sie die anderen warnen wollen.«

Während Victoria einen Anruf auf ihrem Schreibtisch beantwortete, nahm ich ihren Platz am Computer ein und suchte den Bildschirm nach Kommentaren ab. Mehr als einmal hatte ein

Mr. Smith aus Botany heimlich *versucht, das Kondom abzuziehen*. Ich scrollte eine Zeile weiter nach unten. *Bevorzugt Nichtraucherin*. Und noch ein Kommentar: *NIE LOLA SCHICKEN*.

Lola. Ich fragte mich, ob sie es wohl je schaffen würde, sich auf den Weg nach Norden zu machen.

»Und hier«, sagte Victoria plötzlich über meiner Schulter, »erscheint die Nummer des Teilnehmers, wenn jemand anruft.« Sie deutete auf ein kleines Displayfeld über den ganzen Knöpfen auf dem Telefon neben uns. »Ist sehr praktisch, wenn Kids oder andere Witzbolde in der Leitung sind.«

Ich schaute gerade noch rechtzeitig hoch, um zu sehen, dass Victorias Lächeln wie ein zu straff gespanntes Gummiband zurückschnellte.

»Ist das ein Kunde?«, fragte sie und schaute erbleichend auf den Monitor über unseren Köpfen.

Das Blut kehrte erst wieder in ihre Wangen zurück, als Pip ihr versicherte, es sei nur der Schatten eines Palmwedels, der sich im Wind bewege.

Während meine Kolleginnen Anrufe beantworteten, las ich mir einige der unzähligen handgeschriebenen Schilder durch, die jeden freien Zentimeter der Bürowände bedeckten. Dabei handelte es sich weniger um Merkzettel als vielmehr um Warnungen und unverhohlene Drohungen für alle Empfangsdamen.

EMPFANGSDAMEN DÜRFEN NICHT FREUNDSCHAFTLICH MIT DEN ANDEREN FRAUEN VERKEEREN! ALLE, DIE ZUWIEDERHANDELN, KÖNEN IHRE SIEBENSACHEN PACKEN UND FERSCHWINDEN.

HANDYS SIND IM BÜRO STRENKSTENS VERBOTEN. JEDES KLINGELNDE HANDY WIRD SOFORT KONFISKIERT.

DEN FRAUEN IST DER AUFENDHALT IM EMPFANGSBÜRO VERBOTEN!

Alle offenbar verfasst von einem faschistischen Diktator, der wahrscheinlich den Frust über seine mangelhaften Rechtschreibkenntnisse austoben musste. Als es erneut an der Haustür klingelte, versteifte sich Victoria, als ob sie nach unten gehen und dem Mann persönlich einen blasen müsste. Sie überließ es Pip und mir, den Besucher auf dem Monitor zu überprüfen. Zum Glück war mir der dünne, glatzköpfige Mann, der mit dunklem Anzug und Aktentasche vor der Tür stand, völlig unbekannt. Trotzdem fragte ich mich bei seinem Anblick, ob wohl Onkel Ralph je in einem Bordell gewesen war. Genügend Witze hatte er jedenfalls darüber gemacht.

Als wir allein waren, zeigte Pip mir Fotos von ihrem letzten Urlaub in Phuket, aber ich konnte nur daran denken, dass Victoria gerade unten in dem Zimmer mit dem Elch stand und Heather und Odette mit dem dunklen Anzug bekannt machte. Dann sagte Pip plötzlich etwas, das meine Aufmerksamkeit erregte. Ihr Freund Milton arbeitete im Kostümfundus von *Home and Away*. Wie der Zufall es wollte, spielte ich in dieser Fernsehserie in der folgenden Woche eine unglücklich verheiratete Sozialarbeiterin, die einem Strafgefangenen zur Flucht verhalf. Sollte ich Pip davon erzählen? Ich stellte mir vor, wie ich halb nackt in einer Garderobe von Kanal Sieben saß und irgendeinem Typ namens Milton erzählte: »Eigentlich arbeite ich im selben Bordell wie deine Freundin.« Ich beschloss, lieber in der Rolle der anonymen Beobachterin zu bleiben. Wie ich noch schnell genug herausfinden sollte, stellte sich die Frage, ob ich »undercover« gehen wollte oder nicht, ohnehin nicht, da sich niemand in diesem Haus auch nur im Geringsten dafür interessierte, wer ich war oder was ich gemacht hatte. Die einzige Frage, die man mir je stellte, war die nach einer Zigarette. Ich überlegte, ob ich Pip nach den »Dams« fragen sollte, aber sie nahm gerade einen neuen Anruf entgegen, also las ich noch ein paar Schilder.

Alle Peroiden der Frauen müsen ins Peroidenbuch eingetragen werden!

Auch das noch!

Victoria kehrte zurück, ließ sich wieder in ihren Stuhl plumpsen und fragte mich, ob ich eine Zigarette hätte. Pip half ihr aus. »Und«, fragte sie, »für wen hat er sich entschieden?«

»Oh, er ist weg.« Victoria warf Pip einen viel sagenden Blick zu. »Blödmann!«

Sie rollten beide mit den Augen. Offenbar passierte das häufiger. Männer, die wahrscheinlich nicht mal genügend Geld dabei hatten, wollten einfach mal einen Blick riskieren oder hatten einfach Spaß daran, in ihrer Mittagspause ein paar Frauen zu demütigen. Oh ja, schwärmten meine Kolleginnen, ich würde die unterschiedlichsten Typen in diesem Job kennen lernen. Falls ich überhaupt noch mal wieder komme, hätte ich am liebsten entgegnet. Es waren die Schilder. Sie fingen an, mich zu deprimieren. Ich wollte nicht für jemanden arbeiten, der sich anmaßte, mir vorzuschreiben, mit wem ich freundschaftlich verkehren durfte und mit wem nicht; mein Handy fasste niemand an außer mir; und ich war nicht sicher, ob ich in der Lage war, andere Frauen nach ihrem Menstruationszyklus zu befragen. Und all das von einer Person, die Geld mit »ä« schrieb!

»Komm schon«, sagte Victoria lachend und schlug mir aufs Knie. »Ich zeig dir, wo der Kondomspender steht.«

Im Angesicht des Feindes

Seit meinem katastrophalen Date mit einem Schaufensterdekorateur hatte ich nicht mehr so lange gebraucht, um etwas zum Anziehen zu finden.

»Hast du nicht irgendwas, das ein bisschen ... modischer ist?«, fragte Libby, meine Mitbewohnerin, und betrachtete bekümmert mein baumwollnes Wickelkleid und meine Gesundheitsschuhe. »Du siehst ein bisschen ... öko aus.«

Didi hatte mir gesagt, dass eine Empfangsdame sich schick, aber nicht *zu* schick anziehen sollte. Es könnte die Kunden verwirren und die Frauen verärgern, was ich beides auf jeden Fall vermeiden wollte. Und so unterhielt ich Libby seit einer halben Stunde mit einer atemlosen Vorführung sämtlicher schwarzer Sommersachen, die ich besaß, einschließlich meiner neuen schwarzen Jeans und meines Natalie-Portman-Tops.

»Jetzt siehst du aus wie eine Nutte.«

Schließlich einigten wir uns auf die bewährte Kombination aus weißer Bluse und langem schwarzen Rock. Ich sah aus wie eine Orchestergeigerin, als ich mich auf den Weg zu meiner ersten Nachtschicht in einem Bordell machte.

»Hallo, ich bin's«, sagte ich, als meine junge Lehrerin von ihrem Papierkram hochsah. Pip lächelte liebenswürdig und gab mir den Schlüssel für die Vordertür. Ich hörte aufmerksam zu, als sie mir erklärte, dass niemand das Haus verlassen dürfe, ohne von der »Empfangsdame für unten« hinausgeführt zu werden. Die Idee stammte von Boris, der verhindern wollte, dass die »internen« Frauen sich vor ihrem Schichtende um fünf Uhr morgens aus dem Haus schlichen. Zu behaupten, dass die Frauen ihm diese Idee verübelten, wäre eine Untertreibung.

»Ein beschissenes Kloster ist gar nichts dagegen«, schimpfte eine junge Frau in einem schulterfreien knallrosa Kleid und drückte erbost ihre Zigarette auf dem Küchentisch aus.

Die Art, wie Pip sagte: »Oh nein, ich arbeite nie *unten*«, hatte etwas Beunruhigendes. Ich schloss daraus, dass es zwei Klassen von Empfangsdamen gab. Solche wie mich, die unten die Haustür öffneten, das Geld der Kunden berührten, Handtücher einsammelten, Kondome austeilten usw., und solche, die das nicht taten und schon bei dem bloßen Gedanken daran angewidert zurückschreckten.

»Ich arbeite auch nicht unten«, sagte die andere Empfangsdame und brach in schallendes Gelächter aus. Raelene war taff – eine große, freundliche Maori-Mama und etwa so mollig wie Pip mager. Ich mochte sie auf Anhieb, weil sie nie vergaß, wo wir waren, und allem eine heitere Seite abgewann. Raelene fand auch mich ungeheuer erheiternd. Als Anfängerin, die in den ersten vier Wochen einen Fehler nach dem anderen machte, lieferte ich Raelene endlose Stunden kostenloser Unterhaltung. Als ich die Küche unter Wasser setzte, weil ich die Waschmaschine zu voll geladen hatte, bekam sie einen solchen Lachanfall, dass ich schon fürchtete, sie würde einen Herzinfarkt erleiden.

Und nun saß ich also mit Raelene an ihrem Schreibtisch, umgeben von ihren Stiften, Konfektschachteln, Zigaretten und Familienfotos, während sie mich geduldig in die Kunst der Kundenbegrüßung einführte. Ich hatte Angst vor der Türglocke, die mich aus der Sicherheit von Raelenes aufgeschlagenem Familienalbum reißen würde. Sie zeigte mir gerade die verschiedenen Hochzeitsfotos von ihren zahlreichen wohl genährten Brüdern, die ihre beschützenden Arme alle eher um ihre Mutter als um ihre Bräute schlangen.

»Der sieht nett aus«, sagte ich und deutete auf einen von ihnen.

»Das ist Cammie. Er spricht nicht mehr mit mir.«

»Wieso nicht?«

»Weil ich ihr eine reingehauen hab«, nuschelte Raelene mit vollem Mund und deutete auf seine Braut. »Wir können uns nicht riechen.«

Es klingelte an der Eingangstür, und alle Augen richteten sich auf die gebeugte Gestalt auf dem Monitor und dann auf mich.

Der große Moment war gekommen. Ich verstand jetzt, wieso Victoria nach nur zwei Wochen im wahrsten Sinne des Wortes das Handtuch geworfen hatte. Am Mittwochnachmittag hatte sie einem Kunden die Haustür geöffnet, war dann schnurstracks an ihm vorbei- und durch das Tor marschiert, hatte einem vorbeikommenden Taxi gewunken, war eingestiegen und davongerauscht. Ich wusste, wie sie sich gefühlt hatte.

Raelene, die neben mir saß, wollte sich vor Lachen ausschütten.

»Ich komme!«, flötete ich in die Gegensprechanlage.

»Du kommst?«, gluckste Pip.

Ach, halt doch die Klappe, du doofe Ich-bin-nur-oben-im-Bordell-Empfangsdame! Nach einem letzten kurzen Blick auf meine Merkliste sauste ich die Treppe herunter und murmelte vor mich hin: »Video, Tür, Menü, Mädels...« Raelene wollte sich totlachen, weil ich die Preisliste als Menü bezeichnete, aber genauso sah sie aus mit ihren in Spalten aufgeführten Dienstleistungen und entsprechenden Hardcore-Fotos in einem großen, laminierten Ordner.

Bevor ich die Tür öffnen konnte, musste ich das Pornovideo anstellen – eine blöde Regel, weil man den Kunden dadurch warten ließ. Ich stand vor dem Fernseher, drückte hektisch auf die Fernbedienung, aber keine Brust in Sicht.

»Die Tür, Meredith!«, knackte eine Stimme durch das Telefon auf der Bar.

Mein Gott! War hier kein Raum sicher vor Gegensprechanlagen?

»Ja doch!«, rief ich, gab den Kampf mit dem Videorekorder auf und ging an die Vordertür.

Ein hoch gewachsener, verängstigter Mann in einem viel zu kleinen beigen Safarianzug erzählte meiner Brust, sein Name sei Gilbert.

»Komm doch rein, Gilbert«, forderte ich ihn mit vorgetäuschter Gelassenheit auf und führte ihn in den Warteraum.

»Du warst schon öfter hier, was?«

»Nein!« Gilbert schüttelte den Kopf. »Das erste Mal.«

Falls Gilbert bereits nervös war, trug ich entschieden nicht dazu bei, seine Anspannung zu verringern.

»Stimmt!«, krähte ich, eine Spur zu fröhlich.

Gilbert war ein dünner, zitternder Mann in den Fünfzigern und, nach seinem verstörten Blick zu urteilen, möglicherweise nicht ganz richtig im Kopf.

»Ich stamme aus Tasmanien«, platzte er heraus.

Sollte ich ihm sagen, dass wir Landsleute waren? Lieber nicht. Meine Mutter könnte seine Nichte unterrichtet haben. Sein Vetter könnte mit meiner Schwester ausgegangen sein. So ist das bei uns in Tasmanien.

»Wie schön«, sagte ich stattdessen und warf ihm die Preisliste in den Schoß. »Ich bezeichne das gern als unser Menü.«

Gilbert bekam Stielaugen. »Sind diese Frauen jetzt da?«

Ich sah Gilbert über die Schulter.

»Du meine Güte – nein!«, sagte ich, als mein Blick auf das Foto einer Frau fiel, die aussah wie Pamela Anderson und gerade einen Mammutpenis zu verschlucken schien.

»Video«, quäkte eine erstickte Stimme aus der Gegensprechanlage.

Gilberts verschreckter Blick landete ungläubig auf dem Elch.

»Gilbert«, sagte ich und vermied jede ruckartige Bewegung, »entspann dich einfach einen Moment, denn ich habe einige wunderschöne Ladys, die dich gern kennen lernen würden.«

Ohne ihn aus den Augen zu lassen, versuchte ich erneut mein Glück mit der Fernbedienung. Diesmal klappte es. Das Zimmer erwachte zum Leben und war schlagartig erfüllt von den Stimmen stöhnender Frauen, deren rosa Reflexionen auf

Gilberts bleichem Gesicht tanzten. Er war so hypnotisiert, dass ich ihm ohne Betäubung das Bein hätte amputieren können. Also ließ ich ihn sitzen und schlich mich aus der Tür wie eine Mutter aus dem Kinderzimmer. Video, Tür, Menü, Mädels … *Mädels*!

Ich hatte keine Ahnung, welche Frauen im Haus waren. Die Küche war leer, abgesehen von einer einsamen Blondine, die in einem schicken schwarzen Kostüm an der Hintertür saß, den Kopf mit dem schönen vollen Haar über eine Zigarette gebeugt. Als ich näher kam, schaute sie zu mir hoch, und erschrocken sah ich, dass der weiche, goldene Heiligenschein ein nicht nur vom Alter, sondern von tiefer Traurigkeit eingefallenes Gesicht umrahmte. Wir lächelten beide verlegen, so als ob sie meine Gedanken erraten hätte. Ihr schwarzes Kostüm wirkte eine Nummer zu groß, enthüllte aber trotzdem ein großzügiges schweres Dekolletee und obwohl sie zu viel roten Lippenstift trug, hatte sie ein liebes Lächeln wie ein kleines Mädchen.

»Die anderen sind da drin«, sagte sie leise und deutete auf den Aufenthaltsraum. »Ich bin Antoinette.«

Im Aufenthaltsraum begutachteten drei weitere Frauen unseren Gilbert auf dem Monitor. Eine große, schlanke Schönheit mit blonden Haaren, die ein elegantes rotes Kostüm trug, sprang so schwungvoll hoch, als käme sie geradewegs aus einer Multivitaminwerbung.

»Ich bin Shelby«, verkündete sie mit breitem australischem Akzent und sonnigem Lächeln und reichte mir ihre sorgfältig manikürte Hand. »Und das ist Rita.«

Einen Moment lang hielt ich Rita für einen Mann in Frauenkleidern. Hingegossen auf einem der Sofas wirkte sie wie eine der tahitischen Eingeborenenfrauen von Gauguin – wenn er weiter gemalt hätte. Rita mit ihren Vierzigplus hatte einen kräftigen, gedrungenen Körper, der zu reif war, um so fest in ein so winziges schwarzes Kleid geschnürt zu werden, aber sie hatte wundervolles schwarzes Haar, das ihr bis zur Taille reichte.

»Hallo, Schätzchen«, schnurrte Rita mit tiefer, rauchiger Stimme und einem Akzent, der seinesgleichen suchte.

»Und das ist Maya.« Shelby deutete auf eine wunderschöne Thaifrau, die sich in der Ecke die Lippen anmalte.

Maya schaute hoch, nickte mir lächelnd zu und wandte sich dann wieder ihrem Spiegel zu. Sie wirkte wie der Inbegriff von Eleganz in ihrem langen schwarzen, mit Perlen bestickten Abendkleid und dem zu einem kunstvollen Knoten geschlungenen Haar. Im ersten Moment hielt ich Maya für Mitte zwanzig, aber sie strahlte eine Art gelassener Resignation aus, die nur durch Alter und Erfahrung entsteht.

Einen Moment lang beobachteten wir alle schweigend Gilbert auf dem Monitor. Ich fragte mich, ob er auch nur geblinzelt hatte, seit ich weggegangen war.

»Wie ist er?«, fragte Antoinettes sanfte Stimme hinter mir. Überrascht stellte ich fest, dass sie mir kaum bis zur Schulter reichte.

»Sehr nervös.«

Mir wurde klar, dass sie noch ewig so verharren würden, wenn ich nicht die Initiative ergriff.

»Also, dann los!«

Die Frauen erhoben sich würdevoll, richteten ihre Kleider, brachten ihr Haar in Ordnung und bewegten sich in einer Parfümwolke in die Küche. Sie folgten mir zur Tür des Warteraums und blieben hinter mir stehen, um hier und da noch etwas zurechtzuzupfen und einen letzten prüfenden Blick in den prunkvollen, goldgerahmten Flurspiegel zu werfen. Ich drückte die Türklinke herunter und schreckte Gilbert hoch, der von seinem Video aufsprang und seinen Blick starr auf meine Brust fixierte.

Im Gänsemarsch kamen die Frauen in den Raum, schüttelten Gilbert nacheinander die Hand, während ich sie vorstellte, und gingen dann wieder hinaus. Gilbert nuschelte und stotterte sich von einem Dekolletee zum nächsten. Als die Frauen alle weg waren, fragte ich ihn, ob ihm eine besonders gut gefallen hätte. Mit aufgerissenen Augen und ohne zu zögern, sagte Gilbert meiner Brust: »Antoinette.«

»In Ordnung, Gilbert. Und wie lange möchtest du mit Antoinette zusammen sein? Eine Stunde?«

»Ich möchte nur ein bisschen Handarbeit und ein bisschen Haue!«

Mein Körper blieb, aber der Rest verließ fluchtartig den Raum.

»Dann vielleicht eine halbe Stunde, Gilbert?«, hörte ich mich sagen.

Während Gilbert in freudiger Erwartung zuckte, rannte ich nach oben, die 120 Dollar fest an mich gepresst, und fragte Raelene atemlos, ob ich Antoinette von der »Haue« erzählen sollte.

»Nee. Gib ihr einfach ein Kondom, sag ihr, welches Zimmer sie nehmen soll und für wie lange.«

Ich rannte wieder nach unten in den Aufenthaltsraum, wo die Frauen in Zeitschriften vertieft waren. Wie Pip mir erzählte, verfolgten die Frauen nie auf dem Monitor, wie die Verhandlungen liefen. Das wäre indiskret. Aber als ich ihnen Gilberts Entscheidung eröffnete, konnten sie ihre Erleichterung kaum verbergen. Die arme Antoinette trug es mit Fassung, nahm mir liebenswürdig das Kondom ab und machte sich ergeben auf den Weg zu Gilbert.

Als ich ins Büro zurückkam, klingelten die Telefone wie verrückt. Das geschah häufig, erklärte Pip. Die erste Welle setzte ein, wenn die ausländischen Geschäftsleute nach einem Mädchen für die Nacht anfragten. Die zweite Welle kam kurz vor

Mitternacht, wenn die Pubs schlossen, und die dritte Welle bestand aus den gescheiterten Romeos, die gegen 2 Uhr nachts ziemlich betrunken aus den Diskos nach Hause gewankt waren. Doch im Moment schien gerade jeder Mann in Sydney den gleichen Gedanken zu haben, obwohl es erst zehn nach neun war. Ich beobachtete in ehrfürchtigem Schweigen, wie Raelene und Pip die Anrufe abarbeiteten wie zwei Fluglotsen im Tower, die zur Hauptverkehrszeit die Landung einer Flotte Jumbojets koordinieren.

»May-Ling, ich hab eine Buchung für dich. Ruf mich zurück.«

»Hallo, könnte ich bitte Mr Dingerman in Zimmer 702 sprechen?«

»Patrick, hol May-Ling vom Millenium ab. Bring sie zum Airport Hilton.«

»Ja, wir haben wunderschöne Damen. Australierinnen, Asiatinnen und Europäerinnen.«

»Sie ist Schweizerin, Mr Dingerman, vollbusig, Körbchengröße D.«

»Fertig, Pandora? Patrick ist unterwegs.«

»Lies die Zahlen vor, Kimberley.«

»Du bist ein Dessous-Model, May-Ling, neunzehn Jahre, eine Stimmungskanone, also reiß dich zusammen.«

»Eine oder zwei Sechsen, Kimberley? Bis wann gültig?«

»Patrick, setz May-Ling ab, und fahr dann gleich zum Sheraton, um Pandora abzuholen.«

»Nein, Sir, ich fürchte, keines der Mädchen bietet diesen Service.«

»Beruhigen Sie sich, Mr. Nakasawa –«

»Ich hab deine Telefonnummer auf dem Display, Kid. Leg auf, oder ich ruf zurück und sprech mit deinen Eltern.«

»Was meinen Sie mit ›Mädchen nix gut‹?«

»Okay, Jussuf, Antoinette ist in 25 Minuten bei dir.«

Was? Antoinette würde doch noch für mindestens 20 Minuten Gilbert verhauen! Raelene erinnerte mich zwischen zwei landenden Flugzeugen mit bedeutungsvollem Blick daran, dass es meine Aufgabe war, Antoinette rechtzeitig loszuschicken.

Ich wollte gerade an ihre Tür klopfen, als Antoinette sie von innen aufriss. Es muss ausgesehen haben, als ob ich die ganze Zeit gelauscht hätte.

»Oh, hallo! Ich wollte gerade ...«

Antoinette, die zerzaust und unsäglich elend aussah, ging einfach wortlos an mir vorbei und gab den Blick auf einen erschöpft und ziemlich benommen wirkenden Gilbert frei, der in der Ecke stand und seine Safari-Jacke umklammerte. Es war meine Aufgabe, jeden Kunden zur Tür zu bringen und zu fragen, ob er mit dem Service zufrieden war. Diese Aufgabe begann ich schon bald zu hassen, und sogar Gilbert schaute mich an, als ob ich pervers wäre.

Ich stürmte wieder nach oben und rannte dabei fast Antoinette über den Haufen, die mit einer Ladung Handtücher nach unten kam.

»Oh, Antoinette, wir haben einen Auftrag für dich im Marriot, gleich –«

»Herr Gott noch mal! Gönn mir eine Sekunde Pause!«, rief sie und stürmte an mir vorbei.

Was um alles in der Welt hatte mich auf die Idee gebracht, ich sei diesem Job gewachsen? Ich konnte kaum einen kalten Cappuccino servieren, geschweige denn, eine Prostituierte zur Arbeit antreiben.

»Warte erst mal, bis du ein Bewerbungsgespräch führst«, kicherte Raelene, als ich wieder oben im Büro war.

»Oder die Arme der Frauen nach Einstichen absuchst«, prustete Pip.

Ich konnte dieses schreckliche dunkle Haus mit seinen traurigen Männern und seinem Elch überhaupt nicht leiden. Ich wollte nach Hause, ein Bad nehmen und gemütlich vor der Glotze sitzen. Ich sehnte mich nach Nonnen, Seife und frischer Bergluft.

Meine Nachtschicht sollte um 5 Uhr enden, aber keiner sagte etwas, als es fünf war. Boris war nicht aufgetaucht, aber das sei nichts Ungewöhnliches, erklärte Pip. Einige Frauen mussten noch bezahlt werden, deshalb faltete ich noch mehr Handtücher, brachte den Müll raus, räumte den Geschirrspüler ein und besprühte den mir zugeteilten Schreibtisch. Am Ende ihrer Schicht musste eine Empfangsdame ihren Schreibtisch mit Desinfektionsmittel einsprühen, wahrscheinlich um zu verhindern, dass die nächste Empfangsdame sich mit ihren Fehlern ansteckte. Wenigstens stand mein Schreibtisch in der zweiten Reihe und deshalb näher an den Fenstern hinter mir, aber er stand auch an der Wand und deshalb direkt unter den faschistischen Schildern. Ich setzte mich hin und blätterte pflichtschuldigst in dem Buch, das man mir als unabdingbare Lektüre angedient hatte. Falls eine Empfangsdame nicht in der »Bibel« las, bevor ihre Schicht begann, wurde sie auf der Stelle gefeuert. Das wusste ich, weil es auf einem der Schilder neben meinem Kopf stand.

Bei der »Bibel« handelte es sich um einen der größten Terminkalender, den ich je gesehen hatte, und jede kleinste Information musste eingetragen werden. Neben jedem Eintrag befanden sich die gekritzelten Initialen von mehreren Empfangsdamen, was bewies, dass jede tatsächlich gelesen hatte, dass Yvonne trotz Zahnklammer weiterhin »französisch« anbieten konnte. Und dass der Lipton-Tee alle war. Während die anderen in ihre Büroarbeit vertieft waren, blätterte ich im Terminkalender bis Januar zurück und las zu meiner Überraschung, dass wir den Kunden nicht länger Viagra für 30 Dollar das Stück anboten. Ich fragte mich, ob Didi und Boris die kleinen blauen Pillen nicht mehr verteilten, weil ihnen klar geworden war, dass ein toter Diabetiker in Schlafzimmer 3 die schlechte Presse nicht wert war.

Ich wollte gerade Raelene fragen, ob Boris das Viagra übers Internet bezog, als ich einen großen, schlanken Mann in T-Shirt und Turnschuhen bemerkte, der lächelnd im Türrahmen lehnte. Das war bestimmt nicht Boris. Meine Kolleginnen begrüßten den Mann herzlich und machten den Fahrer mit der neuen Empfangsdame bekannt. Nach dem zerzausten, grau melierten Haar und den Lachfalten in seinem sonnengebräunten, markanten Gesicht zu urteilen, war Patrick etwa Mitte vierzig. Nach einem jovialen Nicken in meine Richtung, zündete er sich eine Zigarette an und bewegte sich fast tänzelnd zu Pips Schreibtisch.

Patrick hatte eine sanfte, fröhliche Art und sprach mit britischem Akzent. Ich tippte auf Dorset. Wer genügend komische Schäferinnen spielt, landet irgendwann in Dorset. Alles an Patrick, von seiner Stimme bis zu seinem Gang, schien einen singenden Rhythmus zu haben, sogar wenn er neben Pip saß und seine Fahrten zusammenrechnete. Soweit ich das mitbekam, arbeitete Patrick einige volle Nachtschichten wie ein Taxifahrer und fuhr die Frauen auf Anweisung unseres Büros kreuz und quer durch Sydney. Ich klappte die »Bibel« zu und schaute mich im Raum um. Alles war still, außer Raelene, die mit leiser Stimme die Einnahmen zählte.

»Es ist nach fünf«, piepste ich.

Alle sahen mich an, wechselten dann einen Blick untereinander und prusteten los.

Es wäre ihm lieber, du würdest nicht darüber reden

Peter und Libby, meine Mitbewohner, saßen auf dem Sofa im Erdgeschoss, als ich um zwei Uhr am nächsten Nachmittag schließlich auftauchte. An Libbys Gesichtsausdruck konnte ich ablesen, dass sie schon seit geraumer Zeit auf diesen Moment gewartet hatte. Normalerweise war ich diejenige, die auf sie wartete. Libby arbeitete als Produktionsleiterin bei *Moulin Rouge,* und ihr Handy hatte die Angewohnheit, alle 20 Minuten zu klingeln und eine faszinierende Katastrophenmeldung nach der anderen zu übermitteln.

»Und?«, fragte sie, aufgeregt ihre Knie umklammernd. »Wie ist es? Wie waren die Frauen? Haben Männer an der Tür geklingelt? Haben sie dich für eine Prostituierte gehalten? Möchtest du eine Tasse Tee?«

Peter, der eine »Pause« zwischen zwei Schauspieljobs machte, saß neben seiner Liebsten, las die Zeitung und wirkte total gleichgültig oder tat jedenfalls so. Das sollte ich noch öfter erleben. Frauen platzten normalerweise vor Neugier und konnten es kaum erwarten, mich mit Fragen zu bombardieren, aber die meisten meiner männlichen Bekannten verhielten sich sehr zurückhaltend, so als würden sie sich durch jede Frage nach der Sexbranche sofort als regelmäßige Bordellgänger outen.

Morris, mein Squashpartner seit der Schauspielschule, wurde so nervös, als ich ihm von den faszinierenden Frauen erzählte, mit denen ich zusammenarbeitete, dass ihm der Tee aus der Nase kam. Kichernd wie ein Schuljunge brachte er schließlich eine Frage heraus. Trugen die Frauen eigentlich Knieschützer, prustete er teespuckend, wenn sie es »französisch« machten? Als Nächstes fragte er, während ihm die Tränen übers Gesicht liefen, ob die Frauen denn *Über*stunden bezahlt bekamen, wenn sie oben lagen. Während ich ihn beobachtete und langsam in meinem Kaffee rührte, wurde mir klar, wieso Vaudeville nicht überlebt hatte. Ich wartete, dass Morris eine angestrengte Nachahmung meiner Person beim Telefonsex beendet hatte, und bat um die Rechnung, während er schon wieder einen hysterischen Anfall bekam, weil er eine Banane in der Fruchtschale auf der Theke entdeckt hatte. Ich zog kurz in Erwägung, am nächsten Tag im Computer nachzuschauen, ob Morris zu unseren Kunden gehörte, aber ich tat es dann doch nicht und hörte stattdessen auf, mit ihm Squash zu spielen.

Als Libbys Handy klingelte, legte Peter schließlich seine Zeitung beiseite und stellte seine erste Frage: Fühlst du dich sicher im Bordell?

Ich erinnerte Peter daran, dass ich nur als Empfangsdame arbeitete und war gerade dabei, ihm von den Alarmknöpfen unter den Nachttischen zu erzählen, als er mich unterbrach. Falls ich je in irgendwelche Schwierigkeiten geraten sollte, ganz gleich welcher Art, erklärte Peter mit großem Ernst, würde er sofort kommen und mich holen, egal zu welcher Tages- oder Nachtzeit. Ich hatte Peter nicht mehr so ernsthaft sprechen hören, seit er die Stimme von Peugeot gewesen war. Aber es war sehr nett von ihm, und das sagte ich ihm auch.

»Was ist mit den Alarmknöpfen unter den Betten?«, kreischte Libby, als sie zu Ende telefoniert hatte.

Nachdem sie drei Hair-Stylisten aus Mailand, die mit achtzig gelockten Haarteilen (und einem kleinen Hund) im Zoll festsaßen, aus der Bredouille geholfen hatte, wollte Libby alle Einzelheiten hören, und Peter wandte sich wieder seiner Zeitung zu.

Entschuldigung, aber Sie haben den Orgasmus meines Mannes vergessen

Ich weiß nicht genau, warum ich immer wieder hinging. Meine berufliche Zukunft in der Sexbranche erschien mir gelinde gesagt unsicher. Doch als meine Schmetterlinge und ich zur zweiten Wochenendschicht antraten, versprach ich mir selbst, dass ich bei dem kleinsten unangenehmen Vorfall sofort das Haus verlassen und den ersten 373er Bus zurück nach Coogee besteigen würde.

Natürlich wäre es schwierig, Libby das Ganze am nächsten Morgen zu erklären, aber mit der Zeit würde sie akzeptieren, so wie ich akzeptieren müsste, dass der Zeitpunkt gekommen war, mich dem Heer der zahllosen pausierenden Schauspieler anzuschließen und Telefonmarketing zu machen.

Ich wollte gerade meine Kolleginnen begrüßen, als ich die vertraute Türglocke hörte. Bevor irgendjemand »Kunde« sagen konnte, warf ich meine Tasche in die Ecke und trat in Aktion. Ich rannte nach unten in den Warteraum und stellte das Pornovideo an. Dann öffnete ich die Eingangstür und stand einem gut gekleideten, gut aussehenden Paar um die Vierzig gegenüber. Jocelyn und Graham begrüßten mich an diesem lauen Sommerabend mit so ausgesuchter Höflichkeit, dass ich schon fast damit rechnete, sie würden mir im nächsten Moment eine Flasche Wein in die Hand drücken. Ich führte sie in den Warteraum, wo sie sofort gestanden, so etwas noch nie gemacht zu haben. Sie sahen distinguiert und erfolgreich aus, wenn auch etwas aufgedunsen. Graham schwankte unter dem Einfluss von Alkohol, der seine Pläne für diesen Abend zweifellos begünstigt hatte. Jocelyn, die etwas nüchterner wirkte, überließ ihrem Mann das Reden. Sie war groß und schlank, hatte kurzes rotes Haar und trug eine Designer-Brille. Sie hatte sich bei ihrem

Mann eingehakt und lächelte wie eine Mutter, die ihrem Sohn widerstrebend ein gefährliches Spielzeug kauft. Graham erklärte, sie wollten gern eine Frau, die nicht zu reif sei, aber doch viel Erfahrung hätte.

»Jemanden, der die Führung übernimmt«, sagte er, und Jocelyn nickte wenig überzeugend.

Es war nur eine einzige Frau da. Rita saß am Küchentisch und verzehrte gerade einen Snack, als ich hereinstürzte und fragte, ob sie »Paare mache«. Rita sah ein bisschen besorgt aus.

»Ich hab noch nicht oft mit Paaren gearbeitet, Schätzchen«, schnurrte sie. »Wünscht die Lady auch einen bestimmten Service?«

»Ähm … Ich frag mal.«

Ich rannte zurück in den Warteraum.

»Tut mir Leid, aber ich hab grad überlegt, ob du auch einen bestimmten Service von der Lady wünschst, Jocelyn?«

»Ich bin nicht bisexuell!«, rief Jocelyn entrüstet. »Ich meine, sie müsste mich nicht *lecken*, falls es das ist, was du meinst. Ich werd das bei ihr jedenfalls bestimmt nicht machen.«

»Trotzdem«, Graham sah ein bisschen enttäuscht zu Jocelyn, »sollten wir alle sofort loslegen!« Und er klatschte in einsamer Begeisterung in die Hände.

Ich kehrte in die Küche zurück und teilte Rita mit, dass Jocelyn keinen Service wünsche. Ich liebte dieses Wort und all die Peinlichkeiten, die es einem ersparte.

»Das Ganze ist allein seine Idee, oder?«, lachte Rita wissend.

Ich wollte ihr gerade erzählen, dass die beiden jemanden mit Erfahrung wollten, aber als Rita mit ihren hochhackigen Schuhen aufstand, an ihrem eng anliegenden Miniaturkleid zupfte, die lange Mähne zurückwarf und einen Schmollmund machte, während sie einen prüfenden Blick in ihren Taschenspiegel warf, entschied ich, dass es nicht nötig war.

Ich führte Rita in den Warteraum, um sie mit Graham und Jocelyn bekannt zu machen, und sah zu, wie die drei sich lächelnd die Hand gaben, sich nervös musterten und höflich miteinander plauderten wie auf einer Party. Ein verlegenes Schweigen wurde von Graham gebrochen, der alle zum Lachen brachte, gefolgt von Ritas anmutigem Abgang. Ich bat Jocelyn und Graham, sich das Ganze einen Moment lang zu überlegen, und machte meinen eigenen anmutigen Abgang. Dann steckte ich noch einmal den Kopf in die Tür, um Jocelyn zu versichern, niemand müsse irgendwas lecken, was er nicht wolle.

Als ich in die Küche zurückkam, saß Rita wie ein nervöses Schulmädchen am Tisch. Sie hat Lampenfieber, dachte ich, wie beim Vorsprechen für ein Theaterstück.

Nach einigen Minuten ging ich zu Graham und Jocelyn zurück.

»Ja, in Ordnung«, seufzte Jocelyn erleichtert.

»Und andere Frauen sind nicht da?«, Graham lächelte, nicht ganz so erleichtert.

»Nein«, sagte ich, »tut mir Leid. Aber Rita ist eine unserer Besten. Und sehr erfahren.« Ich kam mir vor wie ein Autoverkäufer.

Ich rannte wieder in die Küche, um Rita die frohe Botschaft zu überbringen, und rannte gerade mit Grahams 320 Dollar hoch ins Empfangsbüro, als ich ein Wispern hinter mir hörte.

»Schätzchen!« Rita stand unten am Treppenabsatz. »Ich werde mich auch um die Frau kümmern. Bring mir bitte ein paar Dams mit.«

»Dams?«

»Ja, im Partyraum sind noch ein paar. Und Champagner.«

Für jede einstündige Buchung spendierte das Haus eine Flasche Champagner. Aber was zum Teufel hatte es bloß mit diesen beknackten Dams auf sich?

Ich arbeitete heute mit Maxine zusammen und wieder mit Pip, die mir versicherte, ich sei überhaupt keine Last, aber später nachfragte, für welche weiteren Schichten man mich eingeteilt hätte. Obwohl sie mit ihren sechsundzwanzig Jahren die jüngste Empfangsdame war, war sie auch die tüchtigste. Sie wog nichts, rauchte lange weiße Zigaretten, sprach gebieterisch mit allen Frauen, addierte Riesensummen im Kopf und sprach fließend Japanisch.

Pip war mir gegenüber immer sehr freundlich und hilfsbereit, außer wenn sie unter Stress stand. Später stellte ich fest, dass sie trotz ihrer ungeheuren Kompetenz ein bisschen überspannt war und zum Dramatisieren neigte. In stressigen Nächten konnte einer meiner Fehler dazu führen, dass sie hochging wie eine Rakete und man sich wunderte, was für gewaltige Explosionskräfte in diesem zierlichen Körper steckten.

Maxine, die hinter Pips Rücken gern mit den Augen rollte, war ebenfalls hoch qualifiziert, da sie als Empfangsdame bei der Konkurrenz gearbeitet hatte. Blue Angels war eine kleinere und exklusivere Escort-Agentur. Geleitet wurde sie von einem Ex-Polizisten, der eine Vollzeit-Maskenbildnerin und einen Friseur für seine Mädchen beschäftigte, wie Maxine mir in ihrem monotonen, aber freundlichen Tonfall anvertraute. Doch während Sam fünfzig Prozent nahm, nahmen Boris und Didi nur vierzig, deshalb kamen viele von Sams Mädchen zu uns. Maxine, die sogar noch weniger wog als Pip, war eine echte Taschenvenus und behauptete, erst einunddreißig zu sein. Mit ihrer ägyptischen Haut und ihren langen, steifgefärbten weißen Haaren sah sie aus wie ein Negativ. Und sie nannte alle Frauen Prinzessin, Schöne, Liebling oder Schätzchen. Genau genommen sagten alle zu allen Süße, Herzchen, Püppie oder Mausi, aber Maxine schaffte es, alle Kosenamen in einem Satz unterzubringen.

Auf der Suche nach den Dams kramte ich in der obersten Schublade mit dem Bürobedarf, wie Pip es mir aufgetragen hatte, aber ich entdeckte nur eine Riesenschachtel Kondome, eine Packung Gummihandschuhe und eine Rolle mit kleinen weißen Plastiktüten.

»Nichts«, sagte ich forsch, »sieht aus, als hätten wir keine Dams mehr.«

Pip hatte die Stressphase erreicht, deshalb stand Maxine auf, um mir zu helfen.

»Hier sind sie, Herzchen«, seufzte sie und drückte mir nonchalant die Rolle mit den kleinen weißen Plastiktüten in die Hand.

»Oh!«, rief ich und riss sieben davon ab.

Das müsste reichen, egal wozu.

»Hier, bitte«, sagte ich und rannte fast in die nackte Rita, die in der Tür des Partyraums stand und am Dimmer drehte.

Als ich den Blick abwandte, sah ich, dass sich Jocelyn und Graham bereits ihrer Kleidung entledigt hatten, die in einem Haufen auf dem Bett lag. Offenbar waren die beiden in der Dusche.

»Und der Champagner, Schätzchen?«

Mist!

Ich sprang die Stufen hinunter in die Küche, wo ich fast mit einer wunderschönen Schwarzen zusammengekracht wäre. Ich stellte mich hastig vor, während ich eine Flasche Champagner aus dem Kühlschrank nahm, die guten Gläser und das Tablett herausholte und dann hektisch nach einem Korkenzieher suchte.

»Für Champagner du brauchst kein Korkenziehär«, sagte sie mit leichter Verwunderung und starkem französischen Akzent.

»Natürlich nicht«, lachte ich.

Und schon drehte ich mich wie Speedy Gonzalez auf dem Absatz um und stürmte drei Stufen auf einmal nehmend wieder nach oben. Als ich schwitzend und keuchend ins Zimmer platzte, fand ich den halb nackten Graham, die ebenfalls halb nackte Jocelyn und die völlig entblößte Rita in ein höfliches, vor-koitales Geplauder vertieft.

»Bitte schön!«, zirpte ich mit knallrotem Kopf, während ich das Tablett auf dem Nachttisch absetzte und geflissentlich jeden Blickkontakt vermied.

»Und schon bin ich wieder weg!«

Zurück in der Sicherheit unseres Büros ließ ich mich an meinen Schreibtisch fallen, wischte mir den Schweiß von der Stirn und untersuchte eine der rätselhaften weißen Plastiktüten unter der Lampe. *Leckbares Latex*, stand da, *Made in Malaysia*. Das kleine 10x6 cm große Latextüchlein im Innern sollte angefeuchtet und dann beim Oralsex über die gesamte Vulva oder den gesamten Anus gelegt werden. Ich nahm das Lecktuch heraus und hielt es gegen das Licht. Es roch wie ein Luftballon. Ich fragte mich, was passieren würde, wenn ich es über meinen Mund legen und hineinpusten würde.

Maxine schaute mich an.

»Oh«, erinnerte ich mich plötzlich, »da ist eine Schwarze in der Küche.«

Delilah stamme aus Afrika, teilte man mir mit, und weil sie eine illegale Einwanderin sei, brauche sie keine Steuern zu zahlen. Ich schloss daraus, dass einige Frauen mehr Steuern zahlten als andere, und betete, dass ich keine weiteren Einzelheiten erfahren würde.

»Sie hat einen tollen französischen Akzent.«

Maxine lächelte. »Ich weiß«, sagte sie und drehte in ihren Haaren, »trotzdem stammt sie aus Afrika.«

Fünfzehn Minuten später nahmen Pip und Maxine Anrufe entgegen und taten so, als seien sie nicht abgelenkt von dem immer enthusiastischeren Geseufze und Gestöhne, das von oben aus dem türlosen Raum drang. Ich versuchte, ihren Blick einzufangen, um ihnen ein Lachen zu entlocken, aber sie wollten offenbar beide so tun, als ob nichts wäre. Also spielte ich weiter mit meinen Dental Dams. Ich war stolz. Vor einer halben Stunde hatte ich drei Erwachsene unter dem Blick eines ausgestopften Elchs miteinander bekannt gemacht, und jetzt hatten sie da oben Sex miteinander.

Eine Stunde später stand ich an der Eingangstür, als Rita sich küsschengebend von ihrem Paar verabschiedete wie von alten Freunden nach einer Dinnerparty. Mir blieb es überlassen, die peinlichen Fragen zu stellen. Waren sie zufrieden mit dem Service? Wie hatten sie von uns erfahren? Doch sobald Rita verschwunden war, um sich zu duschen, zog Graham mich fast brutal in den Warteraum, gefolgt von Jocelyn.

»Hör zu, Merrily, wir wollen noch ein Mädchen.«

»Jetzt?«, fragte ich ungläubig und sah von einem zum anderen.

»Ja, aber nicht hier«, grummelte Graham. »Kannst du uns jemanden nach Hause schicken?«

Das war neu für Jocelyn.

»Nicht jetzt, Graham!«, rief sie und packte ihn am Arm.

Graham riss seinen Arm los und packte meinen. »Wir wohnen gleich um die Ecke, Merrily. Also, kannst du uns jemanden schicken?«

»Ja, natürlich ...«, versprach ich und befreite meinen Arm aus Grahams Griff.

»Nicht jetzt, Liebster«, flehte Jocelyn, und ich trat einen Schritt zurück, um meine Arme in Sicherheit zu bringen. »Meine Güte, wir hatten gerade eine. Wir brauchen nicht –«

»HÖR MAL!«, brüllte Graham plötzlich. »ICH HATTE KEINEN ORGASMUS!«

Graham funkelte Jocelyn wütend an. Jocelyn schaute mich an. Ich schaute den Elch an.

Schweigen.

»Ich auch nicht«, wimmerte Jocelyn schließlich, »aber weißt du, Liebster –«

»ABER ICH WILL EINEN – JETZT!«

Ich fragte mich, ob die Frauen uns oben hören konnten.

»Schatz, ich kann dir doch einen Orgasmus machen«, flehte Jocelyn, aber Graham drehte ihr den Rücken zu.

»Und könnte sie vielleicht etwas jünger sein?«, fuhr er fort, während er mir seine Karte in die Hand drückte, »aber nicht zu vollbusig.«

Ich griff nach einem Stift, um mich zu beschäftigen. »Nicht ... vollbusig ...« Das war ebenfalls neu. »Wie alt?«

»Achtzehn«, schoss Graham zurück.

»Du liebe Güte! So alt ist meine Tochter«, protestierte Jocelyn. »Dreißig«, befahl sie meinem Stift.

»Achtzehn!«, diktierte Graham.

»Um Gottes willen, Graham!«

Diplomatisch schrieb ich »achtzehn bis dreißig«.

»Wie lang?«, drängte Graham.

»Etwa 160 Zentimeter«, hätte ich fast gesagt, aber ich unterdrückte den Impuls.

»Oh, in einer halben Stunde?«, bot ich fröhlich an. »Übrigens, wie habt ihr von uns erfahren?«

»Wir sind gute Freunde von Darius.« Jocelyn lächelte.

Darius?

»Darius Slade«, sagten sie im Chor.

Die Wände des Büros waren über und über mit Merkzetteln zu Darius Slade tapeziert. Zettel wie:

PANDORA GEET NIE ZU DARIUS SLADE!
NEUE MÄDCHEN MÜSEN FOR DARIUS SLADE GEWARNT WERDEN!
WIR AXEPTIEREN KEINEN SCHECKS, AUSER VON DARIUS SLADE.

Innerhalb von 20 Minuten hatte Maxine ein Mädchen namens Bree zu Jocelyn und Graham geschickt. Anscheinend gehörte Bree zu den ganz besonders attraktiven Frauen: dreißig Jahre alt, klug und sehr gut mit Paaren, deshalb war ich überrascht, als ich am folgenden Abend von Sofia hörte, dass Jocelyn angerufen und sich beschwert hätte. Bree war offenbar eingetroffen, hatte ihre 320 Dollar plus 25 Dollar Taxigeld kassiert, um einen Erdnussbuttertoast gebeten und es sich dann vor dem Großbildfernseher von Jocelyn und Graham gemütlich gemacht.

»Aber das kann sie doch nicht machen!«, rief ich.

Sofia, unsere faschistische Bürovorsteherin mit der Rechtschreibschwäche, schaute mich nur an, aufgedunsen und gebeugt unter der Last ihres Wissens, und rieb sich das Kinn. Sie erinnerte mich an den in der Höhle sitzenden Marlon Brando in *Apocalypse Now.*

»Das Grauen.«

Sofia, der Stier

Sofia war ein überzeugendes Argument für alle Zeitschriftenastrologen. Nirgendwo auf der Welt konnte es ein besseres lebendes Beispiel für das Sternkreiszeichen des Stiers geben. Sie war sogar Spanierin. Mit ihrer untersetzten Figur, ihren großen braunen Augen und ihrer schwarzen Lockenmähne kommandierte und schikanierte Sofia uns alle von ihrem zentralen Schreibtisch aus wie ein korrupter mexikanischer General. Ihr Schreibtisch war die Frontlinie des Büros, ein Chaos aus Papieren, Zigarettenpäckchen, überquellenden Aschenbechern und leeren Kaffeebechern. Sofia war etwa Mitte vierzig und erinnerte mich mit ihrer erschöpften mediterranen Art an Anna Magnani. Das sagte ich ihr einmal. Es interessierte sie einen Fiedlerfurz. Das wusste ich, weil sie es mir sagte. Man wusste immer, was Sofia von einem hielt. Bevor Nachtschichten, Zigaretten, Kaffee, Scotch und Stress ihren Tribut von Sofia gefordert hatten, war sie eine betörende Schönheit gewesen. Auch das wusste ich, weil sie es mir sagte.

Bei meiner ersten Begegnung mit Sofia saß sie an ihrem Schreibtisch, sprach in eines der Telefone und rauchte eine Zigarette, als ich abends zur Arbeit kam. Ich lächelte sie an; und sie musterte mich mit vager Erschöpfung, bevor sie mit ihrem Stuhl herumwirbelte, um das Gesicht in den Luftzug der geöffneten Balkontüren zu halten.

»Ich *weiß*, Didi«, protestierte Sofia ins Telefon. »Ja, ich weiß das, Didi! Das musst du mir nicht sagen, Didi, das hätte ich *dir* sagen können! … Natürlich ist das nicht gut genug. Hör zu … hör zu, Didi … *Nein!* Das hab ich ihr gesagt … Du weißt, wie oft ich ihr das gesagt hab! … Ja, Didi! … Mein Gott, Didi, das weiß ich nicht … Moment, Didi –«

Sofia legte eine Hand über die Muschel, zog an ihrer Zigarette und murmelte in meine Richtung: »Schätzchen, könntest du mir das Ding da geben.«

Ich sah sie an, und Sofia deutete mit vager Geste auf meinen Schreibtisch. Ich suchte verzweifelt zwischen meinen Sachen nach einem »Ding«.

»Ja, Didi«, sagte sie und gestikulierte weiterhin wie wild in meine Richtung.

Ich fing an, einzelne Dinge hochzuhalten wie eine verzweifelte Kandidatin in einer Quizsendung. Kleber? Hefter? Gabel? Pfefferminz?

»Hör mal, Didi, ich hab's Boris gesagt – *Herrgott noch mal,* Schätzchen!«, brüllte Sofia. »Das *Ding*!«

Und so war es immer, wenn man mit Sofia arbeitete. Verwirrend, furchterregend und total erschöpfend. Das allabendliche Verhör durch Didi, die alles Mögliche wissen wollte, von der Menge des bestellten Klopapiers bis hin zu den wöchentlichen Einnahmen, gab den Ton vor, und ich verbrachte die nächsten zwölf Stunden damit, wie eine Irre durchs ganze Haus zu rasen, wusste nie genau, wovon Sofia sprach, konnte nie genau verstehen, was sie wollte, und bereitete ihr unendlichen Verdruss. Monate später sollte ich erkennen, dass dieses kontrollierte Chaos nur eine Tarnung war, mit der Sofia ihre eigene Unzulänglichkeit als Managerin überdeckte, aber sogar dann brachte es mich aus der Fassung.

Für Sofia war das Leben in der Tat ein Stierkampf. Die Welt hielt ihr ständig wedelnde rote Tücher vors Gesicht, und sie raste vor Wut. Schnaufend und keuchend stieß sie wilde Beschimpfungen aus und fluchte wie ein Landsknecht auf uns alle und auf unsere gnadenlosen, wild entschlossenen Versuche, sie mit unserer Inkompetenz ins Grab zu bringen. Nichts, was irgendjemand tat, war je gut genug, und wenn doch, was erwartete er – einen Orden oder was?

Sofia arbeitete seit fast zehn Jahren für Didi und Boris – und ich konnte beim besten Willen nicht verstehen, wieso. Als Managerin und Empfangsdame übernahm sie vier Schichten die Woche: Zwei Nachtschichten am Freitag und Samstag und zwei Tagschichten am Montag und Dienstag. Sie kam immer eine Stunde zu früh, mit pfeifendem Atem und nach Luft japsend, nachdem sie auf dem ganzen Weg zur Arbeit nonstop geraucht hatte, und sie ging immer erst lange nach Schichtende (deshalb hatten wir ungern mit ihr zusammen Schicht). Wenn man Freitag- und Samstagnacht mit Sofia zusammenarbeitete, kam man am nächsten Morgen nicht vor neun Uhr nach Hause. Sogar nachdem die Anrufbeantworter sich angeschaltet hatten, nahm Sofia weiterhin Anrufe entgegen, anstatt den Papierkram zu erledigen oder den Fahrer zu bezahlen. Sie zögerte nicht, irgendein armes asiatisches Mädchen morgens um sieben aus dem Schlaf zu klingeln, um sie zu einem betrunkenen Kevin in Cronulla zu schicken. Obwohl die Kunden einen »Feierabend-Rabatt« in Höhe von 15 Dollar bekamen, blieben die Telefone in der Regel stumm. Sofia blieb trotzdem da und erwartete von uns, dass wir genau wie sie unbezahlte Überstunden leisteten.

Nicht mal als Schauspielerin war ich derart verrückten und finanziell undankbaren Erwartungen begegnet. Diese mysteriöse Arbeitsethik, die von unseren millionenschweren Bossen ausgeheckt und von ihrem treuen Toreado umgesetzt wurde, erschien mir sogar noch rätselhafter, nachdem ich Boris kennen gelernt hatte.

Boris ist im Haus

Es war mein drittes Wochenende im Bordell, und ich hatte Boris immer noch nicht getroffen. Ich würde Boris mögen, sagte man mir.

»Alle mögen Boris«, sagte Pip. »Er ist lustig.«

Um es zu beweisen, ging sie zu seinem majestätischen Schreibtisch, öffnete eine Schublade, drückte einen Knopf, und irgendein verborgenes Blechgerät trötete »Everbody loves Somebody«.

»Er schwärmt ein bisschen für Dean Martin.« Pip lächelte.

Hoffentlich war er lustiger als das.

»Er ist ein sehr unartiger Junge, Meredith«, warnte Maxine und fuchtelte drohend mit einer künstlich verlängerten Fingerkralle.

Maxine hatte die Angewohnheit, erwachsene Männer zu infantilisieren. Sogar Kronanwälte wurden von ihr als dumme, freche Bengels ausgescholten. Sie sprach mit ihnen wie Mutter und Hure in einer Person – eine Mischung, die bei Männern offenbar das Gefühl auslöste, herrlich ungezogen zu sein. Doch ich konnte einfach nicht verstehen, wie manche Männer eine Erektion aufrechterhalten konnten, nachdem man sie derart klein gemacht hatte.

Beide Frauen lieferten urkomische Imitationen von Boris, unserem bayrischen Boss, der offenbar die merkwürdige Angewohnheit hatte, seine eigenen Ohren zu tätscheln. Ich würde das besser verstehen, versicherten sie mir lachend, wenn ich ihn um Mitternacht kennen lernte.

»Du gehst besser nach unten und holst ihm einen sauberen Aschenbecher, Meredith, Schätzchen.« Maxine machte ein Gesicht wie eine Grinsekatze, die nicht prahlen will, aber genau weiß, was ihrem Herrchen gefällt.

Mir machte es nichts aus, nach unten zu gehen, da ich neugierig war, ob ich einem der sechzig Namen, die ich neben meinem Schreibtisch an die Wand geklebt hatte, ein weiteres neues Gesicht zuordnen konnte. Außerdem war ich gespannt, ob ich noch weitere Frauen kennen lernen würde, die meine ganzen Vorurteile über Sexarbeiterinnen komplett über den Haufen warfen. Ich hatte nicht nur junge Studentinnen und Rucksacktouristinnen kennen gelernt, sondern auch Hausfrauen, allein erziehende Mütter und Akademikerinnen, einige davon über vierzig. Doch am erquickendsten war, dass es in einer Branche, die auf die sexuellen Wünsche und Fantasien von Männern zugeschnitten war, so viele kräftig gebaute, mollige Frauen gab, die ihre Üppigkeit selbstbewusst als ihren reizvollsten Pluspunkt betrachteten. Das war ungeheuer inspirierend für eine Frau wie mich, deren zwanghafter Schlankheitswahn schon mal bis zur

Bulimie geführt hatte. Ich war an eine Branche gewöhnt, die ihre Frontfrauen unter Druck setzt, damit sie Hungerkuren machen, weil sie dadurch angeblich reizvoller für das männliche Publikum werden. Doch Boris und Didi hatten offenbar eine weniger begrenzte Vorstellung von männlichen Vorlieben, denn sie beschäftigten zahlreiche vollbusige Rubensfrauen, die essen durften, so viel sie wollten, solange sie hinterher gurgelten.

An diesem Abend traf ich jedoch keine neuen Frauen mit überraschenden Biografien in der Küche oder im Aufenthaltsraum. Mir war aufgefallen, dass nur etwa ein Dutzend aus Didis Stab von sechzig Frauen den Wechsel zum internen Geschäft mitgemacht hatte. Und da die meisten von ihnen nur ein oder zwei Nächte die Woche arbeiteten, schien der Aufenthaltsraum im Erdgeschoss immer von denselben Verdächtigen besetzt zu sein: Shelby, Rita, Antoinette, Maya und die schwarze Exotin Delilah.

Delilah war so schön, dass es nicht mehr lustig war. Überhaupt nicht lustig war außerdem, dass ich kein Wort verstand, wenn sie sprach. Akzente waren noch nie meine Stärke gewesen, und jedes Mal, wenn Delilah etwas sagte, klang es für mich wie reinstes Französisch. Und doch schienen alle außer mir sie hervorragend zu verstehen.

Sie saßen alle um den Küchentisch, als Delilah mich kalt erwischte.

»Mairdite, ködubisofiafranwiebüischul?«

Ich schaute Delilah an. Sie schaute mich an. Ich schaute die anderen am Tisch an. Alle warteten auf meine Antwort.

Delilah hatte eine perfekte Haut, und sie trug immer ein langes, eng anliegendes schwarzes oder silbernes Kleid über ihrer kurvenreichen Traumfigur. Alles an Delilah war perfekt gerundet, von ihren Augen und ihrem Mund bis zu ihrem Po. Und sie wartete auf eine Antwort.

»Sie möchte, dass du Sofia fragst, wie viel Gebühren sie schuldet«, brüllte Shelby, als ob ich taub wäre.

»Genau«, sagte ich schließlich. »Sie ist nicht da, Delilah, aber ich werde Pip fragen.«

Kleine Falten erschienen auf Delilahs makelloser Stirn. Offenbar konnte sie mich auch nicht verstehen.

»Sie wird Pip fragen«, brüllte Shelby ihr zu.

Und so war es immer mit mir und Delilah. Wenn Shelby, die tagsüber als Finanzberaterin arbeitete, nicht da war, um zu dolmetschen, waren wir rettungslos verloren. Ich trollte mich mit Boris sauberem Aschenbecher nach oben.

Dort setzte Pip mich davon in Kenntnis, dass wir die Frauen auf der Exklusiv-Leitung jetzt für 700 Dollar die Stunde losschicken könnten.

»Wer zahlt 700 Dollar für eine Frau?«, krähte ich.

»Du hast Genevieve noch nicht gesehen, oder, Schätzchen?«, fragte Maxine, als ob ich andernfalls keine derart idiotische Frage stellen könnte.

Pip fand die Frage auch idiotisch. »Anscheinend nicht«, spottete sie und holte tief Luft.

Wir hatten ein oder zwei »außergewöhnliche Frauen«, erklärte sie ausatmend, bei denen man sich fest darauf verlassen konnte, dass sie 500 Dollar oder 700 Dollar verlangten, sobald sie ein Hotel betraten. Den Spitzenrang unter den Exklusiv-Frauen nahm Genevieve ein.

Oder Pandora, warf Maxine ein, wenn sie nicht gerade einen im Tee habe, aber das sei eine andere Geschichte.

Pip, die gut mit Genevieve befreundet war, versicherte mir, sie sei ein wahres Vollblut in einem Stall voller Shetlandponys. Eine majestätische Blondine mit cooler Art, erstklassiger Garderobe und einer atemberaubenden Figur. Genevieve war immer die Erste, die wir zu irgendwelchen durchreisenden Würdenträgern oder Berühmtheiten schickten. Dann vergaßen meine beiden Kolleginnen mich, als sie über Genevieves neue Bulgari-Uhr in Form einer Schlange ins Schwärmen gerieten, bis Pip plötzlich einen Finger in die Luft hielt und ihre Kollegin mitten im Satz mit einem unhöflichen »Schscht« unterbrach. Einen Moment lang blieb es still, dann schallte plötzlich lautes Gelächter aus der Küche im Erdgeschoss.

»Boris ist da«, verkündete Pip.

Ich folgte ihrem und Maxines Beispiel, räumte meinen Schreibtisch auf und versteckte meinen Pizzakarton. Gespannt und aufgeregt erwartete ich den Auftritt meines neuen Chefs.

»Grüß Gott miteinander«, sagte ein kleiner blonder Mann von etwa sechzig an der Tür. Er hatte traurige Augen, ein breites Lächeln und trug einen karierten Anzug.

Während Pip und Maxine sofort in Kicheranfälle und Ausrufe wie »Jetzt gibt's Ärger!« und »Pass bloß auf!« ausbrachen, bemerkte ich, wie mein neuer Boss mich heimlich musterte.

Boris, der sich unbestreitbar liebenswert fühlte, ging ununterbrochen glucksend zu seinem Schreibtisch und stellte seinen Aktenkoffer ab. Dann drehte er sich zu uns um, rieb sich die Hände und tat es: Er tätschelte seine Ohren. Ich erkannte jetzt, dass die Geste dazu diente, sein sorgfältig geföhntes Haar zu glätten, das wohl einmal grau gewesen war, jetzt aber in einem dezenten Blondton erstrahlte. Es umschmeichelte sein attraktives, humorvolles Gesicht wie eine Schneekappe einen bayrischen Alpenberg. Boris' taubenblauer Anzug war eine Symphonie aus Karos und Streifen, die sich zum Muster eines Fernseh-Testbilds vereinigten. Seine weiß-blauen Schuhe waren auf Hochglanz poliert ebenso wie seine erstaunlich langen Zähne. Und ich bin sicher, er hatte irgendwas auf seinen Anzug gesprüht, denn er zog bei jedem Schritt einen ganzen Rosengarten hinter sich her.

»Alles klar, Mädels?« Boris klatschte grinsend in die Hände.

»Alles klar, Boss«, antworteten die Frauen im Chor, und alles lachte.

»Grüß Gott, Meredit«, sagte er schließlich und kam lächelnd auf mich zu, nervös seine Ohren tätschelnd.

Doch als ich aufstand, um ihm die Hand zu schütteln, zuckte Boris zurück, sichtlich irritiert, weil ich seine knapp 1,60 m um mehrere Zentimeter überragte.

»Hat man dir erklärt, wie der Laden hier läuft?«, fragte er, während sein Blick nervös zwischen meinem Kopf und dem Teppich hin- und herwanderte und er sich weiter wie besessen die Ohren tätschelte.

»Ja«, entgegnete ich und setzte mich schnell wieder hin. »Ich glaub, langsam hab ich den Bogen raus.«

»Gut … gut. Und arbeit'st unten?«

»Klar«, lächelte ich. »Das find ich okay.«

»Gut. Und find'st es auch okay, wenn so viele Frauen in der Küche sitzen? Ich nämlich nicht!« Boris blickte lachend von Maxine zu Pip, die mich mitleidig lächelnd ansahen.

»Habe ich was falsch gemacht?«, fragte ich.

Pip lächelte liebenswürdig und rezitierte, dass es zu meinen Aufgaben als interne Empfangsdame gehöre, die Anzahl der Frauen im Haus so gering wie möglich zu halten. Das war mir neu. Brauchten wir nicht so viele Frauen wie möglich im Erdgeschoss, um sie den Kunden vorzustellen, die an der Haustür klingelten?

»Die Weibsbilder, die sich zu gut fürs interne Geschäft sind, sollen sich verpissen!«, brüllte Boris, offenbar verstört durch meine Frage.

Die Frauen, die ausschließlich als Begleiterinnen arbeiteten, fuhr Pip fort, sollten nur kurz vorbeikommen, um ihr Geld abzuholen und dann sofort wieder gehen.

»Ich will nicht, dass sie in meiner Küche hocken und Ärger machen«, bellte Boris. »Zu viele Weiber in der Küche bedeutet zu viel Getratsche. Das duld ich nicht!«

Nervös seine Ohren tätschelnd, sah Boris mich von der Seite an, während er sich setzte, und schien ein bisschen verlegen wegen seines plötzlichen Ausbruchs und des ersten Eindrucks, den er damit auf die Bohnenstange gemacht hatte, die von seiner Frau als Empfangsdame eingestellt worden war.

Boris war ein zutiefst misstrauischer Mann, wie ich später feststellen sollte, und fest davon überzeugt, dass zwei Frauen, die man länger als fünf Minuten unbeaufsichtigt an einem Küchentisch sitzen ließ, sofort anfingen, Vergleiche zwischen seinem und einem besseren Bordell anzustellen, sodass die Gefahr eines Aufstands drohte. Boris wandte sich seinem Computer zu. Meine Kolleginnen lächelten mir zu und steckten die Nase in ihren Papierkram. Alles war still.

Ich wusste, dass der liebenswerte Dean-Martin-Imitator, den meine beiden Bonsai-Kolleginnen so erheiternd fanden, mir leider vorenthalten bleiben würde. Einige kleine Männer reagieren auf eine große Frau wie auf die Aufforderung, ein Auto mit außen angebrachtem Lenkrad zu fahren. Und jetzt musste ich nach unten, mich allen möglicherweise anwesenden neuen Frauen vorstellen und die »Nur-Begleiterinnen« zum Gehen auffordern. Als ich unsere Tür öffnete, schallte mir aus der Küche brüllendes Gelächter entgegen. Es klang nach einem aufgekratzten Weiberhaufen in bester Partylaune.

»Und sag Urszula, sie soll net so aan Radau machen«, befahl der Bayer von seinem Computer.

»Urszula?«, fragte ich kleinlaut.

»Saphir«, antwortete Pip. »Urszulas Arbeitsname ist Saphir. Sie hatte zwei Wochen frei. Hast du sie noch nicht kennen gelernt?«

»Lass dir nichts von ihr gefallen«, warnte Maxine.

»Vielleicht sollte ich dich nach unten begleiten«, überlegte Pip.

»Denk dran, Hunde die bellen, beißen nicht, Süße«, tröstete Maxine.

»Wenn sie wieder rumjammert, weil sie keine Buchungen –«, setzte Pip an.

»Was erwartet sie in ihrem Alter?«, fragte Maxine Pip.

»Hast du gesehen, wie kurz ihr Haar ist?«, fragte Pip Maxine.

»*Sag ihr einfach, sie soll die Klappe halten*!«, brüllte Boris, und ich war weg.

Bitte, lieber Gott, betete ich auf dem Weg nach unten, lass Saphir keine »Nur-Begleiterin« sein.

Ein kostbarer Stein aus Yorkshire

Als ich mich der Küche näherte, hörte ich eine Stimme, die so tief und dunkel war wie die von Glenda Jackson (wenn Glenda nordenglischer Abstammung und Kettenraucherin wäre). Die Stimme unterhielt die gesamte Truppe und einen männlichen Zuhörer.

»Also Patrick, mein Süßer«, röhrte Glenda, »das liegt daran, dass du der einzige Mann auf diesem Planeten bist, der kein verdammter Wichser ist.«

Schüchtern öffnete ich die Küchentür zu dem johlenden Gelächter. Wo waren die alle hergekommen? Die Küche war voll mit Frauen, die auf Bänken und Stühlen thronten, sich am Herd zusammendrängten und alle wie gebannt der kleinen Gestalt lauschten, die mit den Händen in den Hüften vor mir stand. Ich blieb reglos stehen. Rechts von mir, an der anderen Seite des Raums und halb verborgen im Aufenthaltsraum, stand Patrick mit rotem Kopf und beugte sich lachend über eine Zigarette.

Neben ihm saß Antoinette in einer Rauchwolke. Das Geschöpf vor mir, das von seinem fast kahl geschorenen, weißgebleichten Kopf bis zu den hohen schwarzen Lederstiefeln in einem hautengen ledernen Catsuit steckte, wirbelte herum.

»Wer zum Teufel bist du denn?«, brüllte es.

Saphirs Gesicht bestand hauptsächlich aus Zähnen und Wangenknochen, wie bei einer Albino-Grace Jones. Mit einer großen Sonnenbrille verschaffte sie sich einen weiteren Vorteil gegenüber ihrem Opfer.

»Meredith«, stotterte ich und schaute auf sie herunter.

Es war mucksmäuschenstill im Raum, abgesehen von einigen Kichergeräuschen und dem entfernten Grollen heraufziehender Demütigungen. Saphir trat einen Schritt zurück, um mich in meiner Geigeruniform zu inspizieren, und alle warteten auf die Pointe. Ich konnte auch witzig sein, aber der Zeitpunkt war ungünstig.

»Und ich nehme an, Mer-e-dith, du arbeitest nicht auf *unserer* Seite?«

Ich wusste nicht, was schlimmer war, das Gejohle der Frauen oder Patricks mitleidiges Lächeln.

»Nein«, sagte ich, während mir das Blut in die Wangen schoss.

»Nein«, äffte sie mich nach und nickte anerkennend. »Und wirst du mir Aufträge verschaffen, Meredith? Oder bist du genauso nutzlos wie die anderen blöden Schlampen da oben?«

Alle lachten, also lachte ich auch, bis mir klar wurde, dass Saphir auf eine Antwort wartete.

»Klar werde ich dir Aufträge verschaffen«, versicherte ich hastig.

Saphir sah mich einen Moment lang prüfend an, und keine Stecknadel fiel zu Boden, während wir alle auf ihr Urteil warteten. Plötzlich warf sie den Kopf in den Nacken und lachte schallend los. Alle stimmten erleichtert in das Lachen ein, vor allem ich.

»Wart mal 'ne Minute«, bellte sie und brachte erneut alle zum Verstummen.

Saphir umkreiste mich drohend wie eine Raubkatze und musterte mich eingehend von Kopf bis Fuß.

»*Ich kenne dich*«, knurrte sie.

Sogar die robusteren Frauen sahen nervös aus.

»Woher kenne ich dich, Meredith?«

»Nun«, stammelte ich, »ich hab auch das Gefühl, dich von irgendwo zu kennen.«

Es stimmte. Ich hatte das Gefühl, Saphir aus einer Million Fernsehserien zu kennen, in denen sie eine taffe, fluchende Prostituierte gespielt hatte. Wer weiß, vielleicht hatte sie in den Achtzigern auch eine Punkband geleitet? Sie strahlte die Art von Präsenz aus, die man nur auf einer Bühne ausleben kann. Während wir stehen blieben und uns weiter neugierig taxierten wie in einer Art mexikanischen Pattsituation, löste Saphirs Publikum sich allmählich auf, schlenderte in andere Räume oder aus der Hintertür, um eine zu rauchen. Pause zwischen den Akten.

Zwei Frauen blieben auf dem Tresen sitzen. Marcelle, eine honigblonde Rubens-Schönheit, und Trixie, ihre zierliche Freundin mit dem kurzen schwarzen Bob, betrachteten mich mit einvernehmlichem Nicken. Wie Saphir hatten auch sie das Gefühl, mich von irgendwo zu kennen.

»Genau. Das wurmt mich schon die ganze Zeit«, grummelte Trixie, mit der womöglich tiefsten Stimme, die ich je gehört hatte.

Ich zuckte lächelnd mit den Schultern und fing an, den Geschirrspüler einzuräumen, während sie mich weiter kritisch beäugten. Inzwischen wusste ich, dass die Frauen das unbestimmte Gefühl, jemanden zu kennen, alles andere als angenehm fanden. Schließlich könnte ich eine Freundin der Familie sein. Und obwohl es mir möglich gewesen wäre, sie von ihrer Ungewissheit zu erlösen und ihnen zu sagen, dass sie mich wahrscheinlich in *Nachbarn* oder *Play School* gesehen hatten, wollte ich lieber in der Rolle der Beobachterin bleiben, als selbst zum Gegenstand der Beobachtung zu werden.

Als ich wieder nach oben kam, erfuhr ich, dass Boris ins Kasino gegangen war und erst um vier zurückkommen wollte. Eine feste Angewohnheit, wie meine Kolleginnen mir mitteilten. Erleichtert, dass ich nicht die ganze Nacht den Kopf einziehen musste, stellte ich Maxine eine Million Fragen nach Saphir.

Urszula oder Saphir, wie sie genannt werden wollte, war (laut ihrer Karte) dreiundvierzig, eine qualifizierte Kampfsportlerin und hatte in der ganzen Welt als Bodyguard, Rausschmeißerin und Security gearbeitet. Man munkelte, sie habe in Amerika für die Mafia gearbeitet, dann für die Mafia hier in Sydney. Ob wahr oder nicht, Saphir kannte jeden Drogendealer, jeden Zuhälter und jeden Zentimeter des Rotlichtbezirks von Sydney wie ihren genickzertrümmernden Handrücken.

»Deshalb ist sie zu Didi und Boris gegangen«, sagte Pip, »um von der ganzen Szene wegzukommen.«

Ich war nicht sicher, ob man dem Sumpf des organisierten Verbrechens entfliehen konnte, wenn man als Prostituierte in Darlinghurst tätig war. Wäre es nicht besser, wenn sie irgendwo als Bibliothekarin arbeiten würde?

»Und ihr Körper ist als tödliche Waffe registriert«, fügte Maxine mit Grabesstimme hinzu.

»Wenn du einen bestimmten Level in einer Kampfsportart erreichst«, erklärte Pip, »musst du deinen Körper offiziell als tödliche Waffe anmelden. Du brauchst quasi einen Waffenschein wie bei einer Knarre.«

»Von denen hat sie auch eine, oder?«, fragte Maxine an Pip gewandt.

Ja, nickte Pip bestätigend.

Offenbar hatten Boris und Didi sich Saphir gegenüber sehr loyal verhalten, ihr sogar erlaubt, als Empfangsdame zu arbeiten, als sie keine Aufträge mehr bekam. Doch sie war so laut am Telefon, dass die anderen Empfangsdamen ihre eigenen Gedanken nicht mehr hören konnten. Daraufhin kehrte Saphir zu den anderen Frauen im Erdgeschoss und einem sehr niedrigen Einkommen zurück.

»Wir haben eine blonde Lady, die wir dir schicken könnten, Gary, eine reifere Lady, mit kurzem blonden Haar, sehr temperamentvoll, sexy ... ja, kurzes Haar, Gary ... etwa einen Zentimeter. Hallo?«

Obwohl Antoinette laut ihrer Karte ein Jahr älter war als Saphir, war sie ihr gegenüber durch ihre langen blonden Haare und Doppel-D-Körbchen im Vorteil.

»Und Antoinette ist eine *Dame*, weißt du?«, erklärte Maxine mit nachdrücklichem Nicken, und ich nickte bestätigend zurück.

Es stimmte. In einem tragischen Sinn war Antoinette eine Dame, wie Tennessee Williams sie beschrieben haben könnte. Trotz ihrer vierundvierzig oder mehr Jahre sprach sie mit bebender, atemloser Stimme und lachte wie ein kleines Mädchen. Aber Antoinettes Schönheit war am Verblühen, und manchmal schaute sie verwirrt und ratlos auf all die jungen Frauen, die in der Küche herumsaßen. Antoinette spürte, dass sie nicht mehr dazugehörte, und saß allein mit ihrer Zigarette an der Hintertür – abgeschnitten von den anderen wie eine vorgelagerte Insel an der Küste. In manchen Nächten wirkte sie gelassen, doch in anderen hatte sie den wilden, gehetzten Ausdruck eines zutiefst unglücklichen, ja gestörten Menschen.

»Wo wohnt Saphir?«, kehrte ich zu ihrer vergnügteren, wenn auch benachteiligten C-Körbchen-Kollegin zurück.

»Nirgends«, antwortete Pip.

»Sie ist untergetaucht«, soufflierte Maxine.

»Hat keine Adresse«, sagte Pip.

»Keine Steuernummer«, ergänzte Maxine.

»Und keine Krankenversicherung«, seufzte Pip.

»Also schläft sie hier?«, fragte ich hoffnungsvoll.

»NEIN!«, erklang es entsetzt im Chor.

Keine der Frauen schlief jemals im Gebäude. Das war eine eiserne Regel. Auch wenn eine Frau in einer Krise steckte oder obdachlos war, durfte sie nicht in einem der drei leeren Schlafzimmer oder auf einem der im Überfluss vorhandenen Sofas übernachten. Nein. Na gut. Und wo übernachtete Saphir dann?

»In ihrem Auto«, antwortete Pip.

»Mit Rex, ihrem Hund.« Maxine lächelte traurig und genoss das Pathos.

Mein Telefon klingelte. Eine mit »Küche« beschriftete Leitung blinkte auf. Das war neu.

»Hallo«, sagte ich nervös.

»Die verdammte Milch ist alle!«, brüllte sie.

»Hi, Saphir.«

»Und das verdammte Brot auch.«

»Ich schick sofort Patrick los, damit er was besorgt.«

»Und wo bleiben meine verdammten Aufträge, Meredith?«

»Ich werde mich sofort drum kümmern, Saphir.«

»Das ist mein Mädchen!«

Obwohl sie mich zum Schwitzen brachte, gefiel es mir, Saphirs Mädchen zu sein.

Sofias morgendliche Verabredung

Sofia wurde nie warm mit mir, weil sie argwöhnte, dass ich nicht lange durchhalten würde, sodass sie wieder ganz von vorn anfangen und eine weitere blutige Anfängerin einarbeiten müsste. Ich weiß nicht, warum sie das so persönlich nahm, weil die ganze Einarbeitung sowieso von den anderen Empfangsdamen übernommen wurde. Aber Sofia misstraute mir noch aus anderen Gründen. Ich war zu nett. Ich stellte mich zu dumm. Und je besser ich mich mit den anderen Kolleginnen und den Frauen im Erdgeschoss verstand, desto größer wurde Sofias Argwohn. Sie und Boris sprachen mit gedämpften Stimmen vor der Bürotür und kamen dann lächelnd herein, als könnten sie kein Wässerchen trüben. Ich versuchte, meine Paranoia zu zügeln. Schließlich hatte ich nichts zu verbergen. Außer dass ich Schauspielerin war und den Job auf der Stelle hinschmeißen würde, sobald ich eine Rolle bekam.

Sofia stellte wie Boris eine Herausforderung für mich dar. Ich wollte, dass sie mich mochte, obwohl sie als Vorgesetzte eine grausame Sadistin sein konnte. Außerdem war ich fasziniert von ihrer geheimnisvollen Vergangenheit und ihrer Loyalität gegenüber Boris und Didi. Darüber hinaus respektiere ich instinktiv jeden, der mehr als drei Sprachen spricht. Sofia sprach vier, fließend. Oft riefen ausländische Geschäftsleute aus den großen Hotels an und fragten nach Sofia. Dann lauschte ich in stummer Ehrfurcht den exotischen französischen, italienischen oder spanischen Lautgebilden, die aus ihrem Mund kamen, wenn sie die Anrufe abwickelte. Ich kämpfte im zweiten Jahr mit der Alliance Française. Als ich Sofia sagte, dass ich montags immer frei haben müsse, um zu meinem Französischkurs zu gehen, hatte ich gehofft, es würde sie beeindrucken. Doch sie nickte nur, grinste andeutungsweise, während sie an ihrer

Zigarette zog, und fragte, ob ich ihre Anordnung befolgt und den Müll rausgetragen hätte.

Wir saßen alle im Firmenmercedes. Patrick fuhr uns nach Hause, und da wir eine Freitagnachtschicht mit Sofia gehabt hatten, war es jetzt nach acht Uhr am Samstagmorgen. Das kühlere Aprilwetter bedeutete, dass wir mit geschlossenen Fenstern fuhren und ich am Ersticken war. Patrick rauchte wie ein Schlot, und auf dem Rücksitz qualmten Sofia und Raeline um die Wette, als hätte man sie die ganze Nacht auf Entzug gesetzt.

»Setzt du mich beim Kasino ab, Patrick?«, fragte Sofia.

»Willst du wirklich um diese Uhrzeit ins Kasino, Sofia?« Ich wandte mich nach hinten und bekam eine dicke Rauchschwade ins Gesicht.

»Tja, sieht so aus, Schätzchen!«, gluckste Sofia im Einvernehmen mit Raelene.

Ich wandte mich wieder nach vorn. Sofia wohnte in Burwood, mit wem wusste ich nicht. Sie war um 19 Uhr völlig erschöpft zur Arbeit erschienen, und jetzt, fast vierzehn Stunden und zwei Päckchen Winfield später, wollte sie ins Kasino.

»Am Vordereingang, Sofia?«, sang Patrick.

»Ja, bitte.«

»Soll ich warten, für den Fall, dass du ihn wieder nicht findest?«

»Nein«, stöhnte Sofia. »Ich finde ihn.«

Ich lernte gerade dazu. Je weniger Interesse ich zeigte, desto mehr Informationen flossen.

»Letztes Mal hab ich ihn schlafend in einem der großen Sessel gefunden«, schnaubte Sofia.

Patrick lachte.

»Das war nicht witzig«, blaffte Sofia, und Patrick hörte auf zu lachen. »Er war stinksauer auf mich. Brüllte mich mitten im Kasino an wie ein Bekloppter, weil ich zu spät kam.«

Ich versuchte mir vorzustellen, wie jemand Sofia anbrüllte.

»Dann haben wir alles beim Black Jack verloren und sind nach Haus gefahren.«

Ich schaute aus dem Fenster, während wir an dem Hotel vorbeifuhren, in das ich gerade Antoinette in ihrem schwarzen Abendkleid zu einem Treffen mit Gunter in Zimmer 3401 geschickt hatte. Ich bemerkte all die verrückten Leute auf der Straße, die so durcheinander waren, dass sie jetzt ihre Geschäfte öffneten und ihre Kinder zum Ballettunterricht fuhren. Na ja, vielleicht waren wir auch die Verrückten. Ich war zu müde, um darüber nachzudenken. Ich wusste nur, dass Sofia einen Mann hatte, der sie anbrüllte, wenn sie ihn schließlich im Kasino aufstöberte, nachdem sie eine 13-Stunden-Schicht im Bordell gearbeitet hatte. Das hörte man nicht jeden Tag.

Gefährliche Spürnasen

Es war eine merkwürdige Art, andere Frauen kennen zu lernen. Ich las zum Beispiel die Karte von Theresa und wusste, dass sie Männer anpinkelte, noch bevor ich sie überhaupt gesehen hatte. Das war gelinde gesagt ungewöhnlich. Doch der Job brachte es mit sich, dass ich in alle möglichen intimen Einzelheiten eingeweiht wurde, mitunter von den Frauen selbst.

»Ich kann heute Nacht nicht arbeiten, Meredith. Ich habe Soor.«

»Wer spricht da?«

»Alexandra. Ich glaube, wir haben uns noch nicht kennen gelernt.«

Sogar die Kunden riefen an, um beängstigende Beschwerden oder Komplimente vorzubringen, die sich auf so ziemlich alles bezogen – von der Intelligenz der Frauen bis hin zur Größe ihrer Vagina. Ich war eine wandelnde Datenbank voll mit lächerlich intimen Informationen über sechzig Frauen, die ich kaum kannte. Es gab mir kein Gefühl von Macht oder so. Wenn überhaupt, hatte es eher etwas Demütigendes.

An einem Dienstag, in einer kalten, regnerischen Nacht, war ich für Trudy eingesprungen. Die Telefone waren tot, und ich war nervös. Ihr Name war Daphne, sie sollte um acht Uhr kommen, und sie war die erste Frau, mit der ich ein Bewerbungsgespräch führen würde. Ich musste Daphne viele persönliche Fragen stellen und wusste ehrlich gesagt nicht, ob ich das konnte, wenn wir uns beide im selben Raum befanden. Genauso schlimm war, dass unten im Aufenthaltsraum lauter Frauen vor dem Fernseher saßen. Das war zwar an sich noch nichts Beängstigendes, aber heute Nacht, gegen halb neun, würde ich auf Kanal Sieben in der Krimiserie *Blue Heelers* auftreten.

Das stürzte mich in einen schweren inneren Konflikt. Die eine Hälfte von mir, die sich in diesem Haus mit seinen außergewöhnlichen Bewohnerinnen ein bisschen unsichtbar vorkam, sehnte sich nach Anerkennung und Respekt. Die andere Hälfte wusste, dass dies nicht der richtige Weg war. Ich spielte in dieser speziellen Folge von *Blue Heelers* die unglückliche, misshandelte Ehefrau eines Bestattungsunternehmers, die so mit den Nerven runter ist, dass sie dem schwulen Friseur, der schon unter der Homophobie seiner Mitbürger zu leiden hat, nach einem misslungenen Haarschnitt die Schere in den Hals rammt. Das packende Drehbuch kombinierte also zwei soziale Probleme in einer politisch korrekten Handlung. Drei, wenn man die schlechten Haarschnitte mitrechnete.

Ab halb acht rannte ich unter den verschiedensten Vorwänden immer wieder nach unten, um meinen Kopf in den Fernsehraum zu stecken. Jedes Mal schauten die Frauen erwartungsvoll hoch, weil sie auf einen Auftrag hofften. Ich lächelte, vergewisserte mich, dass sie nicht Kanal Sieben guckten, und verschwand wieder. Es war unsensibel, aber das war mir egal. So weit, so gut. *Burke's Backyard.* Kanal Neun.

Dann saß ich Daphne in einem der leeren Schlafzimmer gegenüber.

»Okay, Daphne.« Lächelnd schlug ich die Beine unter meinem Klemmbrett übereinander, so wie Didi es bei mir gemacht hatte. »Hast du schon mal in dieser Branche gearbeitet?«

Daphne war eine hübsche, mollige Frau in den Dreißigern, trug einen konservativen, bequemen Rock, eine geblümte Bluse und vernünftige Schuhe. Ihr mausbraunes Haar war zurückgebunden, und auf ihrem einfachen Gesicht war nicht die leiseste Spur von Make-up zu entdecken. Was um alles in der Welt machte sie hier?

»Nein.« Daphne lächelte nervös. »Ich hab so was noch nie im Leben gemacht!«

»Damit wären wir schon zwei!«, lachte ich.

Daphne sah einen Moment lang schockiert aus und wollte sich dann vor Lachen ausschütten.

»Also, was machst du beruflich?«

»Ich bin Lehrerin.« Sie lehnte sich angespannt vor und knetete die Hände in ihrem Schoß.

»Leh-rerin«, schrieb ich. »Und wie möchtest du genannt werden?«

»Daphne«, sagte sie, ein bisschen beunruhigt über mein schlechtes Gedächtnis.

»Nein, ich meine nicht deinen richtigen Namen. Ich meine, wie du bei der Arbeit genannt werden möchtest.«

Wieder wollte sie sich vor Lachen ausschütten. Als sie sich

beruhigt hatte, erklärte sie, ihr wäre es am liebsten, man würde sie ganz einfach Daphne nennen, wenn das in Ordnung sei. Sie klang, als würde sie sich als Küchenhilfe für den Chor des Royal Ballet bewerben.

»Und möchtest du sowohl intern als auch im Begleit-Service arbeiten, Daphne?«

Daphne schaute mich an, als ob ich Griechisch redete, was ich tatsächlich in Kürze tun würde.

»Meinst du, ob ich die Männer in ihren Wohnungen und … im Hotel besuchen will?«

Als ich ihr erklärte, was intern bedeutete, bekam Daphne tellergroße Augen.

»Ach wirklich?«, kicherte sie aufgeregt, wie in Erwartung einer Riesengaudi. »Ich kann also beides machen?«

Ich hatte inzwischen leichte Zweifel daran, ob Daphne tatsächlich Lehrerin war, geschweige denn ernsthaft eine Laufbahn als Prostituierte anstrebte.

Nachdem ich Daphnes allgemeine Daten aufgenommen hatte, musste ich ihre Maße nehmen. Das fand ich fast genauso schlimm wie Kunden zu fragen, ob sie mit dem Service zufrieden waren. Daphne kicherte, und wir entschuldigten uns gegenseitig, während ich mich mit dem Zentimetermaß an ihr zu schaffen machte. 96-86-94. Doch es sollte noch schlimmer kommen. Ich drehte die Karte um. Ach, du liebe Güte! Die ganzen Kästchen zum Abhaken!

»Also Daphne, machst du Paare?«

Ihre Augen weiteten sich, aber sie nickte.

»Lesben?«

Ein weiteres schüchternes Nicken.

»Männer, die von der Hüfte abwärts gelähmt sind?«

Nicken.

»Männer, die ab dem Halswirbel gelähmt sind?«

Nicken.

Es war 25 Minuten nach acht. Ich entschuldigte mich unbeholfen bei Daphne und galoppierte die Stufen nach unten.

Die Augenpaare ignorierend, die mir erwartungsvoll entgegenblickten, gaffte ich den Fernseher an. Einer der Daddo-Brüder, der ironischerweise einen Blue Heeler-Hütehund tätschelte, stellte einen lustigen Werbespot aus Schweden vor. Daddos bedeutete Kanal Sieben. Nicht gut. Überhaupt nicht gut. Ich rannte wieder nach oben.

»Tut mir Leid, Daphne … lässt du es dir mit dem Mund machen?«

Daphne sah mich an. Ich verlor die Geduld mit ihren großen Augen.

»Manche Frauen machen das nicht«, fügte ich schnell hinzu.

»Muss ich es dem Mann auch … mit dem Mund machen?«, fragte sie und verzog das Gesicht.

»Ja. Ja, ich denke schon, Daphne. Wie du noch feststellen wirst, ist das in dieser Branche recht beliebt.«

»Also, wenn ich es beim Mann mache, habe ich eigentlich Anspruch darauf, dass er es auch bei mir macht, oder?«, erklärte sie kühn und kicherte dann nervös.

»Na ja, genau genommen hast du eigentlich keinen *Anspruch* auf irgendwas.« Daphnes Naivität fing an, mir auf die Nerven zu gehen. »Außer auf Geld.«

»Welche Frau, die ihre fünf Sinne beisammen hat, würde nicht wollen, dass man sie oral befriedigt?«, kreischte sie.

»Du sagst es!«, kreischte ich zurück und machte ein dickes Häkchen. »Wie steht's mit Natursekt?«

Auf Daphnes einfältiger Lehrerinnenstirn bildeten sich zwei steile Falten. »Ist das –«, sie blinzelte und machte dabei vage Handbewegungen über ihrem Unterleib.

»Genau. Es bedeutet, dass man auf den Mann uriniert.«

»Oh, nein«, sie schüttelte den Kopf. »Ich glaube, das könnte ich nicht.« Besorgt fügte sie hinzu: »Ist das in Ordnung?«

»Natürlich«, versicherte ich ihr und strich es durch. Jetzt waren wir beim Griechisch angelangt.

»Akzeptierst du anal, Daphne?«

»Oje … ich glaube nicht, dass ich …«

»Kein Problem«, unterbrach ich sie.

Es war halb neun.

Ich kritzelte hastig Daphnes Privat- und Handynummer auf mein Klemmbrett. Nein, erklärte ich, ihre Telefonnummer in der Schule sollten wir vielleicht lieber nicht notieren. Ich drückte ihr das »Regelbuch« in die Hand, trug ihr auf, es zu lesen, und dann nach unten zu kommen, um die anderen Frauen zu begrüßen. Es klang, als sei Saphir gerade eingetroffen, und obwohl ich das Gefühl hatte, eine Christin an die Löwen zu verfüttern, würde Daphne bald selbst erkennen, dass ein nicht bestehender Cunnilingus-Anspruch ihr geringstes Problem war.

Ich wollte gerade selbst nach unten rauschen, als ich Saphir kreischen und dann wie irre gackern hörte, bevor auch die anderen Frauen in johlendes Gelächter ausbrachen. Mir wurde ganz schlecht, wenn ich an die grässliche Perücke dachte, die man mir für die Rolle in *Blue Heelers* verpasst hatte.

Der Aufenthaltsraum hatte zwei Eingänge. Einer lag unten an der Treppe, und der andere führte durch die Küche. Ich nahm den ersteren und platzte ins Zimmer. Ein Teil von mir rechnete mit Hohn und Spott, ein anderer rechnete, wie ich zu meiner Schande gestehen muss, mit Beifall und Bewunderung. Insgeheim sehnte ich mich danach, die dümmlich-linkische Schale meiner freundlichen Inkompetenz abzuwerfen und mich wie ein Phoenix aus der Asche der allgemeinen Gleichgültigkeit zu erheben.

Stattdessen schwankte ich eher wie ein Pinguin, als ich mich plötzlich drei leeren Sofas gegenübersah. Ich stand in dem leeren Raum und hatte eine Identitätskrise, während ich mich selbst dabei beobachtete, wie ich mit meiner Muppets-Perücke von zwei sehr ernst dreinschauenden Polizisten verhört wurde. Es kam mir vor, als gäbe es mich drei Mal: Ich war die Empfangsdame im Bordell, die zitternde Schauspielerin im Fernsehen und ich selbst. Für einen Moment spielte ich mit dem Gedanken, mich ertappen zu lassen, damit jemand anderer entscheiden könnte, wer ich war. Aus der Küche nebenan hörte ich Saphirs lauter werdende Stimme, gefolgt von dem unausweichlichen Gejohle und Gekreische am Tisch. Ihre unwiderstehliche Lache nahm mir die Entscheidung ab, und genau in dem Moment, in dem Polizeiwachtmeister Smith mir ein zutiefst mitleidiges Lächeln schenkte, drückte ich auf die Fernbedienung. Erleichtert gesellte ich mich zu den Frauen in der Küche und ließ mich gern von der Geschichte über Saphirs Bullterrier Rex in den Bann ziehen, der schon wieder den Parkplatzwächter im Hilton gebissen hatte.

Der Fahrer

Trudy schätzte Patrick auf *Ende* vierzig und meinte, er sei dieser nervöse, rastlose Typ, der niemals dick werde. Auch wenn die Jahre und die Zigaretten ihre Spuren hinterlassen hatten, verliehen ihm sein jugendlicher Elan und sein immer noch jungenhaftes Aussehen eine Art vagabundenhaften Charme, der ihn auf seine Art sehr attraktiv machte. Sogar wenn er sich gerade bei einer Tasse Tee am Tisch entspannte, konnte er von einer Sekunde zur anderen mit leichten, federnden Schritten den Raum durchqueren und blitzschnell aus der Tür verschwinden. Jeder Muskel war wach, lebendig, jederzeit einsatzbereit, außer wenn sein Zwerchfell gereizt wurde. Dann sackte Patrick in sich zusammen und brach wie ein hilfloser Betrunkener an der nächsten Wand zusammen und schüttelte sich vor Lachen.

Patrick und ich waren beide unter einem schüchternen Stern geboren. Es würde seine Zeit dauern, bis wir uns näher kennen lernten. Bis jetzt wusste ich über Patrick nur, dass er sich seinen Lebensunterhalt als Fahrer von Prostituierten verdiente, Unmengen Tee trank, aus Portsmouth stammte und eine melodische, fröhliche Stimme hatte.

»Kannst du Song-Lee am Bahnhof abholen, Patrick?«

»Oh-kayee!«

»Und könntest du ein Päckchen Winfield Blue für Sofia mitbringen?«

»Geht kla-har!«

Patrick war irgendwie leicht und heiter wie ein Glückskeks und lachte die ganze Zeit. Später stellte ich fest, dass dieses ständige belustigte Glucksen auf eine nicht unerhebliche Menge Marihuana zurückzuführen war. Doch in total chaotischen Nächten empfand ich Patricks heitere Perspektive, wie trip-bedingt sie auch war, wie ein Geschenk des Himmels.

Es war das Highlight meiner Nacht bzw. meines Morgens, wenn Patrick uns alle nach Hause fuhr. Erschöpft, aber glücklich blinzelten wir alle ins Licht der hellen Morgensonne, die sich in den Fenstern der großen Glaspaläste spiegelte, während wir auf Bondi-Junction zusteuerten. Wenn das Wetter es erlaubte, kurbelten wir die Scheiben herunter und hörten die ersten Vögel zwitschern. Auf dem Weg zu unseren verschiedenen Wohnungen plauderten und rauchten und lachten wir, bis die ganze Anspannung der Nacht von uns abfiel. Außer wir hatten die Schicht mit Sofia geteilt. Dann verharrten wir die ganze Fahrt über in gelähmtem Schweigen und brummten nur einen kurzen Abschiedsgruß, wenn wir ausstiegen.

Patrick sang immer leise mit, wenn das Radio spielte. Er

schien jeden Song auswendig zu kennen. Manchmal stimmte ich mit ein. Raelene war um diese Zeit immer zu grantig zum Singen, außer sie hörte die Eingangstakte von Celine Dions »My Heart Will Go On«. Dann fühlte sie sich sofort auf das feuchte Deck der Titanic versetzt, schloss die Augen und sang aus voller Kehle mit. Dass sie dabei keinen einzigen Ton traf, tat ihrer Begeisterung keinen Abbruch. Patrick und ich schauten dann jedes Mal mit fest zusammengepressten Lippen aus unseren jeweiligen Fenstern, um nicht laut loszuprusten.

Raelene wohnte in Clovelly, nur eine Straße von meiner Wohnung entfernt. Das eröffnete Patrick und mir ein dreiminütiges Zeitfenster, um einander besser kennen zu lernen. In der Sicherheit unserer Dreiergruppe fand ich mich zum Brüllen komisch, vor allem verglichen mit der düsteren Stimmung, die vom Rücksitz ausging. Doch sobald Raelene ausgestiegen war, fühlte ich mich immer etwas weniger amüsant und verlor auf dem Weg von Clovelly nach Coogee ein bisschen an Spritzigkeit.

»Du kommst also aus Portsmouth, Patrick. Daher der Dorset-Akzent.«

»Hampshire.«

»Stimmt.« Die Herde meiner schönen Schäferin war größer, als ich gedacht hatte. »Wohnt deine Familie noch da?«

»Eine Schwester von mir lebt in Amsterdam, die andere in Frankreich, aber mein Dad ist noch da. Woher kommt deine Familie?«

»Tasmanien.«

»Da wären wir.«

»Tschüss.«

Ich musste vier Tage warten, bis wir unser Gespräch fortsetzen konnten.

Doch in der Zwischenzeit fanden wir Gelegenheit, miteinander zu lachen, normalerweise an der Haustür, wo ich die Frauen herausließ und Patrick wartete, um seine Fahrgäste vorausgehen zu lassen. Obwohl ich mittlerweile berechtigt war, die Frauen als »Schätzchen« und »Schöne« zu bezeichnen, konnte ich es nach wie vor nur im Scherz tun. Einige lachten, andere schauten mich an, als hätte ich einen Hau, aber Patrick fand meine Kosenamen höchst amüsant und lachte in freudiger Erwartung in sich hinein, wenn er an der Reihe war.

»Komm bald wieder, Prinzessin«, murmelte ich ihm zu, wenn er an mir vorbeiging.

»Ich setz nur schnell diese Ladung ab, Hasi-Schatzi«, gab er grinsend zurück.

Alle anderen Empfangsdamen fanden es total nervtötend, nach unten zu gehen, um die Frauen herauszulassen, aber ich freute mich so sehr auf diese kleinen Plänkeleien, dass ich oft zwei oder drei Stufen auf einmal nahm, um so schnell wie möglich nach unten zu kommen.

Mins Mädchen

Von den zwanzig Frauen, die nachts Dienst hatten, war etwa ein Drittel Asiatinnen, einschließlich einiger Eurasierinnen. Und mit ein oder zwei Ausnahmen handelte es sich dabei um die »Mädchen von Min«. Min war eine uralt klingende Chinesin, die junge asiatische Prostituierte sammelte und unter ihre Fittiche nahm. Wenn wir einen Auftrag für eine dieser Frauen hatten, riefen wir Min an, und ihr Ehemann Lan fuhr die Frauen zu ihrem jeweiligen Einsatzort. Zweifellos kassierten die beiden eine saftige Provision.

»Wirbt sie die Frauen an?«, fragte ich Sofia.

»Ich weiß nicht, wovon zum Teufel du redest, Schätzchen«, grätzte Sofia mit argwöhnischem Blick.

»Geht Min los und sucht junge –«

»Hör mal!« Sofia hatte keine Ahnung von meinem kritischen *Panorama*-Exposé über die Ausbeutung junger asiatischer Frauen. »Wär's dir lieber, man würde sie wie Gefangene in Parramata halten, wo sie mit irgendwelchen Kerlen ficken müssen und keinen Cent bekommen, weil die Zuhälter ihnen alles abknöpfen?«

»Nein, aber –«

»Dann halt die Klappe. Min ist eine gute Frau, Schätzchen, und mehr brauchst du nicht zu wissen.«

Mins Mädchen waren unserer Sprache alle mehr oder weniger mächtig, aber einige sprachen mit so starkem Akzent, dass es für mich keinen Unterschied gemacht hätte, wenn sie reinstes Kantonesisch geredet hätten.

»Sex, Blei, lieben, Sumpf, Sumpf«, hauchte eine atemlose Kinderstimme durchs Telefon.

Es war Cho-cho, die mir die Nummer einer Kreditkarte durchgab, die offenbar mit den Ziffern sechs, drei, sieben, Sumpf, Sumpf endete.

»Sumpf, Sumpf, Cho-cho?«, fragte ich, angestrengt bemüht, sie zu verstehen.

»Sumpf!«, brüllte Cho-cho zurück. »Zwei Sumpf!«

Ich schaute verzweifelt zu Pip, die ihr Telefonat unterbrach, um lautlos mit den Lippen »Fünf« zu formen.

»Oh … fünf, Cho-cho.«

»Ja!« Cho-cho lachte wie ein Krabbelkind. »Zwei Sumpf!«

Mins Mädchen klangen alle, als wären sie fünf Jahre alt und gerade vom Boot gestiegen. Min selbst sprach kaum. Sie beschränkte sich auf Vokale.

»Min?«

»Aa ie.«

Noch schlimmer war ihr Mann Lan, der nur grunzte.

»Lan?«

»Ürx.«

»Aa ie.«

»Bist du das, Min?«

»Aa.«

Wenn ich Glück hatte, bekam ich ihre Tochter Lisa an den Apparat, die an der Universität studierte und mit breitem australischen Akzent sprach. Lisa erwies sich stets als große Hilfe. Offenbar studierte sie Anthropologie.

Jeden Montagabend um sieben kam Min vorbei und setzte sich mit Sofia zusammen, um den Schreibkram für die asiatischen Frauen zu erledigen. Überrascht stellte ich fest, dass die Stimme am Telefon zu einer charmanten kleinen Dame in den Fünfzigern gehörte, die gern lachte und zu jedem »Darling« bzw. »Dali« sagte. Nicht »Ahi«. Tatsächlich konnte ich Min sehr gut verstehen, wenn ich von Angesicht zu Angesicht mit ihr sprach. Sie hatte einen wunderbaren Sinn für Humor, der in scharfem Kontrast zu Sofias bollerndem Pathos stand.

»Oh nein, Dali«, sagte Min sanft, während sie mit dem Taschenrechner an Sofias Schreibtisch saß. »Ginjung nix Arbeit heute Nacht, Dali.«

»Sie muss, Min!«, schrie Sofia. »Wir brauchen sie.«

»Neini, Dali«, erklärte Min leise glucksend, »sie noch zu weh von Nacht. Ginjung nur klein, Dali.«

»Sag ihr, sie soll mehr Gleitmittel nehmen, Min.«

Patricks Röhren

Die Schichtpläne waren ein Albtraum für Sofia, und der Versuch, die Wünsche aller Empfangsdamen unter einen Hut zu bekommen, ließ sie zum Black Douglas greifen, der erklärte, weshalb meine Bitte, am Mittwoch arbeiten zu dürfen, damit endete, dass ich sonntags arbeitete. Ich teilte diese Schicht mit

Maxine und Pip, die beide ein eigenes Auto hatten. Große Autos. Kleine Frauen. Aber wenigstens bedeutete es, dass ich den ganzen Weg von der City nach Coogee allein mit Patrick im Mercedes fahren konnte. Nur wir zwei, zwanzig Minuten lang. Eigentlich waren es fünfundzwanzig, aber Patrick war ein zu guter Fahrer.

Patrick konnte perfekt und mühelos mit einer Hand steuern. Mit der anderen zündete er sich Zigaretten an. Und er sang. Ihn beim Spurwechsel zu beobachten, war das reinste Vergnügen. Wir kamen im Gleitflug hinter einem, sagen wir, Mazda hervor, und im nächsten Moment sah ich in das überraschte Gesicht einer Frau zu meiner Linken, bevor wir erneut abhoben und meinen Magen zurückließen. Ich fühlte mich wie ein Kind, das Karussell fahren darf. Patrick war kein Angeber. Mit seiner freien Hand zündete er sich selbstvergessen die nächste Zigarette an. Ich könnte 100 Jahre Auto fahren und würde nie so gut werden wie Patrick. Das sagte ich ihm. Patrick kicherte erfreut.

Es war unsere erste Fahrt allein zu zweit, und da ich keine gemeinsame Schicht mit Sofia gehabt hatte, war es immer noch dunkel. Ich fragte Patrick, wie lange er schon als Fahrer für Boris und Didi arbeitete.

»Ich bin vor über einem Jahr für einen Freund eingesprungen und komme seitdem jedes Wochenende.«

Ich lächelte. Er hätte so leicht eine der vielen üblichen Ausreden erfinden können.

Bevor er Begleiterinnen chauffierte, hatte Patrick »mal hier, mal da« gearbeitet, war Taxi gefahren, hatte Tischlerjobs oder andere Aushilfstätigkeiten übernommen.

»Und wo wohnst du?«, fragte ich, in dem Versuch herauszufinden, ob es eine Mrs. Patrick gab.

»Naja, meine bessere Hälfte hat mich vor ein paar Jahren

rausgeschmissen – (ach ja?!) – deshalb wohne ich jetzt mit zwei anderen schrägen Vögeln in Matraville zusammen.«

Machte er noch was anderes, fragte ich, wenn er nicht vier Nächte die Woche arbeitete? Die Frage schien Patricks Zwerchfell zu reizen, denn er lachte ziemlich lange.

»Ja, ich hab da noch ein anderes Projekt, an dem ich arbeiten *sollte*, aber meinst du, ich kann mich aufraffen, *um damit weiterzumachen*?«

Was das sei, fragte ich und überlegte, ob einer der schrägen Vögel möglicherweise eine weibliche Turteltaube sein könnte.

»Na ja«, setzte Patrick vorsichtig an. »Ich habe diese Röhren entworfen, in denen man, ähm, Licht transportieren kann.«

»Licht?«

»Natürliches Licht.« Patrick warf sich lachend nach vorn über das Lenkrad. »Ja«, fügte er hinzu und warf sich wieder zurück.

»Sonnenröhren?«, fragte ich sonnig.

»Genau!« Patrick strahlte mich dankbar an. »Sonnenröhren!«

Ich weiß nicht, ob es an dem Sonnenschein oder seiner Schüchternheit, an den Röhren oder unserer plötzlichen Heiterkeit lag, aber keiner von uns konnte aufhören zu lächeln, als Patrick mir in seinem singenden Tonfall und nervös in seinem Sitz vor- und zurückschaukelnd von seinen Röhren erzählte, die mittels Spiegeln oder Wasser oder meinetwegen auch Benzin natürliches Sonnenlicht in fensterlose Räume bringen konnten.

»Du meinst für Keller?«

»Für Keller.« Lächelnd schaute er mich an.

Ich spürte, dass Patrick sich ein bisschen verwundbar fühlte, weil er der neuen Empfangsdame seinen Röhrentraum offenbart hatte. Aber ich würde bestimmt nicht über seine Röhren lachen. Ich fand, es war eine unglaublich noble und großartige Idee, dass jemand Sonnenlicht in dunkle Kellerräume bringen wollte. Tatsächlich war ich auf unserem Weg nach Coogee fast zu Tränen gerührt von Patricks Röhren voller Spiegel und Wasser und Sonnenschein.

»Red keinen Unsinn!«, lachte ich, als Libby uns beiden am folgenden Nachmittag eine schöne Tasse Tee machte. »Er verdient sich seinen Lebensunterhalt als Fahrer von Prostituierten! Ich kann nicht mit jemandem ausgehen, der beruflich Prostituierte fährt!«

»Wieso nicht?«, fragte sie. »Du vermittelst sie.«

Stier streicheln verboten

Der Herbst stand Arlington House viel besser als der Sommer, auch wenn die Palmen vor unseren Flügelfenstern etwas traurig aussahen. Doch ich fand es schön, dass die Sommerzeit jetzt vorüber war und die Sterne schon am Himmel standen, wenn ich zur Arbeit kam. Ein Bordell fühlt sich bei Tageslicht immer ein bisschen befangen und mag nicht, wenn man es anstarrt. Und ich fand es unangenehm, aus dem Sonnenlicht in sein künstlich abgedunkeltes Inneres zu treten, vielleicht weil es mich daran erinnerte, wie ich bei Matinees auftreten musste, während alle meine Freunde an den Strand gingen. Doch als ich an diesem feuchten, windigen Abend die Straße überquerte und durch die Silhouette der beiden schwankenden Palmen den warmen Schein unserer Bürolampe auf den Balkon fallen sah, fühlte ich mich glücklich. Unser Bordell mit seinen zugezogenen purpurroten Samtvorhängen hatte nicht nur etwas von seiner einladenden, gemütlichen Atmosphäre zurückgewonnen, sondern auch etwas von seinem Geheimnis, seiner rechtmäßigen Anziehungskraft und, was mich anging, von seinem Zauber.

Sofia kam keuchend und schnaufend, aber offenbar bester Laune ins Büro.

»Schau mal, was ich besorgt habe«, sagte sie zu mir.

Sofia ließ sich in ihren Stuhl fallen, warf vier Einkaufstüten auf ihren Schreibtisch und lächelte mich an. Nicht Pip oder Raelene. *Mich*! Wieso ich plötzlich in Sofias Shopping-Geheimnisse eingeweiht wurde, wusste ich nicht. Das war mir auch egal. Ich wollte unbedingt beweisen, dass ich die Gunstbezeugung verdiente und setzte ein erwartungsvolles Lächeln auf. Bitte, lieber Gott, lass es etwas Nettes sein!

»Hier!« Sie strahlte, während sie auf ihrem Schreibtisch ein buntes zweiteiliges Outfit für ein kleines Kind ausbreitete.

Die kleine Hose und das Oberteil waren schwarz mit leuchtenden Blumensprenkeln in Knallrosa und Metallblau und überall mit Rüschen besetzt.

»Oh, das ist zauberhaft.« Erleichtert griff ich nach einem gerüschten Hosenbein. »Für wen ist das?«

Sofort verdüsterte sich Sofias Miene.

»Monique!«, schnauzte sie mich an. »Meine kleine Tochter, Herrgott noch mal!«

Pip schlenderte herüber und bedachte das Outfit mit einem beifälligen Lächeln.

»Oh, das ist genau das Richtige für Monnie«, sagte sie.

»Nenn sie nicht so, Schätzchen«, kam es drohend von Sofia. »Sie hasst es, wenn man sie Monnie nennt.«

»Wie alt ist sie?«, fragte ich Sofia.

»Vier«, seufzte Pip und ließ sich wieder auf ihren Stuhl sinken.

Vielleicht hatte ich Glück und sie lag beim Alter auch daneben.

Sofia zeigte mir ein Foto, auf dem ihre Tochter als kleine spanische Fee mit Tüllrock und schiefen Glitzerflügeln in die Kamera lächelte. Monique hatte lange, lockige Haare und lange schwarze Wimpern wie ihre Mutter. Ich beobachtete, wie Sofia beim Anblick der kleinen Fee vor Stolz und Rührung dahinschmolz und fühlte mich schuldig, weil ich überlegte, wer auf die kleine Fee aufpasste, wenn Mama und Papa morgens im Kasino waren.

Sofia erzählte mir, dass sie und Arturo zwar schon seit zehn Jahren zusammen gewesen wären, aber überhaupt keine Kinder geplant hätten. Moniques Ankunft auf dieser Welt war eine angenehme Überraschung, fiel aber unglücklicherweise mit dem Beginn von »Arturos Krankheit« und dem daraus folgenden Niedergang seines Einkommens zusammen. Das Ende vom Lied war, dass Sofia jetzt eine Familie ernährte, einen kranken Ehemann pflegte, ein Bordell leitete und, so meine Schlussfolgerung, Erholung im Star City Casino suchte.

»Wird er wieder gesund?« Ich traute mich nicht, nach dem genauen Wesen von Arturos Krankheit zu fragen.

»Das weiß der Himmel, Schätzchen. Nächste Woche wird er zum vierten Mal operiert.«

Sofias Eltern passten auf Monique auf, wenn Arturo zu krank war, erzählte sie mir, aber sie war nicht gern von ihnen abhängig, weil die beiden schon ziemlich alt und gebrechlich waren.

»Und wenn sie rauskriegen, wo ich arbeite, Schätzchen, fallen sie auf der Stelle tot um.«

Normalerweise sprach Sofia nur mit den anderen Frauen über private (und alle übrigen) Angelegenheiten. Solche kleinen, vorsichtigen Annäherungen machten mir Hoffnung, dass sie anfing, mir zu vertrauen.

»Ist das nicht süß?«, zwitscherte sie und kehrte zum Outfit

zurück. »Du müsstest sie mal sehen, Meredith. Das ist wie für sie gemacht.«

»Was ist das für ein Material?«, fragte ich und ließ den Stoff durch meine Finger gleiten.

Ruckartig wurde mir das Ding aus der Hand gerissen.

»Weiß nich«, antwortete sie schroff.

Hilflos musste ich mit ansehen, wie Sofia das Kleidungsstück zusammenfaltete und es hastig wieder in die Tüte stopfte.

»Ist ja auch egal ...«, versuchte ich, meinen Fehler wieder gutzumachen.

»Aus Polyester oder so«, murmelte sie abwehrend. »Es ist bloß zum Spaß.«

»Oh, klar«, versicherte ich hastig, »meine halbe Garderobe ist aus Polyester.«

Aber es war zu spät. Ich hatte es vermasselt, und der Tiger war zurück in seinem Käfig. In betretenem Schweigen machten wir uns wieder an die Arbeit, doch schon bald wurde es so hektisch, dass wir vollauf damit beschäftigt waren, die landenden Flugzeuge zu koordinieren. Eine Stunde später hatte Sofia alles vergessen, was mit atmungsaktiven Textilien zusammenhing, und beschimpfte mich lautstark, weil ich Felicitas doppelt gebucht hatte.

Die zwei Seiten von Antoinette

Wenn Antoinette ihre bequemen Schuhe trug, schlurfte sie mit perfekt nach außen gedrehten Füßen durchs Haus, ein liebenswertes Vermächtnis früher Ballettstunden. Die Auswärtsdrehung blieb allerdings auch erhalten, wenn sie in hochhackige Schuhe schlüpfte, wodurch sie eher einem exzentrischen Charlie Chaplin glich als einer professionellen Begleiterin. Auf den ersten Blick wirkte sie daher nicht unbedingt vertrauenerweckend, doch wenn der Kunde den Auftrag nicht sofort stornierte, sobald er die Tür geöffnet hatte, rief Antoinette normalerweise eine Stunde später an, um die Buchung zu verlängern.

Wir beschrieben Antoinette immer als »reife, zärtliche Lady, die einen exzellenten Service bietet«. Im Gegensatz zu den anderen Frauen befanden sich auf der Rückseite von Antoinettes Karte lauter Häkchen. Sie küsste, sie akzeptierte Frauen, Paare, Querschnittsgelähmte, alles. Und obgleich sie Analverkehr ablehnte, gehörte sie zu den wenigen Frauen, die auch Natursekt anboten. Laut ihrer Karte war sie vierundvierzig, und auch wenn sie möglicherweise älter war, schickten wir sie bedenkenlos als »Ende dreißig« los. Antoinette hatte einen wundervollen Körper für ihr Alter, schlank, aber kurvenreich, mit einem Brustumfang von 91 Zentimetern und Körbchengröße D. Doch aus irgendeinem unerfindlichen Grund verbarg sie ihre Figur unter einem von drei konservativen, schwarzen Kostümen, in denen sie wie eine Platzanweiserin aussah. Die Blazer gaben zwar ihr üppiges Dekolletee frei, waren ansonsten aber schrecklich unförmig, und die gerade geschnittenen, geräumigen Röcke reichten ihr fast bis zum Knie. Es fehlte nur noch die Taschenlampe.

Wenn sie nicht gerade an der Hintertür rauchte, saß Antoinette am Küchentisch, bürstete ihr dickes, blondes Haar, das ihr glatt und glänzend bis auf die Schultern fiel, und brachte mit Wimperntusche und Lippenstift etwas Farbe in ihr blasses Gesicht. Wenn ich mit einem Auftrag für sie hinunterkam, lugte sie mit vorsichtigem Lächeln unter ihrem Fransenpony hervor. Antoinette hatte furchtbar schlechte Augen, weigerte sich aber hartnäckig, eine Brille zu tragen. Und so kniff sie immer ihre großen braunen Augen zusammen und versuchte, mit vorgerecktem Kopf zu entziffern, was ich mit absichtlich großer Handschrift notiert hatte. Wenn der Auftrag über Kreditkarte lief, legten wir die Regeln großzügig aus und lasen ihr die Kartennummer vor, sobald sie beim Kunden eingetroffen war, anstatt es wie üblich umgekehrt zu machen.

Nach meinem ersten beunruhigenden Eindruck von Antoinette erschien sie mir mit der Zeit weit weniger Besorgnis erregend und immer sympathischer, wenn auch etwas exzentrisch. Je öfter ich mit ihr sprach, desto mehr verstärkte sich mein Eindruck, dass sie freundlich und intelligent war und einen herrlich trockenen Humor hatte. Vor allem wenn sie sich über sich selbst lustig machte. Doch am besten gefiel mir, dass sie – wie ich – von Natur aus neugierig war. Anfangs fragte ich jede Frau, die von einem Auftrag zurückkam, wie es gelaufen sei, doch das gewöhnte ich mir schnell wieder ab. Die Blicke, mit denen Pandora, Lana und Amber die Frage quittierten, belehrten mich eines Besseren. Maya lächelte nur mit geschlossenen Augen, als ob sie sagen wollte: »Ich hab's überlebt.« Heather zuckte jedes Mal mit den Achseln, nach dem Motto »Wen juckt's?«. Die dralle Marcelle und ihre Bariton-Freundin Trixie brachten es am deutlichsten auf den Punkt:

»*Wehe*, du fragst!«

»Rad ab, oder was?«

Aber Antoinette störte sich überhaupt nicht daran. Antoinette nach einem Kunden zu fragen war genauso unverfänglich, als wenn man Richard Attenborough bei seiner Rückkehr aus dem indischen Dschungel gefragt hätte, ob die Dreharbeiten interessant gewesen waren.

»Wie war der Typ, Antoinette?«, fragte ich eines Nachts.

»Na ja«, begann sie mit ihrer bebenden Stimme, während sie mitten in der Küche stand, die Tasche noch über die Schulter gehängt, »im Grunde war er ziemlich verbittert. Innerlich vergiftet ... brauchte eher einen Punchingball als menschliche Gesellschaft.«

»Hat er dir eine reingehauen?«, fragte Ronda mit plötzlich erwachendem Interesse und schaute von ihrer Zeitschrift hoch.

»Nein.« Antoinette wanderte geistesabwesend durch die Küche, die Füße in perfekter Auswärtsdrehung, offenbar noch ganz in den psychologischen Auswertungsprozess vertieft.

Ronda schaute mich an und verdrehte die Augen, bevor sie sich wieder ihrer Illustrierten zuwandte. Wie die meisten Frauen konnte sie mit Antoinette wenig anfangen und hatte es aufgegeben, sie verstehen zu wollen.

Antoinette stand jetzt an der Spüle und öffnete zerstreut ihre Tasche. Offenbar war ihr vage bewusst, dass sie irgendwem Geld geben sollte.

»Er ist Schiffsbauingenieur«, fuhr sie fort, während ich ihr schnell unsere neunzig Dollar abknöpfte, »und trägt ziemlich viel Ballast mit sich herum, wenn du weißt, was ich meine …«

Ich glitt ihr gegenüber auf einen Stuhl am Küchentisch.

»Die Kinder sind seit einigen Jahren aus dem Haus, und seine Frau hat gerade einen Job als PR-Beraterin angenommen.«

Sie ließ sich anmutig am Tisch nieder. »Ich hätte einfach meinen Mund halten sollen. Es war dumm von mir. Du merkst ja, wenn es nicht erwünscht ist, dass du eine eigene Meinung oder überhaupt ein Hirn hast …« Antoinette sah unter ihrem Pony zu mir hoch und lachte scheu. »Aber wenn sie gebildet sind und solche schrecklichen Sachen sagen, kann ich einfach nicht anders …«

Sie nahm sich mit ihren schlanken, manikürten Fingern eine Zigarette aus der Packung und bot mir auch eine an. Ich winkte dankend ab und drängte sie zum Weiterreden.

»Was hat er gesagt?«

»Ach«, seufzte sie, eine Rauchwolke ausstoßend, »er lamentierte über Frauen, die vergeblich versuchen, mit Männern in der Geschäftswelt zu konkurrieren und dem Druck nicht gewachsen sind. Er meinte, deshalb würden die meisten Frauen immer noch als Domestiken arbeiten. Er wollte mich absichtlich provozieren.«

»Was hast du gesagt?«

»Ich sagte, Krisenmanagement und Toilettenputzen sei wohl kaum dasselbe.«

»Wie hat er reagiert?«

»Er sagte: ›Was ist mit dir? Du bist auch dazu da, mir die Füße zu lecken.‹«

»Reckskerl. Was hast du gemacht?«

»Ich hab nur gelächelt und gesagt, dass ich viel Spaß bei meiner Arbeit habe und dass ich in manchen Nächten genauso viel verdiene wie ein Schiffsbauingenieur.«

»Au weia!«

»Ja. War ziemlich blöd von mir.«

Beim Gedanken an die Konsequenzen schwiegen wir beide einen Moment.

»Bist du in Ordnung?«, fragte ich schließlich.

»Ein bisschen wund«, lächelte sie.

Je besser ich mit Antoinette auskam, desto missbilligender reagierten meine Kolleginnen im ersten Stock. Ich hätte noch nichts von Antoinettes »Irrsinn« mitbekommen, warnten sie, und sollte mich davor hüten, mich mit ihr anzufreunden.

»Sie nimmt Antidepressiva, weißt du«, raunten sie unheilvoll, als ob das nicht auf ein Drittel der Weltbevölkerung zuträfe.

»Sie ist sensibel«, wandte ich ein, »und hochintelligent«, erntete aber nur höhnisches Gelächter – als ob das in dieser Branche irgendetwas zählte.

»Warte nur, bis sie einen ihrer Anfälle kriegt und Gift und Galle spuckt!«, unkte Raelene, unterstützt von einer mitleidig nickenden Maxine.

Ich hatte einen Anflug von Wut bei Antoinette bemerkt, als

sie aus dem Raum stürzte, in dem sie den nervösen Gilbert aus Tasmanien verhauen hatte, aber das war nun wirklich vollauf verständlich gewesen.

Eine Stunde später brachte ich Antoinette erneut zur Vordertür und beschrieb kurz, welchen Eindruck die Stimme ihres wartenden Kunden am Telefon gemacht hatte, während sie mit respektvollem Interesse zuhörte. Wenn sie zurückkam, rannte ich jedes Mal nach unten, und wir verglichen meine Erwartungen mit ihren Erfahrungen. Und anstatt mich von den Kolleginnen im Büro überzeugen zu lassen, suchte ich sogar immer häufiger Zuflucht bei Antoinette, deren einfühlsame Gesellschaft und kluge Beobachtungen mich immer mehr beeindruckten. Wenn sie nicht hätte arbeiten müssen, hätte ich die ganze Nacht mit ihr sitzen und reden können.

»Leicht?«, fragte ich bei anderer Gelegenheit, als sie fast euphorisch von einem Auftrag zurückkehrte.

»Ich meine nicht leicht im körperlichen Sinn ... unbelastet. Ohne Scham. Er übernahm die volle Verantwortung für sein Handeln, und er war sehr ... präsent. Leicht!«

Das Gewicht spielte immer eine große Rolle in Antoinettes Beschreibungen. Selbst eine komplexe Persönlichkeit, war sie fasziniert von der Komplexität anderer und hatte ein intuitives Gespür für die Last des Unglücklichseins. Ich fragte sie einmal, ob sie je den Wunsch gehabt hätte, Psychologin zu werden. Sie lachte. Vor drei Jahren, erzählte sie mir, sei sie mit einem zusammengezogen.

»Er war ein Kunde. Ein schrecklich unglücklicher Mann. *Schrecklich* unglücklich. Seine Frau war übrigens auch Psychologin ... Wie auch immer, zwei Jahre lang kam er regelmäßig. Wurde richtiggehend abhängig ... tatsächlich machte die Sache uns beiden Angst. Wir versuchten, damit aufzuhören, aber er konnte nicht loslassen. Dann rief er an, um mir zu sagen, dass er seine Frau verlassen hätte, eine Wohnung für uns gefunden hätte ... und so zogen wir zusammen. Zwei Wochen später hatte er einen totalen Nervenzusammenbruch. So etwas habe ich noch nie erlebt. Seine Frau musste kommen und ihn einsammeln.«

Hatte Antoinette ihn seither gesehen oder von ihm gehört?

»Oh, nein. Hab ich eigentlich auch nicht erwartet. Aber ich muss immer an ihn denken, wenn ich an seiner Praxis in der City vorbeikomme.«

Und an diesem Punkt wurde Antoinette komplex.

»Er wollte meinen Job nicht akzeptieren«, erklärte sie entrüstet. »Er erwartete von mir, dass ich damit aufhöre. Nachdem wir zusammengezogen waren. Ich sollte einfach aufhören!«

War ich altmodisch, oder nahm Antoinettes logischer Gedankengang plötzlich eine ziemlich irrationale Wendung?

Dann geschah es. Trudy hatte Antoinette zu Ken in Botany geschickt. In dieser Nacht kehrte Antoinette in einem Zustand zurück, den ich nie vergessen werde. Er wurde zum Maßstab aller nachfolgenden »Zustände«. Ich erstarrte auf der Treppe und umklammerte erschrocken den Auftrag für Heather in meiner Hand, als ich den Vulkanausbruch in der Küche hörte. Die Stimme überschüttete alles und jeden in Reichweite mit einem Schwall übelster Beschimpfungen und war von so archaischer Gewalt, dass ich sie kaum wiedererkannte. Zitternd beobachtete ich, wie die Frauen mit versteinerten Mienen in Feueralarmformation aus der Küche flüchteten. Ken in Botany mochte ein Reinfall gewesen sein, aber es klang eher nach zwanzig Jahren aufgestauter Verzweiflung, die sich plötzlich Bahn brachen. Immer noch Heathers Auftrag umklammernd, zog ich mich nach oben zurück und schloss leise die Tür hinter mir. Als ich mich umdrehte, sah ich mich zwei selbstgerecht nickenden Empfangsdamen gegenüber.

»Siehst du?«

Die verrückte Saphir

Es war noch hell, als ich mir die Tasche über die Schulter schwang und Arlington Street entlangging. Da ich eine Stunde zu früh war, ließ ich mir Zeit und kaufte sogar noch einen kleinen Strauß im Blumengeschäft an der Ecke, um ihn in die Vase auf meinen Schreibtisch zu stellen. Sobald ich ankam, würde ich Didi anrufen und ihr erklären, dass eine der neuen Schichten, für die sie mich ohne jede Absprache eingeteilt hatte, leider sehr ungünstig für mich lag. Ich würde freundlich, aber bestimmt auftreten.

»Oh, Merrediss«, sagte Didi lachend, »es ist wirklich lustig, wie ihr Mädels euch immer über eure Schichten beschwert.«

Ich lachte auch, bis Didi mich unterbrach.

»Nein, ich fürchte, das ist unmöglich. Ich kann das nicht ändern. Aber sag mal, hast du dich gut eingewöhnt?«

Ich war immer noch dabei, ihre schnelle, kompromisslose Abfuhr zu verdauen und ihre Frage zu beantworten, als Didi mich erneut unterbrach: »Vielleicht würdest du dich schneller eingewöhnen, Merdediss, und nicht so viele Fehler machen« – sie gluckste – »wenn du nicht dauernd mit den Frauen in der Küche schwatzen würdest.«

Ich gluckste auch, bis die Empörung mich schließlich genau in dem Moment eingeholt hatte, als Didi ihre Audienz beendete und einhängte. Ungläubig starrte ich auf meine traurige Blumenvase. Jemand hatte gerade rückwärts in meinen Garten gesetzt und war dann fröhlich winkend wieder davongebraust.

»Hey, ich bin's, ihr Schlampen«, knarrte eine Stimme aus der Gegensprechanlage der Vordertür. »Lasst mich rein.«

Saphir setzte sich furchtlos und häufig zu Recht für die Belange der Frauen ein. Sie zögerte nicht, uns wüste Beschimpfungen durchs Telefon oder auch ins Gesicht zu schleudern und sich über alles Mögliche zu beschweren, von kaputten Glühbirnen bis hin zu ausbleibenden Aufträgen. Diese Tiraden ließ sie jedoch im Allgemeinen nur vom Stapel, wenn sie ein großes Publikum in der Küche hatte. Je größer das Publikum, desto bombastischer der Auftritt. Doch kein Grad an Schall und Wahn konnte darüber hinwegtäuschen, dass Saphir in dem wechselnden Aufgebot jüngerer Begleiterinnen, die zu Kunden aufbrachen oder von ihnen zurückkehrten, eine Gestalt von trauriger Beständigkeit war. Das war besonders grausam, wenn sie ihr bestes Outfit angelegt hatte, ein eng anliegendes schwarzes Kleid und darüber ein langärmeliges, schwarzes Organza-Top, wunderschön geschnitten und von feinen weißen Blumenstickereien durchzogen. Wenn sie mit ihren hohen Wangenknochen, ihren hohen Absätzen und ihrem Igelhaar in dieser eleganten Aufmachung kerzengerade am Küchentisch saß, die wohlgeformten Beine übereinander geschlagen, eine brennende Zigarette zwischen den schlanken Fingern, hätte sie es mühelos mit jedem Vogue-Model aufnehmen können. Bei Saphir wirkte es sogar irgendwie topmodisch, eine dunkle Sonnenbrille zum schwarzen Abendkleid zu tragen.

»Hast du früher mal Ballett getanzt?«, fragte ich sie einmal in einer solchen Nacht.

Saphir wollte sich kaputtlachen. »Ich hatte sieben Brüder! Einer hat mich zwei Mal krankenhausreif geschlagen! Was glaubst du wohl, wie weit ich da mit 'ner Piss-Pirouette gekommen wär?«

Ich nuschelte irgendwas von ihrer guten Haltung, während mir das Blut in die Wangen schoss, aber Saphir bemerkte nur, dass sie im Mittelpunkt der Aufmerksamkeit stand. Als Siebenjährige, fuhr sie im dramatischen Ton eines Shakespeare-Monologs fort, habe ihr Vater erkannt, dass sein kleines Mädchen lernen müsse, sich zu verteidigen, weil es sonst das nächste

Frühjahr nicht erleben würde. Nun, die örtlichen Judo-Kurse weckten so viel Selbstvertrauen und Blutrünstigkeit in der kleinen Göre, dass sie ihrem Bruder, als er das nächste Mal auf sie losging, nicht nur die Nase brach, sondern später auch dreimal hintereinander die jährlichen Taekwondo-Jugendmeisterschaften von Nord-Yorkshire gewann. Nein, ihre eindrucksvolle Haltung und katzenhafte Beweglichkeit seien eher darauf zurückzuführen, dass sie drei Jahrzehnte Kampfsport betrieben hätte und nicht darauf, dass sie zu Kack-Tschaikowski herumgehüpft sei. Mit diesem Theaterdonner konnte sie vielleicht neue Mitarbeiterinnen ins Bockshorn jagen, die angespannt lächelten, während ihre Augen verzweifelt den nächsten Ausgang suchten, aber auf die alten Hasen machte es wenig Eindruck. Sie nickten nur freundlich, während sie weiter in ihren Zeitschriften blätterten, außer Antoinette, die in Saphirs Gegenwart immer vollständige Taubheit vorschützte.

Als die Wochen zu Monaten wurden, lernte ich die traurige Frau namens Urszula, die jede Nacht allein in einer leeren Küche saß, besser kennen. Sie erinnerte mich an eine Schauspielerin, die all ihren Mut zusammenrafft, bevor sie ihr Kostüm anlegt und sich in die dynamische, knallharte Figur verwandelt, der sie so passenderweise den Namen Saphir gegeben hatte.

Boris erlaubte Saphir, ihren großen weißen Landrover in der Garage hinterm Haus zu parken, wo er vom Küchenfenster aus zu sehen war. Niemand konnte ihr die Wahrheit über dieses teure »Geschenk« ihres letzten »Arbeitgebers« entlocken, auch wenn sie die Neugier sichtlich genoss. Wichtig sei nur, erklärte sie, dass es ihr und ihrem »Jungen« Rex ein Zuhause biete. Die Art, wie sie das Auto als ihr »Zuhause« und ihren weißen Bullterrier als ihren »Jungen« bezeichnete, war von anrührender Bescheidenheit, aber dass sie von Boris liebevoll als von ihrem

»Vater« sprach, fand ich ziemlich beunruhigend. Die Art, wie Boris über Saphir oder irgendeine der Frauen sprach, wenn er sich bei uns im ersten Stock aufhielt, hatte weiß Gott nichts »Väterliches«.

Am Ende der Nachtschicht, wenn die Frauen ihr Geld bekommen hatten, die Vögel zu singen anfingen und der schwarze Himmel sich kobaltblau färbte, wusch Saphir den Napf von Rex in der Spüle aus, machte sich einen letzten Becher Pulverkaffee, steckte ihre Zigaretten ein und verabschiedete sich fröhlich von uns, bevor wir sie aussperrten. Es war klar, dass sie kein Mitleid im Hinblick auf ihre Wohnverhältnisse wünschte, trotzdem gab es mir jedes Mal einen Stich, wenn ich die Hintertür zwei Mal abschloss und der einsamen Gestalt noch einmal durch die Glasscheibe zuwinkte. Es kam mir so absurd vor, dass sie mit ihrem stämmigen weißen Hund ins Auto steigen musste, während ich in der Wärme dieses großen, leeren Hauses stand, das voll von leeren Betten mit Zebraüberwürfen und sauberen Laken war.

»Können wir dich nicht später wieder reinschmuggeln?«, fragte ich sie in einer bitterkalten Nacht an der Tür.

»Nein«, erwiderte sie scharf im Vorübergehen. »Außerdem«, fügte sie in ruhigem Ton hinzu, »stellt er die Alarmanlage an.«

Ihr »Vater«!

Ein paar Stunden später, gegen zehn, kam die Empfangsdame der Tagschicht, um das Haus zu öffnen. Wenn die Hintertür aufgeschlossen war, schlüpfte Saphir wieder herein, setzte einen Kessel Wasser auf und berichtete der neuen Empfangsdame bei ihrer ersten Zigarette von den Dramen der vergangenen Nacht. Wir drückten ein Auge zu, wenn sie ihre schmutzigen Klamotten unter die normale Wäsche schmuggelte. Nachdem Saphir sich im Bad der Frauen geduscht und angekleidet hatte, setzte sie sich wieder mit Rex ins Auto und brauste lauthals singend davon. Mit heruntergekurbelten Scheiben, plärrendem Radio und dem Wind in ihren Gesichtern fuhren die beiden in ihren »Garten«.

Den Tag verbrachte Saphir im Centennial Park, wo sie mit Rex Ball spielte, mit einem Buch unter den Bäumen lag und Rollerblades fuhr. Das mit den Rollerblades glaubte ich erst Monate später, als ich sie einmal begleitete.

Obwohl Saphir zum Seniorstab der Frauen gehörte und sieben Nächte die Woche arbeitete, war sie die Einzige, die auch noch tagsüber Aufträge annahm. Wenn sie einen Anruf auf ihrem Handy erhielt, warf Saphir den Ball und Rex ins Auto, raste zurück zum Haus und erschien zwanzig Minuten später wie aus dem Ei gepellt in irgendeinem Hotelfoyer. Trotz ihrer beengten Wohnverhältnisse war Saphir immer sauber, sonnengebräunt und gut gekleidet. Sogar wenn sie nur einen einzigen Kunden pro Woche hatte, gelang es ihr irgendwie, die 110 Dollar bis zum nächsten Auftrag zu strecken. Ihre oberste Priorität war, dass ihr geliebter Rex sein Futter bekam und dann, dass sie selbst satt wurde, aber ich vermute, sie ernährte sich größtenteils von dem Toast und Kaffee aus unserer Küche. Ungeachtet ihrer eigenen Genügsamkeit machte sie in hektischen Nächten regelmäßig einen Abstecher in ihr durchgehend geöffnetes Lieblingscafé und kehrte mit einem Arm voller Café Lattes für alle Anwesenden zurück. Keiner hatte sie darum gebeten, und jeder Versuch, ihr das Geld dafür zu erstatten, wurde mit kräftigen Schimpfworten quittiert.

Es war Samstagnacht, und Saphir hatte seit drei Wochen keinen Auftrag gehabt. Das war hart. Sogar für sie. Es tat mir weh zu sehen, wie sie fein herausgeputzt in der Küche saß und eine Zigarette nach der anderen rauchte. Trudy machte sich ebenfalls Sorgen um sie. Von allen Empfangsdamen war mir Trudy die liebste. Obwohl sie sich als allein erziehende Mutter durchschlagen und in einem Bordell arbeiten musste, sah sie mit ihren großen schönen Augen und rosa-gesträhnten Haaren aus wie eine Fee. Sie sprach in hastigen kleinen Ausbrüchen zwischen langen Phasen nachdenklichen Schweigens und tat jede Zickigkeit mit einem herzerfrischenden kindlichen Lachen ab. Trotz der ganzen Fraternalisierungsverbote an der Wand waren sie und Saphir seit vielen Jahren eng befreundet. Trudy handelte sich ständig Ärger ein, weil sie gegen die Bordell-Regeln verstieß, aber das kümmerte sie nicht. Sie fand, es sei allein ihre Sache, mit wem sie befreundet war, und wenn das Management Probleme damit hatte, sollte es ihr doch kündigen. Molly, Trudys siebenjährige Tochter, hing an Saphir wie an einer schrulligen Lieblingstante, seit sie nach einer geheimnisvollen Krankheit eine Weile bei den beiden gewohnt hatte. Sie machten regelmäßige Ausflüge nach Byron Bay, um »etwas für ihre Gesundheit zu tun«. Trudy, Saphir, ein paar Freunde, Molly und Rex quetschten sich alle zusammen in den Landrover und verschwanden eine ganze Woche lang von der Bildfläche. Bei ihrer Rückkehr baten sie dann Boris und Didi um eine weitere Woche Urlaub, um sich von den Strapazen des Ausflugs zu erholen.

Trudys beharrlichen Bitten war es zu verdanken, dass Boris schließlich einwilligte, Saphir an diesem Wochenende als zweite Fahrerin arbeiten zu lassen. Es ging ungewöhnlich hektisch zu, Patrick konnte nicht überall gleichzeitig sein, und für die Frauen war es günstiger, Saphir zehn Dollar für die Fahrt zu geben, als sich ein Taxi zu rufen. Sie nahmen es alle ziemlich gut auf, bis auf Antoinette, die mit einer gedämpften, aber eloquenten Petition auf dem oberen Treppenabsatz unmissverständlich zum Ausdruck brachte, dass die Küche der einzige geschlossene Raum sei, den sie jemals mit Saphir teilen würde. Außer natürlich, ein Kunde wünsche sie beide als lesbisches Paar. Geschäft sei schließlich Geschäft. Auch Rex nahm es ziemlich gut auf. Als er sah, dass seine »Mutter« mit der Sache einverstanden war, gab er seinen Beifahrersitz großmütig auf, verzog sich gehorsam auf die Rückbank und saß geduldig schnaufend zwischen der rätselhaften Schar schöner Frauen, die bis zur morgendlichen Gassizeit in seinem Zuhause herumkletterten.

»Solange Mami glücklich ist, ist er auch glücklich«, erklärte Saphir.

Obwohl Rex aussah, als würde er einem jede Sekunde den Kopf abreißen, bekam er sichtlich weiche Knie, sobald Mami sprach oder lächelte. Die einzige Frau, die er anbellte, war Coral, was sehr merkwürdig sei, wie Saphir argwöhnisch brummte. »Es bedeutet, dass etwas mit ihr nicht stimmt.« Von da an sahen wir Coral alle mit anderen Augen an.

Saphir genoss ihre Rolle als zweite Fahrerin. Das Gefühl, gebraucht zu werden, ließ sie sichtlich aufblühen. Jede andere Frau hätte es vielleicht als demütigend empfunden, aber Saphir stürzte sich mit Begeisterung in ihren neuen Job.

»Komm schon, Lena, heb deinen Arsch in mein Auto, wir ha'm nich die ganze Nacht Zeit. May-Ling, Herzchen, ich bin sofort wieder da. Meredith, steh da nicht einfach rum wie'n Ölgötze, sondern sag mir, wo ich Bridgit hinbringen soll, Herrgott noch mal! Antoinette, willste mitfahren? Hätte mich auch gewundert … Moment, mein Junge muss mal Pipi machen. Ambor … Dalli, dalli, ihr Schnepfen!«

Doch Dienstagnacht war das Geschäft wieder so ruhig, dass wir keinen zweiten Fahrer mehr brauchten. Unser Bürostab im ersten Stock hatte sich noch nie so angestrengt, um Saphir einen Auftrag zu verschaffen. Sogar wenn der Mann nach einer achtzehnjährigen Asiatin verlangte, schlugen wir ihm Saphir als aufregende Alternative vor.

»Wieso willst du eine dünne Asiatin, Robert?«, hörte ich Sofia flehen. »*Diese* Frau macht Sachen, die du nicht für möglich hältst! Sie ist sexy – was? ... Ende dreißig. Sportlich ... Weiß nich, neununddreißig. Blond ... du meine Güte, Süßer, ist das nicht egal? Kurze Haare! ... Nein, nein, ich habe haufenweise Asiatinnen, Robert! Mein Gott, du isst doch auch nicht jeden Tag Bratkartoffeln, oder!?«

Saphirs Rückkehr an ihren alten Arbeitsplatz änderte leider nichts an ihrer Auftragsflaute.

Am folgenden Freitag war es genauso schlimm. Als ich in die Küche kam, war die Anspannung spürbar. Saphir saß am Tisch und gab Karten an vier Frauen aus, die sich nervöse Blicke zuwarfen. Die Telefone blieben stumm. Das einzige Geräusch kam von der tickenden Küchenuhr. Die Uhr war ein Geschenk von Boris und wies statt eines Sekundenzeigers zwei kopulierende rosa Schweinchen auf. Trotz ihrer schwarzen Sonnenbrille sah Saphir heute besonders »mörderisch« aus, ein Wort, das sie oft benutzte, um sich selbst zu beschreiben. Ihre kantigen Gesichtszüge traten noch schärfer hervor als sonst. Saphir gegenüber saß eine Frau, die ich noch nie gesehen hatte. Der lächelnde Hippie stellte sich als Harmony vor und plapperte die ganze Zeit irgendwas von »Chi«, ohne sich dabei an eine bestimmte Person zu wenden. Harmony war entweder dumm, betrunken oder lebensmüde, denn für alle anderen Anwesenden war offensichtlich, dass Saphir sie am liebsten umgebracht hätte.

Ich lehnte mich oben gegen unsere Tür, schnaufte erleichtert und warnte meine Kolleginnen vor der bevorstehenden Explosion in der Küche. Ihren rosa-gesträhnten Kopf schüttelnd, erzählte Trudy mir, Harmony sei Saphirs »Achillesferse«.

»Ihre Persönlichkeiten sind unvereinbar«, übersetzte Raelene hilfsbereit, für den Fall, dass ich das für eine Fußkrankheit hielt.

»Urszula kann Betrunkene nicht ausstehen«, erklärte Trudy, »und Harmony bunkert eine Flasche Schnaps in ihrem Schrank.«

Aber wieso, fragte ich, kann eine dumme Schnapsdrossel sie derart umhauen?

»Sie bringt Saphir einfach aus dem Gleichgewicht.«

Als ich später nach unten ging, stellte ich fest, dass Saphirs Stimmung sich wie ein Virus ausgebreitet hatte. Draußen regnete es, und die Küche war jetzt voll mit verärgerten Frauen, die überall Matschspuren hinterließen, ihre Asche in die Spüle schnipsten und über miese Aufträge wetterten. Antoinette stand allein am Tresen und attackierte eine Scheibe Toast wie ein wütendes Kind, das für sich selbst sorgen muss. Courtenay stand draußen an der Hintertür, stritt am Handy mit ihrem Freund, wurde klitschnass und forderte ihn auf, jedes Wort zu wiederholen. Und Harmony saß sternhagelvoll allein am Küchentisch, umgeben von leeren Snackpackungen, überquellenden Aschenbechern und leeren Kaffeebechern, und brabbelte irgendwas von »kosmischer Energie«. Anstatt in der Küche Hof zu halten, wie sie es sonst tat, hatte Saphir sich in den Aufenthaltsraum verzogen, wo sie allein vorm Fernseher saß. Das gesamte Ökosystem des Bordells schien durcheinander. Es war wie in Macbeth, nach der Ermordung des Königs, wenn die Eule den Falken jagt und die Pferde einander auffressen.

Beunruhigt von dem Gedanken, dass Boris plötzlich auftauchen könnte, bewegte ich mich durch die missmutige Menge, leerte Aschenbecher und sammelte Becher und Abfälle ein.

Schließlich steckte ich meinen Kopf durch die Tür des Aufenthaltsraums: »Bist du okay?«

Saphir sah aus wie Nofretete beim Fernsehen in ihrer Grabkammer. Ohne die Augen vom Bildschirm zu wenden, beorderte sie mich mit einem hochgereckten Finger zu sich. Sie hatte ihre

Brille ausnahmsweise abgesetzt, und ich erschrak, als sie mit ihren kleinen, blanken Augen zu mir hochsah.

»Ich tu das ihretwegen, Meredith.«

Bevor ich antworten konnte, fuhr Saphirs Hand nach oben, packte mich am Kragenaufschlag und zog mich so ruckartig nach unten, dass meine Knie dumpf auf dem Boden aufschlugen.

»Wenn ich im selben Raum mit dieser total besoffenen Schlampe bleibe«, knurrte sie, »weiß ich nich, was ich tue, verstehste?«

Obwohl meine alte Knieverletzung schmerzhaft pochte, nickte ich inbrünstig, bis sie mich losließ.

Das Schicksal kannte in dieser Nacht kein Erbarmen, denn die einzigen Frauen, die keine Aufträge erhielten, waren Saphir und Harmony. Saphir wanderte wie eine ruhelose Anstaltsinsassin zwischen Patience-Spiel am Küchentisch und Fernseher im Aufenthaltsraum hin her. Harmony hatte es sich mittlerweile vor ihrer privaten Schrankbar bequem gemacht und ließ sich weiter voll laufen. Gegen zwei Uhr morgens hatte Saphirs deprimierte Stimmung auch den ersten Stock durchdrungen.

»Alles klar, Mädels?«, verkündete Boris lächelnd im Türrahmen.

»Alles klar, Boss«, gaben wir tonlos zurück.

Da keine von uns in Stimmung für seine Scherze war, machte Boris sich auf den Weg nach unten.

Boris hätte sich keine schlechtere Nacht aussuchen können. Wenn es etwas gab, das Boris hasste, so war es eine Küche voller Frauen über fünfunddreißig. Es beraubte ihn seiner Flirtmöglichkeiten und warf ein schlechtes Licht auf sein Geschäft. Vielleicht machten ihm die reifen Gesichter und Körper auch schmerzlich sein eigenes Alter bewusst.

»Kruzitürken!«, blaffte er mich an, als er fünf Minuten später wieder hochkam. »Ist das alles, wozu du in der Lage bist? Diese abgetakelten Schabracken!?«

Als Empfangsdame für unten war es meine Aufgabe, dafür zu sorgen, dass immer eine bunte Mischung unterschiedlicher Frauen für das interne Geschäft zur Verfügung stand, doch wie gewöhnlich hatten die jüngeren, hübscheren die ganzen Begleitaufträge bekommen, während ich mit dem Kegelklub, bestehend aus Antoinette, Rita, Maya, Saphir und jetzt Harmony zurückblieb. Ich vergaß ihr Alter, wenn sie guter Stimmung waren, aber heute Nacht wirkten ihre engen Kleider vulgär und das Make-up auf den zerknitterten Gesichtern grotesk.

»Halloween im Altersheim is nix dagegen!«, brüllte Boris mich an und griff nach seinen Autoschlüsseln.

»Urszula möchte dich kurz sprechen, bevor du ins Kasino gehst«, platzte Trudy heraus und goss damit weiteres Öl ins Feuer.

Boris stemmte die Hände in sein kariertes Jackett und funkelte mich an, als ob ich sein Bordell vorsätzlich mit hängenden Brüsten bevölkert hätte.

Raelene, Trudy und ich drängten uns am oberen Treppenabsatz zusammen wie verängstigte Kinder und lauschten den zwei streitenden Stimmen in der Küche – eine immer lauter werdende Sirene im Kampf mit einem hartnäckigen Nebelhorn. In dem Versuch, ihre Autorität vor den anderen Frauen wiederherzustellen, hatte Saphir von Boris gefordert, sie den Rest der Nacht als zweite Fahrerin einzusetzen. Es würde ein Unglück geschehen, drohte sie, wenn sie noch einen Augenblick länger in diesem Haus bleiben müsse.

»Wieso verschwindest du dann nicht einfach?«, brüllte Boris.

Es folgte ein schreckliches Schweigen.

»Hau ab!«, tobte er. »Worauf wartest du? Hau ab!«

Das Haus hatte sich noch nie so still angefühlt.

»Ich glaube«, setzte Saphir an, aber ihre Stimme klang seltsam, »wir sollten dieses Gespräch oben fortsetzen, Boris.«

»Vergiss es! Nimm deinen Scheißköter und dein Auto und deine leeren Drohungen, und scher dich zum Deifi!«

Nach einem angespannten Schweigen hörten wir, wie ein Stuhl zur Seite gerückt wurde und Schlüssel klapperten, als Saphir ihre Sachen zusammenpackte. Zuerst dachte ich, Rex hätte angefangen zu weinen, bis ich erkannte, dass es Saphir selbst war, die das schreckliche Geräusch machte, denn als sie die Hintertür öffnete, fing der Hund zu bellen an. Die Tür fiel ins Schloss, und kurz darauf hörten wir den Landrover aus der Garage fahren.

Raelene stupste mich nach vorn. »Du solltest lieber nach unten gehen«, flüsterte sie.

Ich wollte gerade protestieren, aber als Trudy mir mitleidig lächelnd zunickte, wusste ich, dass sie Recht hatte. Unten war mein Revier.

In der Küche verharrten immer noch mehrere Frauen in betretenem Schweigen, als ob Saphirs Verschwinden ein Vakuum hinterlassen hätte. Mitten im Raum stand Boris allein am Tresen, mit zusammengekniffenen Augen über seine Zigarette gebeugt wie Humphrey Bogart. Alle schreckten zusammen, als die Stille plötzlich vom Geräusch einer zu Boden fallenden Flasche durchbrochen wurde, die langsam von Harmonys Schrank in die Mitte des Raums rollte. Bei dem Versuch, die Flasche abzufangen, fiel die betrunkene Hippie-Frau von ihrem Stuhl und lag hilflos kichernd auf dem Boden wie ein schmutziges Bündel indischer Wäsche.

»Meredit«, erklärte Boris ruhig, ohne seinen kalten Blick von der Flasche zu nehmen, »ruf dieser Frau ein Taxi.«

Es war ein Risiko gewesen, das Geschäft vom reinen Begleitservice auf den internen Bordellbetrieb zu erweitern, und da das Geschäft schlecht lief, musste ein Sündenbock her. Didi schrie Boris an, Boris schrie uns an, und wir versuchten, unseren Frust nicht an den Frauen auszulassen. Saphir war seit zwei Nächten weg, und ohne seine lärmende Matriarchin war das Freudenhaus in Darlinghurst ein trauriges Haus geworden.

Boris erschien um Mitternacht mit Märtyrermiene, nachdem er seine Schreckensgattin und den kleinen Hund auf dem Riesenbett zurückgelassen hatte, wo sie beide gegen Satinkissen gelehnt um die Wette bellten. Eine Hälfte von ihm wollte Witze erzählen und geliebt werden, aber die andere Hälfte war ein ruchloser, mit Lady Macbeth verheirateter Diktator, deshalb wussten wir nie genau, ob wir Hitler oder Hancock bekommen würden. Boris löste die Frage unter anderem, indem er die Rolle je nach Stockwerk wechselte. Saß die Küche voller schöner Frauen, bekamen sie die Show und wir den Kasernenhof. Wenn er unten ein hinreichend hübsches Publikum vorfand, das laut genug über seine Witze lachte, öffnete er sogar eine Flasche des guten Champagners, der eigentlich für die einstündigen Buchungen vorbehalten war. Doch wenn die Küche ihm »alt« vorkam, konnte seine Gunst umschlagen, sodass wir in den Genuss des Champagners kamen. Das waren die besten und bestimmt auch die lukrativsten Nächte. Die Männer fanden es reizvoll, wenn die Telefondamen mit ihnen kokettierten und mit hemmungsloser Begeisterung von Heathers Brustumfang oder Celestes langen Beinen schwärmten und kichernd erklärten: »Nein, auf keinen Fall, Warwick, du kannst mich nicht buchen. Ich bin nur die Empfangsdame!«

»Ich hab das Handy an, wenn was ist«, sagte Boris eine Stunde später an der Tür, während er uns durch den Qualm seiner Zigarette musterte.

Wenn sein Blick auf mich fiel, verschwand leider jeder Schalk aus seinen blassen bayrischen Augen. Ich verstand Boris' Argwohn mir gegenüber besser, als ich später herausfand, was er zu verbergen hatte, aber bis dahin atmete ich jedes Mal erleichtert auf, wenn ich hörte, wie sein silberner Mercedes schnurrend zu seinem Lieblingsort, dem Star City Kasino, davonglitt. Trotz der anders lautenden Aufforderung durften wir Boris unter absolut keinen Umständen auf dem Handy anrufen, erklärte Pip, außer bei einem Todesfall oder einer Feuersbrunst. Sonst würden Boris' regelmäßige Abstecher nach Darling Harbour auffliegen, sobald Didi mit gewohnter Akribie die Telefonrechnung des Büros überprüfte. Es war schon so lange her, seit ich Didi das letzte Mal gesehen hatte, dass sie in meiner Vorstellung allmählich die albtraumhaften Proportionen eines parfümierten blonden Drachens anzunehmen begann, dessen Feuer speiendes Wesen sogar ihren eigenen Ehemann in Angst und Schrecken versetzte.

Gegen fünf Uhr morgens kehrte Boris gut gelaunt und bepackt mit geheimnisvollen Banknotenbündeln zu seinem erschöpften und belagerten Empfangsdamentrio zurück. Ohne sein Bargeld für die Auszahlung der Kreditkartenaufträge wurden wir von einem Chor erschöpfter und wortwörtlich aufs Kreuz gelegter Frauen beschimpft, die den verständlichen Wunsch hatten, endlich mit ihrem Geld nach Hause zu gehen, ein Bad zu nehmen und allein ins Bett zu kommen. Einen Dean-Martin-Song summend setzte Boris sich anschließend an seinen Schreibtisch, stellte seinen Computer an und zählte die Einnahmen, während wir ihm die verschiedenen Katastrophenaufträge und Wutanfälle schilderten, die er versäumt hatte.

Er klickte sich währenddessen die ganze Zeit durch seine Lieblings-Website, Asiatische Schlampen.

»Meine Güte«, lachte er, »schaut's euch die hier an.«

Zu seiner kindlichen Freude schauten wir ihm alle über die Schulter und stöhnten vor Abscheu angesichts des Hardcore-Spektakels auf seinem großen Farbbildschirm. Boris kicherte wie ein Schuljunge. Ich weiß nicht, was er mehr genoss, die gespreizten Schamlippen gelangweilter Asiatinnen oder unsere angewiderte Reaktion.

Boris blieb auch im Laufe der folgenden Monate ein harter Brocken für mich. Meine Versuche, freundlich und unbedrohlich zu wirken, verstärkten nur sein Misstrauen. Ich versuchte den Nachteil, den ich aufgrund meiner Körpergröße hatte, durch besondere Witzigkeit wettzumachen. Wir brauchten weiß Gott etwas Aufheiterung in diesem Büro, und alle begrüßten meine Scherze, außer Sofia. Zum einen merkte Sofia überhaupt nicht, wenn ich witzig war, und bis ich es ihr erklärt hatte, sah sie so erschöpft aus, dass es quälend für uns beide war. Es führte nur dazu, dass sie sich an irgendwelche Zahlen erinnerte, die ich nicht überprüft hatte, oder an leere Gleitmittelbehälter, die ich auffüllen sollte. Boris verstand meine Witze, aber er sprang nicht darauf an. Irgendetwas an der langen Vollidiotin, die Witze in seinem Bordell machen wollte, beunruhigte ihn. Außerdem war er für das Witzigsein zuständig.

»Wenn Shan aus Singapur zurückkommt, ist er wieder besser drauf«, seufzte Pip.

»Wer ist Shan?«, fragte ich.

»Sein asiatisches Flittchen.«

Shan, aus Singapur, gehörte ursprünglich zu den Frauen, die für Boris und Didi arbeiteten, bis Boris Gefallen an ihr fand und ihr ein Angebot machte, das sie in den letzten drei Jahren nicht abgelehnt hatte. Pip hatte keine hohe Meinung von Shan.

»Sie nutzt ihn aus«, erklärte sie.

Das war so absurd, dass ich mir auf die Zunge biss, um nicht laut loszulachen.

»Seit drei Monaten besucht sie ihre kranke Mutter in Singapur und bittet Boris immer wieder, ihr mehr Geld zu schicken.«

Ich konnte Pip ansehen, dass sie Shans Mutter, wenn sie denn überhaupt existierte, nicht für besonders krank hielt.

»Deshalb hat er in letzter Zeit so schlechte Laune. Er weiß, dass sie ihn übers Ohr haut.«

Kein Wunder, dass Didi und Boris niemandem vertrauten. Didi wurde von ihrem Mann beklaut und Boris von seiner Geliebten.

»Weiß Didi von Shan?«, fragte ich.

Pip schnaubte. »Didi weiß alles. Solange Boris das Geschäft führt, dem kleinen Georgie ein guter Vater ist und seine asiatischen Flittchen von ihr fern hält, ist es ihr absolut schnuppe, was er treibt.«

Didi wusste durchaus nicht alles, wie Pip sehr wohl wusste, aber ich hatte mich noch nicht als würdig erwiesen, um in die hochheiligsten Bordellgeheimnisse eingeweiht zu werden.

Pip gehörte für Boris und Didi quasi zur Familie, nachdem sie seit fast sechs Jahren für sie arbeitete. Es musste viel Geschick erfordert haben, gegenüber beiden so loyal zu bleiben und ihre jeweiligen Affären und Geheimnisse zu bewahren.

»Hat Didi einen Geliebten?«, fragte ich.

»Hatte sie«, sagte Pip, »aber seit ihrer Krebserkrankung im letzten Jahr steckt sie ihre ganze Kraft in die Erziehung des kleinen Georgie.«

Ich erinnerte mich an den blonden, engelhaften Jungen auf dem Foto direkt neben dem ausgestopften Elch. Ein hoch begabtes Kind, seufzte Pip. Wenn sie nicht für seine Mutter in deren Bordell arbeitete, gab Pip dem kleinen Georgie Privatunterricht. Pip holte tief Luft, wie um sich von einer schweren Last zu befreien. Sie sei zwar keine ausgebildete Lehrerin, erklärte sie, aber Mitglied bei MENSA. »Du weißt schon«, sagte sie, »für Menschen mit extrem hohem IQ.«

Boris war nicht groß, deshalb war es keine Überraschung, dass ihm zierliche Asiatinnen besonders gut gefielen. Abgebrühte, beinharte Geschäftsfrauen wie Didi nötigten ihm Respekt ab, aber kein Grad an Intelligenz konnte ihn so sehr beeindrucken wie ein hübsches junges Gesicht und ein zierlicher Körper. Wenn seine Witze auf taube, aber attraktive Ohren stießen, die nicht in der Lage waren, seinen beißenden Humor zu verstehen oder zu schätzen, tat das seinem Vergnügen keinen Abbruch. Im Gegenteil. Sobald der Geruch von Naivität seine Nase kitzelte, geriet er in Erregung und produzierte Speichel wie ein hungriger Wolf. Dann lächelte er mit der unteren Hälfte seines Gesichts, während die Augen weiterhin mit gierigem Blick sein naives, zuckendes Opfer fixierten, das ihm in kichernder Verwirrung gegenübersaß.

Wir anderen waren für Boris etwa so interessant wie eine Schublade mit alten Socken. Und nichts bereitete ihm mehr Verdruss als ein gutes Einvernehmen zwischen den alten Socken. Anstatt eine gute Arbeitsatmosphäre gegenseitiger Unterstützung zu fördern, bevorzugten Boris und Didi Tyrannei und Furcht als Führungsinstrumente. Mit der Maxime »Teile und herrsche« konnte man sogar unter Empfangsdamen für eine gesunde Konkurrenz sorgen. Drei Mal in vier Monaten hatte ich miterlebt, wie eine Kollegin am Telefon zitterte wie Espenlaub, weil Didi sie wegen irgendeiner kleinen Diskrepanz in der Buchführung verhörte – ein Aufgabenbereich, dem ich mich glücklicherweise nicht mal von weitem nähern durfte. Ich hörte, wie Raelene inständig darum bat, eine Nacht freizubekommen, weil ihr Bruder seinen Geburtstag feiern wollte, und dann heulte wie ein kleines Mädchen, weil ihre Bitte abgeschlagen wurde. Aber das Schlimmste war, dass ich aus den abwehrenden Protesten, die meine Kolleginnen gegenüber unserer duftenden Despotin vorbrachten, und ihren grollenden Blicken in meine Richtung schließen musste, dass Didi ihnen meine kümmerlichen Fortschritte zur Last legte.

»Ja, Meredith weiß, dass sie fünfzig Dollar extra berechnen muss, Didi! Sie hat gedacht, es wäre keine Fantasy-Buchung.«

Es war mir einfach unfair vorgekommen, dass Lance irgendetwas extra bezahlen sollte, da er derjenige war, der sich als Hummel verkleidet hatte, und nicht Tiffany.

In Sofia hatten Boris und Didi außerdem den perfekten General gefunden. Es gab kaum etwas, das Sofia mehr Vergnügen bereitete, als kleine Samen entzweiender Paranoia auszustreuen.

»Von Raelene habe ich aber gehört, dass du etwas ganz anderes gesagt hast, Schätzchen ...«

In Anbetracht dieser ganzen finsteren Macchiavelli-Gestalten mit ihren breiten europäischen Akzenten konnte ich schon fast hören, wie im Hintergrund die Zithermusik aus *Der Dritte Mann* anschwoll.

Ich lächelte. Ich sprang die Treppe hinauf und hinunter. Ich scherzte mit den Frauen. Und die ganze Zeit spürte ich, wie Boris mich beobachtete. Doch erst als ich ihn mit Cordelia, einer neuen Mitarbeiterin im Erdgeschoss, bekannt machte, wurde mir bewusst, wie stark seine Abneigung gegen mich war.

»Boris?«, brüllte er mich an, als wir wieder oben waren. *»Das ist Boris?* Was zum Teufel soll das heißen? Ist Boris der Müllmann? Oder ist Boris der Boss?«

Es gibt nichts Gefährlicheres als einen kleinen Mann, der von seiner Ehefrau schlecht behandelt wird und eine Machtposition gegenüber einer großen Frau hat. Als Boris merkte, wie gut ich mich mit den Frauen im Erdgeschoss verstand, kultivierte er in aller Stille seinen Argwohn und seine Abneigung gegen mich. Er saß mit den Frauen am Küchentisch und beobachtete mit Argusaugen jede meiner Bewegungen. Jede Nacht konnte man die angespannte Atmosphäre fast mit Händen greifen, wenn ich geplagt von düstersten Vorahnungen den Geschirrspüler bestückte.

»Mach dir keine Sorgen«, sagte Pip wieder einmal beruhigend. »Shan kommt bald zurück.«

Doch Boris hatte bereits jede Sprungkraft aus meinen Schritten gesogen, und der Geruch meiner Angst hatte seinen Appetit geweckt. Er war dabei, sich etwas ganz besonders Hässliches für mich auszudenken.

Vergiss nie, wo du arbeitest

Am folgenden Freitagabend kam ich um sieben Uhr zur Arbeit und ging wie immer sofort in die Küche, um nachzusehen, welche Frauen Schicht hatten und um hallo zu sagen. Auf Saphir zu stoßen war das Letzte, womit ich gerechnet hatte, aber da war sie – eingehüllt in weiße Handtücher kam sie wie eine Königin aus dem dampfenden Badezimmer.

»Hallo, Kleine«, sagte sie mit einem scheuen, verletzlichen Lachen.

Ich wollte sie umarmen, aber die Art, wie sie sich steif nach hinten lehnte, hielt mich davon ab. Ohne Make-up auf dem sonnengebräunten Gesicht sah Saphir wunderschön aus.

»Hast wohl nicht erwartet, mich noch mal zu sehen, was?«

Trudy hatte prophezeit, dass sie zurückkommen würde, aber ich hatte ihr nicht geglaubt.

»Nein«, sagte ich, »aber ich bin froh, dich zu sehen, Urszula.«

Es war das erste Mal, dass ich den Namen in ihrer Gegenwart benutzte, und es fühlte sich fast so gut an wie eine Umarmung. Sie lächelte und schien sich zu freuen. Gegen den Küchentresen gelehnt, nahm sie sich eine Zigarette aus ihrer stets griffbereiten Großpackung Horizons und zündete sie an wie ein Filmstar.

»Normalerweise bin ich nicht so, Meredith«, sagte sie mit fester Stimme und schlüpfte hinter einem dicken Rauchstrahl in ihre gewohnte Rolle. »Was du neulich miterlebt hast, war ein einmaliges Ereignis.«

Ich nickte. Sie gab eine tapfere Vorstellung.

»Ich gerate nicht oft in diesen Zustand«, fuhr sie fort, als ob sie für eine Talkshow interviewt würde. »Weißt du, Meredith, wenn Leute mich so wütend machen, habe ich den Drang, sie zu schlagen.«

Ich nickte.

»Aber aus Respekt vor *ihm* halte ich mich zurück. Boris zuliebe reiße ich mich zusammen. Aber als er mich dann vor all den Frauen so abgekanzelt hat … Der Mann ist wie ein Vater für mich.«

Urszulas grimmiger Blick verbot mir jeden Widerspruch.

»Er hat sich Sorgen um dich gemacht«, log ich, dem Druck nachgebend.

Wahrscheinlicher war, dass Boris jeden Moment hereingestürmt kam und etwas brüllte wie: »*Was zum Teufel machst du hier?«,* aber ich konnte nicht anders.

»Wir alle haben uns Sorgen um dich gemacht«, fügte ich hinzu.

»Das ist sehr lieb von dir, Meredith, Schätzchen, aber ich will nur, dass du weißt, dass das neulich nicht die wahre Saphir war.«

Urszula und ich nickten immer noch, als die Türglocke der Vordertür anschlug.

»Kunde«, knurrte Sofias tiefe Stimme durch die Gegensprechanlage.

»Bist du allein hier?«, fragte ich beiläufig und versuchte, nicht allzu beunruhigt zu klingen.

Urszula nickte.

Vor der Haustür stand ein blonder Hüne, Ende dreißig, mit freundlichem Lächeln und offenem Gesicht. Jedenfalls war ich fest entschlossen, es für offen zu halten. Als Andrew in unserem Warteraum saß, händigte ich ihm unser Menü aus. Er schaute mit entwaffnendem Lächeln zu mir hoch, als würde er mich kennen und nur aus Respekt vor mir einen Lachanfall unterdrücken. Es war das erste Mal, dass ich das Gefühl hatte, auf derselben Wellenlänge mit einem Kunden zu sein, und ich verspürte plötzlich das überwältigende Bedürfnis, aufrichtig und witzig zu sein.

»Andrew«, verkündete ich, »heute steht leider nur eine einzige Frau zur Verfügung.«

»Ach, du meine Güte«, Andrew sah sich lächelnd im Zimmer um, »und ein Elch.«

»Ja«, bestätigte ich mit einem Blick zu dem ausgestopften Ungetüm, »aber ich fürchte, der Elch hat heute frei.«

Andrew wollte sich kaputtlachen, und ich lächelte bescheiden, als ob ich ständig so witzige Sachen sagen würde.

»Eigentlich«, zwitscherte ich auf dem Weg zur Tür, »sollte ich dich jetzt allein lassen und zum Pornoschauen verdonnern.«

Andrew brüllte vor Lachen. Ich wette, er hätte nicht im Traum erwartet, eine so unterhaltsame, schlagfertige Empfangsdame zu treffen.

»Bleib nicht so lange weg«, rief er mir nach.

»Es sei denn, du *möchtest gern* einen Porno schauen«, sagte ich neckisch und steckte meinen Kopf noch einmal durch die Tür.

Andrew warf den Kopf zurück und lachte so herzerfrischend, dass ich kurz überlegte, ob ich ihm nicht einfach auf der Stelle meine Telefonnummer geben sollte.

»Okay«, seufzte er lächelnd, verschränkte die Hände hinterm Kopf und lehnte sich zurück.

Einen Moment lang war ich nicht sicher, ob ich ihn richtig verstanden hatte.

»Du … *möchtest*?«, stammelte ich blinzelnd, den Kopf immer noch halb in der Tür.

»Ja, klar«, strahlte Andrew mich an, »wieso nicht?«

Um meinen Schock zu verbergen, gackerte ich die ganze Zeit wie ein albernes Huhn, während ich zur Anlage ging, das Video anstellte und wieder zur Tür hinausglitt.

Andrew war immerhin so höflich, mein Lächeln zu erwidern, und nicht auf die stöhnenden Frauen auf dem Bildschirm zu starren. Ich murmelte fröhlich etwas von »Mädels holen«, schloss die Tür zwischen mir und Andrews heiterem Gesicht und wäre vor Scham am liebsten im Erdboden versunken.

War ich eigentlich noch ganz bei Trost, dass ich mit einem Mann in einem Bordell flirtete? Ich hatte kaum Erfolg bei Männern auf Partys! Was um alles in der Welt hatte ich mir dabei gedacht? Wie konnte ich auch nur im Entferntesten mit dem Gedanken an eine Beziehung spielen, die nicht nur in einem Bordell angeknüpft, sondern auch noch von jemand anderem vollzogen wurde?

»Wie alt?«, fragte Urszula, die noch immer in derselben Haltung am Küchentisch saß, mit ungewohnter Ängstlichkeit.

Urszula, Antoinette, Rita und Maya stellten diese Frage immer. Wenn der Mann unter dreißig war, machten sie sich gar nicht erst die Mühe aufzustehen.

»Weiß nich … Mitte dreißig? Aber sehr nett. Er heißt Andrew. Klug und lustig.«

Zögernd schlurfte Urszula in den Aufenthaltsraum, um Andrew auf dem Monitor zu begutachten. Ohne ein Wort setzte sie sich dann auf eines der großen Sofas, zog eine Puderdose aus der Tasche ihres Morgenmantels und fing an, sich zu schminken. Ich verstand den Wink und machte mich daran, den Geschirrspüler in der Küche auszuräumen. Einige Minuten später kam Urszula in einem aufregenden schwarzen Nichts von einem Kleid und schwarzen High Heels aus dem Bad. Das Outfit brachte ihren braun gebrannten, erstaunlich muskulösen Körper vorteilhaft zur Geltung. Ich bemerkte zum ersten Mal, dass sie ein großes Tattoo auf der rechten Schulter hatte – zwei schwarze Herzen mit einem verschlungenen Band, auf dem ein Name stand, den ich allerdings nicht entziffern konnte. Nachdem sie ihre Sonnenbrille aufgesetzt hatte, wandte sie sich zu mir und signalisierte mit einem kleinen Nicken, dass sie bereit sei.

Als ich Saphir und Andrew miteinander bekannt machte, stand er auf und begrüßte sie mit genau demselben strahlenden Lächeln, das ich als besonderen Gunstbeweis gedeutet hatte.

Für gewöhnlich stolzierte Urszula mit aufreizendem Hüftschwung in diesen Raum. Ich kannte ihre provokante Anmache, die den Mann regelrecht herausforderte, sich auf sie zu stürzen, und das großspurige, draufgängerische Auftreten, das auch ein Schutz vor Ablehnung war. Doch in dieser Nacht hatte sie nichts Großspuriges an sich und wirkte fast verletzlich, als sie Andrews Hand schüttelte. Vielleicht brauchte Urszula die Sonnenbrille, weil sie sogar mit den dunklen Gläsern eine so anrührende Zugänglichkeit ausstrahlte, dass ich sie am liebsten umarmt hätte.

»Ich würde gern eine Stunde mit Saphir zusammen sein«, sagte Andrew, kaum dass sie den Raum verlassen hatte.

Ich fand Urszula, die sich bereits wieder den Bademantel angezogen hatte, vorm Fernseher.

»Er möchte gern eine Stunde mit dir zusammen sein, Urszula.«

Sie blieb reglos sitzen, ohne den Blick vom Fernseher zu wenden, und sah irgendwie verängstigt aus.

»Urszula?«, fragte ich sanft. »Andrew sagt, er würde gern eine Stunde mit dir zusammen sein.«

Urszula zog den Bademantel schützend an ihrem Hals zusammen und blickte vom Fernseher zu mir hoch. Sie wirkte klein und zerbrechlich.

»Ja, in Ordnung«, sagte sie ruhig. »Gib mir noch eine Minute, ja?«

Ich trollte mich und brachte das Geld nach oben ins Büro, wo ich Trudy und Raelene erzählte, was geschehen war. Sie lachten, als ich nach Anzeichen von Bewegung auf dem Monitor forschte. Es stimmte, ich benahm mich wie eine besorgte Mutter, deren Tochter zu ihrem ersten Date geht, auch wenn es sich bei dieser Tochter um eine 43-jährige Prostituierte mit tödlichem Kopfstoß handelte. Schließlich sah ich, wie Urszula ihren Kunden abholte und nach oben führte.

Eine halbe Stunde später, auf meinem Weg nach unten, hörte ich die beiden lachen.

»Es war schon immer so kurz«, röhrte Saphir mit ihrer wunderbar kehligen Lache. »Ich war der Wildfang in unserer Familie, weißte?«

Saphir war zurück.

Viel später musste ich ein Taxi rufen, um eine sturzbetrunkene Harmony nach Hause transportieren zu lassen. Sie war nur zehn Minuten im Haus gewesen, als Urszula, die bester Stimmung zu sein schien, ihr auf dem Weg zum Klo einen Fausthieb versetzte.

Ich warte darauf, dass Marcelle mich umbringt

Es war ungewöhnlich ruhig für eine Samstagnacht und ungewöhnlich warm für Anfang Juli. Es gelang mir sogar, die Heizung auszustellen und die Hintertür zu öffnen, ohne dass die Frauen sich beschwerten. Pip, Raelene und Maxine machten sich oben gerade über eine Pizza her. Ich bestückte unten den Geschirrspüler und hörte Shelby und Heather zu, die sich am Küchentisch über die Vor- und Nachteile verschiedener Push-up-BHs austauschten.

Das Unglück nahm seinen Anfang gegen acht, als Raelene nach unten kam, um eine halbe Stunde lang den Platz mit mir zu tauschen. Didi war offenbar unzufrieden, weil ich immer noch nicht gelernt hatte, wie man Kreditkartenbuchungen vornahm, und hatte verlangt, dass ich mindestens eine Transaktion allein durchführte. An Raelenes verdrießlicher Miene konnte ich ablesen, dass Didi meinen Kolleginnen wieder einmal wegen eines vermeintlichen Versäumnisses in meiner Ausbildung die Hölle heiß gemacht hatte, deshalb war ich entschlossen, es wieder gutzumachen. Seitdem das Bordell jetzt offiziell Verluste machte, wurden Didis Anrufe häufiger, und ich lebte in der krankhaften Furcht, ans Telefon beordert zu werden. Vor einigen Wochen hatte man mir gezeigt, was ich bei einer Kreditkartenbuchung tun musste, und ich war ganz sicher, dass mir das meiste wieder einfallen würde. Ich schenkte Raelene ein zuversichtliches Lächeln, doch sie rümpfte nur missbilligend die Nase und ließ sich mit einer Zeitschrift auf einen Küchenstuhl fallen. Das war genau die harmonische Arbeitsatmosphäre, die sich Didi für ihr Bordell wünschte.

»Mastercard«, verkündete Pip knapp und stellte ihren Anruf zu mir herüber.

Alles klar. Ich klatschte in die Hände und trat in Aktion. John und Jane, die in einem Travelodge abgestiegen und ein bisschen beschwipst waren, wollten so schnell wie möglich ein dralles Mädel, das es ihnen beiden besorgte. Ich wusste, dass die vollbusige Marcelle frei war und ein geschicktes Händchen für Paare hatte, also rief ich John zurück, um den Auftrag zu bestätigen.

»Geht klar, John«, fing ich nervös an, »das macht dann 320 Dollar die Stunde, plus Zuschlag und Taxi.«

»Ja, ja«, sagte John, »und wie viel ist das alles zusammen, Meredith?«

»20 plus – welches Travelodge, John?«, fragte ich.

»Paramatta.«

Ich schaute zu meinen Kolleginnen, die beide mit anderen Anrufern beschäftigt waren. Schickten wir die Frauen bis nach Paramatta, oder lag das zu weit draußen? Aber John hatte es eilig, Marcelle hatte ein eigenes Auto, und ich wollte meine Kreditkartentransaktion zu einem ruhmreichen Ende bringen.

»Vierhundert alles zusammen, John«, erklärte ich fröhlich.

»Und wann ist sie hier?«

Ich hatte keine Ahnung, aber ich sagte »in zwanzig Minuten«, wünschte John einen schönen Abend und legte auf. Marcelle klang nicht besonders begeistert, als ich ihr eröffnete, dass sie den ganzen Weg nach Paramatta fahren sollte, und setzte mich davon in Kenntnis, dass sie eher vierzig Minuten als »schwachsinnige zwanzig« brauchen würde, da ihr Auto zu Hause in der Garage stand.

Die Türglocke rief mich nach unten und hielt mich weitere zehn Minuten von meinem Schreibtisch fern.

»Idiotin!«, blaffte Raelene, die mir über die Schulter sah, als ich die Zahlen von Johns Mastercard hastig in das Gerät neben ihrem Schreibtisch eingab. »Du hättest seine Karte überprüfen müssen, bevor du die Frau losschickst. Was ist, wenn sie ankommt und feststellen muss, dass er seinen Kreditrahmen überzogen hat?«

Ich drückte »Eingabe«, und vier Augenpaare richteten sich schweigend auf das Gerät, als ob es eine tickende Zeitbombe wäre. Kein Telefon läutete. Es schien, als habe jeder Mann in Sydney eine Pause eingelegt, um zu warten, ob John sein Mastercard-Limit überschritten hatte und ob Marcelle den ganzen Weg von Ashfield zurückfahren musste. Maxine nutzte die Gelegenheit, um mich vor Marcelles berüchtigten Wutausbrüchen zu warnen, aber Pip widersprach. Marcelle sei Alkoholikerin und leide unter Stimmungsschwankungen, das sei alles. Nein, beharrte Raelene, die Marcelle besser kannte als alle anderen, sie leide unter einem hormonellen Ungleichgewicht. Während wir warteten, fragte Maxine, wohin genau ich die bipolare, alkoholkranke, präklimakterische Marcelle geschickt hätte.

»Paramatta«, nuschelte ich.

»PARAMATTA?«, kreischten alle wie aus einem Mund. »Wir schicken keine Frauen nach Paramatta!«

Falls John seine Mastercard-Rechnung nicht bezahlt hatte, prognostizierte Raelene, sei ich so gut wie tot.

Plötzlich trat der graue Kasten surrend in Aktion. Atemlos schauten wir zu, wie der schmale Papierstreifen sich keuchend und schnaufend in die Welt kämpfte, und ich weinte fast vor Erleichterung, als ich die Worte *»Transaktion durchgeführt«* las. Ich ließ mich an meinen Schreibtisch fallen, notierte die Rechnungsnummer mit rotem Stift und vergrub das Gesicht in den Händen. Jetzt musste ich nur noch warten, dass Marcelle aus dem Zimmer des Kunden anrief und mir Johns Kreditkartennummer vorlas. Ein Kinderspiel.

Fast eine Stunde später rief mich eine äußerst verärgerte Marcelle aus dem Travelodge in Paramatta an. In ihrer eigenen farbenfrohen Sprache setzte Marcelle mich davon in Kenntnis, dass die Verkehrslage nicht die Beste gewesen sei und es ihr keine Freude bereitet habe, die Abfahrt zu verpassen, aber jetzt sei sie da.

»Danke, Kumpel«, sagte sie, als John ihr ein Bier in die Hand drückte.

Marcelle mochte Bier und kippte es in großen Schlucken herunter, während sie mir Johns Nummer durchgab.

»*Da* musst du unterschreiben, du Doofkopp«, befahl sie ihm, und ich hörte erleichtert, wie die drei miteinander lachten.

»Okay, Marcelle«, sagte ich, »danke für den Anruf und ...«

»Warte!«, brüllte sie in mein Ohr. »Willst du nicht nach seinem Ausweis fragen?«

Mir wurde schlecht. Ausweis. Identitätsnachweis mit Foto. Führerscheinnummer oder Pass. Musste von der Empfangsdame erfragt und bei Buchungsbestätigung mit grünem Stift eingetragen werden. Musste noch einmal von der Frau bestätigt werden, sobald sie beim Kunden im Zimmer war. Um sicherzustellen, dass die Kreditkarte nicht gestohlen war. Um sicherzustellen, dass der Frau keine Gefahr drohte. Um auszuschließen, dass die Frau in einem Hotelzimmer in Paramatta mit einem Kriminellen und seiner Freundin festsaß, die ihren letzten Überfall oder Raubmord feiern wollten.

»Ähm, Marcelle«, setzte ich mit bebender Stimme an, »ich ... äh ... ich hab keinen Identitätsnachweis.«

Pip und Maxine wirbelten mit entsetzten Gesichtern herum. Ich versuchte, sie zu ignorieren, während ich der schwer atmenden Marcelle und Janes nichts ahnendem Kichern im Hintergrund lauschte.

»Wie bitte!?«, fragte Marcelle schließlich in einem Ton, der das Kichern augenblicklich zum Verstummen brachte.

»Wir könnten ihn *jetzt* danach fragen«, schlug ich piepsend vor und wünschte, ich hätte nie im Leben Roy bei Jobfinder getroffen.

»Du verdammte Idiotin!«, zischte Marcelle mir leise zu.

Schweigen.

»John, Süßer«, hörte ich sie freundlich fragen, »kannst du dich irgendwie ausweisen?«

Eine halbe Stunde später, als Boris überraschend früh hereinschneite, zitterte ich immer noch. Obwohl Boris uns gewohnt freundlich begrüßt hatte, fragte ich mich, wer mich als Erster umbringen würde – Boris oder Marcelle? Nachdem sie ihren wütenden Kunden erklärt hatte, dass sie leider wieder gehen müsse, weil die beiden sich nicht ausweisen konnten, war Marcelle aus dem Zimmer in Paramatta geflüchtet, als John einen gläsernen Aschenbecher nach ihrem Kopf warf. Er verfehlte sein Ziel, aber Marcelle hatte mich extra noch mal vom Parkplatz vor dem Travelodge angerufen, um mir zu sagen, dass ich es ja nicht wagen solle, mich in den nächsten 45 Minuten von der Stelle zu rühren.

»Was sagt ein Mann zu einer Frau, die zwei Veilchen hat?«, fragte Boris sein Strass- und Lipgloss-Gefolge am Küchentisch. »Nichts«, schrie er triumphierend, »er hat's ihr schon zwei Mal gesagt!«

Während die Frauen aufstöhnten, keckerte Boris wie eine Hyäne über seinen eigenen Witz und tätschelte begeistert seine Ohren. Doch mir verursachte der Witz Übelkeit. Ich konnte regelrecht spüren, wie sich das Unheil zusammenbraute – eine kleine graue Wolke, von Westen kommend, die immer größer und dunkler wurde, je näher sie kam. Ich holte drei saubere Kaffeebecher aus dem Schrank und wollte mich gerade wieder auf den Weg nach oben, in die Sicherheit des ersten Stocks, machen, als Boris mich zurückrief.

»Hey, Meredit! Komm doch bitte noch mal her!«

Was machte es schon aus, wenn Boris mich vor ein paar Frauen demütigen wollte? In zehn Minuten würde ich sowieso tot sein.

»Heather sitzt hier mit 200 Dollar für dich«, erklärte er leutselig. »Wie kommt das?«

»Ich bringe es sofort nach oben«, sagte ich und streckte die Hand nach Heathers Geld aus.

»Aber ich habe dich was gefragt«, wendete Boris ein und schnappte sich selbst das Geld. »Wieso antwortest du mir nicht, Meredit? Ich frage, *wieso sitzt Heather hier mit 200 Dollar*?«

Einige Frauen schauten mich an, andere wandten verlegen den Blick ab. Letitia setzte ein affektiertes Lächeln auf, während Boris mich durch seinen Zigarettenrauch ansah und auf eine Antwort wartete.

»Ich wusste nicht, dass Heather Geld für mich hat«, sagte ich und bot erneut an, es mit nach oben zu nehmen.

»Was soll das heißen – du wusstest es nicht?«, fragte Boris mit lauter werdender Stimme. »Wieso weißt du das nicht? Weißt du nicht, was deine Aufgabe ist?«

Letitia hörte endlich auf zu lächeln.

»Doch«, nickte ich ernst. »Meine Aufgabe ist es, das Geld nach oben zu bringen.«

»Und wie erklärst du dir dann, dass Heather hier die ganze Zeit mit 200 Dollar sitzt?«

Die Frauen suchten schutzsuchend nach einem Krümel oder Fleck auf der Tischplatte, den sie anstarren konnten.

»Wo ist deine Liste?«, fragte er plötzlich mit einem Fingerschnipsen.

»Welche Liste?«, fragte ich.

Boris war entsetzt.

»Die Liste, in die du jeden Cent einträgst, der durch dieses

Haus geht. WELCHE LISTE? WOZU BIST DU DA?«, brüllte er. »WOFÜR BEZAHLEN WIR DICH?«

»Ich mache jetzt eine«, sagte ich kläglich und brachte die Becher zum Tresen, wo Papier und ein Stift lagen.

»Halt«, befahl Boris erneut. »Komm noch mal her.«

Hundeelend ging ich an meinen alten Platz zurück und wartete, während Boris in aller Ruhe an seinem Tee nippte.

»Schaut euch das an«, murmelte er an die Frauen gewandt und deutete mit einer Kopfbewegung auf meine Füße. »Wie nennst du das?«, fragte er, zu mir hochschauend.

»Schuhe«, sagte ich, während mir das Herz bis zum Hals schlug.

Einige Frauen warfen einen flüchtigen Blick auf meine abgetragenen, flachen, vernünftigen, schwarzen Schuhe. Boris kicherte, während er einen weiteren Schluck von seinem Tee nahm, und tauschte ein ironisches Lächeln mit Letitia aus, die in einem silbergrauen Kleid und hochhackigen Silbersandalen neben ihm saß.

»Ich will diese abscheulichen Dinger hier nie wieder sehen … Jetzt geh nach oben, und mach deine Liste.«

Zu betäubt um zu weinen, befolgte ich Boris' Anweisung.

Zehn Minuten später war Boris oben und beugte sich so dicht neben mir über den Schreibtisch, dass unsere Köpfe sich beinahe berührten.

»Wer ist für deine Ausbildung zuständig?«, fragte er ruhig.

Ich konnte spüren, wie meine Kolleginnen sich kerzengerade aufrichteten und jedes Wort durch ihren steifen Rücken absorbierten.

»Was?«, fragte ich ängstlich. »Alle. Alle zeigen mir die ganze Zeit, was ich tun muss.«

»WER?«, brüllte er in mein Ohr und schlug mit der Faust auf den Tisch.

»Boris«, bettelte ich, »bitte sag mir doch einfach, was ich falsch mache.«

»Sag du mir lieber, Meredit«, antwortete Boris so nah an meinem Gesicht, dass ich seinen heißen Atem auf meiner Wange spürte, »ob es eigentlich irgendwas gibt, das du richtig machst. Liegt es daran, dass diese faulen Weiber dir nichts beibringen? Oder bist du einfach zu blöd?«

Es war uns verboten, das Kundenbad nebenan zu benutzen, aber dorthin konnte ich am schnellsten flüchten, um mich einen Moment lang einzuschließen und zu heulen. Als ich schließlich wieder herauskam, konnte ich hören, wie Boris die anderen Empfangsdamen anbrüllte.

»Die ist doch wirklich zu gar nichts zu gebrauchen! Ihr seid für ihre Ausbildung zuständig! Also? Wieso ist sie dann zu absolut nichts nütze?«

Ich rannte nach unten und weiter durch die Küche, vorbei an den Frauen, zu denen sich inzwischen auch Urszula gesellt hatte und die alle zu mir hochstarrten.

»Oh, Meredith …«, rief Shelby mir nach, als sie meine verschwollenen, rotgeheulten Augen sah.

Ich konnte nicht anhalten und hatte gerade die Badezimmertür der Frauen erreicht, als sie plötzlich von innen aufgestoßen wurde.

»VERDAMMT!« Marcelle taumelte zurück und fasste sich erschrocken ans Herz.

Genauso ruckartig kam sie wieder vor und drückte mich grob gegen die Wand. Mit schmerzverzerrtem Gesicht wartete ich auf den Ausbruch der Beschimpfungen oder einen Faustschlag. Gleich würde es losgehen. Doch stattdessen spürte ich, wie eine kühle, feuchte Hand sacht meinen Arm berührte.

»Bist du in Ordnung?«

Vorsichtig blinzelnd sah ich, dass Marcelle mit ihren großen braunen Augen besorgt mein Gesicht musterte. Als ich wieder anfing zu weinen, hörte ich das Geräusch von vielen scharrenden Füßen und beiseite gerückten Stühlen, und auf einmal lag ich schluchzend in Marcelles offenen Armen, umringt von sechs Prostituierten, die mich alle zu trösten versuchten. Als Shelby bei der Geschichte mit den Schuhen angelangt war, drückte Marcelle mich noch fester an ihre Push-up-Brust, wiegte mich wie ein kleines Kind in den Armen und tätschelte beruhigend meinen Rücken. Marcelle entschuldigte sich sogar, weil sie wegen des Ausweises in Paramatta wütend geworden war, obwohl ich ihr versicherte, dass sie allen Grund dazu gehabt hatte.

»Nein, du bist neu, Meredith«, beharrte sie, »und du machst deine Sache wirklich gut. Wir haben dich alle gern. Manchmal bin ich einfach ein richtiges Rabenaas, Meredith, dann musst du mich einfach ignorieren.«

Marcelle umfasste mein Gesicht mit beiden Händen. Einen Moment lang dachte ich, sie wollte mich küssen. »Ich bin einfach ein bisschen launisch, weißt du«, sagte sie lächelnd.

Nachdem ich mir das Gesicht gewaschen hatte, setzte ich mich zu ihnen allen an den Tisch. Ich hatte keine Ahnung, wo Boris war, aber das kümmerte mich nicht mehr. Wenn er noch mal auf mich losging, würde ich einfach meine Sachen packen und gehen.

Urszula versuchte mich aufzuheitern, indem sie uns erzählte, wie sie ihrem Exmann einmal einen so gewaltigen Tritt versetzt hatte, dass er durch die Wand gekracht und in der Küche seiner Schwester gelandet war. Und wie ihre Brüder sie immer gefesselt hatten. Und wie sie sie ausgepeitscht, begraben, fast ertränkt und einmal sogar ihre Haare angezündet hatten. Es war ein Wunder, dass Urszula ihre Kindheit überhaupt überlebt hatte. Während ich am Küchentisch saß und über ihre Geschichten lachte, hoffte ich schließlich doch, dass Boris nicht noch mal zurückkommen würde, weil ich mich jetzt so wohl fühlte, dass ich gar nicht mehr wegwollte.

»Siehst du?«, rief Urszula plötzlich und knuffte mich in den Arm. »Du sitzt mit uns an einem Tisch, Meredith! Das hast du noch nie gemacht.«

Sie hatte Recht. Ich war ständig in Bewegung, wenn ich in der Küche war, weil ich so viel zu tun hatte. Das dachte ich jedenfalls, aber Urszula wusste es besser.

»Weil du jetzt jemanden getroffen hast, der dir noch mehr Angst einjagt als ich, Meredith.« Kichernd wie ein Kobold warf sie den Kopf in den Nacken und deutete nach oben.

Urszula erzählte gerade eine weitere Anekdote über ein glühendes Eisen, mit dem man ihr ein Brandzeichen verpassen wollte, als ich Boris' leichten Schritt auf den Stufen hörte, gefolgt von dem tröstlichen Schlüsselklirren an der Vordertür. Ich wartete auf das schnurrende Geräusch des Motors, bevor ich zum zweiten Mal saubere Becher holte. Sobald Urszula ihre Pointe gebracht hatte, zog ich mich diskret zurück. Als ich die Treppe halb nach oben gestiegen war, hörte ich hinter mir jemanden wispern.

»Ich wollte dir keinen Ärger machen, Merri-Maus«, flüsterte Heather vom unteren Treppenabsatz. »Wegen dem Geld, weißt du? Er is'n mieser alter Scheißkerl, was?«

Ich mochte es, wie Heather »Merri-Maus« sagte. Ganz schnell und ein bisschen atemlos, *Merri-Maus*.

Als ich wieder oben auf meinem Posten war, fragte ich meine Kolleginnen, ob ich wirklich so schlechte Arbeit leistete.

»Quatsch«, sagte Raelene und lehnte sich in ihrem Stuhl zurück. »Du warst einfach fällig, Herzchen.«

»Er hat uns alle schon zum Heulen gebracht«, seufzte Maxine. »Er oder Didi. Das ist einfach ihre Art, Süße.«

Ich schaute Pip an. Würde sie auch irgendwas Tröstendes sagen?

»Freu dich einfach, dass Marcelle noch lebt«, lächelte sie wohlwollend. »Und dass ich die gestohlene Kreditkarte auf meine Kappe genommen hab.«

Die widerstrebende Begleiterin

In einer kalten Winternacht kam ich in die überheizte Küche und stieß auf Shelby, unsere hauseigene Finanzberaterin, die Heather einige finanzielle Ratschläge gab. Umringt von Papierkram saßen die beiden am Tisch. Die Brille schief auf der Nase, das Haar hinter die Ohren gestrichen, erklärte Shelby das Wesen von Anlagekrediten, während die adrette Heather ihr mit großen Augen zuhörte.

»Da kannst du für mindestens drei Jahre nicht ran«, erläuterte Shelby und deutete mit dem Stift auf irgendwelche Zahlen, »wenn du überhaupt irgendeine Rendite rausschlagen willst. Die zwölf Prozent pro Jahr, nach Steuern, sind in Wahrheit nur acht. Verstehst du?«

Heather nickte.

Ich fing an, den Geschirrspüler einzuräumen.

Beide Frauen waren sehr attraktiv, aber während Heather in ihrem hautengen schwarzen Kleid, das ihre kleinen Brüste nach oben presste, ganz das perfekt gestylte, wasserstoffblonde Glamourgirl war, hatte Shelby in ihrem eleganten roten Kostüm eine eher dezente, natürliche Ausstrahlung.

»Hier hast du eine Rendite von dreizehn Prozent. Die sollten wir in deine zweite Investition transferieren. Klar?«

Heather nickte gehorsam.

Rita und Antoinette standen warm eingepackt an der Hintertür und rauchten. Sie wirkten immer erleichtert, wenn sie sahen, dass ich die Schicht im Erdgeschoss hatte. Und sie fragten immer ein bisschen ängstlich, wer oben arbeitete, um ihre Chancen auf Aufträge einzuschätzen.

»Sofia und Raelene«, antwortete ich.

Rita sah erfreut aus, aber Antoinette rollte mit den Augen, ließ sich in ihren Stuhl neben der Tür fallen und zündete sich eine weitere Zigarette an.

»Meredith«, kam Raelenes Stimme durch die Gegensprechanlage, »Auftrag für Shelby.«

Ich rannte nach oben, sammelte Raelenes Auftragsbeschreibung ein, rannte zurück nach unten und gab sie Shelby, die inzwischen gemeinsam mit Heather die Papiere zusammenpackte.

»Ich hab meinem erzählt, dass ich in der Werbung arbeite«, stöhnte Heather, »und es ist echt hart, ständig die ganzen verdammten Fragen zu beantworten, weißt du?«

»Das kenn ich«, lachte Shelby. »Mein Vater ist so stolz auf mich, aber er fragt ständig: ›Wann wirst du denn endlich befördert – bei den ganzen Überstunden, die du immer machst!?‹«

Nachdem Shelby ihren Auftrag durchgelesen hatte, nahm sie die Brille ab, klappte sie zusammen und packte sie ins Etui. Dann stand sie auf, bürstete ihr Haar und überprüfte noch einmal ihren Lippenstift in einem Taschenspiegel.

»Welche Landmark Apartments?«, fragte sie, während sie bereits durch den Flur rauschte und die Tasche über die Schulter schwang.

»Hm, äh …« Ich trottete hinter ihr her. »In der City.«

Dingdong. Shelby war kaum aus der Tür, als es läutete.

»Meredith!«, gluckste Raelene über die Gegensprechanlage, »Kunde!«

Raelene amüsierte sich köstlich, wenn ich die ganze Nacht die Treppe rauf und runter rennen musste, und wusste ganz genau, wie sehr mir davor graute, hypernervöse Männer an der Tür in Empfang zu nehmen. Einige waren solche Nervenbündel, dass ich nicht weiß, wie es ihnen überhaupt gelungen ist, bis zu unserer Tür zu kommen. Wenn Sie je einen Mann mit seltsam unsicherem Gang sehen, der mit gesenktem Kopf, die Hände tief in den Taschen vergraben, schwitzend und Selbstgespräche führend zum fünften Mal an Ihrem Fenster vorbeiläuft, wohnen Sie sehr wahrscheinlich in der Nähe eines Bordells.

Nachdem ich mit der halsstarrigen Fernbedienung des Videorekorders gekämpft hatte, öffnete ich die Eingangstür und sah mich einem hoch gewachsenen verängstigten Schwarzen gegenüber. Direkt hinter ihm stand Urszula.

»Zu lange, Meredith«, brummte sie und drängte sich an mir vorbei. »Du hast ihn viel zu lange warten lassen.«

Ich setzte Tesfaye mit dem Menü im Warteraum ab, plauderte ein wenig, um ihn zu beruhigen, und überließ ihn dem Pornofilm, dem gegenüber er absolute Gleichgültigkeit vorschützte. Dieses Verhalten amüsierte mich jedes Mal aufs Neue, denn wenn man eine Minute später oben auf den Monitor schaute, starrten sie alle wie gebannt auf den Fernseher. Als ich mich der Küche näherte, hörte ich Urszulas raue Stimme auf ein unfreiwilliges Publikum einreden, also marschierte ich schnurstracks in die Arena.

»Das kannst du nicht machen, Meredith! Du kannst die Kunden nich so lange warten lassen. Dann hau'n sie wieder in den Sack. Er wollte gerade gehen, aber als er sich umdrehte, stand ich plötzlich vor ihm. Da ist er vor Schreck fast umgefallen und dageblieben. Aber wenn ich ihm nicht in die Quere gekommen wär, hätt er 'ne Fliege gemacht, Schätzchen, und wär uns durch die Lappen gegangen.«

Meine Aufmerksamkeit wurde kurz von der schlanken Porzellanpuppe abgelenkt, die am Tisch saß und eine Pizza verzehrte. Wo kam die auf einmal her? Boris habe die Regel aufgestellt, verteidigte ich mich kläglich, dass ich die Tür erst öffnen dürfe, nachdem ich den Porno angestellt hätte, und das dauere eben seine Zeit.

»Das is mir schietegal, Meredith! Einige Regeln sind dazu da, dass man sie bricht. Benutz doch mal dein Spatzenhirn, ej! Watt bist du bloß für'n Dösbaddel!«

»Dösbaddel« gehörte zu Urszulas Lieblingsausdrücken, und sogar wenn sie mich kritisierte, fand ich es insgeheim lustig.

»Hi«, die Porzellanpuppe wischte sich die Hand an einer Serviette ab, bevor sie sie mir anmutig entgegenstreckte. »Ich bin Bree.«

Bree hatte eine glatte Pfirsichhaut wie ein Teenager und die grünsten Augen, die ich je gesehen hatte.

»Ach, *du* bist Bree«, sagte ich und schüttelte ihr lachend die Hand.

Brees vollkommen symmetrisches, zartes Gesicht wurde von einem kurzen braunen Bob eingerahmt. Sie trug ein T-Shirt und Jeans und spielte mit einem halben Stück Pizza herum, während sie gleichzeitig rauchte. Ich fragte mich allmählich, ob es außer mir und Shelby noch irgendjemanden in diesem Gewerbe gab, der nicht rauchte. Ich versicherte Bree, dass ich nur Gutes über sie gehört hätte, abgesehen von dem Toast-Auftritt, den sie sich neulich bei Jocelyn und Graham für 320 Dollar die Stunde geleistet hatte.

»Ach ja«, erinnerte sich Bree und schaute verträumt in die Ferne. »Die hatten 'nen tollen Großbildfernseher.«

Meine anfängliche Missbilligung löste sich auf, als ich ihr zerknirschtes Kichern hörte. Sie hielt inne, als ob sie eine ausführlichere Erklärung abgeben wollte, aber als nichts kam, fingen wir beide an zu lachen.

Bree wirkte nicht wie ein Mädchen, das andere Leute bewusst übers Ohr haut. Sie hatte etwas von der charmanten Arglosigkeit eines Kindes, das nichts Böses will. Gleichzeitig war sie von einer gewissen trägen Lässigkeit, die ihre guten Absichten möglicherweise durchkreuzte. Ich konnte mir gut vorstellen, wie sie sich toastkauend auf dem Sofa zusammenrollte und dachte, sie würde schon irgendwie damit durchkommen. Sie und Lucy gehörten zu den Mitarbeiterinnen, die einer Empfangsdame ziemliche Magenschmerzen bereiten konnten.

Lucy war erst achtzehn und wohnte noch bei ihren Eltern. Sie steckte immer in Schwierigkeiten, weil sie im Grunde überhaupt keinen Service bot. Sie kam beim Auftraggeber an, kassierte ihr Geld und blieb dann mit zugeknöpftem Mantel sitzen, um in jungfräulicher Unschuld über Gott und die Welt zu plaudern. Eine Stunde später rief der erzürnte Kunde an, um sich zu beschweren. Am allermeisten ärgerte er sich über sich selbst, weil er die ganze Zeit den Gentleman gespielt hatte. Doch genau diese Wirkung hatte Lucy auf Männer, und wir mussten sie immer wieder inständig bitten, ihr Verhalten zu ändern.

Am Telefon beschrieben wir Bree als »Mitte zwanzig« – obwohl sie dreißig war – »brünett, Teilzeit-Model, einsachtundsechzig, grüne Augen, 91-63-89 und sieht aus wie Kate Moss«.

Raelene hatte damit angefangen, und jetzt sagten wir es alle. So wie wir auch alle über Antoinette sagten: »Die Frau hat Klasse, eine echte Lady.« Obgleich vermutlich keiner der Männer noch mal angerufen hätte, wenn er gesehen hätte, wie Antoinette an der Hintertür saß und missmutig mit nassen Haaren und ohne Make-up über einer Zigarette kauerte. Bree war viel schöner als Kate Moss, aber sie hatte eine ähnlich mädchenhafte Ausstrahlung und einen frechen Witz, der sie sehr beliebt machte. Ich fragte sie, ob sie Tesfaye auf dem Monitor anschauen wolle.

»Ach«, sie wirkte ein bisschen verlegen, »das ist jetzt schlecht. Ich will gleich zu einem Kunden.«

Sie sah nicht so aus, als ob sie irgendwohin wollte, außer nach Hause, um Erdnussbuttertoast zu essen und fernzusehen. Später stellte ich fest, dass sie gar nicht zum Stab der »Internen« gehörte. Bree arbeitete ausschließlich als Begleiterin, aber sie hatte die anderen Frauen nicht vor den Kopf stoßen wollen. Also überließ ich sie ihrer Zigarette und ihrer Pizza und machte die anderen Frauen mit Tesfaye bekannt.

»Und das ist Saphir«, sagte ich, als Urszula hereinstolzierte. Sie gab Tesfaye die Hand und lehnte sich dann auf einem ihrer Pfennigabsätze zurück, um ihn von oben bis unten zu mustern.

»Tja, mein Freund«, verkündete sie majestätisch, »da kann man nur sagen: Schwatt as de Düwel, wat?!«

Tesfaye lehnte es sehr höflich ab, irgendeine der Frauen näher kennen zu lernen, und verschwand in die Nacht.

Ich kehrte in die Küche zurück, nur um sofort wieder nach oben beordert zu werden, um einen Exklusiv-Auftrag für Bree abzuholen, für 500 Dollar die Stunde im Menzies. Bree schien meine Gedanken zu erraten, als ich ihr keuchend den Zettel gab.

»Kein Problem. Ich hab ein Kleid dabei«, erklärte sie mit der Hand vor dem kauenden Mund. »Oh, nein! Nicht schon wieder ›französisch‹«, stöhnte sie nach einem Blick auf Sofias Schrift.

Einen Moment dachte ich, wir hätten eine neue Leitung, auf der ausschließlich Fellatio angeboten würde.

»Wieso muss ich immer ein französisches Model sein?«

»Sprichst du denn überhaupt Französisch?«, fragte ich.

»Qui … non … soup de la jour …«, radebrechte sie mit ansteckendem Kichern.

»Also, mich kannst du als Deutsche losschicken, Meredith«, röhrte Urszula, die rittlings auf einem Stuhl zwischen uns saß. »Ich spreche fließend Deutsch. Wusstest du das, Meredith?«

Ich schüttelte verneinend den Kopf.

»Meinst du vielleicht, diese germanischen Züge wärn bloß 'n verdammter Zufall«, rief sie in ihrem breiten nordenglischen Akzent und schob ihr Gesicht direkt vor meins.

Bree und ich hörten aufmerksam zu, als Urszula uns über ihre deutsche Abstammung aufklärte. Ich war froh, dass Urszula mich davon abhielt, Bree zur Eile anzutreiben, die wiederum froh war, dass Urszula sie davon abhielt, zu ihrem Kunden aufzubrechen. Man hätte nicht geglaubt, dass wir hier waren, um Geld zu verdienen. Urszulas angebliche Vergangenheit hatte längst alle Grenzen der Plausibilität gesprengt, aber das spielte eigentlich keine Rolle, wenn man sie gern hatte.

»Und wohnst du immer noch in deinem Auto?«, fragte Bree.

»Es ist kein Auto! Es ist ein echter Landrover!«, schnauzte Urszula mich an, als ob ich die beleidigende Frage gestellt hätte. Anschließend wandte sie sich wieder liebenswürdig an Bree: »Ich hab ihn geschenkt bekommen.«

»Na, das war mal 'n guter Auftrag, was?«, warf ich wagemutig ein, woraufhin Bree fast an ihrer Pizza erstickte.

Aber Urszula zog es vor, dass Bree über *ihre* Bemerkungen lachte, und erzählte ihr die Geschichte ihres letzten Scharmützels mit einem Parkhauswächter, der sich geweigert hatte, den Wagen zu parken, solange der Hund darin saß.

»Und da murmelt der Knallkopp doch irgendwas von wegen ›blöde Nutte‹ zu seinem Kumpel. Ich kann dir sagen! Ich aber aus dem Wagen und auf ihn los, bevor er bis drei zählen kann. 'Tschuldigung, sach ich, haben Sie mich grad blöde Nutte genannt? Und ich guck ihn so was von mörderisch an, dass er weiß, gleich reiß ich ihm den Kopf ab, und der Hund war auch nich begeistert. Tja, seitdem hat er nichts mehr dagegen, den Wagen zu parken, mit Hund und allem.«

Urszula beendete ihre Story mit einem erwartungsvollen

Blick auf Bree und brach dann in schallendes Gelächter aus. Ich nahm das als mein Stichwort, um mich wieder auf den Weg nach oben zu machen.

»Meredith!«, fing Urszula mich an der Tür ab. »Wenn du nach oben gehst, sag den beknackten Schnepfen, ich will meine Kohle. Zwanzig für den beschissenen Job am Flughafen. Und Meredith, sag ihnen, ich will es *jetzt*!«

Bree warf mir einen mitfühlenden Blick zu. Wir wussten beide, dass wir es auf ein anderes Mal verschieben mussten, uns näher kennen zu lernen.

Oben erzählten meine Kolleginnen mir, dass Bree tagsüber als selbstständige Maskenbildnerin arbeitete. Und ich frage mich bis heute, was wir wohl zueinander sagen werden, falls wir uns eines Tages von Pinsel zu Angesicht auf irgendeinem Set in der Maske treffen.

Genevieve, die 700-Dollar-Spitzenfrau

»Ruf sie noch mal an!«, bellte Boris mich zum zweiten Mal in fünf Minuten an.

Ich hatte Boris nicht mehr so wütend gesehen, seit Raelene seinen tibetanischen Schaffell-Fußteppich durch den Schleudergang geschickt hatte. Das Problem hatte sich verschärft, seit Didi die Exklusiv- und Prestige-Leitungen eingeführt hatte. Da Genevieve jetzt mit nur zwei oder drei Aufträgen pro Nacht über tausend Dollar verdiente, hatte sie es nicht mehr nötig, eine volle Schicht zu arbeiten, geschweige denn eine ganze Woche, und ging immer seltener ans Telefon, was Boris wahnsinnig machte. Wenn es möglich gewesen wäre, hätte er sich selbst eine blonde Perücke übergestülpt und den Kunden besucht, um die lukrativen Aufträge von Genevieve nicht zu verlieren.

»Versuch's bei ihr zu Hause!«

Ich hasste es, die Frauen um vier Uhr morgens anzurufen, vor allem auf ihren Privatnummern, aber wenn sie »Dienst hatten«, riefen wir sie zu jeder Tages- und Nachtzeit an, auch wenn ihr erster Auftrag um fünf Uhr morgens hereinkam. Während Boris im Zimmer auf und ab tigerte, beschwerte sich Pip, dass Genevieve seit kurzem auch schon Anstoß daran nehme, wenn wir sie für 350 Dollar die Stunde losschickten. Pip seufzte enttäuscht. Ihre Freundin Genevieve entwickelte eindeutig »Allüren«.

»Faules Luder, sakrisches!«, wetterte Boris. »Sie kriegt eine Woche lang keinen Auftrag mehr!« Möglicherweise war das genau das Ergebnis, auf das Genevieve gehofft hatte.

Boris befahl mir, nach unten zu gehen und den Auftrag stattdessen Pandora zu geben, egal, ob sie angeheitert sei oder nicht. Pandora war die einzige Mitarbeiterin, die damit durchkam, dass sie des Öfteren zu tief ins Glas schaute. Das Management drückte ein Auge zu, weil Pandora mit oder ohne Schlagseite aussah wie *Die Geburt der Venus* ohne die Muschel und einen Haufen Geld einbrachte. Die anderen Empfangsdamen schwärmten nicht nur von ihrer Schönheit, sondern auch von ihrer ungeheuren Intelligenz, und ich wollte ihnen gern glauben, aber da Pandora nicht mit mir redete, bot sie für mich nur das traurige Bild einer allein erziehenden Mutter, die das Geld für ihren Sohn und ihren Alk als Prostituierte verdiente.

»Danke, Pandora«, verabschiedete ich Venus an der Tür, aber sie schwebte in völliger Gleichgültigkeit an mir vorüber.

»Patrick«, wandte ich mich eine Stunde später an meinen Fahrer, »wie würdest du Genevieve beschreiben?«

Patrick schaute mich leicht amüsiert an, während ich auf seine Antwort wartete.

»Nicht mein Typ«, sagte er schließlich mit viel sagendem Lächeln.

Zu Patricks großem Vergnügen konnte ich ihm auf dem ganzen restlichen Weg nach Coogee nicht mehr in die Augen sehen.

Seit einigen Wochen hatte sich etwas zwischen uns verändert. Sobald wir uns im selben Raum aufhielten, war es wie zur Happy Hour in der Clownskneipe. Schon eine einfache Begrüßung hatte sich zu einem sanften Comedy-Ritual entwickelt.

»Hallo«, sang Patrick erfreut und plumpste gegen eine Wand wie eine betrunkene Marionette.

»Hallo«, erwiderte ich mit frechem Grinsen, während ich den Geschirrspüler einräumte.

Ich hatte angefangen, Informationen über Patrick zu sammeln, seit ich ihn das erste Mal getroffen hatte, und war auf Anzeichen von Intelligenz, Humor und möglichem Drogenmissbrauch gestoßen. Doch in diesem vor Östrogen strotzenden Haus empfand ich schnell jeden kleinsten Ausdruck von Männlichkeit als willkommene und angenehme Abwechslung. Die lässige Art, wie er sich eine Marlboro anzündete, im Türrahmen lehnte oder leise gluckste, wenn er sich eine Tasse Tee machte, oder auch die vortretenden Adern auf seinen Portsmouth-Armen – all das gab Patrick etwas von dem Charme eines alternden Rolling Stone und machte ihn sehr attraktiv für mich. Wieso niemand sonst unseren Fahrer in diesem Licht sah, war mir schleierhaft. Andererseits hat mein Männergeschmack allen Freunden und Verwandten seit jeher solche Rätsel aufgegeben, dass sie immer kurz vor einer »Intervention« stehen. Ich glaube, es begann mit Mary Poppins. Als Kind träumte ich von Schornsteinfegern, von Bergarbeitern oder eigentlich von jedem, solange er nur eine schwarze Schmutzschicht im Gesicht hatte. Im Erwachsenenalter erweiterte sich diese Schwärmerei auf jeden Typ, der mit Tattoos und wenn möglich einem Werkzeuggürtel auf einer Leiter stand. Oder unter einem Auto lag. Einmal hatte ich eine Beziehung mit einem Automechaniker, die buchstäblich vom Geruch eines öligen Teppichs inspiriert wurde. Wann immer Patrick also mit hochgekrempelten Ärmeln auf einem Stuhl stand, um ein Rollo anzubringen oder um eine Lampe für Boris zu reparieren, versuchte ich, mich möglichst weit entfernt und möglichst beschäftigt zu halten.

Als Genevieve am nächsten Abend an der Tür klingelte, schlich Boris knurrend wie ein tollwütiger Hund, dem man einen Maulkorb angelegt hat, die Treppe hinunter. Er nahm ihr bitter übel, dass sie ihn in eine ausweglose Zwickmühle gebracht hatte. Jede andere Mitarbeiterin hätte er sofort vor die Tür gesetzt, aber Genevieves Einnahmen steuerten einen erheblichen Anteil zu unser aller Lohntüten bei, und Boris wusste, dass er es sich nicht leisten konnte, sie zu verlieren. Obwohl ich darauf brannte, endlich die Escort-Queen, von der ich schon so viel gehört hatte, zu Gesicht zu bekommen, graute mir davor, in der Küche zwischen die Fronten zu geraten. Deshalb war ich erleichtert, als ich entdeckte, dass Coral im Aufenthaltsraum saß, zusammen mit allen anderen Frauen, die heute im Haus waren. Ich hatte einen Auftrag im Sofitel für sie. Doch obwohl der Fernseher plärrte und ich nur im Flüsterton mit Coral sprach, spürte Boris mit seinen Kakerlaken-Antennen, dass ich da war.

»Meredit?«, rief er aus der Küche.

Alle Augen richteten sich auf mich, als ob ich das Lamm wäre, das man für die Schlachtbank ausgelost hatte.

»Kommst du bitte mal her, Meredit?«

Macht's gut, Mädels. War 'ne schöne Zeit mit euch.

Ich schlurfte in die Küche. Boris saß am Tisch und schoss wütende Blicke auf eine Frau ab, die auf der anderen Seite des Tresens mit einer Scheibe Toast herumspielte und aussah wie ein leibhaftiges Bondgirl.

Genevieve entsprach ziemlich genau der Beschreibung, die ich am Telefon zu geben pflegte. Sie war groß und vollbusig, mit langer blonder Mähne, der man den Starfriseur ansah, aber ich schätzte sie eher auf Anfang dreißig als auf Anfang zwanzig. Sie trug einen teuren seidenen Hosenanzug, dessen eisblaue Farbe zu ihren hellen Augen passte, aber ihr sonnengebräuntes Dekolletee verhieß den Körper eines Kalendergirls unter dem edlen Outfit. Im Gegensatz zu den meisten anderen Frauen bewies Genevieve extreme Zurückhaltung und viel Geschick bei der Auswahl ihres Make-ups. Vielleicht war das der Grund, weshalb sie nie zu der exklusiveren Agentur Fleur de Lis abgewandert war, wo alle Frauen Abendkleider und feuerwehrroten Lippenstift tragen mussten. Und vielleicht lag es an dem traurigen, gequälten Gesichtsausdruck und dem ganzen Rummel, der um sie gemacht wurde, dass sie mich, jedenfalls in diesem Moment, an die unglückliche Lady Di erinnerte.

»Wo warst du? Wieso bist du nicht ans Telefon gegangen?«, schrie Boris sie an. »Diese Frauen haben die ganze Nacht bei dir angerufen! Also, wo warst du?«

»Tut mir Leid«, wimmerte Genevieve. »Ich bin einfach eingeschlafen.«

Boris warf sich in seinem Stuhl zurück.

»So a Schmarrn! Sie ist in ihrem Auto eingeschlafen, Meredit!«, brüllte er mich an. »Gestern Nacht! Als ihr alle oben wart und wie verrückt versucht habt, sie zu erreichen, weil es Arbeit für sie gab. Sie hat *in ihrem Auto* geschlafen. Was sagst du dazu!?«

Ich schaute hilflos zu Genevieve, die niedergeschlagen auf meine Schuhe starrte. Auf meine jämmerlich vernünftigen, preisgünstigen, ausgetretenen Wildlederschuhe. Ich musste mir unbedingt neue Schuhe kaufen.

»Meredit!«, befahl Boris. »Sag Genevieve, wie dringend du sie gestern Nacht gebraucht hast!«

Ich weiß nicht, wer von uns beiden sich elender fühlte.

»Wir haben dich letzte Nacht wirklich gebraucht, Genevieve«, piepste ich kläglich.

»Ich weiß«, wandte sie sich plötzlich wimmernd an *mich*. »Was soll ich sagen? Es tut mir wirklich Leid! Mehr kann ich dazu nicht sagen. Es tut mir Leid!«

Ich wollte keine Entschuldigung. Ich wollte einfach nur, dass Genevieve mit ein paar bumsfidelen Geschäftsleuten in ein schönes Restaurant ging. Und außerdem wollte ich jetzt, dass sie weiterredete, weil sie gespenstischerweise auch noch genauso klang wie Lady Di.

Das Küchentelefon summte, und Pip bat mich, abzuheben.

»Ist Genevieve bei dir?«, fragte sie, obwohl sie das ganz genau wusste.

»Hmm«, antwortete ich diplomatisch.

»Könntest du ihr sagen, dass sie einen Auftrag im Marriot hat?«

»Hmm.«

»Für 700. Hast du was zum Schreiben?«

»Hmm.« Ich zog den Stift hinter meinem Ohr hervor und schrieb die Einzelheiten des Auftrags auf meine Hand.

Als ich auflegte, konnte Genevieve mir nicht in die Augen sehen, aber Boris witterte sofort einen Auftrag.

»Was liegt an?«, fragte er.

Ich holte tief Luft.

»Genevieve hat einen Auftrag im Marriot«, sagte ich und hätte ihr genauso gut ins Gesicht schlagen können.

Auf Genevieves makellosen Wangen bildeten sich kleine rosa Pfützen. Bitte nicht weinen.

»Mr Sindu, ähm, in Zimmer 2401«, nuschelte ich, »und du bist ein schwedisches, äh, Dessousmodel.«

Wir warteten schweigend auf den schwedischen Dammbruch.

»Gut«, sagte Boris und stand auf. Dann klatschte er befriedigt in die Hände, tätschelte seine Ohren und ging.

Ich wollte seufzen oder lachen oder mich entschuldigen, um meine Erleichterung über Boris' Verschwinden kundzutun, aber Genevieve vermied geflissentlich jeden Blickkontakt. Sie genoss ihre Märtyrerrolle zu sehr, um mir Absolution für meine erzwungene Kollaboration mit Boris zu erteilen. In verwundeter Großartigkeit rauschte sie an mir vorbei ins Bad und kam dann noch einmal kurz zurück, um ihre Handtasche zu holen, während ich immer noch dastand wie bestellt und nicht abgeholt.

Wie ein Gefängniswärter wartete ich mit meinen Schlüsseln an der Haustür, um Genevieve hinauszulassen. Manchmal machte es Spaß, den Mädels von der Türschwelle nachzuwinken wie Ma Walton, aber wenn die Frau sich über das Management oder die Empfangsdamen grämte, war es eine undankbare Aufgabe. Anfangs hatte ich es immer total peinlich gefunden, wie einige Empfangsdamen den Frauen am Telefon sagten, sie »hätten sie lieb«, aber inzwischen konnte ich verstehen, wie es dazu kam. Wenn ich eine erschöpfte und in Tränen aufgelöste Frau um drei Uhr morgens zu einem Auftrag losschickte, fiel es mir sehr schwer, die richtigen Worte oder überhaupt irgendwelche Worte zu finden. Deshalb war ich fest entschlossen, Abbitte für mein Verhalten zu leisten, als Genevieve jetzt durch den Flur stürmte und mich gerade wieder ignorieren wollte.

»Es tut mir Leid«, platzte ich heraus. »Genevieve, mir ist es egal, ob du im Auto schläfst.«

Es kam nicht ganz so heraus, wie ich es beabsichtigt hatte, aber Genevieve hielt inne, berührte freundlich meinen Arm und schaute mich endlich an. Ihr wunderschönes Gesicht nahm einen merkwürdigen Ausdruck an.

»Kenne ich dich irgendwoher?«, fragte sie weniger freundlich und packte mich plötzlich fester am Arm.

»Nein!« Ich schüttelte energisch den Kopf.

Mit immer noch leicht beunruhigtem Lächeln gab Genevieve meinen Arm frei und machte sich auf den Weg zu ihrem in zweiter Reihe geparkten weißen Fiat. Ich könnte auch in so einem Auto schlafen, dachte ich. Wie alle Frauen, die sich weigerten, intern zu arbeiten, durfte sich auch Genevieve zwischen ihren Aufträgen nicht lange im Bordell aufhalten. Da sie in Mona Vale wohnte, war sie gezwungen, stattdessen die ganze Nacht in der Stadt herumzufahren. Ich sah ihr nach, wie sie davonfuhr, und erinnerte mich, dass Pip erzählt hatte, Genevieve sei an der Nordküste aufgewachsen, wo sie das Strandleben mit reichen Playboy-Liebhabern genossen habe. Und während der Fiat verschwand, fragte ich mich, ob dies wohl das Schicksal von wohlhabenden, sonnengebräunten Avalon-Mädchen war, die keine Millionäre heirateten.

Als ich wieder in die Küche kam, ließ mich eine tiefe Germanenstimme zusammenschrecken.

»Hält sie mich für total deppert?« Boris' Faust krachte auf den Tisch. »Im Auto eingeschlafen! Weißt, wo sie war, Meredit?«

Ich schüttelte den Kopf.

»Ich sag dir, wo sie war. Mit 'nem Kunden im Bett! Hat einfach selbst abkassiert!«

Ich schaute entsetzt drein.

»So sieht's aus! Das machen sie alle, die ganze Zeit! Manchmal rufen sie auch an und sagen, sie sind fertig, bleiben aber einfach noch zwei Stunden länger und sacken mein ganzes Geld ein!«

Das ist schlau, dachte ich und schüttelte angewidert den Kopf.

»Und *woher* weiß ich das?«, fragte er. »Ich weiß es, weil ich draußen vorm Hotel in meinem Auto sitz und wart, bis sie rauskommen! Daher weiß ich das!« Boris kicherte in fiebrigem Entzücken, bis er von Pips Stimme aus der Gegensprechanlage unterbrochen wurde.

»Meredith?«

»SIE HAT ZU TUN«, brüllte Boris zum Telefon.

Klick.

»Ja«, redete er weiter fieberhaft auf seine hilflose Geisel ein, »ich sitz da und wart, bis des Luder nauskommt und –« Boris klatschte so laut in die Hände, dass ich zusammenzuckte. »ERWISCHT! Erwischt bei dem Versuch, Boris aufs Kreuz zu legen!«

Ich nickte wie wild und wünschte inständig, Shelby oder irgendwer möge uns unterbrechen.

»Oder ich ruf im Zimmer an und sag: ›Oh, hallo, könnt ich mal kurz mit deinem Gschpusi sprechen‹, und der Depp gibt ihr den Hörer und – ZACK, erwischt! HA! Das Miststück!«

Boris musterte mich nervös, während er ein parfümiertes Taschentuch aus der Hosentasche zog. »Ich sag dir, Meredit«, versicherte er mir, seine feuchte Stirn betupfend, »für diese Momente lebe ich!«

In meinem zweiten Jahr an der NIDA wurde ich für die Rolle des Zuhälters Pompejus in Shakespeares *Maß für Maß* eingeteilt. Es machte mir Spaß, ihn als liebenswerten Cockney darzustellen, aber ich wurde zu Recht von unserem Schauspiellehrer kritisiert, weil ich die bestechliche, gewinnsüchtige Seite seines Charakters für einen eher komischen Seppel-Verschnitt opferte. Fast zwanzig Jahre zu spät traf ich Boris.

Boris' Geheimnis

Meine Agentin sagte mir, ich solle mir deswegen keine Sorgen machen, aber ich hatte immer noch keine Ahnung, wovon sie überhaupt redete. Ich hatte die Rolle nicht bekommen, wiederholte sie ruhig. Ich blinzelte sie ratlos an. Die Rolle beim Sydney Theatre.

»Ach so. Hab ich nicht?« Seufzend spielte ich mit dem Briefbeschwerer auf ihrem Schreibtisch. »Auch gut.«

Ich hatte überhaupt nicht mehr an Vorsprechtermine, Perücken, Korsetts, Tourneen, Gastauftritte oder Nonnenrollen in Low-Budget-Produktionen gedacht, denn kein Drehbuch der Welt konnte an die Dramatik und Aufregung der emotionalen Achterbahnfahrt heranreichen, auf der ich mich gerade befand. Und auf welcher anderen Bühne könnte ich eine größere Auswahl an schillernden, faszinierenden Charakteren kennen lernen? Außerdem war jede Nacht im Bordell wie ein Premierenabend für mich. Ich hatte ordentlich abgespeckt, weil ein Adrenalinstoß den nächsten jagte, wenn ich fremde Männer an der Haustür begrüßte, junge Frauen in westliche Vororte schickte und von müden Prostituierten angebrüllt wurde.

»Bist du in Ordnung?« Meine Agentin warf einen besorgten Blick auf ihren belämmert grinsenden Schützling.

Ich war mehr als in Ordnung. Dass ich seit fünf Monaten nicht mehr ans Schauspielen gedacht hatte, war wie ein langer Urlaub von einer krisengeschüttelten Ehe mit einem treulosen, wankelmütigen Kerl, der unter Gedächtnisschwund litt.

Ich wusste zwar nichts von einem Test, aber ich hatte ihn bestanden, und Dienstagnacht gegen zwei Uhr hatte Trudy beschlossen, dass es Zeit war, mich in das Geheimnis einzuweihen.

»Du hast dich wahrscheinlich schon gewundert«, sagte Trudy, »warum wir dir bei Schichtende immer das Auftragsformular wegnehmen.«

Machten sie das? Es war mir nicht aufgefallen, aber etwas an ihrem bedeutungsschweren Nicken sagte mir, dass ich besser so tat, als ob.

»Geheime Buchungen«, verkündete Raelene.

»Für Boris«, fügte Trudy hinzu.

Ich schaute von einer zur anderen. Ich hatte nicht die leiseste Ahnung, wovon sie redeten, und Raelene brach in schallendes Gelächter aus.

»Du solltest dein Gesicht sehen!«

Ich beschloss, Raelene zu ignorieren. »Geheime Buchungen?«, fragte ich Trudy.

»Für Boris«, kicherte Trudy.

Raelene wollte sich totlachen. Der Druck dieses Geheimnisses hatte offenbar schwer auf den beiden gelastet, und so gackerten wir schließlich alle drei wie verrückt, obwohl ich immer noch keinen Schimmer hatte, wovon sie redeten.

»Ihr vergebt meine Aufträge an Boris?«, brachte ich schließlich heraus.

Jetzt war es vollends um Raelene geschehen, und als die Telefone zu klingeln begannen, schüttelte sie nur den Kopf, hielt sich den Bauch vor Lachen und flüchtete aus dem Zimmer. Das erwies sich als eine sehr merkwürdige Initiation. Die arme Trudy musste Kunden in die Warteschleife schalten, was durch Raelenes ständig scheiternde Versuche, mit ernstem Gesicht zurückzukehren, nicht eben erleichtert wurde.

Schließlich wischten sie sich die Lachtränen aus den Augen und klärten mich auf. Am Ende der Nachtschicht opferte jede Empfangsdame ein oder zwei bar bezahlte Rechnungen, schrieb ihr Auftragsformular noch einmal neu, ohne diese beiden Buchungen einzutragen, und der Bordellanteil aus diesen »nicht eingetragenen Buchungen« wanderte geradewegs in Boris' Taschen. Die anderen sechzig Prozent gingen wie üblich an die Mitarbeiterin. Für die Beihilfe beim Beklauen seiner eigenen Frau belohnte Boris die »eingeweihten Empfangsdamen« mit einer diskreten wöchentlichen Barzuwendung. Es war eine extrem gefährliche und schwierige Aufgabe angesichts der komplizierten Buchführung, die alle Einnahmen und Ausgaben auf den Cent genau verzeichnete und die von der argwöhnischen Didi peinlich genau überprüft wurde. Wie lange lief das schon? Offenbar schon seit Jahren. Nachdem Boris und Sofia bereits einmal von Didi erwischt worden waren, hatten sie ein Didi-sicheres System entwickelt.

»Sofia?«, fragte ich schockiert.

Meine Kolleginnen nickten.

Aber Pip, die Privatlehrerin des kleinen Georgie, war bestimmt nicht daran beteiligt, oder?

Doch, nickten Trudy und Raelene. Boris hatte alle auf seiner geheimen Gehaltsliste, außer den beiden neuen Empfangsdamen Leonie und Delia. Ich war sprachlos.

»Wir haben gesehen, wie du dir letzte Woche den Ordner mit den Buchungsbelegen angeschaut hast«, sagte Raelene, »und dabei die Stirn gerunzelt hast.«

Ich brachte es nicht übers Herz, Raelene zu erzählen, dass ich über alles in diesem Büro die Stirn runzelte. Ich wusste nicht einmal, dass es so etwas wie einen Ordner mit Buchungsbelegen gab.

»Wir haben Boris erzählt, dass du uns auf die Spur gekommen bist«, erklärte Trudy, »und dass es Zeit ist, dir reinen Wein einzuschenken.«

Ich nickte dankbar.

»Wo ist das Dings mit den Buchungsbelegen?«, fragte ich Raelene beiläufig.

Direkt über meinem Kopf griff Raelene nach einem blauen Ordner mit der Aufschrift *Buchungsbelege/Empfangsdamen* und schlug die verräterische Seite auf. Sie musste mir erneut weiterhelfen, indem sie mir meinen Namen auf einem Datenblatt zeigte. An Stelle der sechs oder sieben Aufträge, die ich im Allgemeinen während einer Schicht abwickelte und eintrug, waren dort tatsächlich nur vier oder fünf verzeichnet. Meine ganzen brillanten Buchungen, mit denen ich Didi beeindrucken wollte. Obwohl mir eine Lohnerhöhung ins Haus stand, fühlte ich mich betrogen.

»Also, von jetzt an wird Boris dir jede Woche 100 Dollar zusätzlich zahlen«, rief Trudy triumphierend.

In diesem Moment entschied ich, dass es Didis Problem war, wenn sie mit vier Buchungen pro Nacht nicht zufrieden war.

Jetzt ergab alles einen Sinn. Deshalb blieben die Empfangsdamen nach Schichtende da und machten unbezahlte Überstunden. Deshalb blieben die Empfangsdamen, Punkt. Deshalb ließ mich keiner an die Buchführung heran. Und deshalb hatte Boris mich wahrscheinlich die ganze Zeit so argwöhnisch beobachtet. Vielleicht würde er mir von jetzt an auch zuzwinkern, mir auf die Schulter klopfen und Dean-Martin-Songs vorsingen. Aber wieso, fragte ich, beklaute unser millionenschwerer Boss seine eigene Frau?

»Wo geht er denn jede Nacht hin?«, fragte Trudy mit einem breiten Grinsen.

Raelene nickte wie eine Sphinx und unterdrückte einen weiteren hysterischen Anfall.

»Ins Kasino!«, stimmte ich triumphierend in das Gelächter ein.

Ich konnte es kaum erwarten, meinen Eltern in Tasmanien zu erzählen, dass ich jetzt nicht nur von der Prostitution, sondern auch noch vom Glücksspiel profitierte.

Babys im Bordell

»Was ist das für ein Gewieher?«, fragte ich. »Haben wir jetzt Pferde?«

»Unten«, seufzte Pip mit matter Missbilligung.

Shawna und Rochelle hatten zu Boris' großem Ärger in der letzten Nacht ihre erste Schicht angetreten. Doch da seine Frau ihn persönlich für die in den Keller fallenden Gewinne des internen Bordellbetriebs verantwortlich machte, stießen Boris' Argumente zurzeit auf relativ taube Ohren. Didi hatte darauf bestanden, dass die beiden zumindest eine Woche auf Probe arbeiten durften, weil Shawna blond war und weil beide erst neunzehn waren.

»Boris ist empört«, sagte Pip, »und ich ehrlich gesagt auch. Ich hab nicht gedacht, dass wir diese Sorte Mädchen beschäftigen.«

Ich war auf dem Weg nach unten, um mir die Sorte Mädchen anzusehen, die Pip so unmöglich fand.

Ich hätte die beiden ungeschminkten Mädchen, die in Jeans und T-Shirts am Küchentisch saßen, auf ungefähr sechzehn geschätzt. Mein Pferdevergleich erwies sich als gar nicht so abwegig, jedenfalls bei einem der Mädchen, dessen langes, sommersprossiges Gesicht von strähnigen braunen Haaren umrahmt war. Genau genommen war alles an ihr lang und dünn. Ich stellte mich vor, und Shawna, die Wasserstoffblondine, sprang sofort hoch.

»Hallo, Meredith.« Sie atmete ihren Zigarettenrauch hastig zur Seite aus und wedelte ihn hektisch mit der Hand weg. »Ich bin Shawna«, verkündete sie mit rauer Stimme und schüttelte mir die Hand mit sportlichem Enthusiasmus. »Nett, dich kennen zu lernen, Meredith. Du sagst mir, wenn ich irgendwas falsch mach oder was Sache is, damit ich keinem auf die Nerven geh, ja?«

Fast hätte ich gesagt, dass sie damit anfangen könnte, meine lahme Pfote loszulassen.

»Und das ist Rochelle«, erklärte sie, auf ihre Freundin deutend.

Rochelle blickte so mürrisch drein wie ein Schulmädchen beim Nachsitzen.

»Chelle«, ermahnte Shawna ihre Pferdefreundin mit einem leichten Klaps an den Hinterkopf.

Rochelle verzog das Gesicht und rang sich ein wenig überzeugendes Lächeln ab, bevor sie sich wieder ihrem Aschenbecher widmete. Zum Ausgleich erzählte Shawna mir schnell, sie seien beide neunzehn, hätten bereits viel Erfahrung in Salons und seien bereit, sowohl intern als auch als Begleitung zu arbeiten. Doch irgendetwas an der Art, wie Rochelle bei dem Wort »Salon« ein Kichern unterdrückte, ließ mich vermuten, dass diese Mädchen höchstens außerhalb geschlossener Räume Erfahrungen gesammelt hatten.

Ich wollte gerade wieder nach oben gehen, als Rochelle mich zurückrief. *»Ej!«*, krähte sie, als ob ich ihre Mutter wäre. Ich steckte den Kopf wieder durch die Tür.

»Soll ich jetzt mein Zeug anziehen?«

»Ja, Rochelle«, sagte ich, »das wäre überaus hilfreich.«

Beim Weggehen hörte ich sie darüber zanken, wer was tragen sollte, und mir fiel auf, dass die beiden nicht nur ihre Garderobe teilten, sondern auch noch die gleiche Stimme hatten, eine Mischung aus Raucherkrächzen und Teenagerquieken. Ich war im Prinzip nicht gern einer Meinung mit Pip, aber als sie meinen Gesichtsausdruck sah, setzte sie sofort ein selbstzufriedenes Grinsen auf.

Ich war noch nicht lange wieder oben, als ein Run auf unsere Haustür einsetzte. Drei aufeinander folgende Männerpaare entschieden sich alle für unsere Leanne, die aussah wie eine freundliche Bankkassiererin. Während ich unten war, stellte ich fest, dass sich im Aussehen unserer beiden jungen Anfängerinnen ein erstaunlicher Wandel vollzogen hatte. Rochelle war in ein schlichtes schwarzes Etuikleid geschlüpft, aus dessen

Oberteil ihre kecken Brüste hervorlugten. Und Shawna, ganz in weiß, mit jeder Menge Reißverschlüssen und eingewickelt in zahlreiche Goldketten, hatte sich in ABBA verwandelt. In alle vier. Das zu einem ordentlichen Pferdeschwanz zusammengebundene Haar mochte von Agnetha sein, aber die nackten Schultern über ihrem üppigen Dekolletee waren eindeutig von Benny. Als ich sie ihren potenziellen Kunden vorstellte, sprang Rochelle in großen Sätzen ins Zimmer, nuschelte irgendeinen unhörbaren Gruß und sprang dann in großen Sätzen wieder hinaus, während Shawna dem Mann die Hand schüttelte, als ob sie ihm gerade ein Schaf bei der Royal Easter Show abgekauft hätte.

»Tja, alles klar!«, trompete sie augenzwinkernd, als sie hinausstolzierte. »Danke, Meredith.«

Obwohl Shawna und Rochelle um beste Manieren bemüht waren, zeigten sie gegenüber den anderen Frauen keinerlei Zeichen von Schüchternheit. Vielmehr bewegten sie sich durchaus selbstbewusst in ihrer neuen Umgebung und gewannen die Zuneigung ihrer leicht perplexen Kolleginnen, die wahrscheinlich vermuteten, dass die beiden nicht lange bleiben würden. Shawna erzählte lustige Anekdoten, während Rochelle über alles, was irgendjemand sagte, in prustendes Gelächter ausbrach, als sei nichts wirklich ernst gemeint.

Als besonders unterhaltsam erwiesen sich die beiden, wenn sie vor dem Monitor saßen, der offensichtlich etwas Neues für sie war. In dieser Situation zeigten die anderen Frauen für gewöhnlich professionelle Zurückhaltung. Sie wollten hauptsächlich sicherstellen, dass der Mann kein persönlicher Bekannter war und gaben nur Kommentare ab, wenn der Kunde sich auffällig rüpelhaft benahm, von bedrohlicher Größe war oder in anderer Hinsicht besonders problematisch wirkte. Aber Shawna und Rochelle betrachteten das Ganze als eine Art Unterhaltungsshow und machten sich kichernd und kreischend über alles lustig, ob Glatze oder kassenärztliches Brillengestell. Und wir alle fanden ihre Frechheiten irgendwie ansteckend.

Es war eine hektische Nacht, und um zwei Uhr morgens war fast jede Frau zu einem Kunden unterwegs. Meine Kolleginnen im ersten Stock wussten, dass sie mir kein vollkommen leeres Haus überlassen durften, und so schlurften Rochelle und Shawna von Raum zu Raum wie müde Kinder, die man in der Schule eingeschlossen hat.

Wir verfügten über eine große, gut beleuchtete Türglocke, aber er entschied sich fürs Klopfen. Ein rundlicher, schwankender Mann mit rötlich braunem Haar und Bart erklärte, er sei ein heimatloser irischer Seemann und brachte mich auf der Stelle zum Lachen.

»Ich will nur kurz auf ein Glas Cola reinschauen«, beharrte Jake, »und vielleicht nehm ich auch noch ein bisschen Sex dazu. Aber im Moment nur eine Cola, okay?«

Jake war ebenso freundlich wie beschwipst und hatte sich auf der Stelle in mich verliebt, wie er mir wiederholt versicherte.

»Bist du sicher, dass du nicht zur Verfügung stehst – *Heilige Mutter Gottes*!«, rief Jake und kniff drei Mal die Augen zusammen, als er unseren ausgestopften Elch entdeckte. »Macht ihr das mit Leuten, die nicht bezahlen?«

Ich entschuldigte mich für den Elch und sagte Jake, ich würde unsere beiden schönsten Mädchen für ihn holen.

»Spielt keine Rolle, Meredith. Wie gesagt, eine Cola tut's auch. Oder du. Bring auf alle Fälle Eis mit.«

Ich fand Shawna und Rochelle vor dem Monitor, wo sie sich bei dem Gedanken, Sex mit unserem betrunkenen Seemann zu haben, in entsetzten Kicheranfällen krümmten, und schimpfte mit ihnen, weil sie so gemein waren.

»Tja, ich denk, ich nehm das junge Gemüse für 'ne Stunde, Meredith«, verkündete Jake fröhlich schwankend, als die beiden wieder draußen waren. »Das heißt, nur wenn du mich nicht willst.«

»Beide, Jake?«

»Na ja, ich möchte jetzt keine ausschließen.« Er zog ein dickes Bündel Fünfziger aus der Hosentasche. »Das wäre ja irgendwie unhöflich, oder?«

Jake zuckte nicht mit der Wimper, als ich ihm eröffnete, dass eine Stunde vierhundert Dollar kosten würde, aber als er mir das Geld geben wollte, schien er plötzlich doch zu zögern und torkelte sogar ein Stück zurück.

»Meredith«, sagte er und presste das Geld an die Brust, »darf ich dann gleich ein paar Sachen mit den beiden machen?«

Sachen machen? Ich hoffte, Jake schwebte dabei etwas anderes vor als dem Kunden, der letzte Woche den Wunsch geäußert hatte, »dem Mädchen Sachen in den Po zu stecken und Fotos davon zu machen«.

»Was für Sachen, Jake?«, fragte ich vorsichtig.

»Ich gehöre zu der seltenen Spezies«, Jake schwankte gefährlich nahe auf mich zu und unterdrückte ein Rülpsen, »die gern ihren *Mund* auf eure Goldgruben legt, wenn du weißt, was ich meine.«

»Ach so«, nickte ich.

»Ich möchte –«

»Ja!«, fiel ich ihm ins Wort. »Ich bin sicher, das geht in Ordnung, Jake, aber ich muss die Mädels kurz fragen.«

»Dental Dams!«, flüsterte ich meinen jungen Schützlingen heiser zu, die an der Hintertür über ihren Zigaretten kauerten, als ob sie gleich aufs Schafott geführt würden. »Lecktücher ... ihr legt sie über ... und dann ... es ist alles sehr hygienisch.«

Shawnas Augen weiteten sich, während sie die Hand über

ihren offenen Mund klappte. Rochelle beugte sich hysterisch japsend nach vorn.

»Geht klar, Jake«, sagte ich, »aber sie bestehen möglicherweise auf der Verwendung eines Lecktuchs.« Ich holte tief Luft. »Das ist ein kleines Latextuch …«

»Nö, Meredith«, Jake torkelte kopfschüttelnd zurück. »Du kannst 'ne Gänseleberpastete nich durch'n Luftballon essen.«

Ich wollte gerade zum Gipfeltreffen an der Hintertür zurückkehren, als Jake mich aufhielt.

»Na gut, na gut. Was sie wollen. Sag ihnen einfach, sie sollen sich beeilen, bevor ich umkippe.«

Ich war immer wieder beeindruckt, wenn sich Pip in fließendem Kantonesisch oder Mandarin oder irgendeiner anderen Sprache mit den Kunden unterhielt. Und im Moment war ich dankbar für absolut jede Ablenkung von den Geräuschen, die oben aus dem Partyraum drangen. Nach dem Gelächter zu urteilen, schienen Shawna und Rochelle ihren Seemann zumindest sehr erheiternd zu finden.

»Verdammte May-Ling!«, schimpfend legte Pip den Hörer auf.

»Was hat sie gemacht?« Es überraschte mich, dass die sanfte, liebenswürdige May-Ling überhaupt irgendetwas falsch machen konnte.

»Sie ist bekifft«, seufzte Pip.

»Bekifft?«

Pip war erstaunt, dass ich noch nichts von der amüsanten »Kiffer«-Story gehört hatte. Vor einigen Monaten war Patrick losgeschickt worden, um May-Ling aufzuwecken, die bei einem sehr späten Auftrag nicht mehr ans Telefon gegangen war. Als May-Ling schließlich auf sein lautes Klopfen reagierte und die Tür öffnete, quollen unserem glücklichen Fahrer eine Rauchwolke und ein nur allzu bekannter Duft entgegen.

»Oh, tut mir Leid«, hatte May-Ling gekichert. »Bin total bekifft.«

Und jetzt war May-Ling wieder bekifft. Ich wollte, dass Pip weiterredete. Das Gelächter aus dem Partyraum war in leises Stöhnen übergegangen.

»Was ja in Ordnung ist«, fügte Pip schnell hinzu. »May-Ling hat heute Nacht nicht mal Schicht, aber er wollte unbedingt eine Thai, und« – das Stöhnen wurde lauter – »das hört man nicht allzu oft.«

Pip erklärte mir, dass es im Hinblick auf asiatische Prostituierte und die Vorlieben asiatischer Männer eine bestimmte Rangordnung gebe, ob es einem nun gefalle oder nicht. Japanische Frauen waren sehr begehrt und standen ganz oben in dieser Hierarchie, gefolgt von Chinesinnen, gefolgt von Koreanerinnen, gefolgt von allen anderen und ganz unten kamen die Thai-Frauen.

Das Stöhnen schwoll an.

»Wieso?«, drängte ich Pip.

»Weil sie so stark westlich geprägt sind«, versuchte Pip das Stöhnen zu übertönen. »Genauso wie die Mädels aus Singapur. Die meisten chinesischen Männer ziehen eine Frau vor, die möglichst wenig von der westlichen Kultur beeinflusst ist.«

Jetzt stöhnten zwei Frauen gleichzeitig. Was machte Jake da?

»Tee?«, fragte ich Pip.

»Ja, bitte«, antwortete sie dankbar.

Unten füllte ich den Wasserkessel randvoll mit kaltem Wasser und putzte die ganze Küche von der Spüle bis zum Herd. Entschlossen, in der Küche zu bleiben, leerte ich den Kessel wieder aus, als das Wasser zu kochen anfing, und füllte ihn erneut. Ich war gerade dabei, die Geschirrtücher in kleine Dreiecke zu falten, als ich ein Poltern hörte, das eindeutig von einem betrunkenen Seemann stammte, der die untersten Stufen der Treppe herunterfiel.

»Bist du okay?«, fragte ich, während ich Jakes schwankende Überreste hochhievte.

Ja, Jake ging es prächtig. Während er sich von seinem Gefolge verabschiedete, das gurrend und winkend oben auf der Treppe stand, schlang er anlehnungsbedürftig einen Arm um meine Schulter und ließ sich von mir zur Haustür schleppen, wo er mich in reinster Post-Cunnilingus-Ekstase anstrahlte.

»Danke, Kim«, stieß er hervor.

»Meredith«, sagte ich und öffnete die Tür.

»Genau! Meredith!«, rief er. »Und, Meredith?«, fügte er plötzlich flüsternd hinzu und bedeutete mir, ein bisschen näher zu kommen.

Wenn ich geahnt hätte, was er im Schilde führte, hätte ich ihn aufgehalten. Unvermittelt schob er sein Gesicht in meins und drückte mir einen dicken, nassen Kuss auf den Mund.

»Danke für die Cola!«, rief er, als ich ihn nach vorn in die Nacht schubste.

Es war die intimste Bekanntschaft, die ich je im Leben mit einem lesbischen Duo zu machen wünschte.

Erwischt

In dieser Nacht war von Anfang an der Wurm drin. Es fing schon schlecht an, als Raelene mich zwischen mehreren Simultananrufen davon in Kenntnis setzte, dass wir keinen Fahrer hätten.

»Wo ist Patrick?« Ich versuchte, nicht allzu beunruhigt zu klingen.

»Holland!«, schnauzte Sofia mich an, als ob ich das anberaumte Meeting geschwänzt hätte.

Irgendwann zwischen Sonntagmorgen, als er sich mit einem fröhlichen Winken von mir verabschiedet hatte, und Freitagnacht war Patrick offenbar nach Holland gereist. Um sich mit holländischen Menschen zu treffen. Ohne sich von mir zu verabschieden. Am liebsten hätte ich seinen Schädel mit einer Holzpantine zertrümmert.

Ich versuchte, nicht an fehlende Fahrer zu denken, und stürzte mich stattdessen in den Bordellhaushalt.

»Ups, hier ist sie«, sagte Urszula, als ich mit einer Armladung sauberer Handtücher aus der Waschküche kam.

Die Küche geriet in Aufruhr, als sich etwa ein Dutzend Frauen hektisch auf Bänke und die Spüle setzten, sich ein Plätzchen an der Wand suchten oder am Küchentisch niederließen. Im Handumdrehen sah ich mich einem Raum voller Augen ausgesetzt, die alle anklagend auf die verwirrte Empfangsdame mit ihrem großen Bündel burgunderroter Handtücher und mittlerweile dazu passendem Gesicht gerichtet waren.

»Was?«, fragte ich das Anklagetribunal.

Es war mucksmäuschenstill. Sogar der lärmende Heizlüfter legte eine Verschnaufpause ein. Marcelle und Trixie hatten mir schon immer ein bisschen Angst eingejagt, sogar nachdem Marcelle mir verziehen hatte, dass ich sie bis nach Paramatta geschickt hatte, ohne den Ausweis des Kunden zu überprüfen. Doch so wie sie jetzt auf dem Tresen thronten und mich wütend anfunkelten, sahen sie definitiv Furcht einflößend aus. Was hatte ich verbrochen? Ich konnte erst wieder nach oben, wenn ich es herausgefunden hatte, andernfalls würde man es mir als Schuldanerkenntnis auslegen. Sogar Shelby lehnte mit verschränkten Armen an der Wand und verurteilte mich mit einem finsteren Nicken.

»Wir sind dir auf die Schliche gekommen«, knurrte Trixie schließlich wie ein Pitbull.

»Was hab ich getan?«, fragte ich flehend.

Nur Shawna und Rochelle, die an der Hintertür geplaudert hatten, sahen genauso verdutzt aus wie ich. Sie schlichen herein, um in morbider Faszination mein Leiden zu beobachten.

»Es macht uns schon seit Monaten zu schaffen«, murmelte Marcelle.

Mit einem verzweifelten Blick flehte ich den Paten, Don Saphir, um Gnade an.

»Hast du gedacht, du könntest es vor uns geheim halten, Meredith?«, fragte sie scharf. »Hast du wirklich geglaubt, wir würden es nicht rauskriegen? Früher oder später?«

»Was rauskriegen?«

Urszula, die am Kühlschrank lehnte, setzte sich lässig in Bewegung und stolzierte auf mich zu, die Hände drohend in die Hüften gestemmt. Meine Handtücher dicht an die Brust gepresst, wich ich vor ihr zurück, bis ich Marcelles Knie im Rücken spürte. Urszula baute sich direkt vor mir auf, holte tief Luft und fing ganz leise an zu singen:

»Hört mal alle her, da drinnen ist ein Bär ...«

Einen verwirrenden Moment lang erkannte ich das banale Liedchen über den Bären nicht wieder, bis plötzlich alle im Raum mit einfielen:

»Und Spiel und Spaß und vieles mehr ...«

Ich ließ die Handtücher los und wäre vor Erleichterung beinahe ohnmächtig geworden, als der freche, krächzende Chor einvernehmlich schunkelnd zum ohrenbetäubenden Refrain ansetzte: *»Drum kommt rein, es ist so weit – endlich wieder Play School-Zeit!«*

Eine Stunde später stand ich mitten in der Küche und klopfte ihr sanft auf den Rücken, während sie die Arme um meinen Hals warf. Seit Rochelle mitbekommen hatte, dass ich Merri-Dingsbums aus *Play School* war, umarmte sie mich jedes Mal, wenn ich an ihr vorbeiging, was ziemlich irritierend war, da Rochelle eigentlich nicht der gefühlige Typ war. Doch irgendein Schalter war offenbar umgelegt worden, und sie konnte mich nicht mehr ansehen, ohne sich verlegen zu winden und rot zu werden oder ihren Körper um meinen zu wickeln wie ein vernachlässigtes Krakenbaby. Und ich war ehrlich gerührt.

»Ich dachte, du wärst womöglich 'ne Freundin meiner Mutter oder so was«, flüsterte Trixie mir heiser zu, während sie ihre großen Möpse vor der Tür des Warteraums zurechtrückte, bevor ich sie Allan aus Dubbo vorstellte. »Es hat mich wirklich fast wahnsinnig gemacht.«

Marcelle nickte mitfühlend. Ihr war es genauso ergangen.

»Aber dann hatte ich plötzlich dieses Bild von dir im Kopf, wie du auf allen vieren bellst wie ein Hund, und da fiel's mir wie Schuppen von den Augen! Ich kannte dich von Lewis' verdammtem *Play School*-Video.«

Ich sagte Trixie, dass sie viel zu jung aussehe, um einen Sohn zu haben. Als sie mir erzählte, Lewis sei jetzt fünfzehn, fühlte ich mich so alt wie die Pyramiden.

In den nächsten Stunden war die Küche von lautem Stimmengewirr erfüllt, als alle Prostituierten angeregt über ihren Lieblingsmoderator oder die Handbewegungen zu »Incy Wincy Spider« diskutierten. Ich versuchte, mich möglichst fern zu halten, weil ich Kunden empfangen und Handtücher waschen musste und die Frauen mich ständig mit ihren Fragen aufhielten.

»Wie ist John denn so?«

»Bist du dir ein bisschen blöd dabei vorgekommen?«

»Wieso heißt die *Hamble*? Was is'n das für'n beknackter Name?«

»Hast du Geld dafür gekriegt, Schätzchen?«

»Hey, wie groß ist das Bogenfenster in der Kulisse?«

Urszula wollte nur eines wissen.

»Und wie zum Teufel bist du hier gelandet, Meredith?«

Ziemlich heiß hier drin …

»Und hast du uns vermisst, Patrick?«, fragte ich den großen, sonnengebräunten Mann, der lachend in unserem Türrahmen lehnte.

Ohne die Augen von ihm zu wenden, öffnete ich anmutig die anderen beiden Balkontüren, als ob ich den Frühling willkommen heißen wollte, auch wenn wir immer noch August hatten.

»Vielleicht«, sang Patrick mit verschmitztem Lächeln.

Ich war nicht die Einzige, der auffiel, dass Patrick ganz besonders attraktiv aussah, seit er von der Hochzeit seiner Schwester aus Holland zurückgekehrt war. Ich musterte sein markantes Gesicht ziemlich lange, um den Grund für diese angenehme Verwandlung zu entdecken, und wünschte, dass Trudy mit mir zusammen Schicht hätte. Trudy hatte immer wieder betont, insbesondere in meiner Gegenwart, es sei ein Wunder, dass ein Mann wie Patrick noch zu haben sei. Trudy hätte mit Freuden mit mir über Patricks neue Frisur diskutiert, aber stattdessen saß ich mit Raelene fest, die mit Patrick auf Kriegsfuß stand, seit sie ihm fünfzig Dollar für die Reparatur einer schiefen Tür in ihrer Wohnung bezahlt hatte. Die Tür klemmte zwar nicht mehr, ging jetzt aber zur falschen Seite auf und warf dadurch Raelenes ganzes Feng Shui über den Haufen.

»Solltest du nicht Abigail in Marrickville abholen?«, fragte sie angewidert von unserem fröhlichen Wiedersehen.

Patrick entschuldigte sich mit einem liebenswürdigen Lächeln bei Raelene, zwinkerte mir zu und machte sich auf den Weg.

Es war Mitternacht, und Anand in Zimmer 24 im City Central Motel wartete auf eine Inderin. Wir hatten nur eine.

»Shanti, ruf mich bitte zurück.«

Es war eine Firmenregel, dass alle Mitarbeiterinnen, die ein Handy besaßen, uns wegen der Auftragsdetails zurückrufen mussten, um die Telefonrechnung des Büros so niedrig wie möglich zu halten.

»Ist er Inder oder Fidschi?«, fragte Shanti misstrauisch.

»Woher soll ich das wissen, Shanti?«

»Klang er wie ein Inder mit indischem Akzent oder wie ein Inder mit britischem Akzent?«

»Einen Moment, Shanti.« Ich war nicht in der Stimmung für so was. Ich rief Anand auf der anderen Leitung an. »Anand, bist du Inder oder Fidschi? Die Lady möchte keinen Sex mit dir, wenn du Inder bist. Oder wenn du Fidschi bist. Das hab ich vergessen. Vielleicht kannst du mir da weiterhelfen, Anand? Wie ist das bei euch da drüben – wer schläft mit wem?«

Anand sagte, das spiele keine Rolle, weil er Sri-Lanker sei.

Na, da konnten wir ja alle beruhigt schlafen gehen.

»Shanti, er ist Sri-Lanker.«

»Wirklich?«

»Ja.«

»Bist du sicher?«

»Also, jetzt hör aber auf! Glaubst du, ich kann den Unterschied zwischen einem Fidschi-Insulaner, einem Inder und einem Sri-Lanker am Telefon erkennen?«

Pause.

»Okay. Wo ist er?«

Ich gab ihr die Details. Da die Rezeption des Hotels nicht besetzt war, wollte Anand um halb eins unten auf Shanti warten, um sie hereinzulassen.

Eine halbe Stunde später rief Shanti atemlos zurück. Sie

kannte dieses Motel. Bis vor drei Monaten hatte sie dort sogar selbst gewohnt. Stimmte das? Raelene, den Mund voller Schoko-Crossies, nickte bestätigend.

»Und das ist dir erst nach einer halben Stunde wieder eingefallen, Shanti?«

Shanti hatte mit Cliff, dem Portier des City Central Motels, telefoniert. Cliff sagte, der Mann aus Zimmer 24 hätte heute Morgen ausgecheckt. Zimmer 24 war überhaupt nicht belegt!

»Das ist sehr verdächtig«, argwöhnte Shanti.

»Und gefährlich«, fügte ich hinzu.

Shanti gab mir die Nummer von Cliff für den Fall, dass ich ihn selbst fragen wollte. Danke, sagte ich und notierte die Nummer, jetzt selbst atemlos, weil ich mir vorstellte, wie man Shantis Leiche, verteilt auf verschiedene Mülltüten, in der Nähe der Grand Central Station entdeckte. Mein Gott, in welcher Gefahr diese Frauen ständig schwebten! Ich wollte sie alle an meine Brust drücken – ohne lesbische Hintergedanken – und sie im Haus behalten, wo sie Videos gucken und Tee trinken sollten. Ich wollte Raelene und Sofia von der Sache erzählen, aber sie waren beide mit Kundenanfragen nach Asiatinnen beschäftigt. In manchen Nächten verlangte alle Welt nach Asiatinnen. Ich wartete und zermarterte mir die ganze Zeit den Kopf über Anand und seinen finsteren Plan, eine junge Inderin in ein dunkles Motel zu locken, in dem er gar nicht wohnte. Ich brauchte dringend einen Rat.

»Su Ling ist heute nicht da«, rief Raelene und legte auf.

»Doch, Schätzchen«, schrie Sofia zurück, »Su Ling hat gerade ihren Auftrag bei Gordon im Balmain verlängert.«

Ich konnte nicht warten, bis sie mit der gegenseitigen Kritik an ihren schlechten Kommunikationsfähigkeiten fertig waren, deshalb rief ich Cliff an. Nichts. Kein Ton. Überhaupt keine Verbindung. Cliff ließ mich hängen.

»Ich weiß, dass du Sachiko bist. Sachiko!«, schrie Raelene. »Aber in der nächsten Stunde heißt du Su Ling!«

»Ich hab hier 'ne ganz merkwürdige Sache, Raelene«, sagte ich schnell, bevor ihr Telefon wieder läuten konnte, »und zwar geht es um Shantis Auftrag im City Central Motel, einen Sri-Lanker namens Anand und einen Typ namens Cliff.«

Da dürfe Shanti natürlich auf gar keinen Fall hingehen, erklärte ich gerade, als Raelene ganz gelassen einige Tasten auf ihrem Telefon drückte.

»Shanti«, bellte sie. »Ruf mich zurück.«

Ein bisschen aggressiv, fand ich, in Anbetracht der Umstände, insbesondere der Mülltüten.

Shanti rief zurück.

»Shanti«, fing Raelene an, »du hast einen Auftrag. Du fährst bitte sofort zu dem Kunden, falls du noch nicht da bist. Und Shanti, wenn du nicht zu diesem Kunden fährst, stellen wir dir den Auftrag persönlich in Rechnung. Danke.«

Raelene legte auf und machte mit ihrer Arbeit weiter. Manchmal bewunderte ich sie aufrichtig. »Verscheißer mich nicht«, sagte sie häufig. Und man ließ es, wenn es sich irgendwie vermeiden ließ. Raelene hatte ein großes Herz, aber sie war taff. Sie erinnerte mich an meine Lieblings-Babysitterin.

Raelene wusste, dass ich sie ansah. Ohne hochzublicken, beantwortete sie meine Frage: »Lass dir von Sofia erzählen, was mit Shanti los ist.«

Sofia tanzte hinter uns spanische Tangos, paffte ihre Winfields und schlug sich zwischendurch auf Grund der allseits herrschenden Inkompetenz immer wieder fassungslos gegen die Stirn. »Was ist mit Shanti, Schätzchen?«

Ich erzählte Sofia die Geschichte bis zum derzeitigen Stand. Beide Frauen rollten mit den Augen, und Sofia klärte mich darüber auf, dass Shanti eine verlogene, hinterhältige Schlange sei, die immer irgendeinen Grund erfand, warum sie angeblich nicht zu einem Auftrag gehen konnte. In Wahrheit ging sie sehr wohl zu dem Kunden, sackte das Geld ein, hielt den Mann dann ewig hin und zog uns auf diese Weise über den Tisch.

»Ein Auftrags-Junkie, Schätzchen«, verkündete Sofia dramatisch.

Dabei hatte sie so überzeugend geklungen! »Oh, Shanti, da darfst du auf gar keinen Fall hingehen!«, hatte ich sie übers Handy angefleht, als sie wahrscheinlich gerade bei Anand vor der Tür stand. Ich war wirklich voll auf sie hereingefallen. Als ob sich ein rezeptionsloses Motel in der Nähe der Grand Central Station einen Portier namens Cliff leisten könnte!

Etwa eine Stunde später rief Shanti schließlich zurück, um zu sagen, dass der Kunde bezahlt hätte und sie sich jetzt an die Arbeit mache.

»Danke«, sagte ich und malte mir aus, wie ich sie zu einem Typ in Blacktown schicken würde, der eine Blondine erwartete.

Dann vergaßen wir Shanti, bis sie wieder anrief, um zu sagen, sie sei fertig und warte darauf, abgeholt zu werden. Jetzt. Shanti stand draußen vor dem Motel auf der Straße. Ich sagte ihr, Patrick sei auf dem Weg und würde sie mitsamt unserem Geld direkt zu uns bringen. Vielen Dank. Diesen Moment wählte Shanti, um mich davon in Kenntnis zu setzen, dass sie Travellerschecks hätte. Was?

»Raelene, sie hat Travellerschecks.«

»Was fällt ihr ein, uns das jetzt erst mitzuteilen?!«, rief Raelene.

»Shanti, was fällt dir ein, uns das jetzt erst mitzuteilen?!«, schimpfte ich durchs Telefon.

Raelene sagte mir, ich solle ihr ausrichten, dass die Pass-Daten auf der Rückseite des Schecks stehen müssten, sonst sei er wertlos.

»Sonst ist er total wertlos, Shanti«, sprach ich nach.

Jetzt wurde die Inderin grantig. »Aber dazu ist es zu spät!«, maulte sie. »Ich steh hier draußen auf der Straße. Das Motel ist abgesperrt. Ich kann jetzt nicht mehr zu Anand zurück. Das hättest du mir vorher sagen müssen!«

Verlogene Schlange oder nicht, Shanti schien jetzt tatsächlich mit zwei vollkommen wertlosen Travellerschecks auf einer zwielichtigen Straße in der Nähe der Grand Central Station zu stehen. Dachte ich jedenfalls, bis Raelene mir erneut den Hörer aus der Hand nahm und mir klar wurde, dass ich schon wieder reingefallen war.

»Shanti, sag Anand, dass du erst gehst, wenn er dir seine Pass-Daten gegeben hat oder mit Bargeld oder Kreditkarte bezahlt. Hör auf, meine Zeit zu verschwenden. Besorg das Geld, und ruf Meredith zurück!«

Woher wusste Raelene, dass Shanti nicht ausgesperrt und frierend neben einer Mülltonne stand? Woher wusste sie, dass sie immer noch im Motel war? Ich war es so leid, mich ständig inkompetent zu fühlen. Aber jetzt war ich auch wütend. Ich saß da und beobachtete mein Telefon wie eine Katze, die darauf wartet, ein kleines indisches Nagetier auseinander zu nehmen. Es klingelte eine Millisekunde lang, und ich riss den Hörer so heftig hoch, dass ich mich fast bewusstlos geschlagen hätte.

»Ja, Shanti!«

Oh, sie war raffiniert! Anand hätte keinen Pass, deshalb müssten wir seine Daten einfach so notieren.

»Schwachsinn!«, schrie ich. »Wenn er Travellerschecks hat, hat er auch einen Pass, Shanti. Ich will den vollen Namen und seine Pass-Nummer.«

»Und die Gültigkeitsdauer«, nuschelte Raelene pralinenkauend.

»Und die Gültigkeitsdauer, Shanti.«

Ich hörte Shanti und ihren Komplizen mit gedämpften Stimmen tuscheln.

Nein, sagte sie schließlich, Anand hätte keinen Pass, aber das sei in Ordnung. Sie würde einen anderen Identitätsnachweis von ihm kriegen. Jetzt würde die Katze in mir zum finalen Sprung ansetzen.

»Nein! Du hörst mir nicht zu, Shanti, oder? Wenn der Sri-Lanker mit Travellerschecks bezahlen will, ohne dir seine Passnummer zu geben, hat er dich gratis aufs Kreuz gelegt, und du schuldest uns neunzig Dollar. Ist das klar, Shanti?«

Wenn ich diesen Teil meiner Persönlichkeit doch bloß öfter ausgraben könnte! Das Leben wäre um so vieles leichter. Raelene lachte jetzt. Ich glaube, sie war stolz auf mich. Und plötzlich verfügte Shanti über Anands Kreditkarte, sein Bargeld oder seine Travellerschecks. Was wäre uns am liebsten?

»Bargeld, Dummchen«, lächelte Raelene.

»Für Boris, du Idi«, ergänzte Sofia.

»Am liebsten Bargeld, danke, Shanti.«

Erst als Shanti wieder zu Hause in ihrem Bett lag, wurde mir klar, dass sie wahrscheinlich zwei Stunden oder länger bei Anand im City Central Motel geblieben war und das Geld dafür in die eigene Tasche gesteckt hatte, ganz zu schweigen davon, dass sie ihm vermutlich ihre Privatnummer für künftige Aufträge gegeben hatte. So kunstfertig Sofia auch versuchen mochte, einen festen Kundenstamm aufzubauen – sie hätte sich auf den Kopf stellen, Rad schlagen und Saltos rückwärts machen können, die Frauen hätten trotzdem eine Möglichkeit gefunden, ihre Bemühungen insgeheim durch bessere Angebote zu untergraben. Und obwohl ich stinksauer über Shantis hinterlistiges, raffiniertes Täuschungsmanöver war, konnte ich den Frauen nicht wirklich verübeln, dass sie gelegentlich versuchten, uns übers Ohr zu hauen. Nicht, wenn wir sie um vier

Uhr morgens anriefen, um sie zu einem Kunden zu schicken. Nicht, wenn wir sie nach ihrem Menstruationszyklus befragten. Und nicht, wenn wir so erbarmungslos Bußgelder von ihnen verlangten.

»Wir sind ein Team, Schätzchen«, schrie Sofia mich an. »Was gut für die Frau ist, ist gut für dich und mich. Wir arbeiten alle im Team, damit die Kohle stimmt, Schätzchen.«

Aber nicht mit unserem Körper, Sofia, weder du noch ich.

»Ach ja, Holland«, nickte Boris wehmütig, eine Hand auf der Schulter seines geliebten Fahrers.

Ja, nickte Patrick in seiner gutmütigen Art, Holland.

Und als Boris mich anschaute, nickte ich ebenfalls, obwohl ich noch nie in Holland gewesen war.

Ein wehmütiges Schweigen wurde zu einem unangenehmen Schweigen, als Boris zwischen seinem Fahrer und seiner Empfangsdame hin- und hersah und unsere Gesichter musterte.

»Ihr beide seid wie Bruder und Schwester, was?«, sagte er schließlich.

Patrick und ich lachten nervös, peinlich berührt von dieser plötzlichen Bloßstellung.

»Genau«, fuhr Boris fort, »ihr mit euren komischen britischen Akzenten, teigigen Gesichtern und schiefen englischen Zähnen könntet echt Zwillinge sein!«

Ein plötzlicher Windstoß schlug meine Balkontüren zu. Von Frühling keine Spur, und was immer an gegenseitiger Faszination bestanden hatte – dank Boris brauchten Patrick und ich vier Schichten, um sie wieder zu beleben.

Eine reife, vollbusige Blondine … mit Gehhilfe

Normalerweise war Patrick nicht dazu da, die Frauen zu Hause abzuholen und zur Arbeit zu bringen. So wie die Frauen selbst dafür verantwortlich waren, sich mit Kondomen und mit Gleitmitteln für Begleitaufträge einzudecken, mussten sie auch selbst dafür sorgen, wie sie zur Arbeit kamen. Die meisten nahmen sich ein Taxi, einige wurden von ihren Ehemännern oder Freunden gebracht, aber keine der Frauen, ganz gleich, wie knapp sie bei Kasse sein mochte, benutzte je öffentliche Verkehrsmittel. Aus ähnlichen Beweggründen zogen sie es vor, die Kunden nicht an öffentlichen Plätzen zu treffen. Abgesehen davon, dass es mit einer Festnahme wegen Prostitution enden konnte, fand keine Frau die Aussicht verlockend, außerhalb unseres Warteraums von lüsternen Männern angegafft zu werden. Wir riefen so oft ein Taxi, dass wir eine eigene Pin-Nummer hatten, und da sich so viele schöne Frauen von diesem einzelnen Reihenhaus in Darlinghurst abholen ließen, war dem Taxi-Unternehmen das Wesen unseres Geschäfts nicht verborgen geblieben.

»Pin-Nummer?«

»Vier, neun, sechs, eins.«

»Ach.« Schweigen. »Und wie heißt die Dame?«

»Pandora.«

Kichern. »Pandora?«

»Ja. Wie ›Büchse‹.«

Schweigen.

»Und wohin will *Pandora*?«

Weiter als du oder ich, Schätzchen, die wir für 12 Dollar 50 die Stunde am Telefon sitzen.

In den Nächten, in denen Patrick freihatte, musste ich mir auch ein Taxi nehmen, um nach Haue zu kommen. Der hoffnungsvolle Blick des Taxifahrers wich jedes Mal einer enttäuschten Miene, sobald ich die Wagentür öffnete und in meiner Trainingshose auf seinen Rücksitz kletterte. Wenn ich nicht für den Empfangsdienst im Erdgeschoss eingeteilt war, bevorzugte ich bequeme Kleidung.

»Viel los heute?«, fragte er und musterte zweifelnd mein Gesicht in seinem Rückspiegel.

»Ich bin die Empfangsdame«, erlöste ich ihn von seinem Leiden.

Bis ich eines Nachts auf einen Rasta-Fahrer traf.

»Ach, du auch?«, gluckste er amüsiert, als er losfuhr.

Offenbar erzählten alle unsere Mitarbeiterinnen den Taxifahrern, sie seien die Empfangsdame.

»Aber das ist schon in Ordnung«, fuhr er glucksend fort, als er vor meinem Haus anhielt, »dir glaube ich das sogar.«

Mein Lächeln gefror, während ich am Boden zerstört in meiner Auffahrt stand. Ich hätte nie gedacht, dass es mich so tief kränken könnte, nicht für eine Prostituierte gehalten zu werden.

Antoinette konnte nicht Auto fahren, was in Anbetracht der Schwierigkeiten, die sie beim Lesen unserer Kreditkartennummern hatte, zweifellos auch positive Seiten hatte. Jedenfalls nahm sie sich deshalb ständig ein Taxi. Doch ganz gleich, wie viele lesbische Duos sie in der Nacht zuvor gemacht hatte, bis zum nächsten Sonnenuntergang war sie immer völlig blank und konnte sich kein Taxi zur Arbeit leisten. Seit kurzem hatte sie die beunruhigende Angewohnheit entwickelt, uns um neunzehn Uhr anzurufen, um zu fragen, ob wir vielleicht Patrick bei ihrer Wohnung in Mosman vorbeischicken könnten. Obwohl es strengstens verboten war, sprang Patrick, wenn er frei war, sofort in freudiger Bereitwilligkeit aus der Tür. Vielleicht hatte das etwas mit den halb gerauchten Joints in seiner Hemdtasche zu tun, aber ich zog den Gedanken vor, dass es an seinem gutmütigen, großzügigen Wesen lag.

Obwohl Antoinette chronisch pleite und ständig mit ihrer Miete im Rückstand war und außerdem darauf vertraute, dass ich sie heimlich mit Kondomen und Gleitmitteln aus unseren internen Vorräten versorgte, fiel mir auf, dass nicht der kleinste dunkle Ansatz am Scheitel ihres exklusiv gestylten, dichten Goldschopfes zu sehen war. Für die Schönheitssalons in North Sydney trieb sie irgendwie immer ein bisschen Geld auf. Doch als Boris herausfand, dass wir »diesem alternden Blondinenwitz« seinen Fahrer ausliehen, war der Teufel los. Wer sich durch höhere Formen von Intelligenz grundsätzlich bedroht fühlte, konnte Antoinette leicht als Spinnerin abtun. Und keiner fand Antoinette bedrohlicher als Boris. Er fand sie außerdem total unattraktiv, und ihr Erfolg bei den Kunden war ihm absolut schleierhaft. Immer wenn ein Kunde ausdrücklich nach Antoinette verlangte oder seine Buchung verlängerte, schüttelte Boris angeekelt den Kopf.

»Nekrophiles Pack!«

Sofia dagegen hatte keinerlei Probleme damit, Antoinettes Beliebtheit zu verstehen, und tolerierte auch ihre Stimmungsschwankungen, nachdem sie die gequälte Seele im Laufe der Jahre wiederholt von den verschiedensten Dächern heruntergequatscht hatte. Mir fiel ein Stein vom Herzen, als ich entdeckte, dass die misstrauische Sofia der Behauptung Marilyns, Antoinette benutze keine Kondome, keine Sekunde lang geglaubt hatte.

»Du solltest das eigentlich wissen, Schätzchen«, Sofia schaute mich unter ihren schweren Lidern durchdringend an, »schließlich klaust du doch ständig Kondome für sie aus unseren Vorräten.«

Woher wusste sie das?

Sofias Verständnis für die Frauen ging allerdings nicht so weit, dass sie sich ernsthaft für deren Seelenleben interessiert hätte. Als Antoinette mal wieder einen ihrer Küchenkoller bekam und gut hörbar über ihren Geld- und Auftragsmangel tobte, hielt Sofia mitten in einer Kreditkartentransaktion inne und schaute mich an. »Schätzchen«, seufzte sie, »es gibt nichts Schlimmeres als eine alternde Prostituierte.«

Jedenfalls verbot Boris uns ausdrücklich, Patrick je wieder zu Antoinette zu schicken.

»Weißt du, weshalb sie kein Geld für ein Taxi hat?«, grölte er mich an. »Weil sie alles verzockt!«

Boris behauptete, er habe Antoinette häufig um sechs oder sieben Uhr morgens in seinem zweiten Zuhause – dem Star City Casino – gesehen, wo sie angeblich auf einem Hocker thronend und Kette rauchend, Münze um Münze ihres sauer verdienten Geldes in den hungrigen Rachen eines einarmigen Banditen stopfte.

»Die dumme Gans!«

Einige Wochen lang schaffte Antoinette es irgendwie, jeden Abend um sieben bei uns einzutreffen. Boris hatte so seine eigenen Vorstellungen, wie sie die Taxifahrer bezahlte, aber das war typisch Boris. Welche Zahlungsmittel Antoinette auch immer verwenden mochte, sie konnte sie jedenfalls auf Dauer nicht aufbringen. Also fingen die Anrufe wieder an, wobei sie uns jetzt bat, ihr »doch diesen letzten Gefallen zu erweisen« und Patrick noch einmal zu ihr zu schicken. Patrick hing unschlüssig wie ein halb bekifftes Kapuzineräffchen im Türrahmen. Wir Empfangsdamen kamen uns vor wie junge Eltern, die unter Schuldgefühlen leiden, weil sie dem Baby beibringen müssen, dass es nicht bei jedem Schreien hochgenommen wird, aber gleichzeitig verhindern wollen, dass es deswegen zum Alkohol greift oder in eine schwere Depression verfällt.

Das Ganze gipfelte darin, dass eines Nachts ein dumpfer Schlag das Haus erschütterte. Drei nervöse Empfangsdamen und ein bekiffter Fahrer starrten auf das Gespenst auf dem Monitor. Als es zur zweiten Attacke auf das Haus ansetzte, erkannten wir in dem Gespenst unsere blonde Klassefrau, die ihren zierlichen Körper wie von Furien besessen gegen die Haustür warf. Warum Antoinette die Türglocke ignorierte, ist bis heute ungeklärt. Stattdessen presste sie ihr Gesicht auf die Gegensprechanlage und knurrte, irgendjemand möge sofort herunterkommen und den Fahrer bezahlen. Einen Zwanzig-Dollar-Schein umklammernd rannte ich nach unten und fand einen blassen, verängstigten Mann in einer Strickjacke, der sich in sicherer Entfernung auf dem Bürgersteig herumdrückte. Von da ab schickten wir wieder Patrick.

Es war Freitagnacht, und draußen heulten arktische Winde. Alle Heizungen liefen auf Hochtouren und trugen dazu bei, Mayas Schnupfenviren im ganzen Haus zu verteilen.

»Von *wo* soll Patrick dich abholen?«, krähte Leonie ungläubig ins Telefon.

Leonie, ein einundzwanzigjähriges, trantutiges Trampeltier mit Zöpfen, war erst seit ein paar Wochen bei uns. Ihr erster direkter Kontakt mit der Sex-Branche erfüllte sie mit einer pubertären Mischung aus Gruseln und Entzücken. Die grimmige Faszination, mit der sie um die »Sexarbeiterinnen« im Erdgeschoss herumschlich wie um eine Herde gut gekleideter Rinder mit Maul- und Klauenseuche, hatte ihr bis jetzt nicht unbedingt Sympathien eingebracht. Die Frauen, die auch in ihren wohlwollendsten Momenten empfindlich auf jedes Zeichen von Kritik reagierten, fanden es gelinde gesagt lästig, von dieser linkischen Masse einfältigen Babyspecks inspiziert zu werden. Leonie, die ihren unförmigen Körper häufig in billige Retrofummel zwängte und zwei dicke schwarze Picasso-Balken und knallrote Kraterlippen in ihr blasses Gesicht meißelte, hatte weiß Gott kein Recht, irgendjemand kritisch zu beäugen.

»Dürfen wir Patrick losschicken, damit er Antoinette abholt?«, fragte sie.

»Ja«, stöhnte ich. Es war die siebte Frage in ebenso vielen Minuten.

»Die ist echt uralt, ej«, stellte Leonie mit ungekünstelter Offenheit fest, während sie Patricks Nummer anwählte.

»Sie ist eine *reife Dame*«, röhrte Raelene, »und sie hat *Klasse*!«

»Und bietet einen exzellenten Service«, stimmte ich ein.

Leonie glubschte von einer verärgerten Empfangsdame zur anderen. Sie sah verwirrt, aber alles andere als überzeugt aus.

»Patrick?«, fragte sie vorsichtig ins Telefon. »Antoinette möchte, dass du sie bei ihrer neuen Adresse abholst. Hast du was zum Schreiben?«

Mir war aufgefallen, dass die Frauen relativ häufig umzogen. Vielleicht störten ihre nächtlichen Aktivitäten den Hausfrieden, sodass sie häufig aufgefordert wurden, sich eine andere Bleibe zu suchen. Und die Telefonnummern der Frauen wechselten ungefähr genauso schnell, wie das Besteck aus unseren Küchenschubladen verschwand. Einmal hatte Boris es so satt, dauernd für Ersatz zu sorgen, dass die Frauen eine Woche lang mit einer einzigen Gabel auskommen mussten.

»Patrick, es ist ein großes Gebäude am Ende von Winkle Crescent in Riverview«, fuhr Leonie fort, »Nummer 32. Hey, und nicht die Hupe benutzen. Sie hat gesagt, es ist ein Altersheim.«

Keiner rührte sich. Sogar die Kakerlaken hielten inne.

»Doch. Das hat sie gesagt, Patrick«, beharrte Leonie.

Eine unserer *reiferen* Damen wollte von einem Altersheim

abgeholt werden, aber weder Raelene noch ich hatten die Absicht, in Gegenwart unseres neuen, einfältigen Schützlings auch nur einen kurzen Blick miteinander zu wechseln.

»Patrick«, kicherte Leonie, »hör auf zu lachen.«

Patricks offenkundige Fröhlichkeit stellte vielleicht keine große Bedrohung für Raelenes gefasste Haltung dar, aber meine geriet bedenklich ins Wanken. Verlegen wandte sich Leonie an mich und hielt mir den Hörer hin, sodass ich den Anfall hören konnte. Es klang, als hätte ein erwachsener Mann einen Weinkrampf. Das gab mir den Rest. Zu Raelenes Empörung prustete ich los.

Ich war oben am Telefon, als Patrick mit Antoinette zurückkehrte, bevor er sie gleich wieder zu einem Kunden im Menzies fuhr.

Ich dachte, ich hätte schon alles gehört, aber Mr. Kurasaki, der im Furama abgestiegen war, schnauzte mich gerade in gebrochenem Englisch an: »Girl must have two feeh!«

»Two feet?«, wiederholte ich ruhig, nur um ganz sicherzugehen. »Das Mädchen soll *zwei Füße* haben, Mr. Kurasaki?«

»Two FEEH!«, bellte er erneut.

Leonie bekam den zweiten hysterischen Lachanfall innerhalb von einer Stunde.

»Ja, Mr. Kurasaki«, sagte ich besänftigend, »was das Gleichgewicht betrifft, gibt's eigentlich nichts Besseres. Obwohl – wenn Sie sehen würden, wie unsere Janelle ins Bett *hüpft* …«

Raelene gab Leonie ein Zeichen, sich wieder einzukriegen, während sie mir einen warnenden Blick zuschoss. Aber es wurde noch schlimmer. Mr. Kurasakis Frau mit den zwei Füßen sollte auch noch zwei Zehen haben.

»Zwei Zehen pro Fuß, Mr. Kurasaki?«, fragte ich gelassen. »Oder zwei insgesamt?«

Mittlerweile überlegte ich, ob nicht mein Mitbewohner Peter

hinter dem Ganzen steckte und mir mal wieder einen seiner handfesten Streiche spielte. Letzte Woche hatte ein erboster Hamish MacTavish angerufen und uns trotz eines Furcht erregenden schottischen Akzents dazu gebracht, wie wild in unseren Auftragsformularen nach einem »drallen, kleinen Holländerhäschen« zu suchen, das er angeblich vor Stunden bestellt hatte. Peter, der gerade wieder eine Pause zwischen verschiedenen Mini-Serien machte, hatte zu viel freie Zeit. Ich entschuldigte mich bei Mr. Kurasaki und wünschte ihm viel Glück mit seinen Füßen, bevor ich auflegte.

Nach zwei einstündigen Verlängerungen hatte Antoinette ihren Kunden in der City schließlich verlassen. Das wusste ich, weil der Kunde angerufen hatte, um zu sagen, dass sie ihre Geldbörse vergessen hätte. Ich dankte Mr. George überschwänglich für seine Ehrlichkeit und wünschte ihm eine gute Nacht.

Antoinette konnte manchmal fürchterlich zerstreut sein und war außerdem blind wie eine Fledermaus. Wahrscheinlich stand sie gerade in einem Besenschrank im Menzies-Hotel und wartete darauf, dass er sie ins Erdgeschoss bringen würde, während sie den Schrubber um eine Zigarette bat.

Ich rief sie auf ihrem Handy an.

»Danke«, sagte sie atemlos und stieß ein kleines, entschuldigendes Lachen aus. Ich hätte schwören können, dass ich im Hintergrund einen Eimer klappern hörte.

Zwanzig Minuten später rannte ich die Treppe hinunter, erfüllt von dem unwiderstehlichen Drang, mit einer vierundvierzigjährigen Prostituierten zu plaudern, die jetzt in einem Altersheim wohnte.

Ich hatte kaum Antoinettes Geld eingesteckt und mich mit ihr und zwei Bechern abscheulich schwachen Tees (eine Folge meiner Ungeduld) an den Küchentisch gesetzt, als Patrick eintraf. Er kam wie immer mit leicht fragendem Gesichtsausdruck ins Zimmer, als ob er sagen wollte: »Ach wirklich? Ich hatte ja keine Ahnung.« Nachdem er sich seinen Tee gemacht hatte, setzte er sich schnell zu uns an den Tisch. Antoinette wusste sehr genau, dass ihre neue Adresse große Neugier ausgelöst hatte und lächelte kokett, während sie ein Päckchen Zigaretten aus ihrer Handtasche zog und vor sich auf den Tisch legte. Patrick und ich verfolgten jede ihre Bewegungen in gespannter Erwartung. Noch vor ein paar Stunden wäre diese gemütliche Dreierrunde unvorstellbar gewesen, aber so war das eben mit Antoinettes wunderbarem und unvorhersagbarem »Irrsinn«.

Ich war froh, weil wir drei uns schon öfter als tolles Gespann erwiesen hatten, vielleicht weil jeder von uns auf seine ganz eigene Art ein stiller Beobachter war. Sogar Urszula ließ uns in Ruhe. Antoinette gab sich zwar normalerweise damit zufrieden, an der Hintertür zu sitzen und Urszula die Herrschaft in der Küche zu überlassen, aber nicht aus Respekt vor Urszula, was diese auch sehr genau wusste. Sie war auch klug genug, keine Konfrontation mit der redegewandten und unberechenbaren Blondine zu suchen. Zwischen den beiden ältesten Frauen in unserer Kartei bestand ein stillschweigendes Patt. Weder Antoinette noch Urszula hatte wohl je damit gerechnet, dass sie mit Mitte vierzig immer noch in der Küche eines Bordells sitzen würde, und beide konnten wahrscheinlich gut darauf verzichten, ihr eigenes erschöpftes Spiegelbild in einer hektischen Nacht in der Küche zu sehen.

»Man hat mich aus meiner Wohnung geworfen«, erklärte Antoinette schließlich lächelnd.

»So eine Gemeinheit!«, protestierte ich.

»So eine verdammte Gemeinheit!«, setzte Patrick noch einen drauf.

»Deshalb bin ich in die Seniorenresidenz meiner Mutter nach Riverview gezogen.«

»Ah«, sagte ich.

»Oh«, sagte Patrick. Und nach einer Pause. »Zu deiner Mutter?«

»Und fünfzig anderen Achtzigjährigen, ja.«

Antoinette zeigte uns mit einem breiten Grinsen, dass wir lachen durften.

»Verstehst du dich gut mit deiner Mutter?«, fragte ich.

»Nein!« Antoinettes Lächeln signalisierte eine weitere Katastrophe in ihrem Leben. »Sie hält nichts von mir.«

Patrick und ich verbargen unzählige Fragen unter einem Nicken.

»Von dem … was du tust?«, fragte ich schließlich.

»Oh, davon weiß sie nichts«, erklärte Antoinette. »Das wäre ihr Tod.« Sie stieß ein tiefes, kehliges Lachen aus, das darauf hindeutete, dass ihre Kindheit möglicherweise nicht besonders glücklich gewesen war. »Sie glaubt, dass ich als Sekretärin arbeite.«

Ich fragte mich, welche Art von Sekretärin nach Ansicht von Antoinettes Mutter bis fünf Uhr morgens mit so tiefem Dekolletee arbeitete.

»Wir sind völlig verschieden«, sagte sie nachdenklich, »und fühlen uns gleichzeitig total abgestoßen von den Ähnlichkeiten, die wir trotzdem unweigerlich entdecken.«

Patrick gab ihr Feuer.

»Sie ist Irin«, fügte Antoinette hinzu, und Patrick nickte, als ob das irgendetwas erklären würde.

Was das war, sollte ich nicht mehr erfahren, denn in diesem Moment unterbrach Raelenes verärgerte Stimme unser gemütliches Beisammensein und beorderte mich nach oben. Mr. Kurasaki hatte wieder angerufen und wollte mich sprechen.

Zurück auf meinem Posten hörte ich ihm aufmerksam zu und wiederholte laut seine verwirrende Bitte nach einer Frau mit zwei Füßen und zwei Zehen. Leonie, die sich mittlerweile in Embryonalhaltung auf dem Boden wälzte, fand mein Fuß-Problem ausgesprochen erheiternd, aber Raelene war alles andere als amüsiert. Mit wachsender Verärgerung mampfte sie einen Mund voll Pralinen, bis ihr schließlich der Geduldsfaden riss.

»Gib den Hörer her«, fauchte sie und schubste mich mit demselben runden Arm beiseite, der mehrere Schwägerinnen zu Boden gestreckt hatte.

Raelene hatte die unangenehme Angewohnheit, Ausländer anzubrüllen, als sei deren schlechte Aussprache eine vorsätzliche Taktik zur Zerfetzung ihres Nervenkostüms, aber mir blieb nichts anderes übrig, als ihr den Kunden auszuliefern.

»Du willst *was*?«, röhrte sie in mein Telefon. *»Das kostet aber extra.«*

Leonie und ich sahen uns an. Vielleicht kannte Raelene eine Frau, die eine Frau kannte, die eine Frau kannte …

»Hier«, Raelene stieß mir den Hörer wieder in die Hand. »Nicht *two feet*, du Vollnuss – *Tattoo feet*! Füße mit Tattoos! Er will *tätowierte* Füße und *tätowierte* Zehen!« Damit kehrte sie mürrisch zu ihrer Konfektschachtel und ihrer Zeitschrift zurück, gedämpfte Kraftausdrücke über den allgemeinen Kompetenzmangel am Arbeitsplatz vor sich hinbrummelnd.

Als ein erheblich sanfterer Mr. Kurasaki mir demütig erklärte, ihm sei es gleich, wie viel das extra koste, wusste ich sofort, was Sofia tun würde. Sofia würde Mr. Kurasaki 700 Dollar die Stunde berechnen, sich das nächste barfüßige Mädchen schnappen und es mit einem Kugelschreiber in die Ecke setzen. Nachdem ich also 795 Dollar die Stunde ausgehandelt hatte, einschließlich zehn Prozent Kreditkartengebühr plus Taxi, rief ich hektisch jede Frau an, auf deren Karteikarte »Tattoos« angekreuzt waren. Und wie der Zufall es wollte, war eine meiner

Lieblingsfrauen gerade im Quay Grand fertig und vermeldete erstaunlich gute Nachrichten von der Fußfront.

»Schätzchen, du wirst es nicht glauben«, flötete Lucinda, »aber ich habe Schmetterlinge auf den Fesseln und kleine Blümchen auf allen meinen Zehen!«

Die lebhafte, fröhliche Lucinda war eine hoch gewachsene, sportliche Engländerin, die den Schwung und das Feuer einer Jane-Austen-Heldin hatte. Und wie es sich für eine Jane-Austen-Heldin gehört, arbeitete Lucinda ausschließlich als Begleiterin. Wenn Hugh Grant in der Stadt gewesen wäre, hätte ich ihm Lucinda geschickt. Oder vielleicht Delilah.

»Aber Meredith – ich habe die größten Fußballen, die der arme Kerl je gesehen hat. Tänzerfüße, Schätzchen. Falls er im wahrsten Sinne des Wortes über die geschwollenen Ballen hinwegkommt, kann er sich nach Herzenslust mit meinen Füßchen amüsieren.«

Lucinda und ich kondolierten uns gegenseitig zu dem hässlichen Vermächtnis, das eine zu frühe Einschnürung in Spitzenschuhe unseren Füßen hinterlassen hatte. Wie oft hatte ich meinen Hausarzt und jeden anderen Hausarzt angefleht, meine unansehnlichen Hufe zu korrigieren.

»Es ist eine furchtbar schmerzhafte Operation, Miss Eastman. Bei der OP wird der Fuß zunächst gebrochen, dann sägt man den störenden Teil ab und setzt den Knochen anschließend wieder zusammen. Soll ich Sie an einen Orthopäden überweisen?«

Und mich der Gnade eines Metzgers namens Bovary ausliefern wie Flauberts unglückseligen Klumpfuß? Der arme Kerl konnte nie wieder springen. Ich hüpfte die Treppe hinunter wie eine Ballerina.

»Wie alt ist deine Mutter denn?«, fragte ich Antoinette, noch bevor mein Hinterteil Kontakt mit dem Stuhlsitz aufgenommen hatte.

»Sechsundachtzig«, sagte sie. »Sie ist ein zähes Ding. Eigensinnig. Mein armer Vater hatte keine Chance gegen sie.« Antoinette kicherte in sich hinein. »Sie hat ihm sogar vorgeschrieben, wann er sterben soll.«

Patrick und ich schauten sie an.

»Das stimmt«, beharrte sie. »Eines Tages sagte sie einfach zu ihm: ›Harold, ich kann deinen Anblick nicht mehr ertragen. Es wäre das Beste für uns beide, wenn du einfach sterben würdest.‹ Und das hat er gemacht.« Antoinette lächelte. »Er hat immer getan, was sie gesagt hat.«

Wir waren nicht sicher, ob wir lachen sollten oder nicht.

»Aber als dann die ganzen Preisangebote für seine Beerdigung ins Haus flatterten«, fuhr sie fort, »war meine Mutter so entsetzt, dass sie ihren Vorschlag bestimmt bereut hat. Sie entschied sich dann für das Billigste vom Billigen.«

»Den schlichten Kiefernsarg?«, fragte Patrick fröhlich.

Antoinette nickte. »Sie erzählte allen ganz schamlos, es wäre sein Wunsch gewesen. Obwohl sie selbst in einem sündhaft teuren Kleid und Hut erschien, ganz zu schweigen von der Limousine, erzählte sie allen immer wieder: Er hätte es so gewollt.«

Dieser Job war *viel* besser als Kinderhüten.

»Trotzdem hat er ihr am Ende die Schau gestohlen«, sagte Antoinette schmunzelnd. »Mein Vater war Florist, und die Leute schickten die wunderbarsten Kränze und Gestecke, bis die Kirche schließlich das reinste Blumenmeer war.«

»Wie hat deine Mutter reagiert?«, fragte ich.

»Oh, sie war entsetzt. Fand das Ganze übertrieben und vulgär.«

Ich hätte die ganze Nacht bei Antoinette sitzen und zuhören können, wie sie lustige und traurige Episoden aus ihrem Leben erzählte, aber ich wurde erneut nach oben beordert, weil Lucinda glücklich im Furama-Hotel eingetroffen war und die 700-

Dollar-Buchung der Tattoos mitsamt harmloser Ballenvergrößerung bestätigte.

Es wunderte mich nicht, dass der nachgiebige Florist und seine unzufriedene Frau keine Kosten gescheut hatten, damit ihre Tochter eine erstklassige Ausbildung erhielt. Aber ich fragte mich die ganze Nacht, welche unglückliche Verkettung von Umständen dazu geführt hatte, dass diese kluge junge Frau von der Nordküste jetzt als Prostituierte arbeitete und mit vierundvierzig Jahren bei ihrer mürrischen Mutter im Altersheim gelandet war.

»Du bist Schauspielerin?«, fragte Antoinette mich einmal spätnachts, nachdem sie mich in einer Fernsehwerbung gesehen hatte.

»Ja.«

»Kennst du X?«, fragte sie nach einer sehr bekannten Fernsehschauspielerin.

»Ja! Ich hab sogar schon mal mit ihr zusammengearbeitet. Wieso? Kennst du sie?«

»Das könnte man so sagen«, lächelte Antoinette. »Sie war meine Brautjungfer.«

Die Traurigkeit einer erstklassigen Begleiterin

»Was ist der Unterschied?«, fragte Cyril.

Also erklärte ich Cyril, der Unterschied zwischen Begleiterinnen für 280, 300 oder 500 Dollar bestehe darin, dass die einen »Studentinnen«, die anderen »Dessous-Models« und die besonders teuren Begleiterinnen »Teilzeitmodels« seien. Das war der vorgeschriebene Text, wenn ein Mann auf der Exklusiv- oder Prestige-Leitung anrief.

»Ja, gut«, gab Cyril zurück, »das sagt etwas über ihre Tätigkeiten aus. Das verstehe ich. Aber was ist der Unterschied zwischen diesen Frauen, wenn ich ihre sexuellen Dienste in Anspruch nehme?«

Ich war kurz davor, Cyril zu eröffnen, dass einige einfach besser vögelten. Schließlich konnte ich ihm schlecht die Wahrheit sagen, nämlich dass wir im Grunde genau dieselben Frauen zu allen Kunden schickten, egal ob sie 200 Dollar oder 700 Dollar für die Buchung bezahlten. Natürlich schickten wir die attraktiveren Frauen zu den exklusiveren Aufträgen, aber in manchen Nächten war nun einmal Shawna die einzig verfügbare Blondine, wenn Mr. Yakimoto aus dem Wentworth die Prestige-Leitung anwählte. Shawna, die redete und sich bewegte wie ein Truckfahrer in Stöckelschuhen. Shawna, die nur Rochelle liebte und sie unten auf dem Sofa beschützend in die Arme nahm.

Für gewöhnlich schickten wir Genevieve, Lucinda, Pandora oder Kimberley und vielleicht noch drei oder vier andere Frauen, für die wir diese hohen Preise verlangen und trotzdem ruhigen Gewissens schlafen konnten. Lucinda war dreißig, ging aber locker für fünfundzwanzig durch, und am Telefon beschrieben wir sie gern als »vollbusige, aber schlanke Rotblonde, mit langen Beinen, Körbchengröße D und den Traummaßen 100-71-89«.

Kimberley war eine makellos gepflegte und unglaublich schlanke Brünette mit grünen Augen, die man bei den Blue Angels bestimmt schmerzlich vermisste. Als sie zu uns gekommen war, hatte Boris wie jedes Mal, wenn ein »Blauer Engel« zu uns überlief, die ganze Nacht im Büro getanzt und Dean-Martin-Songs geträllert. Kimberley sah immer aus, als würde sie einem gleich irgendwas auf den Handrücken sprühen oder einen auffordern, den Sitz wieder in die aufrechte Position zu stellen. Keiner von uns wusste, was Kimberley mit ihren Kunden anstellte, aber sie baten alle ausnahmslos um eine Verlängerungsstunde, und das, obwohl Kimberley nicht unsere üblichen 150 Dollar, sondern 200 Dollar dafür verlangte. Wir ließen sie gewähren, weil sie so ehrlich gewesen war, es uns von Anfang an zu sagen, und ihre Kunden erhoben ganz offensichtlich keinerlei Einwände. Wir bezeichneten Kimberley mit Respekt und Bewunderung als »die Maschine«.

In einem Geschäft, in dem in erster Linie große, schlanke, vollbusige Blondinen gewünscht wurden, war Genevieve heiß begehrt, ganz gleich, welchen Preis sie verlangte. Das bereitete ihr eine Menge Probleme, machte sie unter anderem ziemlich müde. Heute Nacht stand Genevieve in der Küche, die Arme vor ihrem üppigen Busen verschränkt, und starrte unglücklich auf den Fußboden, während Urszula ihr aufmunternde Worte ins Ohr flüsterte. Obwohl sie mehr Geld verdiente als irgendeine ihrer Kolleginnen, schienen die anderen Frauen ständig damit beschäftigt, diese traurige, sonnengebräunte Prinzessin zu trösten und zu streicheln. Im Moment war sie auf alle Fälle zu niedergeschlagen, um sich darum zu kümmern, dass ich schon eine ganze Weile mit den Einzelheiten eines Auftrags neben ihr stand.

Nach dem, was ich gehört hatte, studierte Genevieve offenbar an der Universität, wenn sie keine Nachtschichten hatte oder nicht zum Surfen am Strand war. Was sie studierte, wusste ich nicht. Nichts Lustiges, so viel war sicher. Seit unserem letzten Zusammentreffen, als Boris sie zusammengestaucht hatte, weil sie nicht ans Telefon gegangen war, hatte ich einen großen Bogen um Genevieve gemacht, um sie nicht durch einen weiteren Auftrag aus der Fassung zu bringen. Obwohl die meisten Frauen sich gefreut hätten, so beliebt und finanziell erfolgreich zu sein, war offenkundig, dass es für Genevieve eine reine Belastung darstellte. Es machte mich traurig zu sehen, wie unglücklich sie war, aber ich fand es schwierig, Mitleid mit einer Frau aufzubringen, die die Nase über eine Standardbuchung rümpfte, während neben ihr lauter Kolleginnen standen, die seit Tagen keinen Auftrag erhalten hatten – Frauen, die Toiletten putzten, und Frauen, die in ihren Autos wohnten.

Genevieve ließ mich bis zum Ende von Urszulas Predigt warten, bevor sie sich huldvoll zu mir umdrehte, um ihre Auftragsdaten zu empfangen. Ich unterdrückte den Drang, mich unter Verbeugungen rückwärts aus dem Raum zu bewegen. Doch ich hatte kaum die Tür erreicht, als ich hörte, wie Genevieve in Tränen ausbrach. Wo war das Problem? Es war ein 500-Dollar-Auftrag!

»Ich bin kein verdammter Roboter!«, weinte sie und brach dramatisch an Urszulas Schulter zusammen.

Mit einer hilflosen Geste ging ich auf Genevieve zu, was sie noch tiefer in Urszulas Brust trieb, als hätte ich die Absicht, sie mit meinem Kuli zu erstechen. Vor den Augen aller anderen Frauen scheuchte Urszula mich weg wie ein lästiges Insekt, während sie beruhigend den nackten Rücken ihres schluchzenden Schützlings tätschelte. Genevieve trug ein rückenfreies cremefarbenes Kleid, das verdächtig nach reiner Seide aussah. Urszula gab mir durch ein Nicken zu verstehen, dass sie die Situation im Griff hätte. Aber Urszula hatte die Situation keineswegs im Griff. Cyril im Ibis hatte 575 Dollar mit seiner American Express Karte bezahlt, einschließlich Zuschlag und Taxi, und erwartete Genevieve in zwanzig Minuten.

»Also, geht sie?«, flüsterte ich Urszula besorgt zu. »Oder soll ich jemand anderen schicken?«

Nach dem einsetzenden Heulen zu urteilen, hätte man meinen können, ich sei Camilla Parker-Bowles höchstpersönlich.

»Ich schicke jemand anderen«, seufzte ich ergeben und wandte mich zum Gehen.

»Nein«, wimmerte eine leise Stimme hinter mir.

Und mit zitterndem, aber hocherhobenem Kinn löste sich

Genevieve schniefend aus Urszulas schützender Umarmung, schnappte sich mit einem tapferen kleinen Nicken ihre Handtasche und ihren Kaschmirumhang und marschierte zum Ausgang, als führe er geradewegs aufs Schafott. Die Frauen, die aus dem Salon gekommen waren, schauten alle auf Mutter Urszula, die ihnen beruhigend zunickte.

»Sie schafft das«, verkündete sie, woraufhin alle wieder auf ihre Plätze zurückkehrten. Alle außer Maya, die sich die ganze Zeit nicht vom Küchentisch gerührt hatte, wo sie still in ihrer Zeitschrift blätterte und auf ihren ersten Auftrag seit fast vier Tagen wartete.

Viel später in dieser Nacht faltete ich Handtücher in der Waschküche zusammen, als Antoinette nach der Rückkehr von einem Kunden hereinkam, um die Toilette zu benutzen. Sie erzählte mir mit einem charmanten Kleinmädchenlächeln, dass Mr. Abdullah im Regis sich als ein achtzehnjähriger arabischer Kronprinz entpuppt hätte.

»Ich dachte, du magst keine kleinen Jungen«, neckte ich sie.

»Ach, na ja, wenn's ein Prinz ist ...«

Wir lachten, und Antoinette dankte mir für den Auftrag, hielt mich aber noch einen Moment zurück.

»Genevieve ist im Grunde ein sehr liebenswerter Mensch«, sagte Antoinette ruhig. »Sie ist einfach unglücklich. Ich glaube, das Geld hat nicht die Wirkung, die sie sich erhofft hatte. Und sie fühlt sich betrogen.«

Ich vertraute Antoinettes Menschenkenntnis, weil sie sich besser als jeder andere, den ich je getroffen hatte, auf die Kunst des Zuhörens verstand. Oft saß sie in ihrer Ecke an der Hintertür und beobachtete aufmerksam, wie die anderen Frauen sich verhielten, wie sie miteinander sprachen und sich bewegten, und zweifellos nahm sie auch jede Nuance ihrer Kunden mit denselben sensiblen Antennen auf. Antoinette erklärte, dass

Genevieve sich trotz des ganzen Geldes, der luxuriösen Hotels, Klamotten und Kosmetika immer noch billig fühle und nicht verstehe, warum. Das verstand ich, meinte aber, dass Genevieve auch selbst für ihre Situation verantwortlich sei und sich etwas anderes suchen müsse, wenn sie die harte Realität ihres Berufs nicht ertragen könne.

»Tja, nur dass du nie genau weißt, wo die Grenzen dieser Realität verlaufen«, sagte Antoinette leise. »Und bei Genevieve musst du auch immer bedenken, dass die Kerle mit den größten Brieftaschen nicht immer diejenigen sind, die dich mit dem größten Respekt behandeln. Im Gegenteil. Das sind oft die schlimmsten.«

Ich vergaß Antoinettes Verrücktheitsschübe, wenn sie so war wie jetzt. Mir wurde klar, dass wir Genevieve nur darin bestärkten, uns für ihr Unglück verantwortlich zu machen, wenn wir sie ablehnten.

Später in dieser Nacht wollte ich noch einmal in den Aufenthaltsraum schauen, bevor ich wieder nach oben ging, weil ich wusste, dass Genevieve sich dort hingelegt hatte. Falls sie noch wach war, konnte ich sie vielleicht mit meiner neu gewonnenen Sensibilität überraschen und sie vielleicht sogar fragen, wie sie sich fühlte. Unbemerkt blieb ich im Türrahmen stehen und wurde Zeugin einer überraschenden und anrührenden Szene. Genevieve saß auf dem Sofa und schaute traurig auf die schlafende Maya neben sich. Die arme Maya, die die ganze Nacht über keinen einzigen Auftrag erhalten hatte und den ganzen Tag über Hotelzimmer geputzt hatte, sah völlig erschöpft aus und sabberte auf ihr Kissen. Ich beobachtete schweigend, wie Genevieve behutsam die Hand ausstreckte und sie sanft auf Mayas Schulter legte.

»Maya!«, rief sie und rüttelte die schlafende Frau wach. »Wach auf, Maya. Du schnarchst!«

… von Lesben umzingelt

Lesbisches Duo: Ein Auftrag für zwei Frauen, die manchmal sexuelle Handlungen an einem Mann, immer jedoch aneinander vornehmen.

Unsere Bürobibel enthielt zahlreiche Einträge zu lesbischen Duos. Wer es mit wem machte, und wer es unter gar keinen Umständen mit niemandem machte. Zu meiner Überraschung stellte ich fest, dass viele Frauen zu lesbischen Zweiern mit ihren dicksten Freundinnen bereit waren. Ich hätte gedacht, dass es mit einer fremden Frau leichter wäre, aber Marcelle war bereit, es mit Trixie zu machen; Shawna bevorzugte Rochelle; Antoinette war tief beeindruckt von Pandoras Professionalität; Coral war immer bereit, es mit Antoinette zu machen; Zora wollte es nur mit Genevieve machen, aber Genevieve wollte unter gar keinen Umständen zusammen mit Zora geschickt werden. Dieser letzte Eintrag war mit dicken Großbuchstaben geschrieben und drei Mal unterstrichen. Zora tat mir Leid. Sie war eine tolle Frau, aber nicht sonderlich attraktiv, und man hatte immer den Eindruck, dass irgendwas verkehrt war, wenn ihr stämmiger Körper in einem Kleid steckte. Zora war unsere hauseigene Fesselspiel-Domina. Sie war Mexikanerin, hatte ordentlich Holz vor der Hütte, trug dicke Brillengläser und sah im eleganten Outfit aus wie eine Buchhalterin zu Halloween.

Ich schaute von der Bibel hoch und fragte die anderen Empfangsdamen, ob Zora in Genevieve »verknallt« sei. Total, bestätigte Pip; letztes Jahr sei es so schlimm geworden, dass Genevieve die Wohnung gewechselt und sich eine Geheimnummer zugelegt habe.

Zora hatte sie verfolgt?

»Ja«, nickte Pip, »jedenfalls eine gewisse Zeit, nachdem die beiden sich getrennt hatten.«

Genevieve war lesbisch?

»Na klar«, seufzte Raelene, »sie und Zora waren ein paar Jahre zusammen.«

Genevieve und Zora waren ein Paar gewesen?

»Wer ist sonst noch lesbisch?«, fragte ich.

»Zora, Genevieve«, Raelene saugte an ihrem Stift und lehnte sich zurück. »Shawna und Rochelle.«

»Bree«, fügte Pip hinzu.

Bree war lesbisch?

»Kaz, Hester, Celeste«, fuhr Raelene nonchalant fort.

»Celeste?«

Noel Coward wäre hingerissen von Celeste mit ihrem Schwanenhals und ihrer Porzellanhaut gewesen. Sogar ihre beiden Mitbewohner, Giles und Hugo, klangen am Telefon immer so, als erwarteten sie Celeste gerade im Smoking auf irgendeiner Bühne.

»Eine hemmungslose Lesbe«, sagte Pip mit Nachdruck, »und schwer drogenabhängig.«

»Song-Lee«, fügte Raelene hinzu.

Song-Lee?

Die umwerfende Thailänderin Song-Lee war eine hoch gewachsene, kluge, liebenswürdige, buddhistische … Lesbe. Natürlich war mir klar, dass lesbische Frauen durchaus wunderschön oder, was das angeht, auch buddhistisch sein können, aber in einem Bordell war man einfach total auf einen heterosexuellen Kontext eingestellt.

»May-Ling ist bi«, fuhr Pip fort. »Marcelle ist bi. Saphir ist bi. Coral … Cindy …«

»Und Patrick?« Ich lachte ein bisschen hysterisch. »Ist Patrick vielleicht Transvestit?«

Ich würde Genevieves liebesbedürftiges Wesen kennen lernen, versicherte Pip, wenn sie das nächste Mal einen Schwips hätte. Meinetwegen. Aber das war keine Antwort auf meine Frage. Jetzt machte ich mir ernsthaft Sorgen, dass Patrick tatsächlich ein Transvestit sein könnte.

Wieso waren so viele Sexarbeiterinnen lesbisch? Fühlten sich lesbische Frauen von der Sexbranche angezogen, weil es die Trennung von Privatem und Beruflichem erleichterte? Oder hatte die Bedeutungslosigkeit des bezahlten Sex zur Folge, dass heterosexuelle Frauen echte Intimität bei anderen Frauen anstatt bei Männern suchten? Was kam zuerst? Die authentische Lesbierin oder die heterosexuelle, hart arbeitende Frau, die einfach zur anderen Seite wechseln wollte?

Dr. Darius Slade

Ich war in der City. Es war spät. Ich brauchte ein neues Inderal-Rezept und suchte nach der nächstgelegenen Praxis. In dem medizinischen Zentrum bei meiner Bushaltestelle waren keine Patienten, nur zwei hübsche, lachende Empfangsdamen in engen, weißen Kitteln wie aus einem Krankenschwesternreport der Siebzigerjahre. Auf dem Fernseher in der Praxis liefen *Die Simpsons*. Ich wurde gebeten, einen Moment Platz zu nehmen, und erst als ich von der antiken Ausgabe meiner Frauenzeitschrift hochsah, fiel mein Blick auf drei Wörter, die mir das Herz bis zum Hals klopfen ließen.

Dr. Darius Slade.

Wie oft hatte ich den Zettel mit »PANDORA GEET NIE ZU DARIUS SLADE!« gelesen, der an unserem Bordellcomputer klebte?

HANNAH AUF KEINEN FALLE ZU DARIUS SLADE SCHICKEN! klebte an der Wand neben dem Feuerlöscher.

KEINE ANFENGERINNEN ZU DARIUS SLADE SCHICKEN! prangte

über Leonies Schreibtisch, seit sie Tracy, die neu bei uns war, zu Darius Slade geschickt hatte. Seitdem war Tracy nicht wieder aufgetaucht.

Und außerdem: WIR AXEPTIEREN KEINEN SCHECKS AUSER VON DARIUS SLADE.

»Wer ist Darius Slade?«, hatte ich Raelene vor Monaten gefragt.

»Ein verkommenes Subjekt«, hatte sie geantwortet, ohne hochzusehen. Und das war alles.

»Was macht er?«

»Was macht er *nicht*?«, lachte Raelene, die es liebte, alle Trümpfe in der Hand zu haben.

Die Liste der Frauen, die wir zu Darius Slade geschickt hatten, war länger als bei jedem anderen Mann, den wir im Computer hatten: Miao-Jing, 22, Chinesin; Carmelina, 30, Dänin; Song-Lee, Shelby, Lola, Shanti, Saphir, Zora, May-Ling, Odette, Coral, Cindy, Charnelle, Tracy, Mandy, Jasmin, Beula … Frauen, von denen ich noch nie gehört hatte. Beula?

»Nun sag schon, Raelene!«

Schließlich drehte sich Raelene auf ihrem Stuhl zu mir herum. »Er wohnt auf der anderen Straßenseite, in den Arlington Apartments. Er verschafft uns viele Aufträge, nicht nur eigene. Eine ganze Reihe unserer Kunden sind Freunde von ihm. Wenn er also anruft, ganz gleich wie schräg er sich aufführt, musst du ihm eine Frau schicken. Normalerweise zwei. Du weißt, wenn du ihn dranhast. Er sagt immer, er will spielen.«

»Wieso wollen Pandora oder Hannah nicht zu ihm gehen?«

Raelene seufzte. »Er treibt es gern mit Jungs, wenn die Frauen dabei zuschauen. Oder er will ein lesbisches Duo mit seiner Frau. Manchmal will er einfach nur zusehen.«

Mit seiner Frau?

»Genau. Aber sie ist nicht immer dabei.« Raelene sparte

sich das Beste bis zum Schluss auf. »Und er steht auf Sodomie.«

Darüber wusste niemand Genaueres. Meines Wissens war noch nie eine Ziege oder ein Hund bei einem Auftrag dabei gewesen, aber der gute Doktor brüstete sich offenbar mit Videos, auf denen seine Frau mit verschiedenen vierbeinigen Freunden oder Haustieren kopulierte. Die Frauen fanden sich mit ihm ab, weil der Doktor im Grunde recht harmlos war und außerdem überaus großzügig Kokain und Ecstasy verteilte.

Ich fragte mich, wie viele nichts ahnende Patientinnen in seinem Wartezimmer saßen und in einer Frauenzeitschrift blätterten, bevor sie gewohnheitsmäßig ihre Bluse für diesen wirren, verkommenen Kokser aufknöpften und ihm ihre Eierstöcke anvertrauten. Der Gedanke, dass er einen Abstrich bei mir machen könnte, versetzte mich in Panik. Ich wollte nur Inderal, rief ich mir ins Gedächtnis. Einen harmlosen Betablocker, der nach Angaben meines letzten Arztes von der Hälfte des Sydneyer Symphonieorchesters und zahlreichen Schauspielern geschluckt wurde, um das Lampenfieber vor Premieren und Panikattacken vor Probeaufnahmen zu bekämpfen. Keinerlei Verbindung zu Brüsten oder Vaginen. Mir konnte nichts passieren. Ich war sicher. Sogar meine Beine waren sicher. Ich würde mir von Dr. Slade den Puls fühlen lassen. Mehr nicht.

Ich versuchte zum vierten Mal, mich auf die Gartentipps in meiner Zeitschrift zu konzentrieren, aber es war hoffnungslos. Vor nicht einmal zwei Nächten hatte ich einen Anruf auf der »Sinnliche Gefährtinnen«-Leitung angenommen.

»Was kann ich für Sie tun?«

Schweigen, schweres Atmen und dann ein tiefes, zischendes: »Viielllesss!«

Deutlich artikulierend fuhr die tiefe Stimme langsam und lüstern fort: »Ich will spiielenn.«

Es klang, als wäre er schon irgendwo drin.

»Darius Slade?«, wagte ich mich vor.

»Sehr guuuuut«, schleimte er. »Wer ist da?«

»Meredith«, antwortete ich und verknotete die Beine unterm Schreibtisch.

»Ahhh … Und wen hast du heute Nacht für mich, Mmmmeredith?«

Ich fühlte mich wie das Greenhorn im Kampf mit dem unersättlichen Sumpfungeheuer, das unser kleines Dorf terrorisiert und mit einer Opfergabe beschwichtigt werden muss. Eine Jungfrau? Eine Prostituierte? Ein paar Hamster?

»Ein Monst – einen Moment bitte, Dr. Slade.«

Ich bat Sofia um Hilfe.

»Schick Marilyn, Schätzchen. Sie steht auf Party. Sag ihm, sie ist reif, aber spielt gern. Sag ihm, *ich* hätte das gesagt. Ach, Mist, gib her.«

Bevor ich das Gespräch zu ihr umschalten konnte, stieß Sofia auf mich herab wie ein Raubvogel und schnappte mir den Hörer aus der Hand.

»Darius? Sie sieht aus wie eine Nutte, aber sie ist genau, was du willst, Süßer.«

Raelene und ich schnappten nach Luft. Hatte Sofia tatsächlich eines unserer Mädchen als Nutte bezeichnet? Ich meine, Marilyn zog sich nicht unbedingt wie eine Bibliothekarin an, aber das war trotzdem heftig. Sofia kicherte böse mit dem Doktor, bevor sie ihn an mich zurückgab.

»Ja, Dr. Slade«, stammelte ich, bevor ich auflegte, »ein Scheck ist in Ordnung.«

Plötzlich verspürte *ich* das Bedürfnis nach einer Zigarette. Ich wollte gerade bei Marilyn anrufen, als Sofia mir mitteilte, Marilyn sei unten im Aufenthaltsraum und hätte gerade eine Kreditkartenbuchung beendet.

»Soll ich Marilyn warnen?«, fragte ich Sofia, die mich verständnislos ansah. »Spinnst du, Schätzchen? Sag ihr einfach, es gibt Kokain.«

Bevor ich »und wahrscheinlich Wombats« sagen konnte, stürmte Marilyn aus der Tür.

»Geht sie zu Darius Slade?« Shelby lehnte mit wissendem Lächeln an der Spüle.

Shelby! Gute alte, gesprächige Shelby. Sofort bestürmte ich sie mit einer Million Fragen zu Dr. Slade. Ja, nickte Shelby, er sei schon mal Stammkunde bei ihr gewesen. »Aber wenn er merkt, dass er die Frau nicht mehr schockieren kann, wechselt er zur nächsten.«

Laut Shelby war Dr. Slade um die fünfzig und »ein absoluter Pfeifenwichser«, der den Frauen immer ein paar Linien Kokain auf einem Glastablett anbot oder auch Ecstasy, wenn sie das bevorzugten. Seine Frau war häufig mit von der Partie, aber Shelby war nicht überzeugt, dass sie bei solchen flotten Dreiern wirklich immer mit dem Herzen dabei war. Gab es Frauen, bei denen das anders war?

»Im Allgemeinen spielt er gern mit zwei Frauen gleichzeitig herum und übernimmt die Inszenierung, mit allem Drum und Dran: Vibratoren, Videos, Musik, Drogen, Champagner, alles.«

Was war mit den gemieteten Jungs?

»Das hat er bei mir, Gott sei Dank, nicht versucht.« Shelby blickte in die Ferne, vorübergehend in nostalgische Erinnerungen versunken. »Aber einmal sollte ich es ihm von hinten mit einem Dildo besorgen. Und er sagt gern schmutzige Sachen.« Sie stieß ein kehliges Lachen aus. »*Richtig* schmutzige Sachen!«

In der Praxis von Dr. Slade flüsterten und kicherten die beiden adretten Empfangsdamen in ihren weißen Schwesterntrachten hinter dem Tresen. Hinter der Tür des Sprechzimmers hörte man die Stimme, die in dem Körper steckte, der mit allem, was einen Puls besitzt, etwas anfangen wollte. Ich hatte einen Puls. Ich konnte ihn hören. Und gleich würde Dr. Slade, der Shelby gebeten hatte, es ihm von hinten mit einem Dildo zu besorgen, diesen Puls fühlen. Konnte ich diesem Mann tatsächlich mit allem, was ich wusste, in seinem Sprechzimmer gegenübersitzen, ohne blutrot zu werden, zu zittern, zu stottern oder in Ohnmacht zu fallen? Auf gar keinen Fall, ermahnte ich mich. Dr. Slade könnte das als unbewussten Wunsch einer sexuell frustrierten, allein stehenden, präklimakterischen Empfangsdame deuten, die in seine Praxis spaziert war, weil sie insgeheim davon träumte, dass sich ein unersättlicher, Mieder-zerreißender Schurke von einem Arzt, der nur ein Stethoskop und einen Dildo trug, auf sie stürzte. Nein, den Dildo trug ich. Er hatte ja schon einen Penis. Ich hätte sonst was für ein Inderal gegeben.

Während ich zum achten Mal versuchte, mich auf die Gartentipps zu konzentrieren, erinnerte ich mich an das Geräusch der zuknallenden Haustür, das Marilyns Rückkehr von ihrem ersten Besuch bei Dr. Slade ankündigte. Ich war blitzschnell die Treppe hinuntergesaust, um ihr Geld entgegenzunehmen und ihren Bericht zu hören, nicht notwendigerweise in dieser Reihenfolge.

»Er ist widerlich!«, schrie sie Shelby zu, als ich in der Küchentür auftauchte. Marilyn schleuderte ihre Tasche so wütend über den Tisch, dass wir alle drei ihre erstaunliche Flugbahn bis zur gegenüberliegenden Wand verfolgen konnten. Marilyn war total zugedröhnt.

»Er wollte Analverkehr!«, fuhr Marilyn kreischend fort. »Und ich sagte ›Nein, Darius, anal mach ich nicht! Das hätten sie dir im Büro sagen müssen. Anal kannst du vergessen!‹ Und weißt du was, Shel? Er wollte dazu nicht mal 'n Kondom benutzen! Wollte seinen Schwanz einfach so reinstecken. Ohne Kondom! Und er ist ein Scheißarzt!«

Shelby nickte wissend, aber die unersättliche, unerschrockene Marilyn, die so leicht nichts umhauen konnte, hatte ihren Meister gefunden. Und sie war restlos fertig.

Im Laufe der folgenden Wochen schickten wir Darius weitere Frauen, und alle kamen trotz leichter Sedierung wutschnaubend zurück, manchmal ein bisschen perplex, gelegentlich verstört, aber immer völlig erledigt. Ich hatte den schockierenden Drang, ihn unter einem Vorwand aufzusuchen, nur um der Schlangenstimme am Telefon ein Gesicht zu geben, aber natürlich würde ich diesem Drang nicht nachgeben. Nicht bewusst.

Und jetzt saß ich also schwer atmend über einigen Tofu-Rezepten, als plötzlich die Tür seines Sprechzimmers aufging. Ich hörte zwei Männer miteinander lachen, aber keiner kam heraus. Mir rutschte das Herz in die Hose, als plötzlich ein muskulöser, behaarter Arm vorn um die Tür griff und mit der Klinke spielte, während die Baritonstimme seines Besitzers auf der anderen Seite weiterlachte. Die Hand überlegte sich das mit dem Rauskommen noch mal anders, zog sich unvermittelt zurück und schloss die Tür. Mehr gedämpftes Gelächter. Ich wollte gerade die Flucht ergreifen, als der haarige Arm erneut erschien, diesmal verbunden mit einem jungen, gesund aussehenden Mann, der mir einen gleichgültigen Blick zuwarf, bevor er nebenan in seinem eigenen Sprechzimmer verschwand. Es war mir noch gar nicht in den Sinn gekommen, dass ich zu einem anderen Arzt kommen könnte, aber anstatt meine Anspannung zu lindern, fügte es meiner Qual nur ein Element russischen Roulettes hinzu.

Ich hatte schon von der »Flucht- oder Angriffsreaktion« bei Gefahr gelesen, hatte sie aber noch nie mit solcher Heftigkeit am eigenen Leib gespürt wie in dem Moment, als die Tür von

Dr. Slades Sprechzimmer zum dritten Mal aufging. Als ich den Blick von meiner zitternden Zeitschrift hob, sah ich einen großen, attraktiven Mann mit silbergrauem Haar, der sich gähnend in seinem Türrahmen reckte. Ohne seine einsame, zuckende Patientin zu bemerken, schlenderte mein Doktor lässig zu seinen beiden stramm verpackten Empfangsdamen hinüber. Er lehnte sich gegen den Tresen, machte eine unhörbare Bemerkung, und prompt brachen beide vor Lachen zusammen, als hätten sie einen Schlag in die Kniekehlen bekommen. Der Doktor sonnte sich in seinem Ruhm, nahm meine Karte hoch, stolzierte zurück zu seiner Tür und bat lächelnd seine nächste Patientin herein.

»Die beerühmmmte Mmmeredith Eastmannn!«

Als ich den Inhalt meiner Tasche, der sich beim Aufstehen irgendwie über den gesamten Fußboden ergossen hatte, wieder eingesammelt hatte, sah ich, dass Dr. Slade auf mich wartete und seine Tür mit einem Lächeln aufhielt, das mich an ein hungriges Reptil erinnerte. Jedenfalls nicht an ein warmes, puscheliges Tier. Als ich näher kam, maß Dr. Slade mit seinen lächelnden grauen Augen schamlos meine Maße ab. Das veranlasste mich, einen so lächerlich weiten Bogen um ihn zu machen, dass ich mit der linken Schulter voll gegen den Türrahmen krachte und zurücktaumelnd direkt in seinen offenen Armen landete. Als ich seine Hand auf meiner Schulter spürte, machte ich vor Schreck einen Satz nach vorn und brach, da ich meine Beine bereits verknotet hatte, seitlich auf einem Stuhl mit Rollen zusammen. Abgesehen von einem gebrochenen Schlüsselbein und drohenden Ausschweifungen machte mir noch etwas anderes zu schaffen. Warum hatte Dr. Slade »berühmt« gesagt? Hatte er mich aus *Play School* wieder erkannt? Hatte er bereits gesehen, wie ich auf allen vieren bellte wie ein Hund? Hatte er es für seine Frau auf Video aufgenommen? Ich wäre vor Scham am liebsten im Erdboden versunken.

Ich blieb eine halbe Stunde in seinem Sprechzimmer. Wenn sich ein guter Arzt durch eine Mischung aus fachlichem Können und der Fähigkeit zu empathischen Bettkantengesprächen auszeichnet, so verfügte Dr. Slade über beides im Überfluss.

»Na und«, rief er aus, als ich ihm erzählte, dass ich bereits seit zehn Jahren Inderal nahm. »Wenn es Ihre Nervosität lindert«, er lehnte sich vor, »nehmen Sie es!«

Konnte ich Inderal zusammen mit dem pflanzlichen Beruhigungsmittel Hyperiforte einnehmen, wenn ich am prämenstruellen Syndrom litt?

»Natürlich. Wieso denn nicht? Nur zu!«

War es in Ordnung, Inderal, Hyperiforte und gelegentlich eine Schlaftablette zu nehmen?

»Aber sicher!«

»Alkohol?«

»Klar! Volle Pulle!«

Nachdem Dr. Slade ohne weitere Zwischenfälle meinen Puls gefühlt hatte, wurde ich mutiger und wollte das Gespräch auf gefährlicheres Terrain lenken. Ich schätze, ich wollte hören, wie ein Arzt, der ungeschützten Sex mit Prostituierten, Callboys und gelegentlich einem Hund hatte, seine Patienten in puncto Safersex beriet. Ich erfand einen Liebhaber, der eine Abneigung gegen Kondome hatte, wozu ich meine Fantasie nicht übermäßig anstrengen musste, und fragte nach dem Risiko von sexuell übertragbaren Krankheiten.

»Machen Sie einen AIDS-Test«, riet er und warf die Hände in die Luft, als hätte er gerade einen Zaubertrick vorgeführt.

»Ja, aber was ist mit Sachen wie ... Herpes oder Warzen oder –«

»Ach, du lieber Gott!«, rief er. »Dann hat er eben 'ne Beule auf seinem Schniedelwutz oder Sie auf Ihrer Vulva. Na und? Daran stirbt man nicht.«

Da wir jedes Wort der *Simpsons* von draußen hören konnten, hoffte ich sehr, dass Dr. Slade seine Stimme senken würde, aber bevor ich ihm versichern konnte, dass mit meiner Vulva alles in bester Ordnung sei, röhrte er in voller Lautstärke weiter.

»Sie tragen sowieso Millionen von Krankheiten und Viren in sich, Schätzchen! Jeder hat Chlamydien! Jeder hat Herpesviren! Bei einigen werden sie nur nie aktiv. Herrgott noch mal!«

Das war eine heftigere Reaktion, als ich verdient zu haben glaubte, und natürlich fragte ich mich, ob Dr. Slade selbst unter irgendeiner dieser sexuell übertragbaren Krankheiten litt, bis ich mich an Marilyns Erfahrung erinnerte. Daraufhin fragte ich mich, ob er wohl von irgendwelchen Krankheiten verschont geblieben war. Doch in dem anfänglichen ausgelassen-subversiven Charme begannen sich beunruhigende Risse zu zeigen, und ich fühlte mich allmählich wie Eva bei einem Beratungsgespräch mit einer irgendwie übel gelaunten Schlange. Es ist bloß ein Apfel, Eva! Du wirst ab und zu ein bisschen Scham empfinden. Wir alle empfinden hin und wieder ein wenig Scham, Eva. Bei einigen Menschen bleibt sie einfach inaktiv. Wie wär's mit ein bisschen Ecstasy, Eva? Hier, schnall mal den Dildo um.«

Dr. Slade fand nicht mehr zu seiner ursprünglichen guten Laune zurück, und als ich ging, wirkte er deprimiert, so als sei er plötzlich gelangweilt von seiner eigenen Show. Als ich, mein Inderal-Rezept umklammernd, die Tür seines Sprechzimmers hinter mir schloss und mich umdrehte, hatte sich das leere Wartezimmer mit kranken Menschen gefüllt, die mich alle irgendwie missbilligend anstarrten. Erst als ich wieder draußen auf der Straße war und mit einem Becher Kaffee an einem Imbiss stand, wurde mir klar, dass Dr. Slade einen unauslöschlichen Eindruck auf mich gemacht hatte, und ich fragte mich, ob so ein dunkler und schrecklich rastloser Geist überhaupt je befriedigt werden konnte.

Am nächsten Tag konnte ich es kaum erwarten, den schockierten Ausdruck auf den Gesichtern meiner Kolleginnen zu sehen, wenn ich ihnen von meinem kühnen Abenteuer berichten würde. Ich kam absichtlich früher, damit ich Pip in aller Ruhe davon erzählen konnte, bevor sie Feierabend machte. Pip sah selbst auf die nettesten Kunden mit einer Mischung aus Prüderie und Verachtung herab.

»Ratet, wo ich gestern war und wen ich gesehen habe?«, strahlte ich.

Pip und Raelene waren ganz Ohr.

»Darius Slade.«

Der entsetzte Ausdruck auf Raelenes Gesicht machte mir klar, wie schockierend das klingen musste, wenn man den Zusammenhang nicht kannte.

»Als Patientin!«, fügte ich rasch hinzu.

Beide Frauen warfen mir einen kurzen amüsierten Blick zu und eröffneten mir dann, dass sie beide, vor langer Zeit, genau das Gleiche getan hatten.

»Ich war mit einer Lebensmittelvergiftung da«, sagte Pip beiläufig.

»Ich hatte Halsschmerzen«, ergänzte Raelene im selben Atemzug.

»Sofia war auch da«, berichtete Pip.

Ich war sprachlos.

»Er ist sehr professionell«, meinte Raelene an Pip gewandt.

»Oh ja, ich war total krank und sehr beeindruckt von ihm.«

Sie waren immer noch dabei, sich mit größter Ernsthaftigkeit über seine Vorzüge auszutauschen, als Maxine hereinkam.

»Er ist gut, oder?«, fragte sie den Rat der Weisen, als ob sie morgen ihre kranke Mutter zu ihm bringen wollte.

Allseitiges gewichtiges Nicken.

Eine halbe Stunde später, nachdem die Frauen der Tagschicht gegangen waren, lauschte Sofia meinem Abenteuer wie eine geduldige, aber erschöpfte Mutter, nickte gelegentlich und paffte ihre Westfield Blue. Als ich fertig war, lehnte sie sich in ihrem Stuhl zurück, und ich entdeckte fast so etwas wie ein Lächeln auf ihrem Gesicht.

»Tja, Schätzchen, es ist lustig, dass du gerade Darius erwähnst. Ich wollte dich nämlich bitten, ihn anzurufen.«

Maxine schaute zu uns hoch.

»Der Scheck, den er Felicity letzte Woche gegeben hat«, fuhr Sofia fort, »ist nicht gedeckt.«

Ich flehte Sofia an, Maxine anrufen zu lassen, aber Sofia ließ sich nicht erweichen. Sie wollte sich heute Nacht daran ergötzen, dass ihre draufgängerische Empfangsdame bei dem Gedanken, von Dr. Darius Slade wieder erkannt zu werden, in blanke Panik geriet.

»Wieso ich?«

»Ruf ihn in der Praxis an«, grinste sie, »er arbeitet immer lange.«

Etwa eine Stunde lang schützte ich die unterschiedlichsten Beschäftigungen vor, in der Hoffnung, Sofia würde die ganze Sache vergessen, aber ein spanischer Elefant wie Sofia vergaß nie etwas.

»Wie ist es mit Darius gelaufen, Schätzchen?«

»Ja, ja. Ich ruf ihn gleich an.«

Um acht entschied ich, dass er jetzt bestimmt nach Hause gegangen war.

»Hallo?«

»Darius!«

»Ja!«

»Hier ist … Meredith vom Begleit-Service.«

»Oh, hallo, Meredith. Was kann ich für dich tun?«

Es war dieselbe Frage, die er mir gestern gestellt hatte, bevor ich meine gesamte Krankengeschichte vor ihm ausgebreitet hatte.

»Hör mal, Darius«, sagte ich, um eine tiefere Stimme bemüht. »Es geht um Felicitys Scheck.«

»Oh Gott ja, tut mir Leid. Ich wollte gleich heute etwas Geld auf das Konto überweisen.«

»Das ist in Ordnung, wir wollten nur Bescheid sagen, dass Felicity Probleme hatte, den Scheck einzulösen. Können wir ihr sagen, dass das Geld morgen da ist?«

»Ja, klar! Tut mir wirklich Leid. Meine Frau hatte mal wieder einen Shopping-Anfall! Sonst wär das nie passiert!«

Ich lachte – und hörte sofort wieder auf, als ich merkte, dass es genauso klang wie am Tag zuvor in seiner Praxis.

»Sie ist ein reizendes Mädchen, diese Felicity«, sagte er, als ob er über eine weitere Buchung nachdächte.

»Nicht wahr?«, schwärmte ich. »Also, dann ... Ich wollte nur ... Darius. Gut.«

Ich schwitzte Blut und Wasser, als ich auflegte. Irgendjemand sang. Es war Sofia.

Der Hollywoodstar und die Lesbe

Mit Genevieve wurde es immer schlimmer.

»Und wenn eine Frau unzufrieden mit dem Job ist oder mit den Empfangsdamen«, stellte Pip schließlich zusammenfassend fest, »dann ist das ein Management-Problem, Boris.«

Boris, der sich Pips weitschweifigen Protest mit sorgenvoller Miene anhörte, nickte bestätigend.

»Ja, genau«, wiederholte er, während sein Blick nervös zwischen seinen Empfangsdamen hin- und herwanderte, bis ihm klar wurde, dass Pip ausgeredet hatte und wir alle auf seine Entscheidung warteten.

»Also, sie kann sich ins Knie ficken«, erklärte er und steckte die Daumen in den Gürtel. »Ich hab's satt! Sie will 'ne Sonderbehandlung. Die kann sie haben. Keine Aufträge mehr. Ha!«

Aber damit ließ Pip ihn nicht durchkommen.

»Du musst mit ihr reden, Boris«, argumentierte sie. »Genevieve ist nicht nur unhöflich zu uns, sondern lehnt Aufträge ab und wirft uns vor, sie auszubeuten, weil wir sie überhaupt irgendwo hinschicken.«

Ich dachte, ich könnte vielleicht etwas von Antoinettes anthroposophischen Beobachtungen beisteuern.

»Vielleicht hat Genevieve unrealistische Erwartungen an ihren Job und wird mit der Enttäuschung einfach nicht fertig.«

Alle schauten mich an.

»Sie kann sich ins Knie ficken!«, wiederholte Boris.

Genevieve fiel notgedrungen auf, dass wir sie nicht mehr zu Kunden schickten, und sie hatte gehört, dass Boris mit ihr reden wollte. Nach zweitägigem Schweigen fing sie an, spätnachts anzurufen. Sie klang ziemlich betrunken und weinerlich und bettelte darum, mit Boris sprechen zu dürfen.

»Boris will mich rausschmeißen, stimmt's, Meredith?«

Ich versicherte Genevieve, ich hätte keine Ahnung.

»Wo ist er, Meredith?«

Ich machte mich jedes Mal auf die Suche nach Boris, aber er schüttelte immer nur den Kopf. Bei aller Schärfe war Boris ein hoffnungsloser Fall, wenn es darum ging, sich mit den Frauen auseinander zu setzen. Klar, Genevieve sollte sich ins Knie ficken, aber sie musste es erst mal erraten. Es hatte schon etwas ziemlich Trauriges, dass eine wunderschöne, stattliche Blondine, die 500 Dollar die Stunde verlangen konnte, sobald sie ein Zimmer im Sheraton betrat, jetzt allein in ihrer Wohnung in

Mona Vale saß und um zwei Uhr morgens betrunken und weinend bei mir anrief. Ich wünschte, Genevieve hätte eine Liebste oder irgendjemanden, der sie in den Arm nehmen würde. Mehr als alles andere wünschte ich, sie möge ihr Problem lösen oder ganz mit dem Job aufhören, denn wenn ich mir noch ein einziges Mal anhören müsste, dass wir sie wie einen Roboter behandelten, würde ich einen Schreikrampf bekommen. Ich konnte es nicht ertragen, für die Entscheidung, als Prostituierte zu arbeiten, verantwortlich gemacht zu werden! Das war einfach zu viel, ich hatte bei *Play School* mitgemacht, Herrgott noch mal!

Als ich am nächsten Abend um sieben Uhr bei der Arbeit aufkreuzte, thronte Genevieve zu meiner Überraschung auf dem Küchentresen und strahlte wie ein Honigkuchenpferd.

»Was ist los?«, fragte ich unumwunden. »Hast du mit Boris gesprochen?«

»Wer ist Boris?«, gab Genevieve mit spitzbübischem Grinsen zurück.

»Nö«, sagte sie lächelnd und wippte neckisch mit den Beinen.

Ich sollte die gute Nachricht offensichtlich erraten, aber Genevieve konnte es nicht abwarten.

»Ich komm gerade von Charlie Sheen zurück!«, rief sie triumphierend.

Genevieve und ich packten uns am Arm und kreischten wie die Teenager.

Charlie Sheen! Der heute Abend zu einer Filmpremiere der Fox-Studios in der Stadt war. Der mit jeder Prostituierten in Amerika geschlafen hatte!

»Oh, Genevieve«, rief ich und umarmte sie. »Das ist ja toll!«

Offenbar hatte der persönliche Assistent von Mr. Sheen den Auftrag heute Nachmittag erteilt, und Genevieve, die nicht mal

Schicht hatte, wurde sofort benachrichtigt und für eine Stunde zur Präsidentensuite im Sheraton verfrachtet.

»War es ein 700-Dollar-Auftrag?« Ich war überzeugt, dass Charlie nur das Beste vom Besten verlangt hatte.

»Nein«, gab Genevieve enttäuscht zurück. »Er hat auf einer 200-Dollar-Leitung angerufen.«

Ich wusste nicht, was ich sagen sollte. Genevieve arbeitete nie für weniger als 350 Dollar.

»Aber ich hab ein Riesentrinkgeld gekriegt«, quietschte sie, woraufhin wir beide wieder wie wild zu kreischen begannen.

Genevieve erzählte mir, Charlie Sheen sei sehr klein, hätte aber einen fantastischen Körper, »für einen Mann«, und außerdem jede Menge Tattoos. Er sei ein echter Gentleman, sagte sie, und ein wunderbarer Liebhaber, aber er habe sie leider früher gehen lassen müssen, um rechtzeitig in seinen Smoking und zu seinem roten Teppich zu kommen.

»Wie spät ist es?«, fragte Genevieve unvermittelt mit einem Blick auf ihre Bulgari-Uhr.

Sekunden später standen wir im Aufenthaltsraum vor dem Fernseher, umgeben von mehreren anderen aufgeregten Escorts und Leonie und verfolgten kreischend den Auftritt des Hollywoodstars in der Live-Übertragung.

»Oh, Gott, stellt euch bloß mal vor«, schrie Leonie, »er würde eine von unseren Frauen buchen!«

Ungläubig starrten wir alle auf unsere neue Empfangsdame, bevor wir sie in Grund und Boden brüllten: »DAS HAT ER GERADE GEMACHT, DU DUMPFBACKE!«

Ein spitzer Schrei erregte unsere Aufmerksamkeit. Gebannt starrten wir auf die Großaufnahme von Charlie Sheen, der gerade mit unserer Genevieve im Sheraton herumgemacht hatte und jetzt in seinem Smoking auf dem roten Teppich stand, im Knopfloch eine Rose und im Arm … eine zierliche Brünette.

»Wer zum Teufel ist das?«, fragte Genevieve vorwurfsvoll.

Schweigend inspizierten wir Charlies Date. Sie sah okay aus. Ein bisschen mager. Aber Genevieve war definitiv schöner, was wir ihr auch sagten, woraufhin sie uns gestand, dass Charlie eindeutig sehr zufrieden mit dem Service gewesen sei.

Für den Rest der Nacht war Genevieve zum großen Ärger von Raelene von kreischenden Prostituierten umlagert. Alle wollten unbedingt den Körper umarmen und die Hände halten, die zu der Frau gehörten, die mit Charlie Sheen geschlafen hatte. Jedes kleine Detail ihres Zusammentreffens mit dem berüchtigten Hollywoodstar wurde mit stürmischem Beifall bedacht, und Genevieve schien es zu genießen, im Mittelpunkt der Aufmerksamkeit zu stehen.

Boris machte ein sehr verdutztes Gesicht, als er gegen Mitternacht in unserem Türrahmen auftauchte. Er hatte sich auf einen Show-down mit seiner trübsinnigen Spitzenkraft eingestellt und nicht mit begeisterter Zustimmung gerechnet, als er ihr seine strikten neuen Forderungen nach längeren Arbeitszeiten und mehr Höflichkeit gegenüber Empfangsdamen eröffnete.

»Wer zum Henker ist Charlie Sheen?«, fragte er.

Wir erklärten ihm, wer Charlie Sheen war, aber Boris wirkte immer noch unbeeindruckt.

»In was für Filmen hat er mitgespielt?«, fragte er misstrauisch.

Oh, protestierten wir alle schwärmerisch, in was für Filmen hatte Charlie Sheen *nicht* mitgespielt? Trotzdem hatten wir alle drei Mühe, uns an einen konkreten Filmtitel zu erinnern, obwohl Leonie meinte, er habe möglicherweise in *Der Club der toten Dichter* mitgespielt. Ich war erleichtert, als Raelene uns schließlich rettete.

»*Hot Shots!*«, rief sie triumphierend.

»Ja, genau! Hot Shots«, riefen wir alle triumphierend in Boris' Richtung.

Boris stand in der Tür und musterte seine drei lächelnden Empfangsdamen.

»Ich bin auf dem Handy zu erreichen«, sagte er und ging.

Wenn eine Buchung auf dem Beziehungskonto landet

Die neue Mitarbeiterin saß am Küchentisch. Mia war eine zierliche, ruhige Malaysierin, zweiundzwanzig Jahre alt und eine richtige kleine Schönheit mit taillenlangen schwarzen Haaren. Sie hatte ein hübsches, ernstes Gesicht mit großen mandelförmigen Augen, die auch wenn sie lächelte, ihren traurigen Ausdruck behielten.

»Kommst du?«, fragte ich Mia zum dritten Mal an diesem Abend.

Jedes Mal, wenn die Frauen im Gänsemarsch aus dem Aufenthaltsraum kamen, um einen neuen Kunden im Wartezimmer zu begrüßen, blieb Mia ganz still am Küchentisch sitzen und versuchte, sich unsichtbar zu machen.

»Ja.« Mia stand lächelnd auf und tat so, als hätte sie sowieso gerade die Absicht gehabt, sich den anderen anzuschließen.

Und jedes Mal, wenn der Kunde seine Wahl getroffen hatte, musste ich Mia dieselbe schlechte Nachricht überbringen, sobald ich sie halb begraben unter Kissen in der dunkelsten Ecke des Aufenthaltsraums gefunden hatte.

»Tut mir Leid, Mia«, sagte ich jedes Mal zu den Mandelaugen, die über ihre Knie spähten. »Eine halbe Stunde.«

Mia mied den Blick ihrer arbeitswilligeren Kolleginnen, die still ihre Nägel feilten, und nahm mir an der Tür hastig das Kondom ab, bevor sie mit dem Kunden nach oben ging.

Ich saß an meinem Schreibtisch, zählte Mias Geld und berichtete Pip und Raelene gerade von unserem geheimnisvollen, widerstrebenden Neuling im Erdgeschoss. Patrick saß wie gewöhnlich auf der anderen Seite meines Schreibtisches und studierte das Kreuzworträtsel, während er an seinem Tee nippte und so tat, als höre er nicht zu.

Plötzlich ging die Tür auf.

»Mensch, Patrick, wieso gehst du nicht mal mit ihr aus, anstatt nur dauernd an ihrem Schreibtisch rumzuhängen?«

Ich weiß nicht, was er gehört hatte, aber Boris war offensichtlich nicht mehr der Meinung, dass Patrick und ich eigentlich wie Bruder und Schwester waren. In dieser Stimmung benahm er sich wie ein Elefant im Porzellanladen.

»Ha! Hab ich dich in Verlegenheit gebracht, Patrick?«, lachte Boris, als Patrick seine Zeitung zusammenfaltete und wortlos aufstand. »Du brauchst doch wegen *deiner englischen Freundin* nicht gleich rot zu werden.«

Raelene schrieb gerade ihr Auftragsformular um. Ohne hochzusehen grunzte sie entrüstet bei dem bloßen Gedanken, während Pip es vorzog, das Ganze zu ignorieren. Um dem errötenden Patrick weitere Qualen zu ersparen, lenkte ich Boris' Aufmerksamkeit auf das Problem unserer jungen Malaysierin. Die bloße Erwähnung einer zierlichen Asiatin reichte aus, damit Boris seinen gequälten Fahrer fallen ließ wie eine heiße Kartoffel.

»Wenn Mia nicht intern arbeiten will, dann schaff sie hier raus!«, brüllte Boris mich an. »Verschaff ihr einen Begleit-Auftrag. Sofort! Oder willst du, dass wir sie an die verdammten Blue Angels verlieren?!«

Boris sah so grimmig aus, dass ich mich wie wild aufs Telefon stürzte, sobald es klingelte.

»Ja, das Mädchen ist wirklich wunderschön«, versicherte ich Ben in Coogee.

Ich wollte Ben von Mias traurigen Augen und ihrer zarten,

verletzlichen Art erzählen, aber irgendetwas in Bens jugendlicher Stimme sagte mir, dass sie bei ihm in guten Händen sein würde. Und als Mia zwanzig Minuten später anrief, um zu sagen, sie sei in Coogee angekommen, wollte Ben mich tatsächlich noch einmal persönlich sprechen.

»Danke, Meredith«, schwärmte er. »Vielen, vielen Dank. Ich kann's gar nicht fassen. Sie ist *sooo* schön!«

Zwei Stunden später war Mia immer noch bei Ben, und die Frauen schliefen auf den Sofas im Aufenthaltsraum. Shelby war in der Dusche, und ich brachte ihren glücklichen Kunden zur Haustür. Ich wollte gerade wieder nach oben gehen, als ich von einer kalten, knochigen Hand in den Warteraum gezogen wurde.

»Mach das nicht!«, zischte mir eine spindeldürre Empfangsdame im Halbdunkel zu.

Der Pornofilm lief noch, und mehrere Frauen wanden sich stöhnend hinter Pips Kopf, als sie ihre dringende Bitte wiederholte.

»Du bist viel zu schade für ihn!«

»Für wen?«

»Patrick!«

»Genau!«

Es fiel mir schwer, auf Pips ernsthaften Ton einzugehen, wenn Stöhn-Susi so kurz vorm Orgasmus stand.

»Wovon redest du, Pip?«

Offenbar kursierte das Gerücht, Patrick und ich unterhielten eine Art heimliche Liebschaft, und Pip fand diese »ordinären Spekulationen« über eine mögliche Verbindung zwischen mir und dem Fahrer einfach unerträglich.

»Du bist so eine tolle Frau«, rief sie. »Du bist gebildet, kultiviert, künstlerisch begabt. Du hast eine Riesenkarriere als Schauspielerin vor dir.«

Ich fragte mich, ob Pip schon aufgefallen war, dass wir beide in einem Bordell arbeiteten. Trotzdem war ich gerührt von ihrer Einschätzung meines Talents. Immerhin hatte sie mich bisher nur in einer Mayonnaise-Werbung gesehen. Ich schaute auf den Becken schwingenden Harem hinter ihrem Kopf und fragte mich, ob Pip befürchtete, dass ich auch dort enden würde, falls ich mit Patrick ausging. Hatte Stöhn-Susi an einem ähnlichen Scheideweg gestanden, gezwungen sich zwischen einer viel versprechenden Karriere als Tschechow-Darstellerin oder als Schlammcatcherin im String-Tanga zu entscheiden? Ich dankte Pip für ihre Besorgnis und versicherte ihr, ich hätte nicht ernsthaft die Absicht, mich mit einem Mann einzulassen, der eine Jacke des Matraville-Reservistenbundes und Turnschuhe trug.

Wie ich zu meiner Schande gestehen musste, hatte Pip mit ihrem »anti-ordinären« Gerede einige meiner eigenen Vorurteile freigelegt, und es war Zeit, darüber nachzudenken, bevor ich unverantwortlich handelte. Ich war mir sicher, dass Patrick kurz davorstand, mich um ein Date zu bitten, wenn Boris ihn nicht für alle Zeiten davon abgeschreckt hatte, und die Matraville-Reservistenbund-Jacke stellte tatsächlich ein Problem dar. Wollte ich wirklich mit einem Mann ausgehen, dessen gesellschaftliches Leben sich in einem Raum voller Daddelautomaten abspielte und der zum Essen in eine Imbissbude ging? War Patrick in seinen abgewetzten Jeans und ausgeleierten Turnschuhen wirklich ein alter Rolling Stone? Oder war er bloß alt und stoned? Ich stand allein im Warteraum und sah den Namensabspann auf dem Bildschirm. Susi war gekommen, und ich hatte es wieder verpasst.

In der folgenden Woche war ich wieder für den Empfang im Erdgeschoss eingeteilt, und bis um acht war nur Mia da. Sie saß still am Küchentisch und las, während ich den Geschirrspüler einräumte.

»Erinnerst du dich an diesen Typ, zu dem du mich letzte Woche geschickt hast?«, piepste sie plötzlich mit ihrer leisen Stimme. »Der so nette Sachen gesagt hat?«

Als ich »Cogee-Ben« sagte, leuchtete ihr Gesicht auf.

»Wir sind jetzt zusammen.«

Ich hörte auf, Teller einzuräumen, und sah sie an. Sie trug ein steifes fliederfarbenes Kleid und sah aus wie eine zerbrechliche Puppe. Mit eindringlicher Stimme vertraute sie mir an, dass Coogee-Ben sie gebeten habe, sofort bei ihm einzuziehen, und dass er für sie sorgen wolle.

»Magst du ihn, Mia?«

Mia zuckte mit einem wehmütigen Blick die Achseln. Ich glaube schon, sagte sie, aber die Frage schien sie zu überfordern, und so erzählte sie mir stattdessen von Bens erfolgreicher Poolreinigungsfirma. Ich versuchte gerade, mir eine fortan glückstrahlende Mia vorzustellen, als wir von einem lauten Krachen unterbrochen wurden, und Leonie durch die Tür stürzte wie eine Ladung loser Baumstämme.

»Herrje!«, schrie sie, sammelte ihr Tablett auf und musterte Mia mit durchdringendem Blick. »Hast du aber lange Haare!«

Ich machte Mia mit Leonie bekannt, die eine Woche lang wegen Krankheit gefehlt hatte, und versprach, dass ich ihr und Trudy gleich eine Tasse Tee bringen würde. Doch Leonie wollte uns jetzt unbedingt von einer anderen Person mit langen Haaren, nämlich ihrer Freundin Simone, erzählen, die mit ihren Haarverlängerungen in die Rolltreppe der Central Station geraten war.

»*So lang* waren die Haare?«, fragte Mia lachend.

»Nein!«, widersprach Leonie. »Simone saß doch auf den Stufen, ej!«

Nur eine Freundin von Leonie konnte auf die Idee kommen, sich um fünf Uhr morgens mit Haarverlängerungen auf die Stufen einer Rolltreppe zu setzen, um ihren Schuh zuzubinden. Um Leonie loszuwerden, drückten Mia und ich unser tiefstes Mitgefühl für Simone aus, die beinahe ein Ohr verloren hätte, wenn nicht eine Obdachlose die Schreie gehört und gerade noch rechtzeitig den Nothalt gedrückt hätte. Leonie stellte befriedigt fest, dass ihre schockierende Geschichte uns in fassungsloses Schweigen versetzt hatte, und verzog sich nach oben.

Ich nahm unser Gespräch wieder auf, indem ich Mia fragte, wie lange sie schon in dieser Branche arbeite und hörte zu meiner Bestürzung, dass dies erst ihre dritte Nacht war. Da ihr Visum demnächst ablaufe, erklärte Mia, habe sie nur noch ein paar Wochen, um ganz schnell das Geld für den Rückflug nach London, wo sie wohne, aufzutreiben. In der Hoffnung, sie nicht noch mehr zu frustrieren, fragte ich Mia, ob sie Coogee-Ben von ihrer Situation erzählt habe.

»Er hat das Geld für mein Flugticket bar auf den Tisch gelegt«, berichtete sie fast klagend. »›Hier‹, sagte er. ›Das gehört dir. Du musst da nicht arbeiten. Bleib bei mir. Ich sorge für dich. Und wenn du nach London zurückmusst, kannst du das Geld haben.‹«

Ich starrte auf die traurigen Augen und die steile Falte auf ihrer kleinen Stirn. Was zum Teufel machte Mia noch hier?

»Ich brauche mehr als nur das Geld für den Flug.« Mia spielte mit dem Stoff ihres fliederfarbenen Kleides. »Ich habe eine kleine Tochter, weißt du? In London.«

Es schien unmöglich, dass ein so kleines Mädchen ein kleines Mädchen haben konnte, aber ich vermutete, dass auch Coogee-Ben noch nichts davon wusste.

»Was glaubt Ben, wo du heute Nacht bist?«, fragte ich.

»Er glaubt, ich treffe mich mit ein paar Freunden.« Mia klang so zerknirscht, dass ich fürchtete, sie würde gleich anfangen zu weinen.

Leonie unterbrach uns erneut, aber diesmal mit einem Auftrag für Mia in einem Privathaus in Leichhardt. Ich sollte Mia erst gegen fünf Uhr morgens wieder sehen, als sie mich bat, ihr ein Taxi nach Coogee zu bestellen. Doch diesmal lächelte Mia nicht. Sie konnte mir nicht mal in die Augen sehen, als sie mir das Geld von ihren Aufträgen gab. Und so ließ ich sie allein in der Küche zurück, während draußen die ersten Vögel zwitscherten und Ben auf seine Liebste wartete.

Ich wusste nur von einer einzigen anderen Frau, die sich auf eine Beziehung mit einem Kunden eingelassen hatte. Vor einem Monat hatte ich miterlebt, wie Heather sich von einem attraktiven jungen Mann im Flur verabschiedet hatte. Und an Heathers Körpersprache konnte ich erkennen, dass sie in diesem Fall kein Berührungsverbot nach dem Motto »Du darfst mich aber nur *hier*, *hier* und *hier* anfassen« verhängt hatte.

»Ruf mich an«, hatte sie dem dunkelhaarigen Hünen zugegurrt, als er aus der Tür gegangen war.

Wenn Heather das Bad benutzte, roch es hinterher nach Erbrochenem. Nicht immer, aber manchmal. Bevor Heather das Bad nach Erbrochenem riechen ließ, füllte sie den Abfalleimer in der Küche mit Schokoladen- und Eispapier. Jetzt war der Abfalleimer wieder ausschließlich mit Zigarettenkippen gefüllt, und im Büro hieß es, dass wir Heather an die Blue Angels verloren hätten.

»Himmelherrgott noch mal!«, wetterte Pip. »Es ist doch auch eine Schande, dass eine langbeinige, vollbusige Blondine da unten sitzt und auf Buchungen warten muss! Kein Wunder, dass sie zu den Blue Angels gegangen ist!«

Pip vergaß dabei allerdings, dass Heather weder ein ausgesprochener Intelligenzbolzen noch ein junger Hüpfer war und außerdem Push-up-BHs trug.

»Sie kommt zurück! Hoast me, Meredit?«, schnaubte Arnold

Schwarzenegger alias Boris. »Sie is mit 'nem verdammten Kunden zusammengezogen. Den's *hier* aufgegabelt hat. Ha! Und jetzt reißt sie sich im Blue Angels den Arsch auf, um das Geld für sie beide ranzuschaffen.«

Boris wanderte erregt auf und ab, und ich fragte mich, wer wohl seine Informantin sein mochte.

»Ich hab das alles schon mal erlebt«, fuhr er fort. »Das ist doch erbärmlich! Was is'n des für ein Saukerl, der seine Frau zur Arbeit schickt und sich von ihr aushalten lässt? Häh?«

Boris blieb vor meinem Schreibtisch stehen und erwartete offenbar eine Antwort, also zuckte ich die Achseln. Und dann ging er, bevor ich ihn fragen konnte, wie er Didi kennen gelernt hatte.

Beurteile einen Mann nie nach der Jacke

Wir waren fast in Coogee, und Patrick hatte mir eine Reihe von Fragen nach meinem unspektakulären Privatleben gestellt. Jetzt war ich endlich an der Reihe.

»Und du gehst also häufig zum Matraville-Reservistenbund, Patrick? Oder sammelst du dieses Zeugs?«, fragte ich lachend und schnipste gegen den bestickten Kragenaufschlag seiner Jacke.

»Nein«, gab Patrick lächelnd zurück. »Reservistenvereine sind eigentlich nicht so meine Welt.«

Natürlich nicht! Patrick hing in lauten, gemütlichen Pubs mit Live-Musik herum und spielte Poolbillard mit den weiblichen Gästen.

»Außer mittwochs«, fügte Patrick hinzu. »Mittwochs gehe ich immer zum Matraville-Reservistenbund.«

»Wieso?«, piepste eine schwache Stimme.

»Da ist Darts-Turnier.«

Patrick spielte Darts und war stolz darauf. Ich fand das total deprimierend. Er hätte genauso sagen können, er spiele Bowling. Was war der Unterschied? Das eine war Oberarm, das andere Unterarm, aber beides war nur einen Steinwurf von einem Stammplatz beim Bingo entfernt. Das war die Welt von Spiel- und Sportvereinen. Ich wollte so wenig wie möglich davon wissen. Genauso wenig wie von Tupperpartys. Aber es kam noch schlimmer.

»Wir halten den fünften Platz in der Landesauswahl.«

Ich wünschte, das Gespräch möge enden, bevor Patrick mich zum Country-und-Western-Tanz einlud.

»Besser, er wirft Pfeile an die Wand, als dass er sich Nadeln in den Arm sticht«, erklärte Trudy später.

Trudy, die immer den Advocatus Diaboli spielte, mochte Patrick sehr gern. Sie war auch schon mit mehr als genug Junkies ausgegangen.

»Und besser er raucht Gras als Crack«, rief sie.

Vielleicht sollten Trudys Eltern noch besorgter sein als meine.

»Und besser er hängt in Reservistenvereinen rum als in öffentlichen Toiletten.«

Nachdem Trudy unseren Fahrer mit jedem bisexuellen, halbseidenen, diebischen, drogensüchtigen, von Sozialhilfe lebenden Exfreund verglichen hatte, der schon einmal Geld aus ihrem Portemonnaie geklaut hatte, schlug ich vor, *sie* könne ja zur Abwechslung mal mit Patrick ausgehen.

»Nein«, seufzte Trudy bedauernd und sah aus dem Fenster. »Er ist nicht mein Typ.«

Also beschloss ich, meine gesellschaftlichen Grenzen zu erweitern, meine kleinbürgerlichen Vorurteile über Bord zu werfen, Trudys Rat anzunehmen und es auf einen Versuch ankommen zu lassen. Hatte mein schöner neuer Arbeitsplatz in einem Bordell mit all seinen faszinierenden Bewohnerinnen mich nicht gelehrt, dass man nicht in Schubladen denken durfte? Und hatten sich Verabredungen mit Schauspielerkollegen, die mehr Kosmetik-Produkte benutzten als ich, nicht als absolute Katastrophen erwiesen? Warum sollte ich jetzt aufhören, neue Welten zu erforschen? Ich würde ein Risiko eingehen. Ich würde ein bisschen Initiative zeigen. Der Frühling stand vor der Tür! Ganze Bäume explodierten direkt vor meiner Nase in zartem Grün. Ich war sicher, dass auf dem Weg von der Bushaltestelle zu unserer Bordelltür lauter Spatzen und Schmetterlinge um meinen Kopf tanzten. Falls Patrick mich bat, mit ihm auszugehen, würde ich Ja sagen.

Wochen vergingen. Zellen starben ab. Bryce Courtenay schrieb zwei neue Bücher. Ich legte mir eine neue Haarfarbe zu und wartete immer noch darauf, Ja zu sagen.

Die ganze Welt ist Bühne, und alle Empfangsdamen sind Schauspielerinnen

Maxine hatte mal wieder eine schlechte Nacht. Dieser Job war nicht gut für sie. Sie war überqualifiziert. Shelby hatte ihr aus der Hand gelesen und ihr gesagt, dass sie sich selbstständig machen sollte. Shelby? Las aus der Hand?

»Ich könnte auf der Stelle alles hinschmeißen, Meredith. Ernsthaft!«

Ich nickte.

»Ich bin ein Mensch, der sehr viel zu geben hat. Das weißt du, Meredith.«

Nicken.

»Ich sag immer, ›im Zweifel für den Angeklagten‹. Sogar wenn ich weiß, dass die Leute mich anlügen.«

Ich hatte nicht den leisesten Schimmer, wovon sie sprach, nickte aber, um mir längere Erklärungen zu ersparen.

»Meredith, sieh mich an.«

Ich tat es.

»Mir geht's nicht gut. Ich sollte eigentlich gar nicht hier sein, oder?«

Maxines Vorstellung wechselte allabendlich zwischen der Rolle der unzureichend gewürdigten, erfahrenen Spitzenkraft, die kurz davor steht, ihren Job zu kündigen, und der Rolle des ausgeflippten, zugedröhnten Partygirls. Ich zog Letzteres vor, da es mir authentischer erschien.

»Meredith, Süße, ganz im Vertrauen, nur zwischen dir und mir …«, flüsterte sie mir am Ende solcher Glanzvorstellungen häufig zu, während sie sich zu mir herüberlehnte wie eine Fleisch fressende Pflanze. »Ich bin total von der Rolle! Kurz-vorm-Koka-Koma!«

Oder sie gebärdete sich hinter dem Rücken der anderen Empfangsdamen wie ein torkelndes Krokodil und formte lautlos mit den Lippen: »Ich–hab–überhaupt-nicht–geschlafen!«

Ich tat ihr den Gefallen, Bestürzung und Bewunderung vorzutäuschen, während sie mich angrinste wie ein sattes, koksnasiges Reptil. Nur ein paar Minuten später merkte ich, wie Maxine hinter meinem Rücken dieselbe Vorstellung für die anderen Empfangsdamen gab.

»Du hast mir gar nicht erzählt, dass du Schauspielerin bist, Herzchen«, rief Maxine, als ich mit zwei Tassen Tee für sie und Leonie in der Tür stand.

Das ganze Haus hatte mich inzwischen in einem Werbespot für ein neues Brotprodukt gesehen, in dem ich ganz zufällig eine nervöse Empfangsdame spielte, wenn auch in einer Bäckerei. Ich fühlte mich nicht wohl bei der Art, wie Maxine und Leonie mich jetzt anzüglich angrinsten.

»Ich bin auch Schauspielerin«, krähte Leonie.

»Du wirst es nicht glauben«, fuhr Maxine fort. »Aber alle

meine Freundinnen sagen mir ständig: ›Maxine, du bist die geborene Schauspielerin!‹ Ich meine, natürlich keine professionelle Schauspielerin wie du, Meredith, aber ich kann die Leute unheimlich gut unterhalten. Ich tanze praktisch bei jeder Party auf dem Tisch. Ich schauspielere eigentlich immer. Diese Seite an mir hast du noch nicht kennen gelernt. Aber da bin ich echt ganz verrückt!«

Mit einem halben Eimer Koks in der Nase war sie das bestimmt.

»Ich bin auch Schauspielerin«, krähte Leonie erneut.

»Ich bringe die Leute einfach wahnsinnig gern zum Lachen«, sinnierte Maxine launig, »weißt du?«

In der nächsten Stunde wurde ich von beiden Seiten mit Fragen bombardiert. Wie war ich Schauspielerin geworden? Hatte ich die staatliche Schauspielschule NIDA besucht? Hatte ich schon mit irgendwelchen Berühmtheiten zusammengearbeitet? Hatte ich einen Agenten? Ich fand es eigentlich ganz nett, so viel Aufmerksamkeit zu bekommen, bis Leonie bei der Erwähnung von Robyn Gardiner Management das Gesicht verzog. Nein, schüttelte sie ihren großen Kopf, von der hatte sie noch nie gehört. War die neu?

»Wie soll ich am besten vorgehen?«, fragte Maxine, das unentdeckte Talent, das um meine Aufmerksamkeit konkurrierte.

»Hey, ist es nicht schrecklich, so viel Make up tragen zu müssen?«, kreischte Leonie, als ob wir jetzt etwas gemeinsam hätten.

Ich sah verzweifelt von einer zu anderen und wusste nicht, welches Gespräch ich schlimmer fand. Außerdem hatte ich einfach noch ein bisschen mehr Ruhm erwartet, bevor ich zur Berufsberaterin abstieg. Andererseits konnte ich mir durchaus vorstellen, wie Maxine mit ihren großen Zähnen, ihrem steif toupierten Haar und ihren engen Kinderjeans in irgendeiner

Coffeshop-Szene spielte und einem anderen magersüchtigen Geschöpf zunölte: »Warum sagst du ihm nicht einfach, dass du ihn liebst, Charmaine?« Leonie dagegen wollte wahrscheinlich nur von Schauspielern umringt sein, so wie sie von Prostituierten umringt sein wollte. Leonie war eine Statistin, auf dem Set oder anderswo.

Gegen Mitternacht gab ich den beiden wider Willen den Ratschlag, wenigstens einige Kurse am Schauspiel-Zentrum in Surry Hills zu besuchen, bevor sie im nächsten Sommer an der NIDA vorsprachen.

»Weißt du, Meredith«, seufzte Maxine, »ich wollte das schon letztes Jahr machen. Wenn ich mich ein bisschen rangehalten hätte, wäre ich mit der NIDA jetzt schon halb durch.«

Es war das schwierigste Nicken, das ich je zu Stande gebracht hatte.

»Stimmt es, dass man sich da nackt ausziehen muss?«, fragte Leonie.

Ich schaffte es allmählich, mich dem Gespräch zu entziehen, indem ich mich in Schreibarbeiten vergrub, aber das hielt die beiden nicht davon ab, sich in wilden Spekulationen über ihre jeweiligen Schauspielkarrieren zu ergehen.

»Ans Theater geh ich auf keinen Fall, ej«, bekannte Leonie, »das ist mir einfach zu angeberisch, weißt du?«

Maxine dachte ähnlich. »Theater? Igitt, nee! Fernsehen oder Film. Aber nich Theater.«

»Theater ist Scheiße«, verkündete Leonie. »Freunde von mir haben jede Menge Theater gespielt und nicht mal Kohle dafür gekriegt, ej.«

Ich spitzte so verbissen Bleistifte an, bis sie nur noch Stummel waren, während ich zuhörte, wie zwei Bordelltelefonistinnen die letzten fünfzehn Jahre meines Lebens in die Tonne traten.

»Obwohl *Buddy* mir gefallen hat«, seufzte Maxine.

»Tja, wenn das so ist«, protestierte ich schließlich, »dann solltet ihr beide das mit der NIDA lieber wieder vergessen. Bei der NIDA dreht sich nämlich alles um Theater, Theater und noch mal Theater. Shakespeare, Shaw, Brecht und Tschechow. Unterrichtet von erfahrenen Theaterschauspielern. Geoffrey Rush zum Beispiel. Er spielt auch ein bisschen Theater, Leonie, aber im Gegensatz zu deinen Freunden kriegt er sogar Kohle dafür.«

Maxine und Leonie sahen mich an wie zwei ungezogene Schulmädchen, die nicht genau wissen, was sie falsch gemacht haben.

Die Türglocke läutete, und ich war zum Glück eine ganze Weile mit einem Schwung halsloser Männer beschäftigt, die »einfach mal gucken« wollten.

Als ich eine Stunde später an meinen Schreibtisch zurückkehrte, hatten sich die beiden Verbündeten in Sachen Show-Business offenbar voneinander entfremdet.

»Was weiß ich, Leonie?! Mach, was du willst«, giftete Maxine und rollte mit ihren großen Augen. Pantomimisches Talent hatte sie jedenfalls, das musste der Neid ihr lassen.

Nach einem kurzen angespannten Schweigen wandte sich eine eingeschüchterte Leonie an mich. »Ähm, Meredith? Würdest du eine Frau zu einem Typ schicken, der irgendwie bei einem Freund wohnt? Aber den Namen seines Freundes nicht kennt? Und nur ein Handy hat?«

Ich schaute meine gefährlich hirnrissige Kollegin an und wollte fast sagen: »Tja, kommt drauf an, Leonie. Klang er nett?« Aber Leonie hätte die Frage einer zu ernsthaften Betrachtung unterzogen.

»Nein«, sagte ich stattdessen und ärgerte mich, dass Maxine so leichtfertig die Sicherheit einer Frau aufs Spiel setzte.

Ich fragte Leonie, ob sie je bei jemandem gewohnt hätte, dessen Namen sie nicht kannte.

Es war eine dumme Frage.

Sonntagnacht schlossen wir um vier, was bedeutete, dass wir normalerweise um fünf aufbrachen. Doch in dieser Nacht war Maxine entschlossen, um Punkt vier loszukommen. Um halb vier platzierte sie den dicken blauen Umschlag mit den Einnahmen, die sich in dieser Nacht auf fast zweitausend Dollar beliefen, auf Boris' Schreibtisch und verkündete, dass wir jetzt gehen könnten. Doch einige Frauen mussten noch bezahlt werden, weshalb noch jede Menge Papierkram zu erledigen war, und außerdem war da noch Patricks Fahrgeld, das immer zwanzig anstrengende Minuten in Anspruch nahm. Ich erinnerte Maxine daran, dass Patrick immer noch draußen in Duffy's Creek in seinem Auto saß, eine Stunde Fahrzeit von uns entfernt, und auf Yoko, eine neue Mitarbeiterin wartete, die noch mindestens zehn Minuten bei ihrem Kunden sein würde.

»Mist!« Maxine stützte den Kopf in die Hände. Eine Minute später reckte sie ihn wieder hoch. »Dann lass uns abhauen, bevor er zurückkommt. Ich sag, wir haben's vergessen.«

»Wir können nicht los, bevor er wieder da ist«, protestierte ich. »Erstens müssen wir ihn bezahlen, und zweitens fährt er Leonie und mich nach Hause.«

Das war Maxine egal. Sie hatte ihr eigenes Auto, das genauso groß war wie sie klein. Einen erschreckenden Moment lang dachte man immer, es würde nur von einem Paar weißer Fingerknöchel gesteuert. Der Ort, an den es Maxine heute Nacht so dringend zog, hatte vermutlich damit zu tun, dass es Drogen zu konsumieren, Leute zu unterhalten und Tische zu betanzen gab. Und so warteten wir schweigend darauf, dass Patrick zurückkam, was er in der Hälfte der erwarteten Zeit tat.

Der Anblick von Patrick im Türrahmen, auf einem Bein balancierend und mit seinem üblichen schiefen Lächeln, machte mich glücklich. Wir grinsten beide wie die Honigkuchenpferde, über absolut nichts, und mir wurde klar, dass einer von uns den Raum verlassen musste. Unter dem Vorwand, unsere neue Mitarbeiterin begrüßen zu wollen, ging ich an ihm vorbei durch die Tür.

»Ist sie nett?«, fragte ich, als ich so dicht neben ihm stand, dass ich seinen Duft einatmen konnte.

»Yoko?«, lachte er und atmete meinen Duft ein. »Ja, sie ist reizend!«

Aus unerfindlichen Gründen wollte ich mich totlachen.

»Aber ich wollte dir noch sagen«, fügte er in sachlicherem Ton hinzu, »dass Antoinette auch unten ist.«

Nach einem weiteren Streit mit ihrer Mutter war Antoinette schließlich aus deren Wohnung geflogen. Sie saß jetzt unten auf ihren gepackten Koffern und wartete darauf, dass ich ihre Einnahmen kassierte und ihr ein Taxi rief. Ich war erleichtert. Die allnächtlichen Witze über Antoinette in ihrem Altersheim waren unwiderstehlich, aber grausam.

»Wo wird sie wohnen?«

»Bei Boris«, gab Patrick mit mühsam beherrschter Heiterkeit zurück. »In dem Haus in Redfern.«

Boris' und Didis dreistöckige Vermögensanlage in Redfern beherbergte eine bunte Schar heimatloser Sexarbeiterinnen, darunter unser junges Lesbenpaar Rochelle und Shawna, ebenso wie die exotische Delilah, und jetzt, nachdem sie zu uns zurückgekehrt war, die bulimische Heather. Der Gedanke, dass Antoinette zwischen ihnen herumschlurfte, lag hart an der Grenze des Absurden.

Eine hübsche, pummelige Malaysierin mit langen schwarzen Haaren saß kerzengerade am Küchentisch. Yoko trug ein glänzendes grünes Kleid mit tiefem Ausschnitt und lächelte unschuldsvoll vor sich hin. Heiter übergab sie mir zwei Kreditkartenquittungen fürs Büro und versicherte mir, dass sie eine »willich wundelbale Nacht« gehabt habe.

»Könntest du mir bitte ein Taxi rufen?«, fragte eine gefährlich bebende Stimme durch die Rauchwolke an der Hintertür.

Dort saß Antoinette zusammengekauert zwischen ihren Koffern, in ihrem zerknitterten schwarzen Kostüm, das mehr denn je wie die Uniform einer Platzanweiserin aussah. Als Yoko hörte, dass Antoinette nach Redfern wollte, bot sie liebenswürdig an, sie mitzunehmen, weil es auf ihrem Weg lag.

»Phil war also nicht zu betrunken?«, fragte ich Yoko von der Tür.

»Oh doch«, nickte Yoko fröhlich. »Mr. Phil sehl, sehl betlunken!«

»Könntest du jetzt *bitte* Yokos Geld holen«, drängte Antoinette mit angespannter Stimme, »damit wir hier verdammt noch mal verschwinden können.«

Innerhalb von Minuten kehrte ich mit dem Bargeld für die dankbare Yoko zurück. Doch als sich Yokos glatte Stirn angesichts des Betrages zweifelnd kräuselte, fing Antoinette an, laut stöhnend das Gesicht zu verziehen und höchst dramatisch mit den Augen zu rollen. Während Yoko verblüfft und besorgt dieses beunruhigende Schauspiel verfolgte und vermutlich schon bedauerte, dass sie angeboten hatte, Antoinette mitzunehmen, machte ich mich erneut auf den Weg nach oben.

Ich unterbrach Maxine und Patrick, die sich über zwanzig Dollar stritten, und bat um Hilfe bei Yokos Bezahlung. Maxine berechnete noch einmal Yokos Anteil, kam aber zu haargenau dem gleichen Ergebnis wie ich. Patrick schaute uns hilflos zu, während Leonie kichernd in der Ecke saß und ihre Nägel mit gelbem Highlighter lackierte. Plötzlich dröhnte Godzilla von unten durchs Telefon: Wenn es uns nicht möglich sei, Yokos Bezahlung *jetzt* zu regeln, möge man ihr endlich ein Taxi rufen. Ich konnte den Gedanken nicht ertragen, dass die sanfte Yoko in ihrer ersten Nacht diesem Wahnsinn ausgesetzt war.

»Leonie«, befahl ich dem Bürotrottel, »geh nach unten, und hol Yoko her.«

Als Yoko oben ankam, steckten wir alle vier die Köpfe zusammen und gingen immer wieder Kreditkartenzuschläge, Agenturabzüge und Patricks Fahrgeld durch. Wir bewahrten dabei alle eine heitere Miene, weil Yoko ein Schatz war und weil jeder von uns einen bestimmten Teil ihrer Abrechnung verstand, aber nicht alles. Unsere Geistesverwandtschaft wurde durch Leonie unterbrochen, die uns vom Telefon in der Küche anpiepste.

»Ähm, könnten wir vielleicht ein Taxi für Antoinette rufen?«

Im Hintergrund konnte man Antoinette toben hören.

»Vielleicht *jetzt*«, zitterte Leonies Stimme.

Im Chor brüllten wir Leonie an, es selbst zu machen. Hielt dieses dumme Mondkalb nicht gerade ein Telefon in der Hand?

Zehn Minuten später zählten wir erschöpft und nicht mehr ganz so heiter zum dritten Mal Yokos Geld, als Leonie uns erneut anpiepte.

»Meredith, wusstest du, dass eine Schachtel mit *internen* Papiertüchern auf dem Küchentisch steht?«

Ungläubig starrten wir alle vier auf das Telefon.

»Ja und?«, schrie ich entnervt.

»Also, es ist nur, weil Boris doch immer einen Koller kriegt, wenn irgendwelche Papiertücher aus den Schlafzimmern genommen werden –«

»LECK MICH, LEONIE!«

Schweigen.

»Ach, übrigens«, setzte Patrick schüchtern an, »Antoinette schuldet mir noch zehn Dollar.«

Es war Aufgabe der Empfangsdame, das Fahrgeld für Patrick bei den Frauen einzusammeln.

»Wieso hast du es dir nicht vorhin von ihr geholt«, fragte ich flehentlich, »als sie noch normal war?«

Wir mussten lachen, vor allem Yoko, die diese kleine Aufheiterung mehr brauchte als alle anderen.

Ich hatte so ein schlechtes Gewissen, weil ich Leonie angeschrien hatte, dass ich nach unten ging, um ihr beim Umgang mit der tobenden Antoinette zu helfen. Die Tatsache, dass sie überhaupt unten geblieben war, bewies Leonies seltsamen Hang zu Kriegsschauplätzen. Sie erbot sich häufig freiwillig, mit Antoinette oder Urszula zu reden – mit den einzigen beiden Frauen, die nie einen Hehl daraus machten, dass sie Leonies einfältige Art absolut unerträglich fanden.

»Wieso ist Urszula so wütend? Was hast du zu ihr gesagt?«, fragte ich Leonie an ihrem allerersten Abend.

»Ich hab ihr nur gesagt, dass sie einen BH tragen sollte«, gab Leonie arglos zurück.

»Und was hast du zu Antoinette gesagt?«, fragte ich kaum eine Stunde später.

»Sie trägt zu viel Make-up! Sie sieht aus wie Winnetou.«

Als ich mich der Küche näherte, hörte ich, wie Leonie gerade jammernd zu Winnetou sagte: »Tut mir Leid, Antoinette, aber ich weiß es wirklich nicht.«

»WAS SOLL DAS HEISSEN – DU WEISST ES NICHT?«, verlangte die Furcht erregende Stimme zu wissen.

»Tut mir Leid«, jaulte Leonie hilflos. »Vielleicht weiß es Meredith.«

»WIE KANN ICH EIN TAXI RUFEN, WENN ICH GAR NICHT WEISS, WO ES HINSOLL?!«, brüllte die verrückte Harpyie.

»Ich weiß, dass es in Redfern ist.«

»WO ZUM TEUFEL WOHNE ICH?«

Patrick konnte seine zehn Dollar selbst holen. Das war mir zu verrückt.

Nachdem Yoko jetzt verstanden hatte, wie sich ihr Anteil berechnete, verabschiedete sie sich von uns, und Patrick erbot sich, Antoinette nach Hause zu fahren. Er wusste, wo sie wohnte, auch wenn sie es selbst nicht wusste.

»Also dann«, bellte Maxine, sobald er aus der Tür war. »Lasst uns gehen.«

Zum zweiten Mal war Maxine fest entschlossen, uns um unsere Mitfahrgelegenheit zu bringen und Patrick in ein leeres Haus zurückkehren zu lassen. Wieso hatte sie es so eilig? Anstatt mit ihr zu streiten, flüchtete ich nach unten, um aufzuräumen. Auf der Mitte der Treppe begegnete ich Leonie, die gerade nach oben strebte. Ich entschuldigte mich, weil ich sie wegen der Papiertücher angebrüllt hatte und erklärte, dass wir eine Krise gehabt hätten.

»Hey, was ist mit meiner Krise?«, lachte sie. »Antoinette hat mich fast umgebracht, weil ich nicht weiß, wo sie wohnt.«

Als die Haustür zuschlug, schien das ganze Haus erleichtert aufzuatmen. Maxine hatte schließlich ihr Portemonnaie und ihre Koksnase eingepackt und war gegangen. Ich sprang die Stufen hoch und entdeckte Leonie dabei, wie sie meinen Schreibtisch einsprühte und liebevoll meine Stifte ordnete, und wünschte, ich hätte mich nie bei ihr entschuldigt. Patrick rief an und sang, er würde in einer Minute da sein. Leonie und ich rannten kichernd die Treppe hinunter wie zwei Mädchen am letzten Schultag. Wir überprüften, ob die Hintertür abgesperrt war, schlossen dann die Haustür ab und warfen den Schlüssel wie üblich durch den Briefschlitz.

Der silberne Mercedes empfing uns wie ein warmer, gepolsterter Schoß. Das Radio spielte, und wir sangen alle drei lauthals mit, bis wir bei Leonies seltsamer, mit Graffiti bedeckter

Wohnung ankamen. Sobald sie ausgestiegen war, fielen Patrick und ich wie gewohnt in unser vertrautes, verlegenes Schweigen, bis wir bei meiner Wohnung in Coogee ankamen. Trudy hatte Recht. Wir waren beide Feiglinge. Erst als ich ausgestiegen war, fiel mir etwas Witziges ein.

»Deine zehn Dollar von Antoinette hab ich immer noch nicht eingesammelt«, rief ich von der Haustür.

Patrick kurbelte eifrig seine Scheibe herunter.

»Ach ja«, gurgelte er fröhlich. »Aber ich weiß, wo sie wohnt!«

Ich lachte, bis ich im Bett lag und von unseren gemeinsamen Kindern träumte, die alle Zimmerleute werden würden und wenn möglich überhaupt nicht mit Prostituierten durch die Gegend fahren, sondern nur fröhlich singend irgendwelche Sachen im Haus reparieren würden.

Als ich am nächsten Nachmittag aufstand, warteten ungefähr zehn Nachrichten von Sofia auf mich. Mein Mitbewohner Pete sah besorgt aus und als ich Sofias dringende Mitteilungen auf dem Anrufbeantworter abhörte, in denen sie mich mehrmals bat, sie zu Hause anzurufen, war ich auch besorgt. Was hatte ich getan? Fehlte eine der Frauen? Hatten wir den Heizstrahler angelassen? Ging es um die Papiertaschentücher?

»Ja, Meredith«, antwortete Sofia mit Grabesstimme. »Wir haben ein großes Problem.«

»Ach du meine Güte, was hab ich jetzt wieder gemacht?«

Schweigen.

»Zweitausend Dollar, meine Liebe. Die Einnahmen von gestern Nacht. Wo sind sie?«

Sofia ließ mich kurz nach Luft schnappen, bevor sie atemlos fortfuhr.

»Tut mir Leid, meine Liebe, aber eine von euch muss es gewesen sein. Eine der drei Empfangsdamen.«

Wieso?

»Weil das Geld weg war, als Boris heute Morgen um sechs ins Büro kam. Deshalb möchte ich jetzt von dir wissen, ob eine von euch allein im Büro war und wie lange.«

Ich fühlte mich wie der Winslow-Junge.

»Maxine hat uns schon den ganzen Tag geholfen«, fuhr Sofia fort. »Wir haben sie heute Morgen um zehn angerufen, sie hat also überhaupt nicht geschlafen, und du kannst dir vorstellen, in was für einer Verfassung sie ist.«

Der Gedanke an Maxine in einem ihrer authentischen Zustände war eigentlich ganz erfrischend.

»Hast du Leonie angerufen?«, fragte ich.

Schweigen.

»Meredith, weißt du, was diese Vollidiotin zu mir gesagt hat? ›Einen Moment, Sofia, ich guck mal kurz in meiner Tasche.‹« Es tat gut, Sofia lachen zu hören. »Kannst du dir das vorstellen?«

Das konnte ich leider nur allzu gut. Sofia wurde wieder ernst und fragte, ob mir gestern Nacht irgendetwas Ungewöhnliches aufgefallen sei. Mir fiel nichts ein, außer dass Maxine unbedingt früher loswollte, obwohl wir Patrick noch nicht bezahlt hatten.

»War irgendeine von den Frauen oben?«

Nachdem Sofia mich zur Schnecke gemacht hatte, weil ich Yoko ins Büro gelassen hatte, eröffnete sie mir die schlechte Nachricht.

»Tut mir Leid, meine Liebe«, seufzte sie, »aber Didi sagt, ihr drei hattet gestern Schicht, also seid ihr drei auch für das fehlende Geld verantwortlich.«

Ich fühlte eine Welle seltsam euphorischer Rechtschaffenheit und Ruhe in mir aufsteigen und forderte Sofia stillschweigend zum Weiterreden auf.

»Wenn das Geld also nicht umgehend wieder auftaucht, meine Liebe, wird euch allen der Lohn gekürzt.«

»Sofia«, sprudelte ich wie ein klarer Quell der Gelassenheit, »ich habe nichts damit zu tun, dass irgendwo irgendwelches Geld fehlt. Und deshalb möchte ich dir, Boris und Didi unmissverständlich klar machen, dass ich unsere Zusammenarbeit als beendet ansehe, wenn auch nur ein Cent von meinem Lohn einbehalten wird.«

Ich hatte mein Geld für diese Woche bereits erhalten. Von daher war dies ein sehr positives Gespräch.

»Okay, meine Liebe.« Sofia klang ungewöhnlich respektvoll.

»Ach übrigens«, fügte sie abschließend hinzu, »weißt du eigentlich, dass du letzte Woche eine von Boris geheimen Buchungen auf deinem Auftragsformular gelassen hast?«

Mein sprudelnder Quell spuckte nur noch Tropfen.

»Ja, meine Liebe«, wieherte Sofia. »Didi hat's natürlich entdeckt, und hier war der Teufel los. Seit einer Woche macht sie Boris die Hölle heiß. Er will dir den Hals umdrehen.«

»Oh.«

Eine Stunde später rief Sofia erneut an, um kurz einige Details abzuklären und mir zu sagen, dass Boris heute Abend um sieben mit mir und den beiden anderen Empfangsdamen sprechen wolle.

»Und Boris lässt dir ausrichten, Meredith, er weiß natürlich, dass du das Geld nicht genommen hast, und er wird dir auch nichts vom Lohn abziehen, okay?«

Ich kam kurz vor sieben und saß ein paar Minuten mit Boris

und Sofia an Boris' Schreibtisch. Pip und Raelene hatten Schicht und taten beide recht überzeugend so, als würden sie sich nicht wie die Schneekönige darüber freuen, dass der Skandal direkt vor ihrer Nase verhandelt werden sollte. Als Boris mir ein Pfefferminz anbot, nahm ich es dankend an.

Boris hatte einen milden Ausdruck im Gesicht und strahlte mit seinen klaren Augen etwas von einer echten Alpenschönheit aus. Angesichts des begangenen Verbrechens hatte er wohl vergessen, mich umzubringen. Ich weiß nicht, ob er ein echtes Kommunikationsbedürfnis hatte oder ob er beschlossen hatte, in dieser Sache als nachsichtiger und nicht als Furcht erregender Chef aufzutreten. Was immer der Grund sein mochte, er lächelte mich jedenfalls zum allerersten Mal an. Während wir auf die anderen beiden warteten, kostete ich die Spannung aus. Welche der Frauen hatte das Geld gestohlen? Beide verjubelten ihren Lohn für teure Drogen. Vielleicht hatte Boris das Geld auch selbst genommen, um seiner Spielsucht zu frönen, und die Schuld auf seine Mitarbeiterinnen geschoben? Und glaubte irgendjemand, dass ich es gewesen war, und wenn ja, wer?

Um fünf nach sieben stürzte Maxine theatralisch ins Zimmer. Da keine Stühle mehr frei waren, kniete sie sich zu unseren Füßen nieder und schob mir ihr Gesicht entgegen.

War das nicht schrecklich? Sie hatte überhaupt nicht geschlafen! So etwas war ihr noch nie passiert.

»In all den Jahren, die ich jetzt schon im Geschäft bin, Meredith, habe ich Abertausende von Dollars in den Händen gehalten« – zum Beweis streckte sie mir ihre Hände entgegen – »aber so was ist noch nie passiert! Das ist mir so peinlich, Boris!«

Boris nickte liebenswürdig.

»Und ich kann einfach nicht glauben, dass ich meinen Job verlieren soll, bloß weil eine saudumme –« an diesem Punkt brach sie weinend zusammen.

Was für eine Vorstellung! Obwohl sie mir vorgespielt wurde, galt sie ganz offenkundig Boris. Ich überließ Maxine die Bühne und genoss mein Pfefferminz.

Leonie kam wie gewöhnlich zu spät. Sogar in dieser Situation. Also fingen Boris und Sofia ohne sie an. Aber bevor ich eine ihrer Fragen beantworten konnte, wurde ich von Maxine unterbrochen, die mich mit tränenüberströmtem Gesicht flehentlich um Unterstützung bat, als läge ihr Leben in meiner Hand. Ich konnte mich wirklich nicht daran erinnern, ob Maxine das Geld gezählt oder wann sie es auf Boris' Schreibtisch gelegt hatte, aber ihre langen Krallen gruben sich immer tiefer in meine Knie, während sie schrie: »Oh, bitte, Meredith, sag, dass du dich erinnerst! Du hast es doch gesehen!«

Boris und Sofia machten »schscht« und versuchten, das immer schrillere Kreischen zu dämpfen.

Als Leonie schließlich kam, kniete sie sich ebenfalls auf den Boden und schaute zu uns hoch.

»Hey, ich weiß, es sieht so aus, als ob ich es gewesen wäre«, lächelte sie, »aber ich hab das Geld nicht genommen. Echt nicht. Ich weiß, ihr denkt alle, ich war's. Aber ich war's nicht.«

Leonie sah heute Abend gut aus, wie ein Rotbäckchen-Kid mit glatter Haut und leuchtenden Augen. Aber Boris und Sofia nahmen sie gehörig in die Mangel, stellten ihr eine Million Fragen und enthüllten eine Million Diskrepanzen. Leonie konnte sich kaum daran erinnern, was sie zum Frühstück gegessen hatte, und es schien ungerecht, so viel Schuld in ihre übliche Einfältigkeit hineinzudeuten. Und dann kamen wir zu Beweisstück A, einem Blatt Papier mit meiner Handschrift.

Seit jener schrecklichen Nacht, in der Boris mich wegen meiner Inkompetenz und wegen meines Schuhwerks vor den ganzen Frauen in der Küche bloßgestellt hatte, trug ich jede Bargeldtransaktion zwischen mir und den Frauen gewissenhaft auf einer Liste ein und lief in Socken herum. Am Ende meiner Schicht deponierte ich mein Papier auf Boris' Schreibtisch, damit er es nach seinem Kasinobesuch überprüfen konnte. Doch heute Morgen hatte Boris die Liste nicht wie üblich auf seinem Schreibtisch gefunden, sondern auf Maxines. Wer hatte sie dort hingelegt? Und warum? Ich nicht. Maxine nicht. Leonie nicht.

»Echt nicht.«

Boris, der voll in seiner Ermittlerrolle als Indizien sammelnder Sherlock Holmes aufging, hob das Beweisstück vorsichtig mit einem Papiertaschentuch an und bat Sofia, es genau dort hinzulegen, wo er es gefunden hatte. Wer auch immer an seinem Schreibtisch gestanden und das Geld gestohlen hatte, schlussfolgerte Boris, war dabei gestört worden und hatte schnell eine legitime Aktivität vorgetäuscht, indem er einige Papiere von seinem Schreibtisch genommen und sie auf Maxines gelegt hatte. Das warf ein schlechtes Licht auf Maxine, die sich plötzlich an Leonie wandte.

»Leonie, Schätzchen, ich sage nicht, dass du das Geld genommen hast, okay?«, jammerte sie. »Okay, Leonie? Aber, Schätzchen, denk doch bitte noch mal ganz genau nach. Uns zuliebe. Hast du den Zettel angefasst?«

Jetzt geriet Leonie aus der Fassung. »Nein! Nein! Nein!«, schrie sie.

»Die einzigen Personen, die das Papier berührt haben«, fuhr Boris fort, »sind ich selbst und Meredit, also werden wir die Polizei bitten, es auf Fingerabdrücke zu untersuchen.«

Meinte er das im Ernst?

»Das meine ich im Ernst. Ich tue das nicht gern, aber wenn das Geld nicht zurückgegeben wird …«

Ich hatte keine Probleme damit und Maxine auch nicht. Leonie sah etwas verwirrt und beunruhigt aus, aber das war schließlich immer so. Maxine erhob sich und wechselte einen

Blick mit Pip, die heimlich auf Leonie deutete und lautlos mit den Lippen formte: Boris–weiß–dass–sie–es–war.

Sofia suchte gerade nach einer Klarsichthülle für das Beweisstück, als Maxine einen Schrei ausstieß.

»Oh nein!«

Maxine hatte sich beim Aufstehen versehentlich mit der Hand auf das Beweisstück gestützt, das immer noch auf dem Schreibtisch lag.

»Oh Sofia, tut mir Leid! Ich hab meine Hand draufgelegt. Wie dumm von mir! Ich hab's nicht gesehen!«

»Macht nix«, sagte Sofia knapp. »Is' ja nur deine Handfläche, Schätzchen.«

In diesem Moment war ich mir sicher, dass Maxine die Täterin war.

»Ich glaube, Maxine war's«, verkündete Trudy mir einige Tage später am Telefon.

Maxine war anscheinend während der folgenden Schichten ein paar Mal heftig aus der Rolle gefallen. Obwohl keiner etwas zu ihr gesagt hatte, fühlte Maxine sich schikaniert, angeklagt und verfolgt und wollte sich das nicht länger gefallen lassen. Sie kam in Tränen aufgelöst zur Arbeit, hatte nicht geschlafen, hatte Gewicht verloren, falls das möglich war, und immer noch hatte keiner ein provozierendes Wort zu ihr gesagt. Schließlich verkündete Maxine, ihr sei das alles zu viel. Sie habe genug. Sie würde gehen.

Als Didi Maxine mitteilte, dass man eine Kündigung als Schuldeingeständnis deuten würde, hatte sie sich zusammengerissen und war geblieben. Aber der Schaden war angerichtet. Ihr theatralisches Getue hatte Leonie von jedem Verdacht reingewaschen, und jetzt verdächtigte sogar Pip den ägyptischen Schlumpf.

Sobald ich am Freitagabend eingetroffen war, wurde ich von

Sofia in eines der Schlafzimmer gezogen. Sie nötigte mich auf das Bett mit dem Leopardenfell, um ein »ernstes Wörtchen mit mir zu reden«. Auch wenn wir inmitten von Vibratoren und Gleitmitteln saßen, wusste ich, dass man mit Sofia erst scherzen durfte, wenn sie einen Scotch gehabt hatte. Dann konnte sie allem Möglichen eine komische Seite abgewinnen.

»Keiner hat auch nur einen Moment lang geglaubt, dass du das Geld angerührt hast, Meredith. Deshalb wird dir auch nichts vom Lohn abgezogen. Aber wenn die anderen beiden dich fragen, musst du sagen, dass wir dir den Lohn auch gekürzt haben. Das soll ich dir von Didi ausrichten. Alles klar?«

Klar wie Kloßbrühe.

Es stimmte mich traurig, dass beide Frauen einer Lohnkürzung zugestimmt hatten. Das bedeutete, dass die eine ihre Schuld eingestand und die andere einfach dumm war. Ich musste nicht lange überlegen, wie die Rollen verteilt waren.

Als Maxine spürte, dass Leonie nicht mehr unter Verdacht stand, zeigte sie, wie zu erwarten, mit dem Finger auf mich.

»Und weißt du, warum dich keiner verdächtigt?«, zirpte Pip.

»Weil ich es nicht getan habe?«, fragte ich schwach.

»Weil du bei *Play School* mitgemacht hast!«, kreischte Pip und drückte mich fest an sich.

In den folgenden beiden Wochen kursierten seltsame Gerüchte. Auch wenn Boris die Fingerabdrücke nicht mehr erwähnte, machte er sich doch die Mühe, bei Sam, Maxines früherem Arbeitgeber bei den Blue Angels, anzurufen. Als Erstes fragte Boris den Ex-Cop, ob irgendwelche Probleme aufgetreten wären, als Maxine bei den Blue Angels gearbeitet hatte. Na ja, irgendwie schon, erklärte Sam, immerhin hatte das Überwachungsvideo gezeigt, dass sie ihrem Freund, der inzwischen im Gefängnis saß, wiederholt Geld durchs Fenster nach draußen gereicht hatte. War das vielleicht die Art von Problemen, die Boris meinte?

»Aber das könnte auch erstunken und erlogen sein«, verkündete Boris, als er um zwei Uhr morgens kopfschüttelnd an unserer Tür stand. »In diesem Gewerbe lügen die Leute wie gedruckt. Ich feure Maxine, Sam nimmt sie wieder auf und spioniert aus, wie unser Laden hier läuft. Glaub nicht alles, was du hörst, Meredit.«

Er tippte sich an die Nase, zwinkerte mir zu und ging.

Wenn Boris in dieser Stimmung war, hatte ich ihn richtig gern – unseren bayrischen Humphrey Bogart in seinem nach Rosen duftenden Anzug.

Ich hatte das deutliche Gefühl, dass Maxine mir aus dem Weg ging. Drei Sonntagnächte hintereinander war sie angeblich zu krank, um zur Arbeit zu kommen und die Schicht mit mir zu teilen. Doch eines Tages rief sie mich aus heiterem Himmel zu Hause an. Mir wurde übel, als ich die säuselnde Stimme auf meinem Anrufbeantworter hörte. Leute, die nur ihre Handy-Nummer angeben, waren mir schon immer suspekt. Bevor ich sie zurückrief, fragte ich bei Sofia an, welche Geschichte ich zurzeit erzählen sollte.

»Sag ihr, wir kürzen dir den Lohn, Schätzchen. Das hat Didi gesagt. Versuch, so viele Informationen aus ihr rauszukriegen wie möglich. Ruf mich dann gleich wieder an.«

»Ja, Maxine, meinen Lohn haben sie auch gekürzt.«

»Tatsächlich? Didi sagt nämlich, das hätten sie nicht gemacht.«

Toll.

»Meredith, sie haben mir und Leonie schon je 800 Dollar abgeknöpft. Wenn sie bei dir auch noch 800 abkassieren, dann heißt das, dass sie Gewinn machen, Schätzchen.«

Da war was dran. Jetzt musste ich nicht nur Empörung heucheln, weil unser aller Lohn gekürzt wurde, sondern auch noch über das schockierende moralische Defizit unserer Arbeitgeber mit einer hinterhältigen, verlogenen Kokainsüchtigen diskutieren, die keine 24 Stunden zuvor mit ihrem diebischen Finger auf mich gezeigt hatte. Obwohl ich bei *Play School* mitgemacht hatte!

Ich rief Sofia an, Sofia rief Didi an, Didi rief mich an.

»Merediss«, gurrte Didi zuckersüß. »Ich habe Maxine und Leonie gesagt, dass sie mehr Verantwortung für das Geld hatten als du, weil du in jener Nacht unten Dienst hattest, und dass ich dir deshalb nichts vom Lohn abziehe, alles klar?«

Als ich zu meiner nächsten Schicht erschien, beschloss ich, mich ab jetzt nicht mehr um Vorstrafenregister, Hexenjagden oder einbehaltene Löhne zu kümmern. Ich würde ab jetzt für niemanden mehr lügen. Ich würde nicht mal mehr zurückrufen. Die schmutzigen Handtücher auf dem Boden der Waschküche waren sauberer als die Machenschaften dieses Büros und trotz der ganzen Schilder, die uns verboten, mit den Sexarbeiterinnen zu fraternisieren, wollte ich einfach nur mit meinen Lieblingsprostituierten herumhängen.

Manche Frauen sind schwer zu kriegen

Ich weiß nicht mehr, worüber wir lachten, als Patrick bei Sonnenaufgang in meine Straße einbog. Was immer es war, wir hatten beide das Bedürfnis, auf irgendetwas zu schlagen. Patrick wählte das Lenkrad, und ich wählte Patrick. Ich hatte ihn in letzter Zeit oft geschlagen. Ich weiß nicht, ob es ihm aufgefallen war, aber es schien ihn jedenfalls nicht zu stören.

»Würdest du mal auf einen Drink mit mir ausgehen?«, fragte er plötzlich.

»Ja!«, antwortete ich wie aus der Pistole geschossen und praktisch brüllend.

Und dann saßen wir schweigend nebeneinander. Kein Auto hatte je so lange gebraucht, um an drei Häusern vorbeizukommen und in eine Einfahrt einzubiegen, und keine Frau hatte je so verzweifelt geklungen.

»Vielleicht nächste Woche?«, schlug er vor, als ich mich um einen würdevollen Abgang bemühte.

»Klar«, sagte ich, noch nicht ganz klar im Kopf.

Am folgenden Donnerstagabend um acht würde Patrick mich abholen.

Ein romantisches Essen, ein Spaziergang im Mondlicht und eine Table-Tänzerin aus Belfast

Sonntagnacht bei der Arbeit erklärte Patrick mir, er könne mich am Donnerstag jetzt doch nicht abholen, weil er das Auto nicht zur Verfügung hätte.

»Ist es nicht dein Auto?«, fragte ich.

»Nein, es gehört Limpy.«

Ich hatte kein Recht, enttäuscht zu sein, weil Patrick kein Auto besaß oder weil er mit einem Typ namens Limpy zusammenwohnte. Schließlich hatte ich es mit achtunddreißig noch nicht mal zu einem Führerschein gebracht. Doch als Patrick mir außerdem eröffnete, wir müssten unser Date möglicherweise verschieben, bis er »mehr Kohle« hätte, war ich deprimiert. Ich musste nicht unbedingt mit einem Architekten oder Gynäkologen ausgehen, aber ich wollte schon jemanden, der sich eine halbe Flasche Wein und einen Teller Nudeln leisten konnte. Und meine Freundinnen wollten das auch alle.

»Immerhin«, maulte Libby, meine enttäuschte Mitbewohnerin, »hat er doch auch Geld für seinen Stoff.«

Libby hatte Recht. Ich hatte schon mal die zweite Geige hinter einer Graspfeife gespielt. Immer wenn mein Ex einen Joint durchzog, fühlte ich mich irgendwie unzulänglich, als ob meine Gesellschaft nicht interessant, witzig oder anregend genug wäre. Während er seinen Tabak mit klein gehacktem Grünzeug versetzte, plapperte ich ununterbrochen, in dem verzweifelten Versuch, ihn in irgendein Gespräch zu verwickeln, bevor er mir entglitt und der Kontakt vollständig abbrach. Ich kletterte auf ihm herum, gab jede Würde auf, aber er sah mich nur mit leerem Blick an, als ob er gerade auf einem Fensterplatz im Greyhound die weiten Ebenen von Nullarbor in sich aufnähme. Ein oder zwei Mal zog ich aus purer Verzweiflung an seinem Joint, in der Hoffnung, es würde mich in denselben milden Dämmerzustand versetzen, aber alles was dabei herauskam, war, dass ich ein Loch in meine Bluse brannte, mir speiübel wurde und ich unseren Hund für den Teufel höchstpersönlich hielt.

Jedem das Seine. Es war Donnerstagabend, und ich schenkte mir einen doppelten Wodka ein, während ich wartete, ob Patrick kommen würde oder nicht. Um acht fand ich ihn selig grinsend mit schweren Augenlidern und stecknadelgroßen Pupillen vor meiner Haustür. Da wir beide ziemlich nervös waren, schlug ich einen schnellen Rundgang durchs Haus vor. Als wir in mein Schlafzimmer kamen, bewegten Patrick und ich uns umeinander herum wie zwei blinde Squaredancer in einer Scheune. Von daher war es eine Erleichterung, als ich ihn nach draußen, in unseren Hof führte.

»Wahnsinn!«, rief er. »Du hast ja einen Pool!«

Patrick lachte so lange beim Anblick unseres Swimmingpools, dass ich mich fragte, ob dieses Date wirklich eine gute Idee gewesen war.

»Tut mir Leid«, stieß er schließlich hervor.

Da keiner von uns ein Auto hatte und es eine ungewöhnlich milde Septembernacht war, schlug ich einen Spaziergang zur Aquarium-Bar in Coogee vor, wo wir bei einem Drink auf dem

Balkon die schöne Aussicht genießen könnten, bevor wir irgendwo zum Essen gingen.

»Pri-hima«, sang mein bekifftes Date, immer noch mit seinem Lachanfall über unseren Pool ringend.

Besorgt, dass Patrick sich durch unser großes Haus gesellschaftlich oder wirtschaftlich benachteiligt fühlen könnte, erklärte ich umständlich, dass wir nur ganz wenig Miete zahlten, aber meine Sorge war unbegründet. Patrick bekam überhaupt nicht mit, was ich sagte, während wir zum Strand spazierten. Er schlenderte einfach lächelnd neben mir her, die Hände in den Taschen vergraben, und brach nur ein einziges Mal das Schweigen, um zu fragen, ob ich die *Simpsons* mochte.

Wir standen auf der Rolltreppe zur Aquarium-Bar, als Patrick sich zu mir umwandte, immer noch grinsend. Es war gutes Dope.

»Ähm, ich muss mir heut Abend vielleicht doch noch ein bisschen Kohle von dir leihen«, sagte er.

»Was?«

Während ich einem Mann fünfzig Dollar für ein Date mit mir in die Hand drückte, fragte ich mich, ob ich einen historischen Tiefstand erreicht hatte. Konnte es außer in einem Ken-Loach-Film zwei traurigere Gestalten auf einer Rolltreppe geben?

»Besser er leiht sich fünfzig Dollar als hundert«, würde Trudy sagen.

Und ich würde ihr eine knallen.

»Meine nichtsnutzigen Mitbewohner sind schuld«, erklärte Patrick, während er ein Guinness und eine Flasche Chardonnay auf unserem feuchten Tisch abstellte, was weniger eine Frechheit als eine Beleidigung war.

Wir saßen inmitten von lauter irischen Rucksacktouristen. Es waren so viele, dass ich mich fragte, wer noch in Irland war.

»Unsere Vermieterin ist eine reizende alte Dame«, fuhr Patrick fort, »und da ich der Einzige bin, der einen Job hat, muss ich immer für die Miete aufkommen. Sie hatten versprochen, mir heute Abend das Geld zu geben, aber wie üblich ...«

Patrick erzählte, er wohne mit Limpy, einem Vietnamveteranen, und Den, einem alten »arbeitslosen Brummbär« in einem klapprigen alten Haus in Matraville zusammen. Was Limpy und Den an finanzieller Unabhängigkeit und Hygiene vermissen ließen, wurde laut Patrick durch ihren Charakter mehr als ausgeglichen.

»Wir lachen viel«, Patrick schüttelte kichernd den Kopf, »eigentlich über alles.«

Wartet, bis er euch von meinem Pool erzählt, dachte ich.

»Wohnt ihr in der Nähe der Bucht?«, fragte ich hoffnungsvoll.

»Ja«, antwortete Patrick, »direkt neben dem Friedhof.«

Und je mehr Patrick mir von seinem Leben erzählte, desto mehr trank ich.

Patrick war zwar so höflich, mich nach meiner Familie und meiner Schauspielerei zu fragen, aber ich konnte spüren, wie er bei jeder Antwort weiter abdriftete, während er traurig vor sich hin nickte und in seinen Aschenbecher starrte.

»Sorry?«, schreckte er hoch.

»Meine Mutter«, wiederholte ich. »Sie hat gerade ihren Magister gemacht. Mit zweiundsiebzig.«

»Oh.«

Ich gab schließlich eine Kurzfassung meiner Schauspielkarriere, bagatellisierte meine exzentrische Familie und ließ mein Leben so gewöhnlich wie möglich klingen.

Um Mitternacht, die Mägen voll mit Chips und Alkohol, stolperten Patrick und ich nach draußen in den Regen und murmelten irgendwas von Taxis. Auf der Flucht vor dem Platzregen zog Patrick mich in ein Bushäuschen an der Arden Street, wo wir uns pudelnass auf der trockenen Bank zusammenkauerten und vergeblich auf den Zug nach Nirgendwo warteten. Wir sahen, wie die Rucksackreisenden an uns vorbei ins MacDonald's auf der anderen Straßenseite stapften. Eine Nachzüglerin bewegte sich in gefährlichem Schlingerkurs auf uns zu und machte dabei gelegentlich einen Busch platt. Mit einem abschließenden Satz erreichte sie den Pfahl unserer Bushaltestelle, umkreiste ihn wie eine geistesgestörte Table-Tänzerin und erbrach sich auf unsere Füße. Ich hoffte, dass Patrick nicht wie meine Freundin Sal war, die beim Geruch von Erbrochenem spontan zu würgen anfängt. Anlässlich eines Hochzeitstages hatte Sal ihren angeschlagenen Ehemann einmal in ein thailändisches Restaurant geschleppt, und der Abend endete, bevor er richtig begonnen hatte, über einem Korb mit Krabbencrackern.

»'Tschulligung«, stieß unsere angeschlagene irische Freundin zwischen zwei Eruptionen hervor, »hassu in *Nachbarn* gespielt?«

»Nein«, ich versuchte angestrengt, nicht durch die Nase zu atmen.

»Bestimmt nich? Du siehst genauso aus wie die.«

Höflich lächelnd schüttelte ich den Kopf.

»Auch gut«, stöhnte sie, »die war eh Scheiße.«

An diesem Punkt machte Patrick den rücksichtsvollen Vorschlag, dass wir zu Fuß zu meiner Wohnung zurückgehen und von dort ein Taxi rufen könnten.

Während wir im Regen durch den Park marschierten, erklärte ich Patrick, wie sehr gute Schauspieler unter schlechten Drehbüchern litten und wie schwierig es sei, einen Teenagerjungen zu verführen, wenn man wie eine Golffanatikerin gekleidet war, als er plötzlich stehen blieb.

»Was ist?« Ich drehte mich zu ihm um.

Und dann küsste er mich. Ohne Vorwarnung. Sammelte einfach eine unglückliche Schauspielerin auf und küsste sie im Regen. Einen Moment lang vergaß ich alle Dartspfeile und Matraville-Reservistenbund-Jacken. Ich vergaß die fünfzig Dollar und Limpy und Den. Ich vergaß sogar den Swimmingpool-Anfall. Ich wollte nur, dass Patrick mit zu mir kam, ein oder zwei Rollos anbrachte und dann leise wieder ging, bevor wir uns daran erinnerten, dass wir absolut nichts gemeinsam hatten.

Es sollte nicht »One-Night-Stand« heißen, dachte ich, als ich neben einem schnarchenden Patrick in meinem Bett lag und wünschte, ich wäre woanders. Es sollte »Hit and Run« heißen. Oder in meinem Fall wortwörtlich »Fahrerflucht«. Denn genauso fühlte es sich an, genau zu wissen, dass Patrick in der neuen Umgebung aufwachen und sich fragen würde, ob er willkommen war und bleiben sollte. Und genau zu wissen, dass es nicht so war. Im Bett liegend fing ich an, einen genauen Schlachtplan für meinen Nachmittag aufzustellen. Nach einem herzhaften Frühstück und einem herzlichen Abschied würde ich den Aschenbecher leeren, der sich in mein Schlafzimmer verirrt hatte, das Fenster öffnen, die Laken waschen, ein Bad nehmen, Räucherstäbchen anzünden und ein bisschen schlafen.

»Danke für das tolle Frühstück«, sagte Patrick an der Haustür und gab mir einen Kuss. »Bis heut Abend dann!«

»Also«, setzte ich behutsam an, »weißt du –«

»Bei der Arbeit«, fügte er grinsend hinzu.

»Klar«, strahlte ich.

Genau. Bei der Arbeit. Patrick und ich arbeiteten zusammen. Drei Nächte die Woche. Jede Woche. Es fiel mir alles wieder ein.

Ich würde freundlich, aber nicht zu persönlich sein. Offen, aber sachlich. Warmherzig, aber nicht *warmherzig*. Und ich würde nüchtern sein. Patrick und ich würden uns benehmen wie zwei reife, erwachsene Menschen. In einer regnerischen Nacht in Coogee hatten sie einfach einmal ihre Werkzeuge beiseite gelegt, miteinander geschlafen, dann ihre Werkzeuge wieder aufgenommen – und alle geschuldeten Geldbeträge zurückgezahlt.

Seit der letzten Nacht hatte es nicht mehr aufgehört zu regnen, und ich watete klitschnass in die warme Küche. Ich sah die üblichen Frauen auf ihren üblichen Plätzen, und dann sah ich Patrick. Patrick stand auf halber Höhe auf einer Leiter, Nagel im Mund, Werkzeuggürtel umgeschnallt, und hämmerte auf ein Regal ein. Klasse. Ich konzentrierte mich angestrengt auf Architekten und Gynäkologen, die sich für den Magistertitel meiner Mutter interessieren würden, und lenkte meine Schritte in größtmöglichem Abstand von der Leiter in Richtung Schmutzwäsche.

»Hallo«, sang Patrick.

»Hi«, sagte ich und steuerte zielstrebig die Waschküche an, irgendwas von einem Handtuch murmelnd.

Als ich drin war, tauchte ein Kopf hinter der Trocknertür auf.

»Ich hab heut Nachmittag deine Brotwerbung gesehen, Meredith«, piepste Leonie. »Der Spot lief immer wieder während der Skandal-Talkshow von Jerry Springer.«

Ich schnappte mir ein Handtuch von Leonies Haufen und wandte mich todesmutig erneut in Richtung Küche.

»Wie geht's dir?«, fragte Patrick.

»Gut«, antwortete ich unter meinem Handtuch, wie verrückt mein Haar rubbelnd.

»Schau mal«, sagte er.

Ich kam aus meinem Versteck hervor.

»Ich baue Regale an«, prahlte Patrick augenzwinkernd und hielt provozierend seinen Hammer hoch, »wie ein *richtig guter Handwerker*.«

Er grinste mich an wie ein prachtvoller Malvolio in gelben Kniebandstrümpfen, und ich flüchtete nach oben. Was für besoffenes Schwachsinnszeug hatte ich gestern Nacht über Zimmerleute verzapft?

Die vier Frauennamen, die für die heutige Schicht eingetragen waren, legten nahe, dass es eine hektische Nacht werden würde. Raelene schwitzte bereits über ihrem Schreibtisch und versuchte gerade, einen Typ im Star City zu beruhigen.

»Meine Fresse!« Sofia stampfte wutschnaubend durch die Tür wie ein nasser, frierender Stier. »Gib mir das Handtuch, Schätzchen.« Gebieterisch deutete sie mit einer Hand auf das Tuch und nahm mit der anderen einen Hörer ab.

Während ich eine Anruferwelle in die Warteschleife schaltete, suchte Sofia hektisch nach einem Feuerzeug und stritt auf Spanisch mit Manuel im Sofitel.

»Sofia«, wurde sie von Raelene unterbrochen. »Ich hab hier einen Felix auf ›Asiatische Fantasien‹, und er *besteht* darauf, mit dir zu sprechen.«

»Wer zum Teufel ist Felix?«, rief Sofia wütend und drückte eine Taste. »Hallo, Felix? Hier ist Sofia. Wie geht's dir, mein Süßer?«

Während Sofia mit Felix und Manuel jonglierte, schickte ich Antoinette zu einem Pärchen im Balmain, und Raelene wandte sich wieder ihrem Anrufer aus dem Star City Casino zu.

»Okay, okay. Einen Moment, Bruce«, sagte Raelene. »Ich verbinde dich wohl besser mit unserer Managerin.«

Sofia, die auf Spanisch telefonieren und nebenbei drei Telefongespräche belauschen konnte, warf Raelene einen mordlüsternen Blick zu.

»Was ist?«, schnauzte sie.

»Sofia«, setzte Raelene schüchtern an, »dieser Typ im Star City Casino hat gerade sechzigtausend Dollar gewonnen, und er, ähm, er möchte seinen Freunden gern was spendieren …«

»Meine Fresse!«, stöhnte Sofia und fuhr sich mit der freien Hand durch das nasse Haar. »Wie viele?«

»Fünfzehn«, quietschte Raelene und unterdrückte mühsam eine Lachsalve. »Es sind fünfzehn. Und sie hätten gern fünfzehn Frauen.« Pause. »Jetzt.«

Sofia sah mich kopfschüttelnd an, als ob sie sagen wollte »Wieso ich?« oder »Typisch!«. Und jetzt hatte ich auch Mühe, mir ein Lachen zu verkneifen.

Obwohl in jeder Nacht mehr als zwanzig Frauen Dienst hatten, war die Hälfte schnell mit Aufträgen eingedeckt, manchmal für mehrere Stunden, und die übrigen meldeten sich krank oder gingen einfach nicht ans Telefon. Sofia fertigte Manuel ab, schickte Lottie zu Felix und machte sofort Nägel mit Köpfen.

Bruce im Star City wusste noch nicht, dass er fünfzehn Frauen für ein vierstündiges Dinner buchen wollte. An Essen hatte er eigentlich noch gar nicht gedacht. Sofia dafür umso mehr, denn das bedeutete mindestens 600 Dollar für jede Frau, bevor sie sich überhaupt hingesetzt hatte. Die 600-Dollar-Dinner-Buchungen erfreuten sich großer Beliebtheit bei unseren Mitarbeiterinnen. Durch andere Aufträge konnten sie in vier Stunden zwar theoretisch mehr verdienen, aber direkt aufeinander folgende Aufträge waren selten. Eine Dinnerbuchung hatte zudem den Vorteil, dass die Frauen den Großteil der Zeit fürstlich bewirtet anstatt gierig begrabscht wurden, und zwar von einem anstatt von vier Männern. Und der saftige Zuschlag von 350 Dollar für jede Verlängerungsstunde war schließlich auch nicht zu verachten.

»Natürlich musst du mit den Ladys essen, Süßer«, schalt Sofia den zögerlichen Bruce. »Du willst diese Nacht doch ordentlich feiern, oder? Und Champagner mit deinen Freunden trinken?«

Als Sofia das Geschäft schließlich für zehntausend Dollar, inklusive Taxis, unter Dach und Fach hatte, warf sie ihren vor Feuchtigkeit dampfenden Körper im Stuhl zurück, zündete sich eine Zigarette an und sah zu mir herüber.

»Der Albtraum eines Koronators«, erklärte sie düster wie Brando in seiner Höhle.

Sie meinte Koordinator, aber ich ließ es durchgehen.

»Wie zum Teufel soll ich fünfzehn Frauen gleichzeitig ins Star City schaffen?« Sie sah von Raelene zu mir und maß verächtlich unsere doppelte Nutzlosigkeit.

»Vielleicht könnten wir ein großes hölzernes Pferd bauen«, sagte ich ruhig, »und alle Frauen reinklettern lassen ...«

Ich war schon immer der Kasper in unserer Familie gewesen.

In diesem Moment kam Leonie plappernd ins Zimmer, völlig erschöpft, weil sie drei große Handtücher in die Waschmaschine gestopft hatte, und ließ sich auf einen Stuhl plumpsen. In stummer Ungläubigkeit beobachteten wir drei, wie sie eine Zeitschrift nahm und lustlos darin zu blättern begann.

»WAS ZUM GEIER MACHST DU DA?!«, explodierte Sofia, während die Zeitschrift durch die Luft flog. »GEH GEFÄLLIGST NACH UNTEN, UND WASCH EIN PAAR HANDTÜCHER, VERDAMMT NOCH MAL!«

Niemand außer Leonie konnte den dummen Einwand erheben, dass sie das gerade gemacht hätte.

»GEH EINFACH, VERDAMMT NOCH MAL!«

Und Leonie gehorchte. Blitzschnell.

»Also gut.« Sofia schlug so laut mit der Faust auf ihren Schreibtisch, dass wir zusammenzuckten. »Ich werd Min anrufen. Wir brauchen den ganzen Verein.«

»Wollen sie denn Asiatinnen?«, fragte ich umsichtig, eingedenk der unterschiedlichen Vorlieben unserer Kunden.

»Hör mal«, schnaubte Sofia und rammte ihre Hörner in meine Umsichtigkeit. »Sie wollen fünfzehn Frauen, Schätzchen. Wenn sie weiter nix sagen, fragst du nich lange! Sie kriegen Asiatinnen, ob sie wollen oder nicht!«

Wahrscheinlich war sie immer noch sauer über das Pferd, aber ich machte mir auf jeden Fall eine Notiz.

»Meredith, schaff mir Lucinda, Kimberley, Delilah, oh, Mist, und Pandora ran! Raelene, schaff mir Patrick ran! Es ist mir egal, was er macht. Er muss – bist du das, Lan?«, schrie sie plötzlich ins Telefon. »Hol Min, Lan. Ruf mich zurück!«

So wie unsere Frauen uns alle mit dem Handy zurückrufen mussten, mussten auch Min und Lan zurückrufen, sogar in Krisensituationen.

»Raelene, sag Patrick, er muss Pandora aus Marrickville abholen«, bellte Sofia. »Auch wenn sie noch nicht fertig ist! Ach, vergiss es, ich mach es selbst. Meredith, ruf noch mal bei Min an. Ich kann nicht ewig warten.«

Es herrschte ein solches Chaos, dass ich nicht wirklich überrascht gewesen wäre, wenn im nächsten Moment George Clooney einen blutüberströmten Patienten hereingerollt und laut »Notfall!« gebrüllt hätte.

Sofias Blutdruck erreichte schwindelnde Höhen, weil sie ständig nur die Mailbox der Frauen erreichte, und Raelene und ich fürchteten um unsere körperliche Unversehrtheit. Leonie schlich mit einem neuen Problem ins Zimmer.

»MEINE FRESSE!«, brüllte Sofia und knallte den Hörer auf.

Leonie machte auf dem Absatz kehrt.

»Verstehst du jetzt, Schätzchen«, wandte sich Sofia mit täuschend sanfter Stimme an mich, während sie erneut versuchte, bei Min anzurufen, »verstehst du jetzt, wieso wir so streng mit den Frauen sein müssen? Wieso wir lügen müssen? Wir müssen es tun, denn immer, wenn man sie braucht, *wenn die Kacke wirklich am Dampfen ist* – DANN VERPISSEN SIE SICH!«

Ich nickte. Es erstaunte mich immer wieder, wie es Sofia selbst im größten Chaos gelang, an meine Ausbildung zu denken. Ich war kurz davor, selbst ins Star City Casino zu gehen, so erfüllt war ich von der Loyalität für meinen General.

»Deshalb schicken wir die Mädels von Min«, fuhr sie fort, immer noch darauf wartend, dass Min an den Apparat ging. »Auf die kann man sich wenigstens verlassen! Und ich sag dir noch was, Schätzchen! Ob diese Männer Asiatinnen oder Australierinnen wollen – es sind immer die Asiatinnen, die die Verlängerungen kriegen. Nicht die Australierinnen.«

Endlich ging jemand ans Telefon.

»LAN, WO ZUM TEUFEL STECKT MIN? ICH HABE HIER EINEN VERDAMMTEN NOTFALL!«

Ich hatte gemerkt, dass Raelene verstohlen in meine Richtung geschaut hatte, und wartete, bis Sofia abgelenkt war, um mich in ihr kleines Geheimnis einweihen zu lassen.

»Ich hab hier diesen Typ«, flüsterte sie mir leise zu, »ein wirklich süßer Kerl, der's noch nie gemacht hat. Was meinst du? Wen soll ich ihm schicken?«

»Moment mal, Min«, unterbrach Sofia ihr Gespräch. »RAELENE! SCHICK IHM IRGENDEIN TRAMPELTIER! SCHICK IHM MEINETWEGEN EINE TUNTE! ES IST VÖLLIG SCHNUPPE. WIR HABEN HIER EINE VERDAMMTE KRISE!«

Raelene und ich kicherten. Eine Tunte.

Während Sofia die Frauen einnordete, nahmen Raelene und ich abwechselnd die Anrufe eines immer beschwipsteren Bruce aus dem Star City entgegen.

»Auf dem Weg, Bruce, müssen jede Minute ankommen ... Ja, fünfzehn, Bruce, alle wunderschön ... Nein, sie können dich nicht im Restaurant treffen, Bruce. Warte einfach in deinem Zimmer auf sie ... na ja, weil man sie sonst wegen Prostitution festnehmen könnte, und dann müssen sie die Nacht im Gefängnis verbringen ... Genau, Bruce, damit wäre wirklich niemandem gedient ...«

»Warte im Foyer auf die anderen«, wiederholte Sofia die Order an ihrem heiß gelaufenen Telefon. »Ich will, dass ihr alle zusammen hochgeht. *Zusammen!*«

Sie hatte Recht. Es war ein Albtraum für einen Koronator. Und für einen Fahrer. Patrick hatte in seinem ganzen Leben noch nie so hart für eine Tasse Tee gearbeitet. Mit ihm zu kommunizieren erwies sich als unmöglich, weil er bei dem aufgeregten Geschnatter der ganzen Frauen in seinem Auto nichts verstehen konnte.

»Patrick, wo bist du?«

»Ich hab sie!«

»*Wo?*«

»Wen?«

Es dauerte fast eine Stunde, aber nach und nach hatten wir ein kleines Bataillon von vierzehn Frauen zusammengetrommelt, die bewaffnet mit Kondomen und Gleitmitteln im Foyer des Star City Casinos warteten. Ich hatte Shelby am Apparat, und nach dem mordsmäßigen Gepfeife im Hintergrund zu urteilen, verursachte der Anblick so vieler attraktiver junger Frauen vor einem Fahrstuhl einen ziemlichen Wirbel.

»FICK DICH SELBST, DU FETTWANST!«, bellte Shelby in mein Ohr. »Tut mir Leid, Meredith, red weiter.«

»Sofia möchte, dass ihr wartet, bis Pandora kommt, Shelby.«

Pandora, unsere Jüngste und Schönste, steckte irgendwo zwischen einem Kunden in Mantraville und Star City fest.

»Nö, Meredith«, schlug Shelby meine Bitte kurzerhand ab. »Wir warten hier nicht länger. Wir gehen hoch.«

Und damit beendete sie das Gespräch. So viel zu meiner Autorität bei den Frauen.

Wie wir die Auftragsbestätigung bei so vielen Frauen regeln sollten, war eine ungeklärte Frage, aber im Moment mussten wir einfach nur auf einen Anruf warten. Von wem auch immer. Sofia hockte über dem Telefon wie eine sprungbereite Katze. Schließlich rief Trixie an, aber wir konnten sie kaum verstehen, weil der angeheiterte Männerhaufen im Hintergrund einen Höllenlärm veranstaltete und laut johlend jede Frau begrüßte, die bei Bruce durch die Tür kam.

»Trixie!«, brüllte Sofia vergeblich. »TRIXIE!«

Aber Trixie und ihre Kolleginnen waren vollauf damit beschäftigt, durch emsiges Flirten ihren Aufenthalt zu sichern, und was die Männer betraf, so war Geld im Moment das Letzte, an das sie dachten, also legte Sofia auf.

»Siehst du?«, lächelte sie in stiller Ergebenheit. »Bis Pandora da ist, hat es keinen Zweck. Sie ist die Einzige, die ein bisschen Grips hat.«

Wirklich? Die stille Pandora, die immer herumsaß wie ein komatöser Botticelli-Engel? Zehn Minuten später meldete sich Pandora aus dem Star City, rief die Männer zusammen und bestand darauf, dass jeder sich sofort für eine der Frauen entscheiden müsse.

»Hab ich doch gesagt«, brummte Sofia selbstzufrieden in meine Richtung.

Es muss wie bei der Wahl von Mannschaften im Basketball gewesen sein und bestimmt genauso demütigend und schmerzlich für Maya und Rita, die beide sofort ausgemustert wurden. Aber wir hatten keine Zeit, um uns darüber Gedanken zu machen. Wir mussten sofort Ersatz für sie besorgen.

»Ach, du meine Fresse …«, stöhnte Sofia.

Ich weiß nicht, welches Haus in Paramatta Min plünderte,

aber innerhalb von zwanzig Minuten fuhr sie zwei neue Vietnamesinnen ins Star City.

Eine halbe Stunde später schlurfte Patrick in unser Büro, stellte seine Tasse Tee behutsam auf Raelenes Schreibtisch ab und brach dann ihr gegenüber auf dem Stuhl zusammen, als ob er alle Frauen huckepack ins Star City getragen hätte.

»Sofia«, sagte er ruhig, »Lucinda lässt dir ausrichten, dass sie nach diesem Auftrag unmöglich einen weiteren Kunden annehmen kann.«

»Wieso?«, stellte Sofia ihre gefürchtete Frage.

»Ach«, fing Patrick verlegen an, »weil sie seit drei Uhr heute Nachmittag arbeitet«, erklärte er und wurde rot von Kopf bis Turnschuh, »und den Rest kann sie dir selbst erzählen.«

Trotz ihres kühlen Jane-Austen-Charmes und ihrer aristokratischen Anmut konnte Lucinda fluchen wie ein Landsknecht und neigte in hektischen Nächten dazu, den verheerenden Zustand ihrer Vaginalwände in drastischer Ausführlichkeit zu schildern. Sogar gegenüber Patrick. Ich empfand es immer als erfrischend ehrliche und angenehme Abwechslung, wenn Lucinda um zwei Uhr morgens zu ihren anschaulichen Beschreibungen ansetzte. Mit dieser Meinung stand ich allerdings allein. Meine Kolleginnen kamen einfach nicht über Lucindas Upperclass-Akzent hinweg und hielten diese unglaublich bodenständige Frau für eine »hochnäsige Zicke«.

»Sag ihr, sie soll mehr Gleitmittel nehmen«, murmelte Sofia und kehrte zu ihrem Schreibkram zurück.

Patrick tat so, als ob er nichts gehört hätte, und nippte still an seinem Tee.

In Anbetracht der ungewöhnlichen Menge an Bargeld, die nach dieser Einzelbuchung ins Haus stand, beharrte Sofia darauf, dass die Truppen sofort nach Beendigung des Auftrags zurückkehrten. Ab etwa vier Uhr in der Früh wiederholte sich das

Gebimmel an der Haustür wie auf einer kaputten Schallplatte. Als »Empfangsdame für unten« war es Leonies Aufgabe, das Geld einzusammeln und nach oben zu bringen.

»Soll ich runtergehen und ihr helfen«, fragte ich Sofia.

»Wieso bist du noch nicht unten!?«, brüllte sie.

Die Küche war erfüllt von lautem Gelächter und dem Knallen von Champagnerkorken, als etwa ein Dutzend wunderschöner Frauen, eingehüllt in Seide und Satin oder verpackt in hautengem Lycra und gutem altem Stretch, ihren gemeinsamen Triumph feierten. Es war wie in der Garderobe eines internationalen Schönheitswettbewerbs, ohne Amerikanerinnen. Ich ging durch dieses Meer von Treibhausblumen, ließ mich vom zarten Duft ihrer Parfüms umwehen, und fühlte mich liebkost von Blütenblättern, als Lucinda, May-Ling und Genevieve mich auf die Wangen küssten und Shelby mir ein Glas Champagner einschenkte. Wie alle anderen ignorierte ich Leonies vergebliche Versuche, das Geld einzutreiben, und ließ mich von der Stimmung verzaubern. Nachdem ich zehn Minuten lang den Berichten über viergängige Menüs, französischen Champagner, Penthouse Suites, Zimmerservice und Trinkgelder gelauscht hatte, fragte ich mich, wie viel Wechselgeld Bruce wohl von seinen sechzigtausend Dollar übrig behalten hatte. Ihn erwarteten am Morgen garantiert eine saftige Rechnung und ein heftiger Kater. Die ausgelassene Stimmung erhielt nur einmal einen kleinen Dämpfer, als ich nach den Asiatinnen fragte, die immer noch nicht wieder aufgetaucht waren. Sofia hatte wieder mal Recht behalten.

Ein dickes Bündel Banknoten umklammernd, steckte ich meinen Kopf in den Aufenthaltsraum, um zu sehen, wer die Party boykottierte. Normalerweise schauten die Frauen vom Fernseher hoch und lächelten mir zu, aber in dieser Nacht zeigten sie keine Reaktion. Maya und Rita schauten weiter stur geradeaus und verfolgten mit so viel Würde, wie sie aufbringen konnten, die Verkaufswerbung für ein Fitnessgerät, das sich »Ab Buster« nannte. Die Stornierung eines Auftrags war für jede Frau eine unangenehme Erfahrung, aber von so vielen Männern in Gegenwart ihrer Kolleginnen zurückgewiesen zu werden musste gelinde gesagt eine schreckliche Demütigung gewesen sein. Da mir nichts einfiel, was ich hätte sagen können, schloss ich leise die Tür und machte mich auf den Weg nach oben.

Auf halber Höhe traf ich Patrick, der gerade nach unten ging.

»Hallo«, sang er. »Möchtest du nächste Woche auch mal zum Dinner?«

»Hör mal«, sagte ich, in den sauren Apfel beißend, »Patrick, wegen gestern Nacht –«

»Ja!«, fiel er mir ins Wort. »Ja, ich weiß.«

»Du weißt?«

»Ich schulde dir fünfzig«, sagte er mit ernstem Nicken.

»Nein«, setzte ich erneut an, »nein, es –«

»Doch!«, gab Patrick fast brüllend zurück. »Doch, ich bestehe darauf. Ich schulde dir fünfzig Dollar.«

Da ich nicht wollte, dass das ganze Haus mitbekam, wie ich mit dem Fahrer über ausstehende Geldbeträge in einem Bordell verhandelte, hielt ich ihn dazu an, seine Stimme zu senken.

»Und ich geb's dir nächste Woche zurück«, flüsterte er. »Versprochen.«

»Patrick –«

Aber Patrick fasste sich nur an die Nase, lächelte und nickte mir beruhigend zu, während er die Treppe hinunterstieg und aus der Haustür verschwand. Ich sah ihm nach und wagte endlich, mich an unser intimes Zusammensein zu erinnern. Vielleicht lag es an der späten Stunde, oder vielleicht war es die vertraute Umgebung, in der Patricks Gegenwart so kostbar war, aber ich bedauerte die Erfahrung weit weniger, als ich angenommen hatte. Einen Moment lang fühlte ich mich sogar glücklich und fragte mich, ob wir nächste Woche nicht tatsächlich Essen gehen sollten. Dann fiel mir wieder ein, weshalb wir nächste Woche nicht Essen gehen sollten. Der Gedanke, dass Patrick mich erneut um fünfzig Dollar anpumpen könnte, wenn die Rechnung käme, war mehr als ich ertragen konnte.

»Herrje, doch nicht das Kristall, Schätzchen«, schalt Sofia mit Leonie, die unbeholfen in unserem Türrahmen stand und ein Tablett mit zwei Flaschen des guten Champagners und vier Gläsern auf dem Arm balancierte. »Boris kriegt einen Herzinfarkt! Ach, scheiß drauf! Gib mir ein Glas.«

Nachdem Sofia mehr als zehntausend Dollar für die Agentur abgerechnet hatte, wollte sie jetzt feiern.

»Aber ich wollte doch noch Erdbeeren reintun!«, protestierte Leonie, während sie ihre Fracht auf meinem Schreibtisch ablud.

»Sicher, Schätzchen, mach ruhig«, sagte Sofia, »aber schmeiß die verdammten Dinger bitte rein, bevor ich tot bin!«

Sofia sah kichernd zu mir und Raelene. Offenbar wollte sie sich vergewissern, dass sie nicht die Einzige war, die kurz vor einem hysterischen Anfall stand. Zum Beweis unserer Loyalität gackerten wir wie ein Paar durchgeknallter Perlhühner.

Boris stand breitbeinig in der Tür wie ein Cowboy aus *Rauchende Colts*, der ein Damenkränzchen in seinem Saloon entdeckt. Als Boris das letzte Mal so früh gekommen war und uns beim Schlürfen seines guten Champagners erwischt hatte, war er nicht wirklich begeistert gewesen. Sein Blick glitt langsam über das Chaos, die geöffneten Flaschen, die Erdbeeren und seine vier aufgelösten, kichernden, betrunkenen Empfangsdamen.

»Wehe, ihr habt keinen guten Grund«, drohte er nickend.

Wir brüllten vor Lachen, als wäre Boris noch zehn Mal lustiger als die Marx Brothers.

Während Sofia mit unserer großartigen Leistung und dem Albtraum eines Koronators prahlte wie ein aufgeregtes Kind, das um die Anerkennung seines missbilligenden Vaters buhlt, spähte Boris über ihre Schulter.

»Dreißigtausenddreihundertfünfundsiebzig Dollar!«, unterbrach er sie kreischend.

»Und dazu kommt noch das Geld von den vier Asiatinnen, Boris!«, schrie Sofia. »Die sind nämlich immer noch da!«

»Oh ja«, nickte Boris und wandte sich an mich. »Weißt du, Meredit, es sind immer die Asiatinnen, die die Verlängerungen kriegen. Lass dir das gesagt sein. Nicht die Australierinnen. Immer die Asiatinnen.«

Ich nickte.

Boris wirbelte grinsend mit seinem Drehstuhl herum und befahl Leonie, eine weitere Flasche des guten Stoffs zu öffnen. Sogar bevor er sein Glas erhoben hatte, schien der Superauftrag ihn zu berauschen und in Unterhaltungslaune zu versetzen. Er erzählte uns lustige Geschichten über Bim, eine Empfangsdame, die in der guten alten Zeit in North Sydney für sie gearbeitet hatte. Bim war eine wiedergeborene Christin aus Papua-Neuguinea. Sie hatte einem Mann, der gefragt hatte, wie es bei den Frauen mit »Französisch« stehe, einmal geantwortet: »Es ist egal, welche Sprache Sie sprechen, Sir. Die Frauen nehmen jeden.«

»Gute alte Bim«, gluckste Boris kopfschüttelnd.

Dann sprang er plötzlich hoch, schnappte sich seine Schlüssel, entbot uns ein freundliches Lebwohl und machte sich mit einer fetten Brieftasche voller geheimer Buchungen auf den Weg in sein geliebtes Kasino.

Die Berechnung von Patricks Fahrgeld wischte grundsätzlich

das Lächeln von allen Gesichtern. Sofia bot einen Furcht erregenden Anblick, saß inmitten von Papieren und Rechenmaschinen und raufte sich die Haare, die wild in alle Richtungen abstanden. Raelene rieb sich die Augen. Leonie vertilgte jedermanns Erdbeeren, und Patrick und ich stützten die Köpfe in die Hände und lauschten dem Vogelgezwitscher von draußen.

»Ich krieg das nicht hin«, verkündete Sofia schließlich, »mein Gehirn ist weg.«

Zusammen mit Patrick versuchte sie noch einmal, seine nächtlichen Fahrten zusammenzuzählen, und einigte sich schließlich mit ihm auf 180 Dollar. Es war sieben Uhr morgens, und draußen setzte bereits der Samstagmorgenverkehr ein. Wir klopften uns gegenseitig immer wieder auf die Schulter, während wir zusammenräumten, unsere Schreibtische mit Desinfektionsmittel einsprühten, unsere Ordner zuklappten und das Licht ausdrehten.

Die Heimfahrt mit Patrick war eine ziemlich schweigsame Angelegenheit. Ich fühlte rein gar nichts, wenn ich an das vorgeschlagene Date dachte. Ich konnte an nichts anderes denken, als dass ich in weniger als zwölf Stunden wieder bei der Arbeit sein musste und alles wieder von vorn losgehen würde. Ich vergaß sogar, dass wir einen weiteren Fahrgast an Bord hatten.

»Hey, Meredith«, kam das vertraute Jammern von der Rückbank.

»Ja, Leonie.«

»Glaubst du, dass ich das Geld genommen hab?«

»Nein, Leonie«, sagte ich müde und schaute aus dem Fenster. »Keiner glaubt, dass du es genommen hast.«

Leonies großes, blasses Kindergesicht tauchte plötzlich neben meinem auf.

»Echt nicht?«

»Nicht mal Sofia.«

Leonie schaute wie hypnotisiert nach vorn auf den Horizont, als hätte sie soeben eine wundersame Erscheinung gehabt.

Wechsel zur anderen Seite

Dass man Leonie sagte, sie sei zu naiv, um kriminell zu sein, war für sie das größtmögliche Kompliment. Es war Mitleid erregend, ihre Euphorie und Dankbarkeit zu beobachten, bis sie diese Bestätigung als Katalysator für eine vollständige Verwandlung benutzte. Unsere armseligen Vertrauensbeweise wurden aufgesaugt wie Feuchtigkeitscreme von trockener Haut, und Leonie beschloss, uns alle zu belohnen, indem sie die tüchtigste, fleißigste Empfangsdame wurde, die je in einem Bordell gearbeitet hatte. Es war, als hätte sie Stimmen auf einem Feld – oder in einem Nachtklub – gehört. Wenn Leonie nicht gerade das Telefon bediente, lag sie auf den Knien und schrubbte irgendetwas oder kochte uns kannenweise Tee. Über Nacht war sie zur Computer-Expertin mutiert, sehr zum Ärger von Computer-Pip. Und wie durch Zauberei wusste Leonie auf einmal ganz genau, wer Natursekt, wer Fesselspiele und wer lesbische Duos anbot, ohne dass sie einen Blick auf die Karten werfen musste. Sie beantwortete jede Frage mit glühender Begeisterung, nur allzu gern bereit zu helfen. Sofia war stinksauer darüber, weil sie ihre Wut jetzt nicht länger an Leonies Nutzlosigkeit austoben konnte.

»Was tust du da?«, schnauzte Sofia sie an.

»Ich mache grad unter deinem Schreibtisch sauber!« Leonies unschuldiger Kopf tauchte zwischen Sofias Knien auf.

»Äh … dann mach was andres, Herrgott noch mal!«

Also reparierte sie den Kopierer, der seit Wochen kaputt war.

Gequält von widerstreitenden Gefühlen beobachtete Sofia die neue Leonie und rauchte sogar noch mehr als sonst.

Anstatt unglaublich dummes Zeug zu reden, um Beachtung zu erhalten, überraschte Leonie uns nun mit merkwürdig vernünftigen Kommentaren. Nicht immer, aber manchmal. Während sie an Gewicht verlor, gewann sie auf geheimnisvolle Weise an Intelligenz und Selbstsicherheit. Sie verzichtete auf Milchprodukte, und es war, als ob ihre Dummheit sich von ihren Fettzellen ernährt hätte. Sie hörte auf, ihre Mickymaus Retro-Sachen zu tragen und bevorzugte nun lange Kleider, die sexy wirkten, schlank machten und ein mehr als großzügiges Dekolletee enthüllten. Und Leonie lachte mehr. Ich merkte, dass ich ziemlich stolz auf sie war. Sie reagierte auf jedes Quäntchen Wärme wie eine durstige Pflanze auf Wasser, und ich fragte mich, ob die ganzen nervtötenden Unzulänglichkeiten, die sie kultiviert hatte, einfach aus dem Bedürfnis nach ein wenig Liebe erwachsen waren. Leonie hatte immer etwas von einer einsamen, vernachlässigten Figur gehabt, deren Besessenheit von allem, was Secondhand war, von Kleidern bis zu Meinungen reichte.

Eines Abends sah sie mich mit ihren großen runden Augen in ihrem großen runden Gesicht an und erzählte mir, was für eine gute Freundin sie an Delia hätte, die zur selben Zeit wie sie als Empfangsdame angefangen hatte. Ich freute mich für sie, denn die hübsche Delia war ein aufgewecktes, junges Mädchen aus guter Familie, das Leonies verrückten Eigensinn genoss und ihre alarmierende Naivität und Taktlosigkeit mit nachsichtiger Belustigung tolerierte. Sie vertrauten sich gegenseitig Geheimnisse an, steckten die Köpfe über Zeitschriften zusammen und diskutierten mit wachsender Begeisterung über Britney Spears' Kleidermissgriffe und Brad Pitts Sexappeal, als wüssten sie, dass sie im Nu zu alt dafür wären.

»Hast du viele andere Freunde?«, fragte ich Leonie.

»Nein. Keine«, sagte sie lächelnd.

»Niemanden?« Ich war schockiert.

Sichtlich gerührt von meiner Anteilnahme, blinzelte Leonie mich dankbar an, was in mir den Wunsch weckte, sie zu schlagen. Ich dachte, sie würde wenigstens einen eklektischen Haufen Drogenabhängiger und ein paar andere Außenseiter kennen.

»Was ist mit dem Typen, mit dem du zusammenlebst? Bist du mit dem nicht befreundet?«

»Um Gottes willen!«, erwiderte sie scharf, abgestoßen von der Vorstellung.

»Wir hatten eine Telefonrechnung von siebenhundert Dollar. Telefonsex! Ej, Mann, echt eklig!«

Es hatte einen Freund gegeben. Vor sechs Monaten hatte sie sich von Corrie getrennt. Er war in die Staaten gezogen, aber sie hatten noch Kontakt und liebten sich immer noch. Ej, Mann!

»Ich liebe meine Katze. Und Delia«, sagte Leonie, bis ihr einfiel, dass sie auch ihre Eltern, die im Norden lebten und eine Gärtnerei betrieben, »echt stark« fand.

»Sie sind cool. Sie finden's stark, dass ich in einem Bordell arbeite. Sie kannten früher jeden in der Nachtklub-Szene von Sydney und haben haufenweise Drogen genommen …«

Ich fragte Leonie, ob das der Grund gewesen sei, weshalb sie weggezogen waren.

»Hm, ja. Wahrscheinlich.«

Ich weiß nicht, wie es geschah. Vielleicht hatten wir Leonies Bemühungen nicht genug gewürdigt. Meistens ging uns diese neugeborene Empfangsdame ziemlich auf die Nerven. Und wahrscheinlich schämten wir uns auch, weil wir sie in der Vergangenheit alle so schlecht behandelt hatten – alle, mit Ausnahme von Trudy, die immer nett zu ihr gewesen war. Als ich an einem Freitagabend zur Arbeit kam, lästerte Sofia gerade gegenüber Raelene über Leonies Faulheit. Ob sie wieder rückfällig geworden sei, fragte ich. Sofias verächtlicher Blick wanderte langsam zu mir, während sie eine dicke Rauchwolke ausstieß.

»Ich weiß nicht, wovon zum Teufel du redest, Schätzchen«, sagte sie. »Du bist vielleicht auf die Vorstellung reingefallen –«, Sofia kicherte, wobei sie Raelene ansah, die gehorsam zurücklächelte, »– aber ich bestimmt nicht!«

Leonies neues Verhalten hatte Sofia in Verlegenheit gebracht. Jetzt gewann sie wieder an Boden.

»Du hättest sie gestern Nacht erleben sollen, Schätzchen. Sitzt hier rum wie Falschgeld und kriegt nix gebacken. Is ihre letzte Woche, nun glaubt sie, sie kann einfach –«

Ihre letzte Woche? Wollte Leonie uns verlassen?

Sofia hatte mal wieder ihren Spaß daran, dass ich mir wegen meiner Unwissenheit wie eine komplette Idiotin vorkam. »Nicht ganz, Schätzchen. Leonie wechselt die Seiten.«

Zur anderen Seite wechseln konnte für eine Empfangsdame im Bordell nur eines bedeuten. Ich sah Raelene an, die erfreut mein Gesicht beobachtet hatte und nun vor Lachen losbrüllte. Sofia war nicht ganz so amüsiert. Ich wusste nicht, was sie mehr ärgerte, Leonies Befreiung oder Raelenes Erheiterung, bis sie losschnauzte.

»Raelene, halt die Klappe!«

Ich hatte sehr gemischte Gefühle. Anfangs Entsetzen. Leonie war gerade mal einundzwanzig, fürchterlich naiv und möglicherweise dumm. Aber ein kleiner Teil von mir freute sich für sie. Sie war frei! Frei von Sofia und der ganzen Schikane und Unbeliebtheit, die ihre frühere Unzulänglichkeit als Empfangsdame begleitet hatte. Und vielleicht wären Leonies dickes Fell und ihre robuste Unverwüstlichkeit genau das Richtige für eine solche Berufswahl. Was hielt ihre Freundin Delia davon? Plötzlich stand Delia im Raum.

»Was hältst du von Leonies Entscheidung, Prostituierte zu werden, Delia?«

Delia war unglücklich.

»Ich glaube, sie macht einen großen Fehler. Sie ist aufgeregt, weil sie denkt, dass sie einen Haufen Geld machen wird. Sie vergleicht sich mit Song-Lee und Genevieve, als würde sie nur lauter Exklusivaufträge im Sheraton bekommen.«

Das reichte, um einen Sturm zu entfesseln. Plötzlich war der Raum voll von schreienden Empfangsdamen – von Frauen, deren Tagesschicht beendet war, und Frauen, deren Nachtschicht begann. Die Assoziation von Leonie und Exklusiv-Aufträgen löste bei allen eine äußerst heftige Reaktion aus. Sie war bei weitem nicht attraktiv oder erfahren genug für eine Exklusiv-Buchung! Es mangelte auch nicht an Entrüstung über Leonie, weil sie es wagte, solche Wahnvorstellungen zu hegen. Genevieve war eine Göttin! Song-Lee war Buddha! Victoria hatte die Seiten gewechselt, und wir schickten sie nun als Stephanie los, aber Victoria war *schön*! Raelene ergriff die Gelegenheit, uns darauf aufmerksam zu machen, dass Glenda jetzt auch Exklusivaufträge übernehmen könnte, da sie weiter abgenommen hatte. Aber Leonie hatte fette Waden! Einen unförmigen Kopf. Zu weiß. Verquollen. Seltsam.

»Hi, Leonie!«

Leonie wusste, dass wir über sie geredet hatten, aber sie deutete es, nicht zu Unrecht, als Neid. Leonie wusste, dass jede von uns heimlich mit der Möglichkeit spielte, zur anderen Seite zu wechseln, und sei es nur für einen Augenblick. Ich konnte an ihrem strahlenden Gesicht erkennen, dass sie sich schon in bespiegelten Fahrstühlen sah, angetan mit einem Teddy unter ihrem Mantel, die Taschen voll mit Bargeld und Kondomen.

»Hast du's schon gehört?«, fragte sie mich aufgeregt, sobald wir allein waren.

»Ja«, antwortete ich, ohne eine Miene zu verziehen.

Leonie suchte mein Gesicht mit ihren leuchtenden Augen ab. Man hätte meinen können, sie hätte bei einer Tombola gewonnen.

»Du hast beschlossen, Prostituierte zu werden«, sagte ich schließlich.

Leonie bekam einen heftigen Kicheranfall. »Du bist so *witzig*!«

Nicht ganz die Reaktion, die ich erwartet hatte.

»Bist du dir da auch sicher?«, fragte ich.

»Ja«, erwiderte sie scharf und defensiv. »Ich weiß, was ich tu. Ich hab massenhaft drüber nachgedacht, klar? Ich kann das.«

Ich musterte Leonie eingehend, versuchte sie mir bei einer Unterhaltung mit einem Mann in einer Bar vorzustellen. Ich erinnerte mich an den frühen Morgen nach der Arbeit, als sie mich und Trudy in eine Bar begleitet hatte. Alles, worüber sie reden konnte, waren die »ekligen Lustmolche, die uns anstieren«. Ich versicherte Leonie, dass ich nicht an ihrer Fähigkeit zweifelte, was gelogen war, und erinnerte sie an diese Nacht mit Trudy. Konnte sie sich vorstellen, fragte ich, eine Stunde lang in einem dunklen Hotelzimmer mit einem dieser ekligen Lustmolche zuzubringen, seinen Penis im Mund?

»Mit Kondom, Mann!«

Ich lachte nicht, also dachte Leonie über die Frage nach.

»Klar«, sagte sie schließlich, etwas enttäuscht über meine negative Haltung.

Und sie wollte bei uns arbeiten?

»Klar, ej!«

Intern?

»Auf keinen Fall.« Leonie war entrüstet.

Also ausschließlich Escort?

»Sicher!«

Hatte sie es schon ihren Eltern erzählt?

»Nein, aber ich werde es Mum erzählen. Sie wird's cool finden.«

»Deine Mutter wird es cool finden?«, fragte ich.

Leonie überlegte. »Vielleicht warte ich, bis ich zehntausend Dollar gespart hab, und erzähl ihr dann, wie ich's geschafft hab.« Sie strahlte vor Stolz über ihren großartigen Plan.

Delia schlurfte in den Raum und ließ sich bekümmert an ihrem Schreibtisch nieder.

»Meine Mutter hat noch nie irgendjemanden geschlagen«, sagte sie leise, »aber wenn ich ihr erzählen würde, dass ich als Prostituierte arbeite, würde sie mir wahrscheinlich eine reinhauen.«

Ich überlegte eine Sekunde, was meine täte. Ich brauchte dazu nur eine Sekunde.

»Hast du es Corrie erzählt?«, versuchte ich es mit einer Fangfrage. »Deinem Ex-Freund?«

»Er findet's großartig!« Sie nickte aufgeregt. »Glaubt, ich werd richtig gut sein.«

Irgendetwas an meinem Gesichtsausdruck ließ Leonie erneut in Gelächter ausbrechen.

»Du solltest mal dein Gesicht sehen. Du bist so *witzig*!«

»Was ist mit lesbischen Duos?«, fragte ich.

»Kein Problem …«, entgegnete sie lässig. »Man kann es einfach vortäuschen.«

Konnte man? Ich fragte mich, wie man vortäuschte, eine Lesbe in einem Bett mit einer anderen »Lesbe« und dem Kunden zu sein, der dafür bezahlt hatte, zwei Lesben beim Sex zuzuschauen. Doch mehr als alles andere fragte ich mich, wie ich dieses große, schlichte, exzentrische Mädchen gegenüber Geschäftsleuten, die im Hyatt wohnten, beschreiben sollte.

Beste Darstellerin in einem Bordell-Drama

In dieser Nacht sah ich Maxine zum ersten Mal wieder, seit vor drei Wochen das Geld verschwunden war. Sie hatte sich die ganze Zeit wegen verschiedener Unpässlichkeiten, Panikattacken und Probleme mit ihrem Freund krankgemeldet. Troy war raus aus dem Gefängnis, und ich denke, das war das Problem. Ich persönlich würde, wenn ich des Diebstahls beschuldigt würde, nicht zugeben, dass ich unter »Panikattacken« litt. Wie auch immer – als ich an diesem Sonntagabend zur Arbeit kam, war unsere dünne Frau mit den langen Fingern jedenfalls wieder da. Sie saß über meinen Schreibtisch gebeugt, ein zerrupfter Vogel mit einem stumpfen weißen Federbüschel auf dem Kopf, und heulte sich die Augen aus. Pip war auch da, aber mit einem Telefonat beschäftigt. Maxine sah zu mir hoch, als wäre sie bereit für die Großaufnahme. Ich zollte ihr nur ungern Anerkennung als Schauspielerin, aber ich musste zugeben, dass sie eine tolle Vorstellung gab.

»Was ist los?«, erkundigte ich mich pflichtschuldigst.

Maxine öffnete und schloss ihren Mund, um zu zeigen, dass ihr die Worte fehlten. »Ich … ich dachte, ihr wärt meine Freunde.«

Nie zuvor hatte mich etwas so unberührt gelassen.

Maxine trug ein hübsches kleines Girlio Top und ein Strickjäckchen über ihrem winzigen Kleinmädchenkörper. Ihr traumatisiertes weißes Haar hatte sie oben auf dem Kopf zu einem niedlichen Büschel zusammengebunden, das über schwarzen Wurzeln in die Luft ragte. Alles in allem, mit dem hübschen Cartoon-Mund und den großen Augen in dem grauen Teint eines Junkies, sah sie aus wie Bambi auf Koks. Ich fühlte mich erschöpft, wenn ich nur daran dachte, wie anstrengend diese Nacht werden würde. Selbst ohne Krise brauchte Maxine zehn

Minuten, nur um zu sagen, sie sei müde. Außerdem hatte sie die entsetzlich nervtötende Angewohnheit, jeden Satz mit »weißt du, was ich meine?« zu unterstreichen.

Ja. Ich weiß, du bist müde. Bitte stirb.

Um es kurz zu machen, Maxine hatte gehört, dass wir alle glaubten, sie habe das Geld gestohlen. Was absolut der Wahrheit entsprach, aber wer hatte es ihr erzählt?

»Sofia hat es mir erzählt«, sagte sie. »Sie sagte, ihr sprecht alle über mich hinter meinem Rücken.«

Sosehr ich Sofia in ihrer Rolle als beinharter »böser Polizist« bewunderte, so unterhaltsam ich ihre aufbrausende, kettenrauchende und sich an die Stirn schlagende Art bei der Arbeit fand und so beeindruckend es sein mochte, dass sie ganz allein einen schwer kranken Ehemann und ein vierjähriges Kind durchbrachte, wurde mir doch allmählich klar, dass sie auch ein gefährlich rücksichtsloses Faible dafür hatte, vorüberkommende Fans mit Dreck zu bewerfen.

Ich war erleichtert, als Maxines Vorführung durch Leonie, die wegen ihrer Auftragsdetails anrief, unterbrochen wurde. Noch nie hatte eine Frau so lange gebraucht, um sich einen Arbeitsnamen zuzulegen. Leonie war die Namen aller Supermodels durchgegangen, aber als wir letzte Woche bei »Iman« anlangten, riss Sofia der Geduldsfaden.

»Wie stellst du dir das vor?! Der Mann erwartet Claudia Schiffer, macht die Tür auf und sieht *dich* – einen Tümmler im engen Kleid!«

Es war grausam, aber wirkungsvoll. Bis Leonie in der nächsten Nacht anrief.

»Calista?«, brüllte Sofia. »Du kannst mich mal!«

Und heute Abend war ich dran.

»Es ist französisch!«, schrie Leonie, ihren neuesten Vorschlag verteidigend.

»Nein, Leonie«, korrigierte ich sie. »*Carnelle* ist kein französischer Name, und selbst Leute, die kein Französisch können, werden über dich lachen.«

Leonie bestand darauf, ein Buch gelesen zu haben, in dem die französische Heldin Carnelle hieß, aber ich vermutete, dass Leonie nur Bücher gelesen hatte, die ihr jemand auf der Straße geschenkt hatte, entweder die Hare Krishnas oder die Scientologen. Und nach einer langen und zähen Auseinandersetzung mit Leonie erwartete Reg in Bexley North nun »Gigi«.

Zumindest waren Maxines Probleme mit ihrem Freund vorbei. Eine Menge war in diesen drei Wochen passiert. Maxine war jetzt mit Craig zusammen. Und um die Ernsthaftigkeit ihrer neuen Beziehung zu beweisen, zeigte Maxine uns stolz einen Schlüsselanhänger mit einem Foto, auf dem die beiden lächelnd die Gesichter zusammenpressten. Craigs Kopf war zwei Mal so groß wie der von Maxine, aber das traf schließlich auf jeden Kopf zu. Ich fragte mich, wie ein erwachsener Mann Sex mit Maxine haben konnte, ohne sie umzubringen. Wie auch immer, die Tränen waren jetzt versiegt. Dafür waren die langweiligen Gespräche wieder da.

»Ich habe schon zwei Nächte nicht mehr geschlafen.«

Ach, nein?

»Nein. Ich war ständig auf Partys!«

Meine Güte.

»Ich habe aber nichts genommen.«

Großartig.

»Sehe ich so aus, als hätte ich?«

Das war eine schwierige Frage. Für mich sah Maxine immer so aus, als sei sie am Nachmittag aus dem Bett gestiegen, habe sich eine halbe Flasche Bleichmittel ins Haar gekippt und den Rest getrunken.

»Nein. Du siehst gut aus.«

»Echt?«

»Ja.«

»Ich fühle mich nicht gut. Ich fühle mich furchtbar. Ich möchte nicht hier sein, das ist mal sicher!«

Und Maxine gluckste, als hätte sie soeben den größten Brüller aller Zeiten gebracht.

»Ich bringe die Leute einfach wahnsinnig gern zum Lachen, Meredith, weißt du?«

Maxine war zurück.

»Diese Seite von mir kennst du noch gar nicht.«

Maxine war zurück, mit lauter neuen Seiten.

Was für Gesicht' ich sah!
Mir schien, ein Fahrer hielt mein Herz gefangen …

Als ich acht Jahre alt war, traten meine Schwester und ich als kleine Elfen zu Füßen meines Vaters auf, als er in einer Inszenierung des *Sommernachtstraums* am Rockhampton Little Theatre mitspielte. Es war eine magische Erfahrung für ein Kind mit lebhafter Fantasie, jede Nacht gemeinsam mit anderen Kobolden und Elfen auf der Bühne herumzuhüpfen, in einem Pappwald voller Liebender, in dem man sich verzauberte und Lieder über gefleckte Schlangen, stachelige Igel und Wassermolche sang. Zwanzig Jahre später, als ich durch einen richtigen Wald hüpfte und Shakespeare im Park spielte, hatte das Stück für mich nichts von seinem Zauber und seinem Charme verloren. Ich bin sicher, Shakespeare hatte nicht vor, ein Gleichnis auf die Sex-Industrie zu schreiben, aber manchmal, spät in der Nacht, wenn ich Liebespaare zusammenstellte und durchscheinende Geschöpfe durch ganz Sydney schickte, fühlte ich mich zurückversetzt in ebendiese ätherische mitternächtliche Stimmung.

Die Grenze zwischen meinen beiden Welten wurde exakt durch den Aufgang der Sonne bestimmt. Stand die Sonne bereits am Himmel, wenn Patrick mich an der Pforte herausließ, erschien mir unsere neue Zweisamkeit nur *wie Träum und eitles Nachtgebild'*. Nicht dass mir vor der Erinnerung grauste wie Titania oder dass ich Patrick für einen Esel hielt, dessen zartes Ohrenpaar ich einmal geküsst hatte, als ich betrunken war, doch was eine fruchtbare Zukunft anbetraf, so glich unsere einem Kaktus. Normalerweise fühlte ich mich nicht von älteren Männern angezogen, die Darts mit Den und Limpy im Reservistenverein von Matraville spielten. Doch so lange es noch dunkel war, wenn ich mit Patrick durch die glitzernden, schlafenden Straßen Sydneys fuhr, war ich immer noch berauscht von jenem *zarten Blümchen, purpurn nun durch Amors Wunde*. Und wenn wir Coogee erreichten, sah ich mich genötigt, Patrick in meine Laube zu führen.

»Möchtest du noch mit reinkommen, Patrick?«

»Ja, das wäre schön.«

Patrick und ich hatten nie das besagte zweite »Date«. Wir gingen auch niemals zusammen ins Kino. Irgendwie wussten wir, dass das, was zwischen uns war, bei Tageslicht oder in der Öffentlichkeit nicht überleben konnte. Stattdessen kam also Patrick gelegentlich aus der morgendlichen Kälte mit herein, wo wir uns bei einem Glas Scotch aufwärmten und über die nächtlichen Dramen lachten, bevor wir uns vor Sonnenaufgang ins Bett stürzten. Wenn ich mich weiter vorwagte und Patrick zum Essen einlud, blieben selbst meine zwei Mitbewohner eine unsichtbare Mahnung an meine wirkliche Welt. Libby arbeitete jetzt nachts beim *Moulin Rouge*, und Peter drehte eine Fernsehserie in London, aber Patrick fragte nie nach ihnen, nicht einmal als ich ihn schamlos auf die Geburtstagsblumen aufmerksam machte, die Libby von Nicole Kidman erhalten hatte.

»Du weißt schon, wer das ist, oder?«, fragte ich ihn mit überheblicher Ungläubigkeit.

»Ja«, erwiderte Patrick geduldig. »Sie ist deine Mitbewohnerin. Wollen wir einen Black Velvet trinken?«

Patrick war mit einer Flasche Champagner und vier Dosen Guinness aufgetaucht. Wie irgendjemand freudig Guinness mit Champagner mixen und es dann »Black Velvet« anstatt »Barman's Revenge« nennen kann, ist mir ein Rätsel.

Patrick bat mich nie, ihm meine »Filmrollen« zu zeigen, und ich fragte ihn nie nach seinen Röhren. Er lud mich auch nie zu sich nach Matraville ein, und dafür war ich ihm unendlich dankbar. Ich hatte nach wie vor keine Ahnung, wer er war. Er blieb der sanfte, fröhliche Mann, der die Mädchen mit Respekt behandelte und sich voller Freude an mir labte. Und je mehr sich mein gut gelaunter Liebhaber, der nichts mit der Welt meiner schauspielerischen Bemühungen und Brunch-Treffen zu tun hatte, an mir erfreute, desto befreiter fühlte ich mich.

»Wo steht er politisch?«, fragte mich meine besorgte Labor Party-Freundin Sara.

»Keine Ahnung.«

»Worüber redet ihr beiden denn?«

»Alles Mögliche. Nichts.«

Frustrierenderweise war das einzige Thema, über das ich nie mit Patrick diskutieren konnte, seine Einschätzung der Frauen. Wenn ich ihn drängte, seinen Lieblingsfahrgast zu nennen, krümmte er sich auf der Couch zusammen wie eine bekümmerte Raupe.

»Ach, ich weiß nicht«, wand er sich. »Lass uns nicht darüber reden.«

Ich freute mich, als ich im Laufe einiger Wochen dann doch aus ihm herausbekam, dass er Antoinette sehr sensibel und intelligent fand, Lucinda erfrischend, Yoko liebenswert und Saphir urkomisch. Durch Patrick lernte ich, die Dinge positiv zu sehen.

Und so setzten wir unser gemütliches Zusammensein fort.

Willst du Musik vernehmen, süßer Freund?

»Chrissie Hinde? Patsy Cline? Nirvana?«, fragte ich.

Patrick kicherte dann und zuckte mit den Schultern. Patrick war es egal und mir auch. Es störte mich nicht einmal, dass er mein Schlafzimmer mit Zigarettenrauch füllte und sich morgens die Lungen heraushustete.

Sag', süßer Freund, was hast du Lust zu essen?

»Müsli? Reis-Krispies? Rosinentoast?«

So plänkelten wir fröhlich und unbekümmert schon vor dem Frühstück über zahlreichen Tassen Tee, gefolgt von noch mehr Tee hinterher. Doch bei Patricks zweiter Zigarette nach dem Frühstück verblasste der Zauber. Dann wünschte ich, er möge nach Matraville zurückkehren, und wollte *alle der Geschichten dieser Nacht nur wie der Launen eines Traums gedenken.*

Und als ob ihn eine bösartige Fee in den Rücken gepikt hätte, sprang Patrick dann plötzlich auf.

»Ich sollte jetzt besser gehen und –«

»Ja, danke für …«

»Hol dich –«

»Klar.«

Noch interessanter wurde unsere Komplizenschaft bei der Arbeit, wo wir unser Geheimnis vor den missbilligenden Kollegen verbargen, außer vor Trudy, die den Advocatus Diaboli für mein zunehmend unruhiger werdendes Gewissen spielte.

»Natürlich nutzt du ihn nicht aus. Es ist dein Haus, dein Essen, dein Bett, deine Gastfreundschaft, die er genießt. Ich hoffe, er steuert wenigstens eine Flasche Wein bei.«

Ich nickte. Von den Black Velvets konnte ich niemandem erzählen, nicht einmal Trudy.

»Hat er dir die fünfzig Dollar zurückgezahlt, die er dir schuldet?«, fragte sie mich.

Gute alte Trudy. Ich fühlte mich wesentlich besser. Der Mistkerl schuldete mir immer noch fünfzig.

Ein Mann in einem Bungalow

Als ich um sieben Uhr ankam, stieß ich in der Küche auf unsere kurzsichtige mexikanische Fesselspiel-Domina Zora, eine Buchhalterin aus Hurstville. Sie saß am Tisch, eingewickelt in ein weißes Tuch, das über einer Schulter zusammengeknotet war, und trug eine Blätterkrone auf dem Kopf. Als Zora mich durch ihre flaschendicken Brillengläser anblinzelte, die ihre stark geschminkten Augen verzerrten, bemerkte ich, dass ihr Gesicht, ihre Schultern und Arme in einem gedämpften Goldton glitzerten. Urszula, die hinter dem Tresen stand, brüllte vor Lachen.

»Genau, Jungs und Mädels«, dröhnte sie. »Heut is Kostümfest im Kindergarten!«

Zora ertrug tapfer Urszulas Spott und fuhr fort, mich anzustrahlen wie ein schüchternes Kind in einem Faschingskostüm.

»Drogen?«, fragte ich Zora.

Sie lachte schallend. Zora mochte eine lesbische Domina sein, aber sie rauchte nicht einmal. Ich konnte mir nie vorstellen, dass Zora Fesselspiele machte, und manchmal fragte ich mich, ob sie Bondage und Disziplin nicht mit etwas weniger Düsterem wie Bed and Breakfast verwechselte.

»Du probst für die diesjährige Weihnachtsfeier des Buchhalterverbands?«

Zora ließ ein kindliches Kichern hören.

»Das Laientheater von Hurstville inszeniert Julius Caesar?«, fragte ich.

Zora schüttelte den Kopf. »Denk an griechische Götter«, sagte sie sachlich wie eine Bibliothekarin.

Ich ignorierte Urszulas Tipp, dass Zora wahrscheinlich Herpes, den Gott der Nachtklubs, oder eine der Gorgonen zur Happy Hour darstellte. Dann bemerkte ich, dass meine Göttin eine braune Papiertüte voller Weintrauben in den Händen hielt.

»Aphrodite!«, jubelte ich und schlug mir gegen die Stirn. »Göttin der Schönheit!«

»Nahe dran.« Sie lächelte verhalten. »Ich bin Hera, und Mr. Little im Swiss Grand ist Zeus. Er erwartet mich um zehn.«

Ich beglückwünschte Zora zu ihrer Fantasy-Buchung und den äußerst genialen Vorbereitungen, wenngleich sie letztere viel früher als notwendig getroffen hatte.

»Krieg dich wieder ein«, warnte Urszula verächtlich. »Bis dahin ist sie tot.«

Zora rollte mit den Augen und fischte in ihrer Tüte nach einer Weintraube. »Ich hab sie gewarnt, Meredith«, beharrte Urszula. »Das Zeug, das sie sich da aufgeklatscht hat, ist verdammt giftig –«

»Es enthält keine Metalllegierungen«, verteidigte sich Zora.

»Da ist verdammtes Gold drin!«, unterbrach Urszula. »Wie sollen deine Poren da wohl atmen, du Nuss? Und was ist mit ihm? Sobald er dran leckt, stirbt er an Bleivergiftung.«

Zora erklärte mir ruhig, dass sie Mr. Little in der Nacht zuvor getroffen hatte und dass es weder zum Lecken noch zum Ausziehen und nicht einmal zu irgendeiner Art von Sex gekommen war.

Ich sah sie an.

»Wir sitzen bloß auf dem Olymp«, murmelte sie, »trinken etwas Wein und füttern einander mit Weintrauben.«

Plötzlich flog die Küchentür auf, und Antoinette hielt einen Moment inne, um das Bild der bebrillten Goldbuchhalterin, die da vor ihr am Tisch saß, in sich aufzunehmen. Mit ihrem unordentlichen blonden Haar, den vollen Lippen und nach außen gestellten Füßen sah Antoinette aus wie Daffy Duck am Ende der Entenjagd-Saison. Sie war kürzlich zurück zu ihrer Mutter in die Seniorenresidenz gezogen, und ich fragte mich, wie die beiden wohl miteinander auskamen. Antoinette drehte sich um und schlurfte zu ihrem Schrank bei der Hintertür, und an der Art, wie sie in die Hocke ging, eher einem Wasserspeier ähnelnd als einer Begleiterin, konnte ich ablesen, dass es eine unruhige Nacht werden würde.

»Wer ist da?«, fragte sie, an mich gewandt.

»Hm, ich glaube Pip«, antwortete ich und betete, sie möge nicht fragen, wer sonst noch.

Antoinette war überzeugt, dass Raelene, auf Anweisung von Boris, heimlich plante, sie durch einen Mangel an Buchungen umzubringen. In ihren besonders paranoiden Nächten glaubte sie, wir hielten konspirative Sitzungen darüber ab.

»Wer noch?«, feuerte sie.

»*Meredith*?« Raelenes Stimme knackte über die Küchensprechanlage. »*Komm hoch, Süße, oder du verpasst den Sultaninenkuchen, den ich gebacken hab*!«

Ich lächelte Antoinette hilflos an. Warum konnte sich Raelene nicht so grimmig anhören wie sonst, wenn sie mit mir sprach? Und seit wann hatten wir angefangen, uns gegenseitig Früchtekuchen zu backen?

Zum Beweis, dass meine Loyalität nicht zwangsläufig den großen Mädchen galt, die einen Kuchen hatten, schob ich meinen Abgang so lange wie möglich hinaus – wischte Bänke sauber, trocknete Tassen ab und faltete Geschirrtücher zusammen, aber ich glaube nicht, dass es half. Antoinette ließ sich mit einer heftigen Bewegung neben Zora auf einen Stuhl fallen und zündete sich eine Zigarette an.

»Was soll das darstellen?«, fragte sie schließlich mit einem Seitenblick auf unsere Buchhalterin.

»Hera«, lächelte Zora schüchtern. »Die Frau von Zeus.«

Antoinette schnaubte, als ob sie auch schon den ganzen Tag von aufdringlichen griechischen Göttern belästigt worden wäre.

Ich war erleichtert, als es an der Tür klingelte.

Vier japanische Geschäftsleute in Anzügen standen dicht zusammengedrängt im Kreis. Keiner von ihnen sprach Englisch, aber an ihrem Tonfall war deutlich zu erkennen, dass sie ein wenig enttäuscht waren, als ich ihnen zwei reife Blondinen anbot, von denen eine ausgesprochen unfreundlich wirkte. Die einzige Frau, die sonst noch zur Verfügung stand, hatte sich zwei Stunden, bevor sie auf dem Olymp erscheinen sollte, in Goldfarbe gehüllt.

»Tut mir Leid«, sagte ich und hielt die Tür des Wartezimmers auf, um sie wieder hinauszugeleiten.

Doch der größte von ihnen schien eine Idee zu haben und besprach diese lebhaft mit seinen Freunden, die ihm aufmerksam zuhörten und dann mich ansahen.

»Er wissen wollen«, sagte der Anführer, wobei er erst auf seinen fröhlichen, großen Freund und dann auf mich deutete: »Du?«

»*Ich?*«, rief ich aus und zeigte dabei ungläubig auf mich.

Die Abordnung nickte und kicherte.

Ich konnte mich zwar nicht mit Delia messen, der man an ihrem allerersten Abend tausend Dollar für Sex mit einem Araber geboten hatte, aber ich war trotzdem gerührt.

»Nein!« Ich schüttelte den Kopf und gestikulierte wild mit den Händen. »Ich Empfangsdame. Nicht Mädchen.«

Doch während seine Freunde an mir vorbeigingen, blieb der große, fröhliche Bursche wie angewurzelt stehen und strahlte mich weiterhin begeistert an, sodass ich den Raum ohne ihn verlassen musste.

Als es mir schließlich gelang, meine heiteren japanischen Freunde unter ausdauerndem Nicken und viel Gelächter zu verabschieden, warteten auf der Türschwelle bereits zwei Schwarze. Zehn Minuten später, als meine afrikanische Gesellschaft kopfschüttelnd abzog, traf Louis aus Chile ein. Was war das hier? Ein multikulturelles Festival? Ein Unglück kommt zwar selten allein, aber musste dies alles ausgerechnet dann passieren, wenn ich nur zwei Frauen zur Verfügung hatte, beide über vierzig, und eine davon ungefähr so freundlich wie eine Python? Als Empfangsdame für unten gehörte es zu meinem Aufgabenbereich, alle abwesenden internen Frauen zusammenzutrommeln, anderenfalls würde Bavaria um Mitternacht einmarschieren und aus allen Rohren schießen. Sobald also Nathan aus Tempe von dannen zog, raste ich nach oben, um einige eilige Anrufe zu tätigen.

»Wir können Patrick nicht finden!«, verkündete Pip dramatisch, als ich ins Büro trat.

Hatten sie ihn angerufen?

»Ja, natürlich«, schnappte sie beleidigt. »Aber keiner kennt ihn unter der Nummer. Er muss umgezogen sein, ohne uns Bescheid zu sagen. Didi ist fuchsteufelswild, und Patrick hat ein großes Problem.«

Eine Stunde später wussten wir, dass tatsächlich irgendetwas nicht stimmte. Im Laufe von zwei Jahren, schwor Raelene, war Patrick noch nie zu spät gekommen. Während Pip den Reservistenbund von Matraville im Telefonbuch nachschlug, beschloss ich, Patricks alte Nummer selbst auszuprobieren.

»Könnte ich bitte Patrick sprechen?«

»Geht das jetzt schon wieder los!«, knurrte eine barsche Stimme. »Nein!«

»Darf ich fragen, warum nicht?«

»Nun, hauptsächlich, weil es hier keinen Patrick gibt«, erwiderte er mit Nachdruck.

»Ist er umgezogen?«

»Is er bestimmt, ab und zu«, antwortete die barsche Stimme. »Ha'm wir das nich alle schon mal gemacht?«

Ich konnte das hohe Kichern eines anderen Mannes im Hintergrund hören.

»Mit wem spreche ich?«, fragte ich den Komiker.

»Du sprichst mit Den.«

»Den?«

Pause.

»Gibt es bei euch einen Limpy, Den?«

»Stimmt«, antwortete Den. »Möchtest du mit ihm sprechen?«

»Nein.«

»Dann eben nicht.«

»Wohnt bei euch noch eine dritte Person, Den?«

»Jawoll.«

»Darf ich fragen, wie sie heißt?«

»Er heißt Mort.«

»Mort?«

»Richtig.«

»Und Mort kommt aus Portsmouth?«

»Stimmt auffällig.«

»Könnte ich dann bitte mit Mort sprechen, Den?«

»Mort ist nicht da.«

»Na gut, würdest du Mort, wenn er zurückkommt, dann bitte ausrichten, Den, dass Mort vor zwei Stunden seine Nachtschicht anfangen sollte und dass er ein *großes Problem* hat?«

»Was soll ich sagen, wer angerufen hat?«

»Batseba.«

»Batseba«, wiederholte Den. »Großes Problem.«

Ich war wütend. Die ganze Zeit, in der ich vermeintlich eine intime Beziehung mit Patrick hatte, hatte ich in Wahrheit mit einem Kerl namens Mort geschlafen. Man hat keinen Sex mit jemandem und belügt ihn wegen seines Namens! Man lügt wegen seines Familienstandes, seines Alters und seiner Allergie gegen das Kondomgummi, aber zumindest hat man den Anstand, seinen richtigen Namen zu benutzen! Wer zum Teufel war Mort? Und wenn Mort Mort war und nicht Patrick, was war Mort noch, was Patrick nicht war? Wählte Mort vielleicht One Nation?

»Natürlich weiß ich, dass er Mort heißt«, prahlte Boris, als er hereinspazierte und uns mit einem frühen Überfall überraschte. »Ich hätte euch dummen Hühnern sagen können, fragt nach Mort, aber ihr seid ja zu dämlich, mich anzurufen, und nun kann keiner den Blödmann finden. Und wer, bitteschön, macht unten den Empfang?«

Boris hatte zweifellos bereits das armselige Ensemble bemerkt, das an seinem Küchentisch hockte.

»Äh«, begann ich, während ich mir ins Gedächtnis rief, dass ich immer noch als Kellnerin oder Avon-Beraterin arbeiten könnte.

»Nanu, wenn man vom Teufel spricht«, unterbrach uns Raelene, als Mort praktisch durch die Tür fiel.

Patricks üblicher »Ach, wirklich? Ich hatte ja keine Ahnung!«-Ausdruck nahm Cartoon-Ausmaße an, als er atemlos durch unser Büro stolperte, sich an niemanden im Besonderen wendete und heftig mit den Armen ruderte.

»Es tut mir so Leid«, wiederholte er immerzu, sah Boris an, dann Raelene, dann Pip.

Dass ich von Patricks epileptischer Entschuldigung ausgeschlossen wurde, bedeutete wahrscheinlich, dass man Kolleginnen, mit denen man ins Bett ging, keinerlei berufliche Rechenschaft mehr schuldig war.

Patricks Ausrede hätte bestimmt einen Preis als »Originellste Ausrede« in der Kategorie »Kurzausrede« bei der jährlichen Ausreden-Meisterschaft gewonnen.

»Ich bin seit fünf Uhr heute Morgen auf den Beinen, um mich um eine kranke Freundin zu kümmern. Es ging ihr so schlecht, dass ich sie heute Nachmittag ins St. Vinnies fahren musste. Und es tut mir Leid, aber ich bin in der Notaufnahme eingeschlafen.«

Boris nickte mit gewichtiger Anerkennung, Pip umarmte Patrick, und ich fragte mich, wer »sie« war. Nur Raelene wagte es, mit offensichtlicher Gleichgültigkeit auf Patricks Heldentaten zu reagieren.

»Kannst du Antoinette zu einer Buchung in Kensington fahren, nachdem du Zora am Swiss Grand abgesetzt hast?«

Raelene hatte Patrick immer noch nicht wegen ihrer Tür verziehen.

»Und du warnst besser Antoinette, Meredith«, sagte Raelene und riss ein Stück Papier mit den Buchungsdetails für mich ab. »Es ist ein abgelegener Bungalow.«

»Bungalow?«, schluckte ich und versuchte, das Todesurteil, das mir Raelene gegeben hatte, zu entziffern, während ich mich zur Tür vortastete.

»Das ist schon in Ordnung«, versicherte mir Raelene knapp. »Er steht im Telefonbuch«.

Bei Privatwohnungen zogen wir es immer vor, wenn der Kunde schon in unserem Computer gespeichert war, aber Mikey hatte offenbar unsere Dienste nie zuvor in Anspruch genommen. Es wurde noch schlimmer. Antoinette sollte in der Dunkelheit an einem Haus entlanggehen, um die Ecke biegen und dann an die Tür von Mikeys »Bungalow« klopfen, den man auch für einen »kleinen Schuppen« halten konnte. Aber es war in Ordnung. Mike stand im Telefonbuch und, wie wir alle wissen, benutzen Mörder und Vergewaltiger Geheimnummern.

Unten in der Küche akzeptierte Antoinette ihren Auftrag mit apathischer Resignation. Ich versuchte, das mit dem Bungalow zu erklären, aber was sie anging, hätte es auch eine Koppel in Bosnien sein können. Ich weiß nicht, welche Missgeschicke Antoinette an diesem Tag bereits hinter sich hatte, aber eins mehr oder weniger würde sie nicht überraschen. Selbst Zora äußerte Bedenken wegen des Bungalows, bis sie zu schnell aufstand und sich beinahe in ihrem eigenen Tuch erwürgte. Als ich die drei hinausließ, eilte Patrick mit seinem üblichen frechen Lächeln an mir vorbei. Er zwinkerte mir sogar zu.

»Bis später, Mort«, sagte ich spitz.

Wie passend, dachte ich, als ich die Tür zuwarf und gerade noch einen Blick auf sein tödlich verlegenes Gesicht erhaschte, als er sich umdrehte.

Auf halbem Wege die Treppe hinauf traf ich Boris, der nach unten strebte, um ins Kasino zu fahren. Ich wusste inzwischen, dass die beste Art, eine von Boris' Tiraden zu überleben, darin bestand, ihm einfach zuzustimmen, mich zu entschuldigen und noch bekümmerter wegen meiner eigenen Inkompetenz auszusehen, als er es jemals könnte. Ich versprach, sein Haus unverzüglich mit knackigen Sexarbeiterinnen zu füllen, und hatte gerade den oberen Treppenabsatz erreicht, als ihm noch ein weiteres Ärgernis einfiel und ich von oben herunterbrüllen musste, warum Zora mit goldener Farbe bedeckt war. Boris schmiss voller Abscheu die Tür zu.

Wer war *sie*? Patrick hatte sich seit fünf Uhr morgens um eine Frau gekümmert, behauptete er. Und nannte *sie* ihn Patrick? Oder Mort?

Natürlich klopfte nun, da ich Rita, Maya und Shelby zusammengetrommelt hatte, kein einziger Mann mehr an unsere Tür außer dem Pizzaboten. Ich fühlte mich wie jemand, der ohne Not die Feuerwehr alarmiert hat. Doch dank Urszula mangelte es uns nicht an interner Unterhaltung. Ich war dankbar für jegliche Ablenkung von meiner wachsenden Eifersucht auf Patricks kranke Bekannte, Freundin oder Ehefrau. Ich betrat die Küche und fand Urszula in ihrem Morgenrock sitzend, noch nass vom Duschen, während die anderen Frauen mit Teetassen und warmen Handtüchern um sie herumwuselten.

»Ich wollte dich nicht aufregen, Meredith«, verkündete Urszula hoheitsvoll wie Queen Elizabeth aus der Mitte ihrer Untertanen. »Aber wir haben hier eine Krise.«

Offenbar war Rita, als sie merkwürdige Geräusche aus der Waschküche hörte, hinübergegangen und hatte Urszula nackt in Embryo-Haltung auf dem Boden der Dusche vorgefunden, mit dem heruntergerissenen Duschvorhang über sich.

»Ich konnte verdammt noch mal nich atmen!«, rief Urszula aus, während Maya ihr beruhigend den Rücken rubbelte.

»Du hast hyperventiliert, Schätzchen«, zwitscherte Krankenschwester Rita.

Nur vier Wochen zuvor hatte Urszula in Hesters Wohnung einen ähnlichen Anfall erlitten und mich ausgelacht, als ich sie bat, ihre Horizon-Zigaretten aufzugeben. Aber nach dem Duschvorhang zu urteilen, den ich irreparabel zerrissen in der Waschküche fand, hatte dieses Erlebnis ihr wirklich Angst gemacht. Ich wollte gerade mein Ventolin von oben holen, als die Haustür mit solcher Wucht zugeschlagen wurde, dass ich in den sicheren Kokon von vier Prostituierten zurückwich. Jemand näherte sich laut stampfend der Küche, und wir starrten alle fünf ängstlich auf die Tür, bis sie schließlich krachend aufgetreten wurde. Da stand Antoinette, Haare verklebt, Augen funkelnd und schäumend vor Wut wie eine wahnsinnige Harpyie.

»ZUM TEUFEL MIT EUCH ALLEN!«

Jetzt hatten wir alle Atemprobleme.

»Schickt uns raus zu verdammten Psychopathen ans Ende der Welt! ZUM TEUFEL MIT EUCH ALLEN!«

Ich schloss daraus, dass die Bungalow-Buchung nicht gut gelaufen war und wusste auf Grund der knarrenden Dielen oben, dass meine verängstigten Kolleginnen auf Zehenspitzen bis zum Treppenabsatz geschlichen waren, um zu lauschen. Ich entfernte mich nur einen winzigen Schritt von meiner zitternden Herde und bemühte mich, so ruhig wie möglich zu klingen, als ich Antoinette fragte, was passiert war.

»WAS KÜMMERT ES DICH?«, brüllte sie mich an und taumelte bedrohlich auf mich zu. »Was kümmert es dich oder irgendeine von denen da oben, was mit uns passiert? So lange ihr nur euer SCHEISSGELD kriegt!«

Ich nahm mein Leben selbst in die Hand, wagte mich vorsichtig einen weiteren Schritt vor und fragte Antoinette erneut, was genau passiert war. Aber Antoinette ignorierte mich und kauerte sich stattdessen auf dem Boden nieder, wo sie sich abmühte, ihren Schrank zu öffnen. Als sie es schließlich geschafft hatte, feuerte sie eine weitere wortgewaltige Salve allgemeiner Beschimpfungen ab, während sie Haarspray, Teddys und leere Gleitmitteltuben überall im Raum verstreute.

»Hier bleibe ich keine Minute länger«, fauchte sie, heftig bemüht, ein blondes Haarteil, das sich in ihrem Armreifen verfangen hatte, in ihre Tasche zu stopfen. »Warum sollte ich mein Talent verschwenden, indem ich für solche verdammten, primitiven Kriminellen arbeite?«

Antoinette zerrte wild an ihrem Handgelenk, bis sie schließlich die Perücke aus ihrer Falle befreit hatte und sie in ihrer Tasche verstaute. Das Haarbüschel, das noch immer im Armband verfangen war, ähnelte jetzt einem schaurigen gerichtsmedizinischen Beweisstück, und ich bat Antoinette inständig, mir zu verraten, ob Mikey aus Kensington sie verletzt habe.

»KRIMINELLE!«, tobte sie und fuchtelte dabei mit einem vereinzelten Strass-Schuh vor meinem Gesicht herum.

Wir hatten den anderen seit Wochen oben aufbewahrt, doch dies schien mir nicht der passende Moment, es ihr zu erzählen.

»Wartet ihr darauf, dass eine von uns umgebracht wird?«, fuhr sie fort. »SEID IHR DANN ZUFRIEDEN?!«

»Beruhig dich, Antoinette«, befahl eine lebensmüde Person hinter mir.

Ich folgte Antoinettes irrem Blick zu Urszula, die immer noch wie eine Königin inmitten ihres Gefolges saß. War sie verrückt geworden?

»Sag du mir nicht, dass ich mich beruhigen soll!!«, spie Antoinette und richtete sich drohend auf wie eine tollwütige Katze, die bereit ist, sich beim kleinsten Widerspruch auf ihr Opfer zu stürzen.

Urszula und Antoinette hatten einander nie gemocht, aber immer professionellen Abstand gehalten – bis jetzt. Es war, als würde die Sonne sich plötzlich verfinstern, als Urszula sich mit einem schroffen Nicken geschlagen gab. Später erklärte Urszula mir, dass die Sache anders gelaufen wäre, wenn sie keine Atemprobleme gehabt hätte.

Antoinettes große schwarze Tasche, die immer so tief und geheimnisvoll wie ein Wurmloch im Orbit gewirkt hatte, war jetzt prall gefüllt mit Flaschen, Bürsten, Unterwäsche, einem Schuh und einer Hand voll blonder Haarlocken. Auf den ersten Blick sah es aus, als ob sie einen blonden Schlangenmenschen umgebracht und die Leiche hineingestopft hätte.

»Sag ihnen«, befahl sie mir mit zitternder Stimme, »sag dem primitiven Mistkerl und seiner Frau, dass ich gegangen bin, bevor sie mich umbringen konnten.«

»Du musst mir sagen, was er gemacht hat, Antoinette«, flehte ich sie an. »Bist du verletzt? Sollen wir die Polizei rufen?«

Als sie sich schließlich an der Küchentür zu mir umwandte, zitterte sie und kämpfte mit den Tränen.

»Merkt sie denn nicht«, sagte sie und deutete nach oben, »dass mit einem Kerl, der am Telefon nicht mal die elementarsten Grundlagen unserer Sprache beherrscht, irgendwas *nicht stimmt*? Dass sie es mit einem *verdammten Perversen* zu tun hat?!«

Ich drehte mich zu den Frauen um und sah, dass sie sich genauso elend fühlten wie ich.

»VERDAMMT!«, röhrte die Stimme an der Haustür. »LÄSST MICH VIELLEICHT MAL JEMAND RAUS!«

Nach den Schlüsseln fingernd stolperte ich in den Flur und ließ Antoinette in die dunkle Nacht hinaus.

Raelene, sichtlich erschüttert von Antoinettes Vorwurf, beteuerte Pip und mir, dass der Mann, der den Auftrag erteilt hatte, am Telefon völlig normal geklungen hätte, sogar als sie ihn zurückgerufen hatte, um den Auftrag zu bestätigen, und wir glaubten ihr. Während Raelene immer wieder erfolglos Mikeys Nummer wählte, fuhr Patrick noch mal nach Kensington und klopfte an die Tür des Bungalows, versuchte es dann auch am Haupthaus, traf aber niemanden an. Wir waren in einer verzwickten Lage. Boris hatte sein Handy ausgeschaltet. Wir wussten, dass wir Didi nur im äußersten Notfall wecken durften, aber immerhin war gerade eine der Frauen unter traumatischen Umständen für immer gegangen. Und so rief ich schließlich bei Didi an, obwohl meine ängstlichen Kolleginnen mir davon abrieten.

Didi hörte mir in eisigem Schweigen zu, als ich ihr Antoinettes schreckliches Erlebnis und ihren verzweifelten Abschied schilderte.

»Lass mich eins klarstellen, Merediss«, unterbrach Didi mich in einem Ton, der gar nichts mehr von der Liebenswürdigkeit hatte, die sie bei unserem ersten Gespräch gezeigt hatte. »Du hast eine Frau gehen lassen, bevor sie dir das Geld ausgehändigt hat, das sie uns schuldet?«

Ich war sprachlos.

»Such mal ihre Karte für mich raus, ja?«, befahl Didi.

Raelene hielt mir prompt die gewünschte Karte hin.

»Wie viel Geld schuldet sie uns?«, verlangte Didi zu wissen.

»Ähm«, stotterte ich und versuchte angestrengt, die winzigen Reihen roter, grüner und blauer Hieroglyphen zu entziffern, die verschiedene Empfangsdamen gekritzelt hatten. »Fünfundzwanzig Dollar für das Taxi gestern Nacht, glaube ich.«

»Und war das heute eine Standardbuchung?«, fragte sie barsch.

»Ja.«

»Du hast also eine Frau gehen lassen, Merediss, die uns 115 Dollar schuldet?«

»Ich habe Antoinette gehen lassen, Didi«, fing ich an, überrascht von ihrer Herzlosigkeit, »weil sie ein traumatisches Erlebnis hatte und schrecklich durcheinander war, nachdem wir sie zu einem Mann geschickt hatten, der offenbar gestört war.«

»Was meinst du damit?«, schnappte Didi.

»Didi, er wohnt in einem Schuppen, und Antoinette sagte, er konnte kaum einen vollständigen Satz ...«

»Merediss«, unterbrach sie mich. »Ich weiß nichts von deiner privilegierten Herkunft, aber in diesem Beruf machen wir keinen Unterschied zwischen Menschen niederer Herkunft und den gebildeten Schichten. Erwartest du im Ernst, dass ich überprüfe, ob die Kunden über einen Bildungsstand verfügen, der dir und Antoinette angenehm ist?«

»Didi, ich rede nicht von einem Mangel an Bild-«

»Die Tatsache, dass die Frau gegangen ist, interessiert mich im Grunde nicht, Merediss«, dampfwalzte Didi über mich hinweg. »Diese Frau ist selber psychisch angeknackst, was deiner scharfen Beobachtungsgabe offensichtlich entgangen ist, als du sie mit Geld, das ihr nicht zusteht, aus dem Haus gelassen hast. Wann kommt sie zurück?«

»Sie kommt nicht mehr zurück, Didi«, schrie ich. »Deshalb rufe ich dich an. Und ich denke, sie hat vielleicht –«

»Ich bin froh, dass du angerufen hast«, fiel Didi mir erneut ins Wort. »Denn dies ist dein Problem, Merediss. Auf Grund deiner Nachlässigkeit und Dummheit fehlen uns jetzt 115 Dollar, und deshalb werde ich die Summe von deinem nächsten Lohn abziehen müssen. Hast du das verstanden?«

Ich fühlte mich wie erschlagen. Ich hatte meine Arbeitgeberin angerufen, um einen möglichen Angriff auf eine Frau zu melden, und am Ende hatte mich das Ganze 115 Dollar gekostet.

»Ich hasse sie«, schäumte ich, als Patrick vor einer Ampel hielt. »Sie ist böse.«

Patrick nickte verständnisvoll.

»Morgen«, sagte ich, »such ich mir einen neuen Job.«

Patrick seufzte. »Antoinette kommt wieder. Sie ist schon öfter gegangen, weißt du.«

Ich sah neidisch auf einige Krankenschwestern, die im Auto neben uns lachten, und erinnerte mich an etwas. »Was ist mit deiner kranken Freundin?«

Patrick erklärte mir ernst, dass seine direkte Nachbarin, eine Inderin, deren Mann nachts als Sicherheitsbeamter arbeitete, mit extremen Schmerzen wegen einer Darmverschlingung aufgewacht war.

»Die im Krankenhaus haben gesagt, sie hätte sterben können«, erklärte er, was mich an etwas anderes erinnerte.

»Mort?«, fragte ich ungläubig. *»Mort?«*

»Boris hat mich bei meiner ersten Schicht gefragt, ob ich einen anderen Namen benutzen möchte«, nuschelte Patrick und sah mich nervös von der Seite an. »Na ja, was würdest du tun, wenn dein wirklicher Name Mortimer wäre?«

Ich schaute noch einmal zu den Krankenschwestern, die sich inzwischen vor Lachen bogen. Mortimer. Na gut, das war ein Argument.

Fünf Tage später, nachdem ich entschieden hatte, dass ich unmöglich für zwei Kieferorthopäden in Edgecliff arbeiten konnte, trat ich wieder zu meiner Nachtschicht am Freitag an. Antoinette war wieder zur Arbeit gekommen und hatte das geschuldete Geld zurückgezahlt. Patrick verstand, dass ich ihn nur Patrick nennen konnte, und versprach mir hoch und heilig, dass er nie One Nation gewählt hatte. Und obwohl ich weiterhin für Didi arbeitete, fühlte ich mich seltsam befreit. Ich hatte keine Angst mehr vor ihr. Ich hasste sie. Es ist ein feiner Unterschied zwischen Angst und Hass. Das kann Ihnen jeder Schwule bestätigen, der in Tasmanien lebt.

Moulin Rouge

Die Welt ist klein, wie man so sagt.

»Hey, Meredith«, kreischte Leonie ins Telefon. »Rate, was ich ab morgen mache!«

Seit Leonies letzter Kurzmeldung traute ich mich nicht zu fragen.

»Ich geb dir ’nen Tipp«, kicherte Leonie aufgeregt. »Ich arbeite bei deiner Mitbewohnerin, an einem bestimmten Film, über einen französischen Zirkus.«

Französischer Zirkus? Großer Gott! Was um alles in der Welt könnte Leonie bei *Moulin Rouge* zu tun haben? Sängerin oder Tänzerin schied aus. Schauspielerin sowieso. Es sei denn als

Statistin, die einen Gast im Publikum spielte. Oder vielleicht –? Nein, das konnte ja wohl nicht sein, oder?

»Ich bin eine Prostituierte!«, krähte Leonie triumphierend.

»Na, wenn das kein Zufall ist«, sagte ich und stimmte in ihr Lachen ein.

»Was?«, keuchte Leonie plötzlich. »Sag bloß, du spielst auch eine?«

Ich versuchte zu sprechen, aber es kamen keine Worte.

»Oh, Meredith!«, rief Leonie aus. »Heißt das, wir arbeiten endlich mal zusammen?«

Muss Libby warnen. Vorsicht vor Huren, wenn auf Set.

Und was macht Patrick?

Es was toll, meinen Freunden erzählen zu können, dass es wieder jemanden gab, mit dem ich – mindestens – »ausging«. Ihre Gesichter leuchteten auf, als wäre es die Wiederkunft Christi. An die keiner mehr geglaubt hat. Aber dann ging die unvermeidliche Fragerei los: »Was macht er?« Und meine Lieblingsfrage: »Wo habt ihr euch kennen gelernt?«

Ich konnte keine der beiden Fragen beantworten, ohne die Wörter *Prostituierte* oder *Bordell* zu benutzen.

Sie bewahrten ein gequältes Lächeln auf dem Gesicht, während sie weiter mechanisch nickten und ihre Finger schon auf der Suche nach dem nächsten Telefon zuckten. Ich wollte mich nie für Patrick entschuldigen oder rechtfertigen, womit er sich seinen Lebensunterhalt verdiente, konnte aber nur selten die bedeutungsvollen Pausen ertragen, die meinen Antworten folgten. Und meine Erklärungsversuche machten alles nur noch schlimmer.

»Die Frauen haben ihn alle total gern«, sagte ich zu Barbara, einer befreundeten Schauspielerin.

Wir saßen auf dem pittoresken Pierbalkon des Sydney Theatre und nippten an unserem Chardonnay, nachdem wir gerade für das neue Stück von David Williamson vorgesprochen hatten. Auch wenn Barbara inzwischen mit einem Quantas-Piloten verheiratet war und sich im belaubten Rose Bay um ihr Baby kümmerte, verbanden uns doch jede Menge ausschweifender Off-Stage-Erfahrungen, die wir in den Jahren nach der Schauspielschule gesammelt hatten. Aber die Mutterschaft schien bei Barbara einen Gedächtnisschwund bewirkt zu haben.

»Ach, du meine Güte!«, sagte sie, ihr Lächeln haltend, als wäre es ein gebrauchtes Papiertaschentuch auf der Suche nach einem Abfalleimer.

Es saß noch eine weitere Schauspielkollegin mit uns am Tisch.

»Der Fahrer!«, rief Beatrice und stand auf. »Oh, Merridy!« Damit zog sie empört von dannen. Wenigstens war es eine ehrliche Reaktion.

Als ich meinen Eltern die Neuigkeit verkündete, wurde mir klar, wie verzweifelt sie sich einen Partner für ihre 38-jährige Tochter wünschten.

»Ich treffe mich mit jemandem«, sagte ich.

»Wunderbar!«, riefen sie im Chor.

»Er heißt Patrick.«

»Was für ein schöner Name!«, schwärmte meine Mutter.

»Patrick ist der Fahrer des Bordells und ein sehr freundlicher Mann«, erzählte ich meinen Eltern, »er respektiert die Frauen, ist intelligent, hat einen wunderbaren Humor, er raucht und trinkt, hat weder irgendwelche Aussichten noch überhaupt eine Richtung in seinem Leben, er lacht ununterbrochen, und es ist nichts Ernstes, aber ich bin glücklich.«

Schweigen.

»Großartig!«, sagte mein Vater schließlich.

»Das ist soo schön!«, erklärte meine Mutter.

Ich liebe meine Eltern.

Heikler war das Familientreffen in Punchbowl, das anlässlich der Goldenen Hochzeit meines Onkels und meiner Tante an einem warmen Sonntagmorgen im Oktober stattfand. Die fröhliche Sippschaft meines Vaters, unzählige baptistische Brüder, Schwestern, Cousinen, Tanten und Onkel hießen mich immer mit offenen Armen willkommen und liebten mich bedingungslos, aber seit *Play School* hatte ich auch noch einen peinlichen Starstatus erlangt. Um elf Uhr morgens versammelten wir uns im makellosen Wohnzimmer von Tante Dot. Alle kamen direkt aus der Kirche und ich, nach einem kurzen Frühstück, direkt aus dem Bordell, weil es eine besonders hektische Nacht gewesen war. Und da stand ich also, umringt von Luftballons und Biskuitkuchen, einen Strauß Gerbera in der Hand, und wurde für meinen jüngsten Auftritt in einem Werbespot für Klopapier gerühmt und gefeiert.

»Und – hast du auch einen Freund?«, fragte Onkel Roy neckisch.

Alle verstummten plötzlich. Ich konnte nur noch das Zittern meiner Gerbera hören.

»Lustig, dass du fragst, Onkel Roy.« Ich lachte nervös.

Und dann jubelten alle.

Als ich ihnen erzählte, er fahre Taxi, jubelten sie erneut, weil nämlich Onkel Barry auch Taxi fährt. Also fragte Onkel Barry, wie der Glückliche denn heiße.

»Patrick.«

»Patrick – und wie weiter?«

»Patrick … Dart!«

Und alle nickten beifällig. Patrick Dart. Volltreffer.

Ich arbeitete jetzt in Redfern. Es war alles sehr schnell gegangen.

»Wir ziehen um«, verkündete Pip aus heiterem Himmel an einem Freitagabend. »Sonntag packen wir das Büro zusammen. Wusstest du das schon?«

Ich saß gerade in Boris' großem Ledersessel, las pflichtschuldigst »die Bibel«, um mich auf den neuesten Stand zu bringen und mich umfassend über alle neuen Entwicklungen seit meiner letzten Schicht zu informieren. Ich wusste, dass Trudy zusätzliche Büroklammern gekauft hatte, dass Donatella jetzt einen Brustumfang von 100 Zentimetern hatte und dass noch ein weiterer von Darius' Schecks geplatzt war, aber dass der gesamte Betrieb an einen völlig neuen Ort verlegt werden sollte, war mit keinem Wort erwähnt.

»Ja«, seufzte Pip, nahm eine lässig-elegante Pose ein und zündete sich eine ihrer langen weißen Zigaretten an. »Didi hat Boris' Inkompetenz satt. Das Bordell ist ein finanzielles Desaster, und sie gibt ihm die Schuld dafür.«

Ich schluckte hart. Das bedeutete, Boris würde uns die Schuld geben.

»Deshalb kehren wir zum reinen Escort-Geschäft zurück«, fuhr Pip fort. »Was mir sehr entgegenkommt. Ich habe mich nie damit einverstanden erklärt, in einem Bordell zu arbeiten. Ich fand die ganze Sache schon immer unglaublich ordinär.«

Ich weiß nicht, warum Pip die ganze Sache so »unglaublich ordinär« fand. Sie hatte sich hartnäckig geweigert, unten zu arbeiten, und hatte die Ordinäros an der Haustür nicht mal von weitem gesehen, geschweige denn ein feuchtes Handtuch angefasst. Trotzdem war ich fasziniert von Pips ausdauernder Verwendung des Wortes »ordinär«. Ich fand ihr vornehmes Getue in einer derart unpassenden Umgebung immer sehr unterhaltsam, außer wenn ich müde war. Dann hätte ich sie am liebsten mit einem ganz ordinären Faustschlag zu Boden gestreckt.

Pip erklärte mir, dass Boris und Didi Arlington House bereits zum Verkauf angeboten hätten, und Sonntag würden wir mit Sack und Pack in ihr anderes Haus in Redfern umziehen. Das einzige Haus in Redfern, von dem ich wusste, war das, in dem verschiedene Frauen wie Shawna, Rochelle, Delilah und manchmal Antoinette, wenn sie sich mit ihrer Mutter verkracht hatte, einquartiert waren.

»Ist das nicht das Haus, in dem einige der Frauen wohnen?«, fragte ich.

Pip schloss die Augen und lächelte, während sie einen tiefen Zug von ihrer Zigarette nahm. »Es ist kein Obdachlosenheim. Sie müssen eben eine Weile auf eigenen Füßen stehen.«

Natürlich war es kein Obdachlosenheim. Ich wusste nur zu gut, dass Boris eine saftige Miete kassierte, weil ich sie wiederholt von der Bezahlung der Frauen abziehen musste. Und was mich betraf, so war jede Frau, die auf dem Rücken oder auf den Knien arbeitete, um ihre Miete zu bezahlen, mehr als in der Lage, auf eigenen Füßen zu stehen.

Es stimmte, dass ich es nicht vermissen würde, die Haustür zu öffnen und ständig Angst zu haben, dass Vetter Al auf der anderen Seite stehen könnte. Und es hatte mir nie wirklich Spaß gemacht, die klebrigen Handtücher und die seltsamen (manchmal *sehr* seltsamen) Dildos einzusammeln. Doch im Gegensatz zu den Prophezeiungen meiner Freundinnen hatten meine Bordellerfahrungen mir eher mehr als weniger Respekt für Männer eingeflößt, denen Safersex mit einer Prostituierten lieber war als ein betrunkener One-Night-Stand – womöglich mit einer meiner Freundinnen. Und niemand wusste besser als ich, dass es Mut erforderte, in ein Bordell zu gehen. Obwohl ich es vermissen würde, nicht so nahe an der Frontlinie zu arbeiten, war mir vor allem wichtig, dass ich weiterhin mit einem Haufen plaudernder parfümierter Prostituierter und einem lachenden, sanften Fahrer in der Küche sitzen konnte. Das war furchtbar wichtig. Sonst wäre es, als risse man den wunderbaren Schoß aus meiner schönen neuen Welt. Hatte dieses andere Haus überhaupt einen Schoß?

»Ja, da ist eine Küche«, plapperte Pip weiter, »aber die Frauen sollen dort möglichst nicht herumsitzen. Boris möchte, dass sie einfach ihr Geld an der Haustür abgeben oder abholen und dann wieder verschwinden.«

Und so plapperte sie weiter Worte wie Panzer, die blindwütig mein glückliches Dorf niederwalzten.

»Boris will nicht, dass sie nach oben kommen, sich überall auf den Möbeln herumfläzen, alles unordentlich machen und miteinander tratschen. Für dich hat das den Vorteil, dass du nicht mehr hinter ihnen herräumen musst.«

Würde ich nie wieder meine Collage erschöpfter, nach Entspannung lechzender Frauen sehen, die sich in den Ecken zusammenkauerten oder hingegossen auf den Sofas lagen wie auf einem Bild von Klimt? Hatte ich meine letzte Armladung vergessener Nagellackflaschen, gebrauchter Baumwollpads und schmutziger Servietten eingesammelt und meinen letzten überquellenden Aschenbecher mit lippenstiftverschmierten Kippen ausgeleert? Diese kleinen Bruchstücke erschienen mir jetzt wie kostbare Andenken, und ein Leben ohne diese Abfälle kam mir plötzlich leer und trostlos vor.

Ich musste noch eine Stunde totschlagen, deshalb schaute ich auf meinem Weg nach Redfern bei meiner Agentin vorbei, um ein Drehbuch abzuholen. In den nächsten drei Wochen würde ich zwischen meinen Bordellschichten Marion Mahoney spielen, die Ehefrau von Walter Burly Griffin, und zwar in einem Dokumentarfilm über dieses Architektenehepaar, das unter anderem meine Geburtsstadt Canberra entworfen hatte. Doch als ich gerade wieder gehen wollte, rief meine Agentin mich noch einmal zurück. Sie steckte mitten in einem Telefongespräch, legte die Hand über den Hörer und fragte, ob ich Interesse an einer kleinen Rolle in *Moulin Rouge* hätte.

»Wie klein?«, wisperte ich, extrem interessiert.

»Klein«, bestätigte sie nickend.

»Wie viele Szenen?«, fragte ich eifrig.

Meine Agentin fragte die Person am anderen Ende der Leitung und wandte sich dann wieder zu mir. »Eine«, sagte sie.

»Wie viele Zeilen?«, fragte ich

Es folgte ein weiterer längerer Austausch zwischen den beiden. Bestimmt ein gutes Zeichen.

»Keine«, erklärte sie schließlich.

»Einverstanden«, sagte ich.

»Moment noch.« Meine Agentin hielt gebieterisch die Hand hoch, während weitere Informationen flossen.

Vielleicht doch ein paar Sätze? Ein kleiner Dialog mit Ewan McGregor?

»Wirklich?«, fragte sie. »Oh! Ach so. Alles klar.« Sie legte auf. »Sie haben abgesagt.«

Meine kometenhafte Filmkarriere hob mal wieder ab wie eine unbemannte Rakete in der Wüste. Na gut, lächelten wir beide, leb wohl, Paris. Ich hatte immer noch Canberra.

Ich saß hinten im Bus auf meinem Drehbuch, damit meine Beine nicht am heißen Vinylsitz festklebten. Ich hatte schon seit Monaten kein kurzes Kleid mehr getragen, um nicht mit einer Sexarbeiterin verwechselt zu werden. Aber da wir jetzt Sommer hatten und meine internen Pflichten zusammen mit dem Kondomspender verschwunden waren, hatte ich den Geigerinnen-Look aufgegeben. Das Haus in Redfern befand sich mitten in der libanesischen »Fressmeile« von Sydney. Vor zwanzig Jahren hatte ich diese Restaurants und ihre wunderbar sättigende Küche mit meinen Kollegen von der Schauspielschule entdeckt. Bei großen Mengen billigen Weins hatten wir unsere ruhmreichen Theaterkarrieren geplant, bevor wir uns zu Pärchen zusammentaten, um uns in ein weiteres desaströses Sexexperiment zu stürzen.

Als ich an diesem Freitagabend an Fatima und Baba vorbeiging, stellte ich fest, dass sich nichts verändert hatte. Da waren immer noch dieselben Neonlicht-Räume voller lärmender NIDA-Schüler, die keine Ahnung hatten, dass sie am Ende in einem Bordell arbeiten würden. Und da, neben Mustafas Lebensmittelgeschäft, stand dasselbe alte libanesische Kaffeehaus voller großer, kräftig gebauter Libanesen, die Backgammon spielten.

Als naive achtzehnjährige Schauspielschülerin war ich einmal dort hineinspaziert und hatte mich an einen Tisch gesetzt, bevor mir bewusst wurde, dass kein nennenswerter Tresen, keine Speisekarten und nicht einmal ein Zuckertopf in Sicht waren, sondern nur etwa ein Dutzend Libanesen mit großen Schnurrbärten, die mich mit vager Missbilligung musterten. Ich kam mir vor, als wäre ich auf eine Koppel mit lauter grasenden Bullen spaziert. Die Sekunden verstrichen, bis es zu spät war, einfach wieder fluchtartig das Lokal zu verlassen, und ich mich stattdessen mit dem Gedanken abfand, diese spektakulär demütigende Erfahrung durchstehen zu müssen. Als sich der kleinste Mann mit dem größten Schnurrbart vorsichtig näherte und fragte, ob ich einen Kaffee möchte, kriegte ich kein Wort heraus und nickte nur mit knallrotem Kopf. Ich brach einen Rekord im Herunterstürzen von Kaffee, und als ich ging, tat der große Schnurrbart mein Geld mit einer wegwerfenden Handbewegung ab, als ob die Unterhaltung, die ich geboten hätte, mehr als genug gewesen wäre.

Zehn Jahre später auf einer Reise in die Türkei sah ich ähnliche Teehäuser voller türkischer Männer, die den ganzen Tag Backgammon spielten. Die einzigen Frauen, die ich in den Dörfern je zu Gesicht bekam, waren diejenigen, die draußen auf den Feldern arbeiteten oder zusammengepfercht wie Vieh in staubigen Lastwagen saßen und bei Sonnenuntergang nach Hause gekarrt wurden. Mein damaliger Freund fand, es sei eine hervorragende Arbeitsteilung. Wir trennten uns eine Woche später auf den griechischen Inseln.

Ich ging an Mustafa und am libanesischen Kaffeehaus vorbei und überquerte den Zebrastreifen zu meinem neuen Arbeitsplatz – einem festen, dreistöckigen Haus, das an der Ecke der Hauptstraße und einer schmalen Allee stand. Da ich an der Vorderseite keinen Eingang entdeckte, ging ich die kleine Allee hinunter zu einer abgelegenen Tür, die in eine riesige, mit Graffiti bedeckte Backsteinmauer eingesetzt war.

»Komm hoch, Süße!«, zirpte eine sehr vergnügte Raelene durch die Gegensprechanlage.

Die Tür öffnete sich automatisch, und sofort sah ich mich meinem alten Freund Elch und seinem Zwillingsbruder gegenüber, die an den Wänden des eindrucksvollen Vorraums hingen. Der Raum war voll mit den vertrauten Ledersofas, Lampen und Couchtischen, aber das Haus als solches war fast noch prächtiger als das alte. Die Tür auf der Rechten führte in ein geräumiges Büro. Ich sah Boris' großen Ledersessel an dem antiken Mahagonischreibtisch und gegenüber eine Bar. Schon diese räumliche Trennung von Boris bot eine hinlängliche Erklärung für Raelenes gute Laune.

Ich stieg die glänzenden Treppenstufen hoch und stieß auf zwei identische, blitzsaubere Badezimmer, die nebeneinander lagen und mit den obligatorischen burgunderroten Handtüchern ausgestattet waren. Rechts befand sich eine große Küche, die unseren gemütlichen alten Tisch und mehrere Stühle enthielt. Durch die Küche gelangte man in einen Aufenthaltsraum mit denselben Sofas, Fransenkissen und gläsernen Couchtischen, die ich aus dem alten Ruheraum der Frauen kannte. Auch der Fernseher fehlte nicht. Ich kehrte zu den Badezimmern zurück, schlug die andere Richtung ein und stieg sechs Stufen zu einer etwas höheren Ebene hinauf. Rechts lag ein großes, jetzt überflüssiges Schlafzimmer, übersät mit mehreren überflüssigen Matratzen. Geradeaus, mit Ausblick auf die Straße, befanden sich zwei große Schlafzimmer, die man in »Büros« umfunktioniert hatte. Das »Büro« zu meiner Linken wurde von unserer schnaufenden spanischen Stierfrau belegt, die in einer Rauchwolke über ihrem Schreibtisch kauerte.

»Ja, Didi«, sagte sie und verzog gequält das Gesicht, als ob sie den Hörer von ihrem Ohr wegziehen wollte. *»Das hab ich dir gesagt*!«

Also verschwand ich schnell im Büro zu meiner Linken. Raelene und ich begrüßten uns lachend, während ich meine Tasche auf einen leeren Schreibtisch warf. Dann setzte ich meinen Rundgang fort und erkundete die letzte Treppe.

Oben befanden sich drei weitere Schlafzimmer. Eines beherbergte ein wirres Durcheinander von Bettgestellen, das zweite enthielt ein ordentlich zusammengebautes Riesenbett, und im dritten, wesentlich kleineren Raum stand ein schmales Einzelbett. Sofia erzählte mir später, dass das große Schlafzimmer für Boris vorbehalten war und dass die Frauen sich höchstens in dem winzigen Schlafzimmer auf dem winzigen Einzelbett ausruhen durften, falls sie zwischen zwei Buchungen von bedrohlicher Müdigkeit befallen und zu weit von ihrer eigenen Wohnung entfernt waren, um zu Hause zu schlafen.

Beschwingt von der aufregenden neuen Umgebung und befreit von der lästigen Pflicht, mich von Angesicht zu Angesicht mit den Kunden abgeben zu müssen, trat ich meine Schicht an. Als es hektisch zu werden begann, hörte ich zu meiner Riesenfreude den vertrauten lärmenden Chor der Frauenstimmen, die von unten aus der Küche drangen, und Urszulas unverwechselbare laute Lache, die alle anderen übertönte. Ich schützte einen Klobesuch vor und hüpfte nach unten, um sie zu begrüßen. Da saß meine alte Besetzung in ihrer neuen Kulisse. Antoinette hob blinzelnd Ritas neue Dessous gegen das Licht. Bree, Trixie und Marcelle lachten sich gerade schlapp über eine von Urszulas Geschichten, und der liebe Patrick saß mit einer Tasse Tee in der Ecke und gluckste vor sich hin. Obwohl es erst zwei Tage her war, dass ich ihn zuletzt gesehen hatte, begrüßten wir uns so aufgeregt und begeistert wie lang verloren geglaubte Freunde. Die Wiedersehensfreude setzte sich fort, als ich den Aufenthaltsraum betrat und von Maya, Shelby und Yoko umarmt wurde.

»Du trägst ein Kleid, Schätzchen?«, gurrte Rita und trat einen Schritt zurück.

»Ja!«

»Wechselst du die Seiten?« Sie lachte neckend. Maya stimmte mit ein und drohte mir scherzhaft mit dem Finger.

»Meredith?«, rief Urszula aus der Küche nebenan. »Wechselst du zur anderen Seite?«

Rita, Maya und Shelby lächelten mir alle wohlwollend zu, während die Wände von Urzulas brüllendem Gelächter erschüttert wurden.

Eine Woche später herrschte trotz der neuen Regeln immer noch vollständiges Chaos. Die Türglocke ging ununterbrochen, High Heels klackten die Holztreppe herauf und herunter, die Küche war voller Lärm und Toastkrümel, und der Aufenthaltsraum ähnelte wieder den Gemälden von Klimt. Antoinette war praktisch in das kleine Schlafzimmer eingezogen, und ich war wieder damit beschäftigt, Aschenbecher zu leeren, Handtücher einzusammeln und mich unter meine Lieblingsfrauen zu mischen. Sogar Boris fand es schwierig, sich an seine neuen Regeln zu halten. Er hatte vergessen, wie gern er umringt von einem Hofstaat schöner Frauen am Küchentisch saß, wo er schockierende Witze erzählen und zufällig vorbeikommende Empfangsdamen demütigen konnte. Sofia saß schnaubend und murrend allein in ihrem Büro wie ein frustrierter Feldmarschall, während ihr oberster Heerführer sich ständig ins Gefangenenlager stahl, um Karten mit den Häftlingen zu spielen.

Nachdem wir jetzt in diese Gegend voller orientalischer Gaumenfreuden gezogen waren, mussten wir die Frauen ständig ermahnen, mit Mundwasser zu gurgeln, weil sich bereits mehrere Kunden über die Knoblauchfahnen ihrer Begleiterinnen beschwert hatten. Der Kühlschrank wurde zum Leichenhaus für halb verzehrte, erstarrte Kebabs, hartes Pita-Brot und Baklava-Gebäck. Und je vertrauter die Frauen mit ihrer neuen Örtlichkeit und Ernährung wurden, desto neugieriger wurden die Nachbarn auf das ständige Kommen und Gehen schöner Frauen. Der Mann in unserem inoffiziellen Getränkeladen – der Kneipe an der Ecke – war völlig aus dem Häuschen.

»Wollt ihr Mädels heute Abend eine Party feiern?«

»Mit einer einzigen Flasche? Nein.«

»Nee. Ihr seid ja so viele. Da würdet ihr 'ne Kiste brauchen, was?«

»Genau.«

»So viele Frauen! In einem Haus!« Ich hatte noch nie jemanden getroffen, der so lange brauchte, um eine Flasche Wein in eine braune Papiertüte zu stecken. »Und alle auch noch so hübsch!«, rief er.

»Nicht wahr?«

»Kein einziger fauler Apfel in dem Haufen. Nur ein paar Granny Smiths ...«, kicherte er.

Ich wusste nie, was ich zu einem potthässlichen Mann sagen sollte, der abfällige Bemerkungen über unattraktive Frauen machte.

Doch die bemerkenswerteste Reaktion kam von meinen alten Freunden im Kaffeehaus auf der anderen Straßenseite. Verblüfft von dem plötzlichen Zustrom gut gekleideter, attraktiver Frauen, die an ihren Glasfenstern vorbeistöckelten, begaben sie sich allmählich von ihren Tischen zu ihrer Tür. Von dort wagten sie sich dann tollkühn direkt auf den Bürgersteig, um auf den Eingang des Taubenschlags in der gegenüberliegenden Allee zu spähen. Ich weiß nicht, zu welchem Schluss sie kamen, doch sie waren sichtlich aufgeregt und begrüßten uns nun mit anerkennendem Nicken und verschmitztem Lächeln auf der Straße. Da Urszula und ein Rasta-Taxifahrer ernsthafte Zweifel daran geäußert hatten, dass man mich mit einer Sexarbeiterin verwechseln könnte, stellte ich zu meiner Freude fest, dass wenigstens eine kleine libanesische Gemeinschaft mich für eine Frau hielt, die Geld für Sex verlangen könnte.

Wir operierten erst seit zwei Wochen von unserem neuen Geschäftssitz aus, als Boris merkte, dass Antoinette sich oben einquartiert hatte. Wie zu erwarten veranstaltete er ein Riesentheater. Da sie keine andere Bleibe hatte und volle Schichten arbeitete, entschied Antoinette, dass es das Praktischste war, wenn sie in den Pub an der Ecke einzog. Es war ein schmutziges Gebäude an einer lauten Straße und ohne Zweifel ein jämmerliches Zimmer, aber wenigstens musste sie sich keine Gedanken mehr darüber machen, wie sie das Taxi zur Arbeit bezahlen sollte. Dann geschah etwas Merkwürdiges. Zuerst dachten wir, Antoinette hätte etwas mit ihrem Gesicht gemacht.

Doch sogar ihr Gang wirkte jugendlicher. Sie schlurfte immer noch, aber eher wie eine mädchenhafte Geisha und nicht wie eine sedierte Hausfrau.

»Vielleicht nimmt sie ihre Pillen, Schätzchen«, meinte Sofia gelassen, als ich ihr von meiner Beobachtung berichtete.

»Vielleicht hat sie endlich ihre Periode bekommen«, brummelte Raelene.

»Nein«, erklärte Maxine, die gerade zum Aufbruch rüstete und sich lässig die Tasche über die Schulter schwang, »sie hat einen neuen Freund.«

Wen?

»Einen von den Griechen auf der anderen Straßenseite.«

Nachdem sie uns mit dieser Neuigkeit schockiert hatte, machte sich Maxine auf den Heimweg. Ich versuchte mir Antoinette beim Backgammon im libanesischen Kaffeehaus vorzustellen. Sogar Sofias Miene verzog sich vor Anstrengung, als sie versuchte, diese überraschende Neuigkeit zu verdauen. Ich wollte unbedingt glauben, so unwahrscheinlich es sein mochte, dass diese ungewöhnliche Verbindung funktionieren könnte.

»Ich geb ihnen 'ne Woche«, schnaubte Raelene.

Stretch und der Kronanwalt

Ich ging an der Kaffee schlürfenden libanesischen Bruderschaft vorbei. Sie winkten und lächelten, weil sie mich für eine Prostituierte hielten, aber ich winkte trotzdem zurück. Ich überquerte die Straße an der Ampel, und da Sonntag war, parkte Craig in der Allee und verabschiedete sich mit einem Kuss von Maxine. Craig hatte häufig kein Hemd an, und ich schämte mich wegen der voreiligen Schlüsse, die ich über ihn zog, nur weil ihm ein Zahn fehlte. Aus meiner Zeit an der Schauspielschule wusste ich, dass selbst die besten Make-Up-Tricks, Akzente oder bravourös gespielten Hinkefüße nichts gegen eine Zahnlücke ausrichten können. Schwärz einen Zahn ein, und sofort verwandelst du dich in ein armes Würstchen, dem es an Bildung, regelmäßigen Mahlzeiten und einem liebevollen Elternhaus fehlt. Aber Craig war ein freundlicher Mann, und ich mochte ihn, weil er gut zu Maxine war. Wir alle mochten ihn schon allein deshalb, weil er nicht Maxines Ex war. Sie war ruhiger geworden, und die Tage ihrer verrückten Drogenexzesse waren vorbei. Sie hatte sogar das Rauchen aufgegeben. Craig brachte sie zur Arbeit, rief nachts an, um zu plaudern, und holte sie um fünf Uhr morgens wieder ab. Was konnte sich eine Frau mehr wünschen? Na ja, Nahrung vielleicht.

Wenn Maxine und Pip sich nebeneinander stellten und ihre Magerkeit verglichen, was sie häufig taten, war der Rest von uns aufgefordert, bewundernd dem rasanten Stoffwechsel zu huldigen, dem es ganz allein, ohne die Unterstützung von Essstörungen oder Fettabsaugungen gelungen war, diese spindeldürren Körper zu erzeugen. Pip war mager, aber Maxine war definitiv bonsai. Immer wenn ich ihre zierliche Gestalt neben Craigs Fußballerkörper sah, fragte ich mich, wie um alles in der Welt es möglich war, ohne dass ihr kleines Becken zerquetscht wurde oder ihre Streichholzbeine an der Hüfte abbrachen. Pip aß Pizzas und rauchte, während Maxine immer die Hälfte von allem aß, die ganze Nacht. Misstrauisch wurde ich erst, als die Sorge um ihre Figur allmählich zu einer Zwangsvorstellung wurde.

»Oh, mein Gott«, rief sie, ihren konkaven Bauch reibend, »schau bloß, wie fett ich bin!«

Vielleicht hatte Maxine durch ihre Unterernährung zu viele Gehirnzellen eingebüßt, um zu begreifen, wie kränkend ihre Fettleibigkeit für eine Frau sein musste, die mindestens drei Mal so dick war wie sie. In dieser speziellen Sonntagnacht war

Maxine allerdings besonders besessen von ihren Gewichtsproblemen.

»Guck dir diese Rettungsringe an!«, schrie sie entsetzt und zupfte an ihrem brettflachen, sonnengebräunten Bauch.

Ich versuchte, sie so gut es ging zu ignorieren, bis sie mich schließlich fragte: »Meredith, ernsthaft, findest du, dass ich dicker geworden bin?«

Das reizte mich natürlich zu einer Antwort wie: »Entweder das oder dein Kopf ist geschrumpft.«

Glücklicherweise wurde ich durch einen Anruf unseres Lieblingskronanwalts unterbrochen. Bernard war einer unserer Stammkunden, der eine Schwäche für Frauen in Stretchklamotten hatte. Egal was, Hauptsache Stretch: Fahrradshorts, Aerobic-Tops, aber auf alle Fälle einen String-Tanga. Und Fußschmuck. Eine seltsame Kombination, fand ich immer. Außerdem war er wahrscheinlich der einzige Kunde, dem wir erlaubten, eine Frau in seinem Büro in der City zu treffen. Die Frau musste barfuß kommen, mit Ringen an den Zehen und in Stretch-Klamotten. Bernard rief immer mehrmals an, bevor er einen Auftrag bestätigte.

»Hi. Hier ist Bernard«, sagte er immer kurz und bündig und überließ dann mir das Reden.

In dieser Nacht hörte Bernard aufmerksam zu, als ich ihm zwei neue Frauen beschrieb, beide jung und blond, Eigenschaften, die er schätzte.

»Und tragen sie Stretch?«, fragte er prompt.

»Ich ruf in fünf Minuten zurück, ja?«

»Gut.«

Klick.

Mir gefiel der Gedanke, dass ich Bernard verstand. Es bereitete ihm Unbehagen, dass wir alle so vertraut mit den seltsamen Vorlieben eines Mannes in seiner Position waren, deshalb fasste ich mich genauso kurz und sachlich wie er, als ich ihn zurückrief.

»Hi, Bernard. Meredith. Grünes Licht für Stretch. Nur die Füße sind noch in Arbeit.«

»Sie hat keine?«

»Sie leiht sich welche von einer Freundin.«

Es klang bizarr, aber Bernard und ich verstanden unsere Kürzel. Ich durchwühlte gerade hektisch das Schubfach mit unseren Notfall-Dessous und Schmuckstücken, damit ich Cathy die passenden Sachen mitgeben konnte, wenn sie auf dem Weg zu seinem Büro in unserem vorbeischaute, als Bernard erneut anrief.

»Es ist aber nicht der Fußschmuck aus dem Büro, oder?«, fragte er.

Mist.

»Nein. Von einer Freundin, Bernard.«

Aber einen Kronanwalt kann man nicht anlügen.

»Ich ruf zurück.«

Klick.

Maxine lächelte wissend, ohne von ihrer Zeitschrift und ihrem halbverzehrten Baklava hochzusehen. »Er hasst das Bürozeugs, Herzchen.«

Dann reckte sie sich wie eine Katze, machte eine Bemerkung über ihre Dickleibigkeit und fragte mich, ob ich Antoinette für einen Auftrag wecken könnte, während sie aufs Klo ging. Bitte geh. Cathy und ich hatten ernsthaftere Probleme.

Cathy meinte, sie könne einige kreative Veränderungen an ihrem eigenen Fußschmuck vornehmen. Ich rief Bernard zurück und hinterließ eine Nachricht auf seinem Anrufbeantworter.

»Meredith hier. Ich ruf nur an, um zu sagen, dass Cathy ganz neuen Fußschmuck trägt. Sie hat ihren Stretch-String-Tanga an und kommt sofort – barfuß – in deinem Büro vorbei, wenn du dein Okay gibst. Ruf zurück.«

Doch irgendetwas stimmte nicht. Warum hatte Bernards Anrufbeantworter mich gebeten, eine Nachricht für Brian zu hinterlassen? Ich rief die Nummer erneut an und hatte sofort Bernard am Apparat. Ach, du meine Güte! Armer Brian. Ich konnte nur hoffen, dass er früher nach Hause kam als seine Frau.

Als ich Antoinette oben in dem winzigen Schlafzimmer aufstöberte, vertraute sie mir im Halbdunkel an, dass sie tatsächlich ziemlich verliebt in ihren melancholischen libanesischen Liebsten von nebenan sei.

»Das Ganze ist ein bisschen explosiv«, krächzte sie und lächelte mädchenhaft unter ihrem vom Schlaf zerwuschelten Haarmopp hervor. »Er ist ein ziemlicher Hitzkopf. Es brodelt immer dicht unter der Oberfläche. Ich mag das. Er ist ein bisschen wie ich.«

Das Einzige, was ihr nicht gefiel, war, ihn in seinem Zuhause zu besuchen. Antoinette war Nordküste durch und durch, und das gelegentliche Wochenende in Lakemba bereitete ihr Anpassungsprobleme. Doch das war nichts verglichen mit der Anpassung, die von Lakemba verlangt wurde, wo die Hölle los gewesen war.

»Sie sagen ihm immer wieder, dass er mich nicht mehr treffen darf. Dass ich eine *Hure* bin.«

»Sie wissen, was du tust?«, fragte ich.

»Ja, selbstverständlich«, erwiderte sie pikiert und stöhnte dann. »Aber irgendwie ist es ein Riesenproblem.«

Das konnte ich mir vorstellen. Wenn Abduls Familie erwartet hatte, dass er ein nettes muslimisches Mädel, von Kopf bis Fuß verschleiert, nach Hause bringen würde, musste es ein ziemlicher Schock für sie gewesen sein, als Antoinette durch die Perlenschnüre trat.

»Du hast übrigens einen Auftrag im Mercury«, fiel mir wieder ein.

»Oh gut«, sie lächelte. »Ich mach mich nur schnell fertig und komm dann runter.«

Maxine war wieder da, fetter denn je, und außerdem hatte sie jetzt auch noch tierisches Kopfweh. Und ob ich es hier nicht auch kalt fand. Es war heiß wie in einem Backofen, aber Maxine war bereits dabei, die Fenster zu schließen und lenkte mich fröhlich von dem üblen Geruch hochgewürgter Speisen ab, indem sie mir Fragen nach meiner neuen Rolle stellte. Also erzählte ich ihr, dass ich in einem Dokumentarfilm über die Burly Griffins spielte, über jenes Architektenehepaar aus Chicago, das 1912 mit einer revolutionären Leidenschaft für Landschaften nach Australien gekommen war und das bei der Gestaltung von Canberra unter anderem philosophische Grundsätze zum Ausdruck gebracht hatte.

»Oh, das ist schön«, seufzte Maxine. Sie mochte Canberra.

Patrick kam mit einer Tasse Tee herein und setzte sich. Es tat mir immer gut, Patrick zu sehen, aber im Moment war sein Anblick nahezu berauschend. Antoinette mache sich unten fertig, erklärte er, aber ob ihr bitte noch jemand ein paar Kondome geben könne und ob wir nicht auch fänden, dass hier drinnen eine Affenhitze herrsche. Während Maxine sich widerstrebend um Antoinette kümmerte, widerstand ich der Versuchung, mich auf Patrick zu stürzen und öffnete stattdessen ein Fenster.

Ich spürte die animalische Präsenz, noch bevor ich die Silhouette im Licht der Telefonzelle an der Ecke sah. Da stand Antoinettes schmachtender, gequälter Liebhaber schwitzend im Mondlicht wie ein unglücklicher Wolf. Gleich würde er zu einem lauten Klagegeheul ansetzen.

»Stella!«

Er trug sogar das gleiche Unterhemd wie Brando in *Endstation Sehnsucht*.

»STELLLLLAAAAAA!!!«

»Ich fühl mich wirklich überhaupt nicht gut, wisst ihr?« Maxine war zurück. »Ich fühl mich echt komisch ... grässliches Kopfweh ... seltsames Bollern im Bauch ... wisst ihr?«

Patrick warf mir ein kurzes schuldbewusstes Lächeln zu, als er mich mit dem bollernden Bauch allein ließ. Als das Telefon klingelte, ließ ich Maxine abheben, einfach um ein bisschen Ruhe zu haben, aber das sollte ich schnell bereuen.

»Hi, Bernard, Schätzchen. Hier ist Maxine, Süßer. Was kann ich heute für dich tun, Kleiner?«

Nein, nein, nein! So konnte man doch nicht mit *Bernard* reden!

»Bist du sicher, Hasi?«

Hasi?

»Alles klar, Süßer, schlaf dich aus und ruf uns morgen wieder an.«

Männer riefen nicht an, um uns mitzuteilen, dass sie ihre Meinung geändert hatten! Bernard war wie ein wildes Tier, das man sanft anlocken musste, ohne ruckartige Bewegungen zu machen. Die Sache erforderte eine Virginia McKenna, keine Pamela Anderson.

Es war traurig, aber leider nicht überraschend, dass Antoinette ein paar Tage später mit dunkler Sonnenbrille zur Arbeit kam, um die blauen Flecken in ihrem Gesicht zu verbergen. Niemand musste fragen, was geschehen war. Wir schlossen aus ihrem Schweigen, dass die Verletzungen nicht von einem Kunden stammten, und hofften einfach, dass die Sache damit ausgestanden wäre. Aber so war es natürlich nicht. Wir konnten ihr Handy oben in dem kleinen Schlafzimmer bis fünf Uhr morgens klingeln hören, und nach kurzen, aber hitzigen Diskussionen verschwand sie für etwa eine Stunde auf der gegenüberliegenden Straßenseite. Und so ging es wochenlang. Patrick erzählte mir, dass er einmal im Vorbeifahren gesehen hätte, wie sie auf der Straße stritten, und angehalten hätte, um Antoinette einsteigen zu lassen.

Hatte ihr Freund sie wieder geschlagen?

»Nein«, antwortete Patrick auf seine ruhige, sinnige Art, »es sah eher so aus, als würde sie ihn verdreschen.«

Hilary, geboren im Jahr des Affen und der Ratte

Der Ärger war vorprogrammiert. Als ich eines Abends in die Küche kam, drängte sich ein Haufen besorgter Frauen um Antoinette.

»Sie haben gedroht, mir was anzutun«, sagte sie leise. »Wenn ich ihn nicht in Ruhe lasse, wollen sie mir oder auch dem Haus irgendwas Schlimmes antun.«

Als ich vorschlug, Antoinette solle sich einfach von ihrem Liebhaber fern halten, blaffte sie mich an: »Natürlich halte ich mich von ihm fern. Glaubst du, ich will sie mir zum Feind machen? *Er* hält sich nicht von *mir* fern!«

Ich war gerade erst an ihren Feinden vorbeigegangen, die mich auf dem Bürgersteig mit einem fröhlichen »Hallo, Schöne!« begrüßt hatten – aber andererseits schlief ich ja auch nicht mit einem von ihnen. Mir drehte sich der Kopf von diesen ganzen Widersprüchen.

Als ich wieder oben ins Büro kam, sah ich auf dem Buchungsplan, dass nur eine einzige Frau unterwegs war. Hilary war im ANA. Ich hatte keine Ahnung, wer Hilary war. Sie arbeitete erst seit einer Woche bei uns, und ich hatte sie immer noch nicht getroffen, aber ganz gleich mit welcher Empfangsdame ich sprach, ich bekam immer dieselbe Antwort.

»Hilary?« Pip, die auf dem Weg zur Tür war, hielt inne. »Oh, sie ist reizend.«

Sogar Sofias Gesicht leuchtete auf, als sie Hilarys Namen hörte. »Hilary ist reizend, Schätzchen. Gehst du ran?«

Ich nahm den Anruf entgegen.

»Oh, hallo, hier ist Roger aus Zimmer 1103 im ANA. Ich wollte nur sagen, wie wundervoll Hilary war. Vielen, vielen Dank, dass ihr sie geschickt habt. Sie ist reizend.«

»Sie liefert nachher 'ne Kreditkartenbuchung ab, Schätzchen«, sagte Sofia. »Wart's ab.«

Leicht gesagt.

Es würde eine hektische Nacht werden, warnte Sofia mich, da Maxine sich in letzter Minute krankgemeldet hatte, weil »sie es wieder im Kopf hatte«. Sofia für ihren Teil schlug sich mit einer pochenden Eierstockzyste herum, was sie jedoch nicht davon abhielt, zur Arbeit zu kommen. Ich versuchte, das Thema zu wechseln. Wie ging es Arturo, ihrem Mann?

»Drück die Daumen, Schätzchen«, stöhnte sie, »sie glauben, dass sie jetzt alles rausgeschnitten haben.«

Jetzt fühlte ich mich auch krank. Ich war bisher noch nie allein mit Sofia im Büro gewesen, was mir ein gewisses Unbehagen bereitete, bis mir einfiel, dass sie ja jetzt ein eigenes Büro nebenan hatte.

»Ich bleib dann heute Nacht hier bei dir, Meredith.«

»Prima!«

Ich lächelte Sofia an, die versuchte, zurückzulächeln, aber es war mein Fehler, weil ich damit angefangen hatte.

»Hilary?«, rief Sofia, als es an der Haustür klingelte. »Komm rauf, Schätzchen, und sag ›hallo‹ zu Meredith.«

Sekunden später stand eine kleine Frau in einem blauen Blumenkleid in der Tür. Hilary hatte ein attraktives Gesicht mit einem großen Mund und freundlichen Augen, aber sie war viel reifer und irgendwie runder, als ich erwartet hatte. Außerdem hatte sie herrliches rotes Haar, voll und glänzend, das in weichen Wellen ihr Gesicht umschmeichelte, und ein Lächeln, das einen Kühlschrank zum Schmelzen bringen konnte.

»Hallo, Meredith«, sagte sie mit einer beruhigenden Stimme, und ihre freundlichen Augen zwinkerten, während sie sich vorbeugte, um mir die Hand zu reichen.

Ich fragte Hilary, ob sie sich schon eingewöhnt hätte.

»Ach, eigentlich bin ich ja ein alter Hase in dem Geschäft«, antwortete sie, »aber, na ja, es ist schon ein paar Jahre her.« Und dann lachte sie. »Ich hoffe, ich bin nicht allzu eingerostet.«

Ganz bestimmt nicht, versicherten wir ebenfalls lachend. Und dann fiel mir Roger wieder ein.

»Roger hat angerufen und ein Loblied auf dich gesungen.«

»Oh, wie nett.« Sie lächelte warmherzig. »Der brauchte nur ein bisschen liebevolle Zuwendung.«

»Und 'nen guten Fick!« Sofia brüllte vor Lachen.

Aus Höflichkeit lachte Hilary mit.

»Ja, ich hatte wirklich Glück«, sagte sie. »Meine ersten Kunden waren alle ganz zauberhaft.«

Ich wechselte einen Blick mit Sofia. Das hörte man nicht allzu häufig.

Während Sofia Lügenmärchen über unsere generell »zauberhafte Kundschaft« erzählte, warf ich schnell einen Blick auf Hilarys Karte, die besagte, dass sie Teilzeit als Krankenschwester arbeitete, allein erziehende Mutter war und keinen »Künstlernamen« wollte.

»Oh, ich wär gern einfach Hilary«, sagte sie und zögerte dann. »Wenn euch das recht ist?«

»Natürlich«, antworteten wir im Chor. Solange es sie nicht störte, dass die Kunden ihren richtigen Namen kannten.

»Ich bin ich«, Hilary zuckte die Achseln, »mit einem anderen Namen käme ich mir irgendwie … unecht vor.«

Sofia und ich nickten, als sei dies eine häufig geäußerte Sorge aller Frauen.

Ich war nicht überrascht, dass Hilary Krankenschwester war. Sie erinnerte mich an Rita, die ihre Nachtschichten als eine Art erweiterte Krankenpflege betrachtete. Und in Anbetracht der offenen, herzlichen und doch professionellen Art dieser beiden Frauen war nicht schwer zu erkennen, weshalb sie sich möglicherweise in beiden Berufen als Pflegerinnen fühlten. Trotzdem fragte ich mich, wie bei vielen unserer Frauen, warum so eine attraktive, reizende Frau wie Hilary keinen Partner hatte und warum sie überhaupt in diesem Job arbeitete. Anstatt sie also nach ihrer Vergangenheit zu befragen, machte ich ihr Komplimente für ihr traumhaftes Haar. Hilary war gerührt, und wir gerieten richtig schön ins Plaudern, bis die Telefone anfingen, verrückt zu spielen. Während Sofia drei Anrufer in die Warteschleife schaltete, entschuldigte Hilary sich höflich und sagte, sie sei in der Küche mit den anderen Frauen, falls sie gebraucht würde. Ich lächelte zurück, bis sie aus der Tür verschwunden war. Hilary war reizend.

Leider schienen alle Männer, die normalerweise eine Rothaarige verlangten, zu einem Rothaarigentreffen außerhalb der Stadt gereist zu sein. In dieser Nacht waren offenbar zierliche Asiatinnen oder vollbusige Blondinen angesagt. Ich hatte einen Typ, der extra betonte, er nehme alles, außer einer Rothaarigen. Clive klang, als bereite ihm der bloße Gedanke an rote Haare heftige Übelkeit.

»Aber sie ist wunderschön, Clive.«

»NEIN!«, brüllte Clive. »KEINE ROTHAARIGE!«

Also schickte ich ihm Lottie. Das würde ihm eine Lehre sein.

Um zehn Uhr schalteten alle Männer die Sportschau an, gingen in die Kneipe oder ins Bett, denn bei fast allen Escort-Agenturen der Gelben Seiten, also bei uns, blieben die Telefone stumm. Das änderte sich erst um ein Uhr morgens, als plötzlich alle dasselbe heftige Verlangen spürten und die Telefone wieder heiß liefen. Was war los? Es war Mittwoch! Wieso wurde plötzlich jeder Mann in Sydney um 1.30 Uhr an einem Mittwoch von dem Bedürfnis nach Sex gepackt? Nachdem ich ein Jahr lang in der Sexindustrie gearbeitet habe, bin ich fast sicher, dass es irgendeine unbewusste, unerklärliche Synchronschaltung gibt, die den männlichen Geschlechtstrieb immer wieder zeitgleich aktiviert.

Sofia telefonierte seit Ewigkeiten mit einem Godfrey in Ermington. Man lernte doch niemals aus. Godfrey wollte eine Frau, irgendeine Frau, die im Jahr des Drachen geboren war. Und anstatt ihn loszuwerden, hielt Sofia ihn aus irgendeinem Grund in der Leitung, ignorierte sogar mein Angebot, ihn zu übernehmen. Inzwischen trieb mich ein sehr charmanter und schrecklich britischer Derek aus dem Airport Hilton in den Wahnsinn. Derek machte sich einen Spaß daraus, ein bisschen herumzuprobieren und auf allen möglichen Leitungen anzurufen. Und er erkannte mich jedes Mal wieder, ganz gleich, welche Stimmlage ich wählte oder welchen Akzent, einschließlich Walisisch und Französisch.

»Sie at den vollen Service und macht disch auch eine siinlische Körpermassage.«

»Bist du das wieder, Meredith?«

»Äh–«

»Die Anzeigen in den Gelben Seiten – das bist alles *du*?«

»Äh … non.«

»Meredith, als Nächstes ruf ich bei der Zeitansage an«, sagte Derek. »Mal sehen, ob du dich da auch meldest.«

Wir mussten beide lachen.

»Brauchst du nicht, Derek«, sagte ich schließlich, »es ist zwanzig nach zwei.«

Manchmal, nur ganz manchmal hätte ich am liebsten den Hörer aufgelegt und mich selbst auf den Weg zu dem Kunden gemacht.

Während ich hektisch acht Anrufe auf einmal abarbeitete, saß Sofia da und drehte schwarze Haarsträhnen um ihre Wurstfinger.

»Und das macht mich zum Pferd, oder?«, sinnierte sie und drehte sich mit gekreuzten Beinen auf ihrem Stuhl herum.

Auf ihrem Telefon blinkten sechs rote Lämpchen, aber Sofia plauderte immer noch in aller Ruhe mit Godfrey in Ermington.

»Genau«, sagte sie mit plötzlicher Ernsthaftigkeit, »genau, ich kann ziemlich aggressiv werden ... das stimmt. Moment mal, Godfrey, ich muss einen anderen Anruf annehmen.«

Ich hatte eine Krise. Yoko war auf halbem Weg zu einem Auftrag in French's Forest, und ich hatte gerade vom zuständigen Kreditkarteninstitut erfahren, dass die Kreditkarten des Kunden beide als gestohlen gemeldet waren. Ich versuchte, Sofias Aufmerksamkeit zu erregen, aber es war zu spät.

»WAS?«, bellte Sofia ins Telefon. »Nein, hier ist nicht *Meredith*. Hier ist *Sofia*.«

Ich hielt einen Moment mit meiner hektischen Winkerei inne.

»Tja, ich hab einen spanischen Akzent, mein Freund, weil ich aus Madrid stamme! ... Dann lass es! Is' mir furzegal, ob du das glaubst!«

Damit beendete Sofia ihr Gespräch mit meinem armen Derek und widmete sich wieder ihrem chinesischen Horoskopunterricht.

»Und das ist ein Schwein, stimmt's, Godfrey? Ja, wie er leibt und lebt ...«

Als es mir schließlich gelang, Sofias Aufmerksamkeit zu erregen und ihr zu erzählen, was ich mit Yoko angestellt hatte, schüttelte sie nur den Kopf, als wäre ich im Jahr des Idioten geboren.

»Sag ihr einfach Bescheid, Schätzchen. Sie muss umdrehen und zurückfahren.«

Das wusste ich auch, aber ich hatte Yokos neue Handynummer nicht. Sofia verdrehte die Augen – es war ein neues Handy, aber dieselbe Nummer – und wandte sich wieder ihrem Anruf zu.

»Erzähl weiter, Godfrey. Das Schwein.«

Es war das erste und einzige Mal, das Yoko jemals irgendwo pünktlich angekommen war.

»Nein«, kicherte Yoko. »Mann okay. Mann sehl nett.«

»Nein, Yoko!«, erklärte ich gepresst, weil ich schreckliche Angst hatte, dass ich zum zweiten Mal in knapp einem Jahr eine Frau zu einem steckbrieflich gesuchten Verbrecher geschickt hatte. »Mann überhaupt nicht okay. Mann sehr böse. Mann hat Kreditkarten gestohlen.«

»Oh«, sagte sie traurig. »Du sichel?«

»Ja, Yoko, ich bin sicher. Also, Yoko, sag ihm bitte, du hättest was in deinem Auto vergessen, und sieh zu, dass du dort so schnell wie möglich verschwindest. Alles klar?«

»Alles klal.« Yoko seufzte enttäuscht. »Ich muss gehen«, hörte ich sie entschuldigend zu dem Dieb sagen. »Boss sagt, du hast Kleditkalte gestohlen.«

Während ich vergeblich »Yoko! Yoko!« brüllte, hörte ich, wie im Hintergrund die Stimme des Beschuldigten empört anschwoll.

»Mann sagt, er hat Ausweis in Auto. Kann beweisen, dass es seine Kalten.«

»DU HAST WAS IM AUTO VERGESSEN!«, schrie ich sie an.

»Was?«

»DU SOLLST DA SOFORT VERSCHWINDEN!«, brüllte ich.

Klick. Sie war weg.

Einen angespannten Moment lang war alles still, außer Sofia.

»Also sollte ich eigentlich mit einem Ochsen zusammen sein«, sinnierte sie, immer noch in das Gespräch mit Godfrey vertieft. »Nicht mit einem Schwein.«

Schließlich rief mich Yoko von der Straße aus zurück. Es ging ihr gut, aber sie wollte wissen, was sie im Auto vergessen hatte.

Sofia hatte mit Godfrey abgemacht, dass sie ihm die reizende Hilary schicken würde.

»Er ist verrückt auf Rothaarige, Schätzchen.« Sofia telefonierte mit Hilary in der Küche. »Und du bist siebenundzwanzig.«

Plötzlich stand Hilary keuchend in der Tür.

»Siebenundzwanzig?«, fragte sie äußerst beunruhigt.

»Ja«, sagte Sofia, ein bisschen defensiv. »Du gehst mühelos für siebenundzwanzig durch, Schätzchen. Könnte sie nicht glatt siebenundzwanzig sein, Meredith?«

Ich nickte. Wenn Antoinette neununddreißig sein konnte, dann konnte Hilary eindeutig siebenundzwanzig sein.

»Aber siebenundzwanzig ist meine *Tochter*«, rief Hilary aus, »ich bin vierundvierzig!«

Ich warf erneut einen verstohlenen Blick auf Hilarys Karte, die immer noch vor mir lag. Da stand es. Geboren 1956. Wow! Was für eine erfrischende Abwechslung gegenüber der Fernsehbranche, wo fünfunddreißigjährige Frauen höchstens die Mütter von liebeskranken Teenagern spielen durften. Bei uns dagegen konnte eine Frau losgehen und so tun, als wäre sie im Alter ihrer Tochter. Das war viel besser.

Der Irrsinn setzte sich fort. Wenn Sofia im Laufe der nächsten Stunde nicht gerade telefonierte oder geheime Buchungen für Boris ordnete, spielte sie müßig am Computer herum und stöberte spaßeshalber in den Daten irgendwelcher Kunden, denen sie bereits eine Frau geschickt hatte. Außerdem hatte sie das unbestimmte Gefühl, dass sie früher schon mal mit einem chinesischen Astrologen zu tun gehabt hatte und wollte sehen, ob sie etwas über Godfrey fand. Aber jetzt hatte ich ein neues Problem.

»Ohne Dental Dam wird die Frau das nicht mit sich machen lassen, Mr. Omasuka ... Nein, kein Kondom ... Den-tal Dam ... Lecktuch ... ein kleines Latextuch ... Nein, viel kleiner als ein Betttuch.«

Plötzlich stieß Sofia einen Schrei aus. »Ach, du meine Fresse! Mist! Mist! Mist!«

Ich ließ Mr. Omasuka in Erwartung einer mit Latexbettlaken bepackten Penny zurück und wandte mich Sofia zu, die nervös lachend, das Gesicht in den Händen vergraben, vor dem Computerbildschirm saß.

»Ich hab doch Hilary zu diesem Godfrey geschickt, weißt du?«, sagte sie und schielte mit rotem Kopf zwischen ihren Fingern hervor.

Ich nickte. Hilary hatte vor einer halben Stunde angerufen und bestätigt, dass sie bei dem Kunden eingetroffen war.

»Hör zu«, fing Sofia mit schüchternem Lächeln an und las dann mit zitternder Stimme vom Bildschirm vor. »Godfrey, Ermington. Hat sich mit Bree getroffen. Mit May-Ling und Coral. Cleo geht nicht mehr hin. Heather auf keinen Fall. Rita ist bereit, aber erst nach Absprache. Kommentare: Mann hat beide Beine amputiert. Und mechanischen Penis.«

Sofia und ich sahen uns eine Weile sprachlos, mit offenem Mund an. Wie konnten wir eine neue Mitarbeiterin ohne Vorwarnung zu so einem Auftrag schicken? Und was um alles in der Welt war ein mechanischer Penis? Sofia griff wortlos unter ihren Schreibtisch nach dem Black Douglas und schenkte uns beiden ein Glas ein. Wir saßen stumm zusammen, jede ein großes Glas Scotch in der Hand, und grübelten über dieses außergewöhnliche Phänomen nach, bis Sofias Schultern zu zucken begannen und sie sich mit Tränen in den Augen zu mir umwandte.

»Glaubst du, er kann kommen?« Sie bebte vor Lachen. »Mechanisch?«

Wir schlugen uns auf die Schenkel, während wir schweigend vor und zurück wippten.

»Vielleicht hat seine letzte Freundin ihn verlassen –«, ich konnte kaum weiterreden, »– weil ihr sein Liebesspiel zu *mechanisch* war.«

Wenn doch meine Kolleginnen uns jetzt sehen könnten, mich und unsere tyrannische Aufseherin, wie wir uns mit Tränen in den Augen vor Lachen bogen, mit der flachen Hand auf den Schreibtisch schlugen und Sofias besten Scotch in uns hineinkippten. In diesem Moment klingelte das Telefon.

Es war Hilary, die von Godfreys Wohnung anrief, um das Ende des Auftrags zu bestätigen.

Sofia hatte Mühe zu sprechen.

»Wie ist es gelaufen, Schätzchen?«, fragte sie und wischte sich die Lachtränen aus den Augen.

Sofia hörte einige Zeit angestrengt zu und vermied geflissentlich meinen Blick.

»Frustrierend?«, wiederholte sie mit bebender Stimme und musste sich von mir abwenden.

Sie lachte erleichtert über irgendetwas, das Hilary sagte, und drehte sich wieder zu mir, um mich an dem Witz teilhaben zu lassen. Da Hilary ein falsches Alter angeben musste, erklärte Sofia, war das chinesische Horoskop, das Godfrey für sie erstellt hatte, zwar sehr ausführlich, aber leider auch absolut nutzlos, da Hilary in Wahrheit ein Affe und keine Ratte war.

»Alles klar, Schätzchen –«, sagte Sofia in abschließendem Ton.

Aber Hilary meinte, dass wir noch wissen sollten, einfach für unsere Unterlagen und als Information für die anderen Frauen, dass Godfrey überhaupt keine Beine hätte und außerdem einen mechanischen Penis.

»Ach was?! Schon wieder einer!«, schrie Sofia, als wäre es unser vierter mechanischer Penis in dieser Nacht. »Aber vielen Dank für die Information, Schätzchen. Und gute Nacht!«

Hilary war wirklich reizend.

Als Patrick und ich um fünf Uhr morgens aufbrachen, sahen wir die zwei gequälten Seelen in der Telefonzelle unter der Straßenlampe miteinander streiten. Antoinette stand in der Zelle wie ein gefangenes Tier, während ihr animalischer Liebhaber gegen den Türrahmen lehnte. Er war ein erschreckend großer, dunkler Mann und trotz eines Doppelkinns und vorstehenden Spitzbauchs auf archaische Weise attraktiv. Als er uns sah, sprang er einige Schritte zurück, um deutlich zu machen, dass es seiner zierlichen blonden Geisel jeder Zeit freistand zu gehen, wenn sie wollte. Aber Antoinette wollte nicht. Sie lächelte uns verlegen zu und gab uns mit einem freundlichen Winken zu verstehen, dass wir weiterfahren sollten. Wir warteten trotzdem einen Moment, bis sie schließlich aus der Zelle kam und uns etwas weniger freundlich wegwinkte. Widerstrebend ließen wir sie zurück.

Patrick und ich fuhren schweigend nach Hause. Und ich fragte mich, ob es daran lag, dass auch ihm plötzlich die Ähnlichkeit zwischen unserer Situation und der Antoinettes bewusst geworden war. Patrick und ich sprachen nie über unsere unterschiedliche Herkunft, unsere seltsame Beziehung und ihre zwangsläufig kurze Lebenserwartung. Ich kannte Patricks Gründe nicht, aber meine eigenen konnte ich erraten, und ich schämte mich dafür. Obwohl Patrick ein Autodidakt war, klug, lustig und sensibel, wollte ich ihn nicht außerhalb unseres dunklen Kokons sehen. Oder genauer gesagt, wollte ich nicht *mit* ihm gesehen werden. Ich war stolz, dass ich mit Prostituierten zusammenarbeitete, aber ich wollte nicht öffentlich zu meiner Beziehung mit dem sanften Fahrer stehen, der Darts spielte und Guinness mit Champagner mischte.

Ein fehlendes Juwel

Urszula hatte eine Schwäche für Mafiabanden. Sie hatte nicht nur für die Mafia in Kings Cross gearbeitet, sondern auch für die Mafia in den USA, wo sie jetzt vom FBI gesucht wurde.

»Deshalb habe ich einen leichten amerikanischen Akzent«, erklärte sie mit breitestem nordenglischen Einschlag.

Ich stellte den Wahrheitsgehalt von Urszulas Geschichten nie in Frage, weil für mich schon ihre bloße Existenz an ein Wunder grenzte. Außerdem liebte ich es einfach, dem satten Timbre ihrer unverwechselbaren Stimme und ihrem dramatischen Tonfall zu lauschen.

»Ich existiere überhaupt nich«, prahlte sie.

Urszula hatte keine Steuernummer und keine Krankenversicherung.

»Und eins sach ich dir, Meredith, das kostet mich 'ne Stange Geld.«

Ob ich ihr glaubte oder nicht, seit den Gespenstergeschichten, die Onkel Tom zu Weihnachten nach den Kartentricks zum Besten gab, hatte niemand meine Fantasie so sehr beflügelt wie Urszula.

Urszula wurde seit vier Tagen vermisst. Am Montagmorgen

hatte sie Sofia vom Krankenhaus abgeholt und zur Arbeit gebracht. Nur Sofia konnte auf die Idee kommen, direkt vom Krankenhaus ins Bordell zu fahren, um eine volle Tagschicht zu übernehmen, nachdem man ihr gerade eine Eierstockzyste – »so groß wie eine Grapefruit, Schätzchen« – entfernt hatte. Urszula hatte versprochen, Sofia am Abend wieder nach Hause zu fahren, aber eine Stunde, nachdem ich meine Nachtschicht angetreten hatte, wartete Sofia immer noch leichenblass und schwitzend auf ihre Chauffeurin.

»Komm schon«, klagte Sofia jedes Mal, wenn Urszulas Handy ewig klingelte, bevor sich endlich die Mailbox meldete. »Wo zum Teufel steckst du, meine Liebe. Ich sitz hier mit einem riesigen Abnäher im Bauch, und zu Hause warten ein kranker Ehemann und ein kleines Mädchen auf mich.«

Es sah Urszula überhaupt nicht ähnlich, einfach so zu verschwinden, vor allem nicht in einer Krise. Wenn Urszula das Gefühl hatte, gebraucht zu werden, blühte sie förmlich auf. Irgendetwas stimmte nicht.

Am folgenden Freitag war Urszula immer noch verschwunden. Trudy rief zum x-ten Mal an, um Sofia oder mich zu bitten, sie sofort zu benachrichtigen, falls wir irgendetwas hören sollten. Wir alle dachten insgeheim an Urszulas Atemprobleme, aber keiner traute sich, davon zu sprechen. Um neun Uhr bat Sofia mich, ihre Auftragsbestätigungen zu übernehmen, während sie reihum alle Mitarbeiterinnen anrief, die vielleicht irgendwelche Anhaltspunkte für Urszulas Aufenthaltsort liefern könnten. Sie fing bei Urszulas bester Freundin Hester an.

Sofia war Hester in letzter Zeit aus dem Weg gegangen. Hester hatte nichts falsch gemacht, außer vielleicht sich zu viele Körperteile durchbohren zu lassen.

»Aber man kannse alle rausnehm'n«, verkündete sie in ihrem breiten Cockney-Akzent und meinte damit den Stecker in ihrer Zunge, den Ring in ihrer Nase und den Diamanten in ihrem Bauchnabel.

Die Wahrheit war, dass Boris Hester am liebsten loswerden wollte. »Weil sie'n hässlicher alter Straßenköter is«, schnauzte er mich an, als ich fragte, »und ich nicht der verdammte Tierschutzverein!«

Es stimmte. Hester mit ihren ungefähr vierzig Jahren, der tiefen, melodischen Stimme und dem dichten, braunen Bubikopf war keine Schönheit, aber ein quirliges, witziges und mit allen Wassern gewaschenes bisexuelles Original aus East London, das sich hartnäckig weigerte, Röcke oder Kleider zu tragen. Ich konnte Hester nur in kleinen Häppchen ertragen, weil sie zu viele Sachen zu lustig fand und meistens einen Tick zu high war, um deutlich zu sprechen, wenn sie einen Witz erzählte. Hester liebte vier Dinge: Speed, Sex, ihren Hund und Urszula, wahrscheinlich auch in dieser Reihenfolge. In den seltenen Nächten, in denen Hester ins Haus kam, unterhielten sie und Urszula die ganze Belegschaft mit ihren scherzhaften gegenseitigen Beschimpfungen und gackerten die ganze Zeit wie zwei geistesgestörte Hexen:

»Oh, schieß in'n Wind, du olle Strichruine!«

»Pah! Leck mich doch, du Syphilisdampfer!«

Hester und ich hatten einen schlechten Start. Ich hatte gerade erst angefangen, im Bordell zu arbeiten, als Raelene mir versprach, dass Hester, die in der Nähe von Clovelly wohnte, uns beide nach Hause fahren würde. Das war zur Hälfte richtig. Um halb vier Uhr morgens setzte Hester mich irgendwo in den kleinen Seitenstraßen von Bondi Junction ab, entbot mir ein fröhliches Lebwohl und verschwand in die Nacht, während Raelene mir mitleidig aus dem Rückfenster zuwinkte. Eigentlich taktisch unklug, wie ich fand, wenn man bedachte, dass ich für ihre Aufträge zuständig war. Doch hin und wieder waren wir tatsächlich dringend auf Hester angewiesen. Sie war die einzige unserer Frauen, auf deren Karte wirklich absolut alles angekreuzt war.

»Natürlich mach ich Natursekt, Schätzchen«, lachte sie knatternd wie ein Maschinengewehr. »Ich würd die Wichser sogar umsonst anpissen.«

Hester machte sogar Sachen, an die wir noch gar nicht gedacht hatten und ehrlich gesagt auch gar nicht denken wollten.

Urszula war in der Nacht zum Montag bei Hester aufgekreuzt und am nächsten Morgen von dort losgefahren, um Sofia aus dem Krankenhaus abzuholen.

»Alles klar, meine Liebe«, sagte Sofia und runzelte dann die Stirn. »Was? Ja, dein Name ist immer auf dem Dienstplan, Hester. Aber im Moment ist einfach nichts los«, log Sofia. »Da kann man nichts machen.«

Trotz ihres ganzen bollernden Imponiergehabes griffen Sofia und Boris zu einer nicht gerade mutigen Strategie, um lästige Mitarbeiterinnen loszuwerden. Anstatt die Frau von ihrer quälenden Ungewissheit zu befreien, zogen sie es vor, sie durch chronische Vernachlässigung und ausbleibende Aufträge allmählich auszuhungern.

Samstagnacht hatte die Dienst habende Empfangsdame mehrere Nachrichten auf Urszulas Mailbox hinterlassen, die alle unbeantwortet geblieben waren. Aber Sonntagnacht klingelte das Handy einfach durch, und jetzt war Hester genauso besorgt wie wir. Trudy schlug vor, in allen Krankenhäusern anzurufen, und sogar Boris versuchte angestrengt, sich seine Besorgnis nicht anmerken zu lassen. Er hing die ganze Zeit nervös an meinem Schreibtisch herum und fragte mich nach den größten Banalitäten, bis er seine Unruhe schließlich nicht mehr verbergen konnte.

»Und hat sich die verdammte Urszula schon gemeldet?«

Ich wusste, Urszula wäre überglücklich, wenn sie von der widerwilligen Besorgnis ihres »Vaters« erfahren würde. Und ich war entschlossen, ihr persönlich davon zu berichten. Gleich morgen würde ich selbst zum Centennial Park gehen und nach der Lady mit dem Bullterrier suchen.

Lernen, sich den Teufel um etwas zu scheren

Es war nach 22 Uhr am Freitagabend, und ich telefonierte gerade mit Kimberley, die uns mitteilen wollte, dass ihr Ehemann Scott gern bereit sei, einzuspringen, falls irgendwelche Kunden mal nach einer »Mann-und-Frau-Nummer« verlangten.

»Und hat Scott einschlägige Erfahrungen, Kimberley?«, fragte ich.

»Oh ja, Meredith«, sagte Kimberley durch die Nase. »Scott hat schon überall auf der Welt getanzt.«

Es war eine ungewöhnliche Referenz. Barischnikow hatte überall auf der Welt getanzt, aber ich war sicher, dass dies nicht zu Paar-Buchungen im Kiew-Hilton geführt hatte. Ich fragte mich, welche Art von Tanz jemanden zum Sexarbeiter qualifizierte. Bayrischer Volkstanz wohl eher nicht. »Scott bietet einen hervorragenden Service, auch wenn er die Arme immer seitlich am Körper hält.« Ich wollte gerade fragen, ob Scott ein männlicher Table-Tänzer sei, als ich das herrliche und unverwechselbare Keifen aus der Küche hörte.

»Ich muss aufhören, Kimberley! Ein Notfall!«

Ich legte auf und sprang in zwei Riesensätzen die Treppe hinunter.

Da stand sie, gegen die Spüle gelehnt, todschick aufgestylt in ihrem hautengen schwarzen Leder-Outfit, und hielt Hof. Als ich auf sie zulief, hob sie abwehrend die Hand.

»Fass mich ja nich an!«, befahl Urszula ärgerlich.

Ich ließ es.

»Haste sie eigentlich noch alle, Dösbaddel?!«

Normalerweise mochte ich es, wenn Urszula so redete, aber in dieser Nacht klang es nicht scherzhaft.

»Ich bin einfach froh, dich zu sehen«, sagte ich immer noch keuchend von meinem Sprint.

Sie warf mir einen ihren *mörderischen* Blicke zu, und ihr zuliebe entmaterialisierte ich mich.

»Zweiundsiebzig verdammte Nachrichten! Ich fass es nich', ej!«, brüllte sie mich an.

»Wir haben uns Sorgen um dich gemacht!«, brüllte ich zurück.

»Kann ich drauf verzichten!«, bellte sie und aschte in die Spüle. »Ich find's zum Kotzen, wenn sich jemand Sorgen um mich macht. Da krieg ich Platzangst.«

»Wir dachten, dir wär vielleicht was passiert –«

»Es *is* was passiert! Aber das geht euch 'n feuchten Dreck an und is' allein meine verdammte Sache. Ich meld mich schon, wenn ich so weit bin.«

Urszula steuerte den Tisch an, und die Frauen teilten sich vor ihr wie das Rote Meer, um ihrer Königin Tribut zu zollen.

»Ich mag das nich, Meredith, dieses ganze Gedöns. Lass mich gefälligst in Ruhe. Das kannste auch den andern blöden Schlampen da oben sagen.«

Hatte sie sie noch alle, oder was?

»Ernsthaft!«

Urszula konnte mir vielleicht keine Angst mehr einjagen, aber sie konnte mich immer noch verletzen.

»Okay«, sagte ich und wandte mich zur Tür. »Ich sag's ihnen. Ob Saphir was passiert, hat uns ab jetzt einen feuchten Dreck zu scheren.«

»Danke!«, rief sie mir nach.

Ich stampfte die Treppe hoch und krachte beinahe in Antoinette, die nach unten stampfte.

»Tut mir Leid«, sagte sie in geringschätzigem Ton, »aber mir wär's lieber, du würdest meinen Lesbenauftrag jemand anderem geben.«

Antoinette sprach offensichtlich nicht mehr mit Yoko, seitdem diese mit Abdul geflirtet hatte, als Antoinette die beiden letzte Woche miteinander bekannt gemacht hatte.

»Bist du sicher?«, fragte ich. »Yoko ist doch eigentlich wahnsinnig nett, Antoinette. Sie bringt uns dauernd Schokolade und Zigaretten mit –«

»Schon, aber das ist mir auch suspekt«, murrte sie missmutig, »sie hat so was Konvolutartiges.«

Wir nickten uns zu und setzten stampfend unseren Weg fort.

Maxine und Delia löcherten mich mit erwartungsvollen Fragen nach Urszula, als ich mich wieder in meinen Stuhl warf, und reagierten enttäuscht auf die knappen Antworten, mit denen sie abgespeist wurden. Das Gleiche galt für Trudy, Sofia und Hester, die ich nacheinander zu Hause anrief, um ihnen die Neuigkeit zu verkünden.

»Und nein, Hester«, log ich, »es ist wirklich absolut nichts los.«

Ich holte unser Fremdwörterbuch heraus und schaute unter »Konvolut« nach. Antoinette hielt Yoko für etwas »Schlingenhaftes, Knäuelartiges«.

Wenn es uns gelungen wäre, ihr einen einzigen Auftrag zu verschaffen, hätte ich vielleicht wütend auf Urszula bleiben können. Doch während die anderen Frauen kamen und gingen, blieb Urszula allein mit Zora in der Küche zurück. Zora, die sich wieder als griechische Göttin zurechtgemacht hatte, saß stundenlang mit einer Tüte Weintrauben da, und ich brachte es nicht übers Herz, ihr zu sagen, dass Mr. Little angerufen und nicht sie, sondern Marcelle angefordert hatte.

Gegen vier Uhr morgens, als nur noch eine braune Papiertüte voller Weintrauben in der Küche ausharrte, rief Urszula von draußen aus ihrem Landrover an, um Gute Nacht zu sagen.

»Tut mir Leid, wenn ich undankbar geklungen hab, Meredith«, knurrte sie liebevoll. »Ich weiß, dass du und Trudy echt besorgt wart. Wenn du magst, erzähl ich dir alles bei der Tasse Kaffee, die du mir immer versprichst.«

Schon halb besänftigt schlug ich vor, sie am nächsten Tag anzurufen, wenn wir beide ausgeschlafen hätten.

»Wie lange brauchst du?«, fragte sie.

»Acht Stunden. Und du?«

»Ich brauch nur vier, Schätzchen, aber ruf mich einfach an, wenn du wach bist. Wir warten im Park auf dich.«

Vier Stunden Schlaf in einem Auto mit einem Hund. Ich konnte einfach nie lange böse auf Urszula sein.

Als ich sie am nächsten Nachmittag gegen zwei Uhr anrief, klang sie sehr aufgekratzt.

»Und kommst du zum Spielen in unseren Park?«

Es war ein wunderschöner, sonniger Tag. Urszula hatte den ganzen Vormittag mit ihrem »Jungen«, wie sie Rex zu nennen pflegte, Ball gespielt, und wollte jetzt gerade zu einer Runde Rollerblades starten.

»Ich hab auch Rollerblades!«, krähte ich leichtsinnigerweise. »Aber ich bin nicht besonders –«

»Worauf wartest du, Kindchen?!«, brüllte sie so begeistert, dass mir beinahe das Trommelfell geplatzt wäre. »Nichts wie her damit!«

Bei meiner Ankunft sah ich Urszulas weißes Haar schon von weitem in der Sonne glitzern, als sie auf mich zuglitt und einem verwirrten Albino-Terrier, der in die entgegengesetzte Richtung zog, laute Kommandos zubrüllte. Die Leute drehten sich nach der auffälligen Erscheinung um, die auf Rollerblades an ihnen vorbeisauste und mit einem riesigen weißen Ungetüm kämpfte. Wenn sie es doch bloß mit der Schauspielerei versucht hätte, dachte ich, als sie auf mich zuschoss wie ein Replikant aus *Blade Runner*. Allein ihr Aussehen und ihre Stimme hätten ihr garantiert jede Menge Rollen als Leinwandschurkin eingebracht, und sie hätte sogar ihre eigenen Stunts machen können. Doch das war eines der weiteren Rätsel, die Urszula umgaben. Trudys Tante, die als Casting-Agentin arbeitete, hatte Urszula einmal eine Rolle in einem australischen Jacki-Chan-Film besorgt, aber Urszula tauchte niemals am Set auf, sondern stattdessen so lange unter, bis allen klar war, dass man besser nicht fragte, warum.

Urszula rollte direkt in mich hinein und schloss mich lachend in die Arme. Es war merkwürdig, sie bei Tageslicht und inmitten von Natur zu sehen anstatt mit Make-up und in fluoreszierendem Licht. Urszula hatte den durchtrainiertesten Körper, den ich je bei einer Frau Mitte vierzig gesehen hatte, aber außerhalb ihres gewohnten Umfelds wirkte sie winzig. Und an ihrem irgendwie verletzlichen Lächeln konnte ich erkennen, dass mein Kommen ihr viel bedeutete.

Nachdem sie Rex im Landrover eingesperrt hatte, konzentrierte Urszula sich voll und ganz auf ihre Schülerin und die anstehende Aufgabe. Die Rolle der Lehrerin bereitete ihr ganz offensichtlich großes Vergnügen, als sie mich an den Armen fasste und voranführte. Wir skateten um den Centennial Park, und Urszula hielt mich fest an der Hand, während sie mich vor jedem auftauchenden Mini-Hubbel oder Schlagloch warnte. Gelegentlich schaute sie zu mir hoch und brach beim Anblick meines glutroten, schweißüberströmten Gesichts in schallendes Gelächter aus.

»Eigentlich bin ich hier diejenige, die kurz vorm Abnibbeln sein sollte«, rief sie.

Irgendwas hielt mich davon ab, Urszula zu fragen, ob das der Grund für ihre jüngste Abwesenheit gewesen war. Sie würde es mir früh genug erzählen. Also lief ich weiter keuchend und stolpernd neben ihr her wie Frankenstein auf Rädern, während sie fröhlich plaudernd und ohne die Spur einer Schweißperle neben mir dahinglitt. Sie hatte Recht. Es war widersinnig. Ich war diejenige, die jeden Tag acht Kilometer joggte, und sie war die Kettenraucherin mit den Atemproblemen.

»Können wir jetzt anhalten?«, keuchte ich hoffnungsvoll, als ihr weißer Landrover, der neben dem großen Teich geparkt war, wieder in Sicht kam.

»Jetzt schon?«, gab sie zurück. »Du bist erst eine Runde gelaufen. Ich mach jeden Tag fünf!«

Meinetwegen konnte Urszula sich gern mit ihrer sportlichen Leistungsfähigkeit brüsten und mich auslachen, solange wir nur anhielten, bevor ich tot umfiel.

Wir befreiten den dankbaren Bullterrier, der gehorsam vom Beifahrersitz kletterte, sich ausgiebig streckte und am Gras schnüffelte.

»Möchtest du auch was?«, fragte Urszula, als sie eine kleine Pfeife mit Marihuana stopfte.

»Nein«, sagte ich und brach zu ihren Füßen auf dem Rasen zusammen.

Als ich wieder Luft bekam und mich auf den Ellbogen abstützte, um hochzusehen, zeichnete sich Urszulas Silhouette gegen die Sonne ab. Sie stand gegen das Auto gelehnt, die Pfeife in der Hand, und lächelte auf mich herab.

»Na, wie findest du mein Anwesen, Meredith?«, fragte sie strahlend.

»Es ist ein Traum, Urszula«, antwortete ich und nahm das satte Grün in mich auf. »Und es ist sehr großzügig von dir, dass du es mit so vielen Menschen teilst.«

Entzückt von meiner Komplizenschaft setzte Urszula sich kichernd neben mich und schilderte mir ausführlich ihren üblichen Tagesablauf. Morgens spielte sie als Erstes ein bisschen Ball mit Rex da hinten auf dem Hügel, dann gab's einen Becher Kaffee vom Imbiss in der Oxford Street, bevor sie in den Park zurückkehrte, wo sie sich in den Schatten eines Baumes oder an einen Teich setzte und ein Buch las, telefonierte oder ein Nickerchen hielt. Manchmal skatete sie noch ein oder zwei Stunden, bevor sie bei Hester oder im Bordell duschte und ihre Nachtschicht antrat.

»Was isst du?«, fragte ich. »Und wann?«

»Oh, ich esse, wenn mir danach ist.« Sie tat meine Frage mit einer wegwerfenden Handbewegung ab.

Ich vermutete, das war nicht sehr oft und nicht sehr gesund, aber ich wusste auch, dass mich das einen feuchten Dreck anging.

»Und – gibt's einen Mann in deinem Leben, Meredith?«, fragte Urszula vorsichtig.

»Ja, da ist jemand«, antwortete ich schuldbewusst, »aber es ist nichts Ernstes.«

Urszula nickte und tat so, als hätte Trudy ihr nicht längst alles über Patrick und mich erzählt.

»Und wie steht's bei dir?«, fragte ich.

»Das fehlt mir grade noch!«, spöttelte sie. »Nein, ich will keine feste Beziehung, Meredith, ich brauche meine Freiheit.«

Ich kaufte den Leuten diese Erklärung nie so ganz ab, genauso wenig wie ich sie mir selbst abgekauft hatte, als ich sie zu verwenden pflegte.

»Ich bin zu unabhängig, zu eigenwillig«, meinte Urszula. »Das sind meine verdammten deutschen Gene.«

Ich wartete auf eine dezidierte Beschreibung dieses genetisch-germanischen Einflusses, aber es kam nichts.

»Ab und zu ergibt sich natürlich mal was, aber wenn die Kerle merken, womit sie's zu tun haben«, knurrte sie, »ergreifen sie die Flucht und machen sich sofort vom Acker.«

Bei anderer Gelegenheit hatte Urzula mir erzählt, sie sei diejenige, die sich vom Acker mache und verschwunden sei, wenn der Mann morgens aufwache. Wie auch immer, es waren jedenfalls ziemlich viele Leute auf der Flucht und kaum noch jemand auf dem Acker, um sich mit der leidigen Beziehungsarbeit abzuplagen.

Urszula sagte, länger als ein Wochenende sei sie nie mit einem Mann zusammen geblieben, abgesehen von ihrer Ehe, die einige Monate gehalten hätte. Es war das zweite Mal, dass Urszula ihre Ehe erwähnte.

»Was ist passiert«, fragte ich.

»Ich hab ihm die Nase gebrochen«, erklärte sie. »Wir alberten im Bett rum, und ihm stand der Sinn nach einer kleinen Rauferei. Da konnte ich nicht widerstehen.«

Sie sah mich an, und wir mussten beide lachen. Rex schaute hoch, um zu sehen, ob er gebraucht würde, und wandte sich dann mit einem Ausdruck schwerster Vernachlässigung wieder seinem Grasbüschel zu.

»Manche Leute halten mich für 'ne Lesbe«, rief Urszula plötzlich aus.

»Wirklich?«, fragte ich unschuldig.

»Ja!«

Und wir nickten in fröhlicher Eintracht.

»Bin ich aber nicht«, erklärte sie mit Nachdruck. »Auch wenn ich meine Freundinnen heiß und innig liebe.«

Ich brannte darauf, Urszula zu fragen, wie es sich auf ihre Freundschaft mit Hester auswirke, wenn sie als lesbisches Duo loszogen, aber ich entschied mich dagegen.

»Ich werd manchmal auch für 'ne Lesbe gehalten«, sagte ich

und setzte mich auf. »Wahrscheinlich weil ich so groß bin, kurzes Haar habe und rumlaufe wie Sporty Spice.«

»Ist die lesbisch?«, fragte Urszula und setzte sich ebenfalls auf.

»Keine Ahnung.«

Wir sahen zu, wie Rex sein Bein an einem Baum hob, und grübelten über die sexuelle Orientierung der Spice Girls nach.

»*Das* gibt wahrscheinlich auch Anlass zu Missverständnissen, Urszula«, sagte ich und deutete auf das große schwarze Tattoo auf ihrem gebräunten Bizeps.

»Was?«, fragte sie lächelnd und bedeckte sofort mit der Hand den dunklen Schriftzug des Frauennamens, der um die beiden Herzen geschlungen war.

»Wer ist denn nun diese Miranda?«, fragte ich frech.

Urszula warf den Kopf in den Nacken und gackerte so ansteckend, dass ich mitlachen musste, bevor ich die Pointe kannte.

»Das ist doch meine Tochter, du Dösbaddel«, rief sie.

»Deine Tochter?«, schrie ich.

»Meine Tochter Miranda.«

»Ich wusste nicht, dass du eine Tochter hast, Urszula!«

Urszula schüttelte den Kopf, während sie sich allmählich wieder einkriegte.

»Wo lebt sie?«, fragte ich.

Urszula stand auf und zog ihre Jeans zurecht. »Miranda hat bei ihrem Großvater in Morpeth gelebt.«

Ich forschte nach Anzeichen von Unbehagen bei Urszula, als sie den Boden nach einem Stock absuchte und ihn dann hoch in die Luft warf, nachdem sie mit einem kurzen Pfiff Rex' Aufmerksamkeit erregt hatte.

»Miranda ist gestorben, als sie neun war«, sagte Urszula, während sie die Flugbahn des Stocks und den begeisterten Sprint ihres Hundes mit den Augen verfolgte.

Dann wandte sie sich zu mir um und lächelte.

»Sie litt unter angeborener Muskeldystrophie.«

Urszula verfrachtete Rex wieder ins Auto und scheuchte mich trotz meiner kläglichen Proteste zu einer zweiten Runde um den Park. Meine Beine waren immer noch ganz zittrig von der letzten Tortur, aber ich konnte Urszula einfach nichts abschlagen. Als wir wieder in Bewegung waren, lenkte Urszula mich geschickt von meinem und möglicherweise auch von ihrem eigenen Unglück ab, indem sie endlich das Geheimnis preisgab.

»Willste wissen, wo ich in den letzten beiden Wochen gewesen bin?«, fragte sie mit spitzbübischem Grinsen.

Während wir Hand in Hand weiterliefen, erzählte sie mir, wie sie Sofia am Montagmorgen vom Krankenhaus abgeholt und am Bordell abgesetzt hatte und dann für etwa eine Stunde in den Park zurückgefahren war. Es sei eine schwierige Zeit für sie gewesen, erklärte sie und packte mich am Ellenbogen, als ich über einen Zweig stolperte. Sie war körperlich ziemlich schlecht drauf gewesen. Abgesehen von dem Problem mit der Lunge hatte sie seit drei Wochen ununterbrochen Blutungen gehabt. Ich wusste von Trudy, dass Urszula erst kürzlich eine Behandlung wegen Gebärmutterhalskrebs überstanden hatte, aber nicht wollte, dass irgendjemand davon erfuhr, weil sie fürchtete, es könnte ihre Aufträge beeinflussen. Als es Zeit war, Sofia vom Bordell abzuholen, hatte Urszula ihre Sachen zusammengepackt und war langsam auf den Parkausgang zugefahren, als ein roter Mazda so dicht hinter ihr auffuhr, dass er fast an ihre Stoßstange stieß. Urszula signalisierte den beiden männlichen Insassen, sie zu überholen, wenn sie es so eilig hätten, aber die beiden hatten zu viel Spaß daran, sie zu ärgern, erklärte sie. Was sehr dumm von ihnen war.

»Ich meine, was glauben die, wer sie sind, Meredith?!«, rief

Urszula. »Legen sich mit einem Landrover an!« Sie blieb stehen, um mich anzuschauen. »Ganz zu schweigen von der verrückten Tussi am Steuer.«

Ich rauschte an ihr vorbei, weil ich nicht wusste, wie man anhält.

Als Urszula mich eingeholt hatte, erzählte sie weiter. Ohne Vorwarnung war sie voll auf die Bremse getreten, und natürlich geschah, was geschehen musste. Türen wurden aufgerissen, wilde Beschimpfungen ausgetauscht und bevor sie sich's versah, wurde Urszula von einem der Parkaufseher gepackt und zurückgehalten. Die Aufseher kannten Urszula inzwischen alle (sie hatten kaum eine andere Wahl), aber nur einer hatte spontan eine heftige Abneigung gegen diese »taffe Lesbe mit der Igelfrisur« und ihren Furcht erregenden Köter gefasst. Und natürlich war es genau dieser Aufseher, dessen Arme sich jetzt mit unnötiger Gewalt wie ein Schraubstock um Urszula schlossen.

»Ich bin nicht blöd, Meredith«, sagte sie ruhig. »Wenn ich ihm einen Kopfstoß versetzt hätte, hätte ich sozusagen meinen Vermieter platt gemacht. Aber du wärst stolz auf mich gewesen. Ich hab ganz ruhig zu ihm gesagt, entweder er nimmt seine *verdammten Arme* weg, oder er kann sich neue kaufen.«

Urszula war sich nicht sicher, ob die Kooperationsbereitschaft des Parkaufsehers auf ihren Tonfall oder auf die Anwesenheit eines rosaäugigen Bullterriers zurückzuführen war, der wütend schnaufend durch gelbe Zähne knurrte. Er würde die Sache nicht zur Anzeige bringen, hatte der Parkwächter verkündet, weil Urszula eindeutig provoziert worden sei, aber alle Beteiligten müssten den Park unverzüglich verlassen. Alle stimmten zu und als der Parkaufseher wegfuhr, rannte Urszula zu ihrem Wagen, weil das Handy klingelte. In diesem Moment hörte sie die quietschenden Reifen des Mazdas und sah, wie er auf Rex zusteuerte und haarscharf an ihm vorbeischoss. Und ab da hatte sie einen Filmriss.

»Ich kann mich nur noch ganz vage erinnern, Meredith«, erklärte sie, während wir über einen Hubbel stolperten und sie mir wieder auf die Beine half. »Nur Sekunden später hatte ich sie am Haupteingang überholt. Der Schlappschwanz wollt schnell sein Fenster hochkurbeln, aber ich hab den Arm dazwischen gekriegt und ihn von seinem Sitz gezerrt.«

Während Urszula dem ersten Typ einen Faustschlag versetzte und anschließend den zweiten mit ihren berüchtigten Kopfstößen k. o. schlug, bildete sich ein Kreis von Schaulustigen, einschließlich Parkaufseher, Rex sowie zwei Polizisten und einer Polizistin vom Revier auf der gegenüberliegenden Straßenseite. Urszula wurde die Nacht über in die Ausnüchterungszelle gesperrt und Rex draußen in den Landrover, in dem alle fünf Minuten das Handy klingelte.

»Er hat bestimmt drei Kreuze gemacht, als der verdammte Akku leer war!«

Und wo war sie in der ganzen übrigen Zeit gewesen?

»Bei Hester«, antwortete Urszula lässig, »ich musste nämlich eine sehr hässliche Beule auf der Stirn auskurieren.«

Bei Hester!

»Die Kopfnuss ist mir völlig danebengegangen. Ich hab den Schlag nicht richtig auf die Mitte gesetzt«, knurrte sie. »Bin seitlich abgerutscht, das heißt, dass ich nicht mehr in Form bin.«

Beulen und Kopfnüsse waren mir im Moment egal, ich konnte nur daran denken, was für eine verlogene Kuh diese Hester war. Ständig hatte sie angerufen und gefragt, ob wir was von Urszula gehört hatten! Wenn sie das nächste Mal anrief, würde ich ihr sagen, dass wir uns vor Kunden kaum retten konnten und praktisch seit dem Golfkrieg keine ruhige Nacht mehr gehabt hatten.

»Hörst du mir zu, Meredith?«, fragte Urszula vorwurfsvoll.

»Ich erkläre dir grad die beiden Gründe, weshalb sie keine Anklage gegen mich erheben können.«

Ich entschuldigte mich, und Urszula fuhr fort.

»Erstens existiere ich gar nicht, und zweitens werde ich polizeilich gesucht.«

Immer noch nickend fragte ich mich, wie eine Person, die gar nicht existierte, polizeilich gesucht werden konnte.

»Ich werd jemand um Hilfe bitten müssen, Meredith«, fuhr sie ernst fort. »Leute, die ich lieber nicht bitten würde. Leute, für die ich gearbeitet hab.«

»Was hast du für sie gemacht?«, fragte ich atemlos.

»Hauptsächlich Security. Du weißt schon, Rausschmeißer, Bodyguard«, sie senkte die Stimme, »und ›Lieferungen‹.«

»Drogen?«, keuchte ich.

»Nee, ich hab ihnen gesacht, so was mach ich nicht. Mein Job war es, eine Knarre und geklaute Diamanten im Wert von zig Millionen Dollar in meine Handtasche zu stopfen und sie von einem Hotel in King's Cross zu einem anderen zu bringen.«

Ich fragte mich, was mein Freund Colin beim Arbeitsamt zu Urszulas Lebenslauf sagen würde.

Um alle Anklagen und alle Einträge im Vorstrafenregister loszuwerden, erklärte Urszula, müsse sie fünfundzwanzigtausend Dollar springen lassen.

»Früher waren's nur fünf«, erklärte sie und überholte mich mit ihren Rollerblades. »Daran siehst du, wie lange ich schon aus dem Geschäft bin.«

Da meine Beine vor Überanstrengung sichtlich zitterten, plädierte ich auf Skater-Notstand, und meine unbezwingbare Partnerin gestattete mir gnädigerweise, auf dem Sandweg zusammenzubrechen, während sie die Runde zu Ende laufen wollte, um den Wagen zu holen. Trotz meiner schwachen Proteste bestand Urszula darauf, mich nach Hause zu fahren.

»Aber bleib da nicht liegen«, rief sie mir zu, »das ist der Reitweg, Schätzchen.«

Das war mir egal. Ein schneller Huftritt auf den Kopf und sofortige Bewusstlosigkeit wären eine willkommene Erlösung von diesen Qualen. Während ich meinen schlaffen Körper dem Schmutz überließ, hatte ich wilde Visionen von Urszula, die Colin im Arbeitsamt einen Kopfstoß versetzte, und von Hester, die ein lesbisches Duo mit Sporty Spice machte.

Urszula parkte in der Nähe unserer Auffahrt und lächelte kopfschüttelnd. Nein, sie wolle nicht auf eine Tasse Tee hereinkommen, sagte sie und tätschelte liebevoll mein Knie. Sie habe noch Orte aufzusuchen, Leute zu treffen und Hunde zu füttern. Aber ihre plötzliche Verletzlichkeit ließ mich vermuten, dass ihre untypische Scheu eher von dem Gedanken an eine mögliche Begegnung mit meinen beiden Mitbewohnern ausgelöst wurde. Und als ich vor unserem großen Haus mit dem Pool aus ihrem winzigen Mobilheim kletterte, fühlte ich mich beschämt.

»Und – machen wir das bald mal wieder?«, fragte sie und zündete sich eine Zigarette an.

»Klar machen wir das«, versicherte ich.

»Morgen?«, schlug sie vor.

Ich klappte den Mund auf, aber bevor ich meine schwachen Kräfte sammeln und Begeisterung heucheln konnte, kam Urszula mir zuvor: »Oh, Meredith, ... versuch's gar nicht erst!«, lachte sie.

Es seien meine Beine, insistierte ich, als sie den Rückwärtsgang einlegte. Sobald sich meine Beine wieder erholt hätten, würde ich sehr gern wieder mit ihr Rollerblades fahren.

Aber Urszula lachte nur, während sie den Wagen zurücksetzte.

»Hast du morgen Schicht?«, schrie sie, um den Motorlärm zu übertönen.

Ich nickte enthusiastisch.

»Alles klar, meine Süße«, rief sie grinsend, »bis dahin kann ich warten.«

Ich winkte ihr zum Abschied, bis der Landrover aus meinem Blickfeld verschwunden war.

Es waren meine Beine! Es hatte nichts damit zu tun, dass ich Urszula nicht privat treffen wollte oder dass unsere beiden Welten so verschieden waren oder dass meine Freunde nicht mit einer Prostituierten umgehen konnten, die in ihrem Auto wohnte, oder dass sie unglaubhafte Geschichten über ihre Vergangenheit erzählte. Es lag nicht an den ganzen Männern, die sich vom Acker machten oder an der verborgenen Traurigkeit und Einsamkeit in ihrem Leben oder an dem Vater in Morpeth, der ihr Kind begraben hatte.

Ich stand in meiner Auffahrt und war wütend auf mich selbst. War es denn wirklich eine so beängstigende Verantwortung, wenn diese ungewöhnliche Frau, die möglicherweise sehr krank war und in Schwierigkeiten steckte, eine Freundin brauchte?

Als ich am nächsten Morgen in meiner Küche stand und darauf wartete, dass mein Toast hochsprang, erinnerte ich mich an Trudys Warnung. Es stimmte. Urszula zu lieben brach einem das Herz.

Tut mir Leid, aber unsere Frauen sind gerade alle auf einem Floß

Sydney hätte sich keinen schöneren Sommerabend wünschen können, um sein Schwulen-und-Lesben-Mardi-Gras zu feiern. Ich ging auf dem Weg zur Arbeit durch die bunte Menge, die sich am Taylor Square versammelt hatte, und es war unmöglich, sich nicht von der euphorischen Stimmung dieser bewegenden Solidaritätsdemonstration anstecken zu lassen. Schwankende Drag Queens in Plateauschuhen und mit hochtoupiertem Haar plauderten Auge in Auge mit berittenen Polizisten. Sonnengebräunte Jungs in hautengen Hotpants fielen sich kreischend in die Arme. Attraktive Amazonen in Lederunterwäsche machten sich gegenseitig die Strapse fest, um sich auf die Parade vorzubereiten, und aus den Fenstern lehnten schillernde Transvestiten und winkten der Menge mit leuchtend bunten Federboas zu.

Während ich mir einen Weg durch lächelnde Rocker und einige zweifelhafte Nonnen bahnte, fragte ich mich, wie sich dieses festliche Ereignis wohl auf unser Geschäft auswirken würde. Würden die Heteromänner zu abgelenkt von der Parade sein, um an Heterosex zu denken? Würden sie sich vielleicht zu Ehren des Fests in Enthaltsamkeit üben? Oder würden die Telefone wie verrückt klingeln, weil die Homophobiker zum Vergeltungsschlag ansetzten und sich in fieberhafte heterosexuelle Aktivitäten stürzten? Ich blieb stehen, um einen letzten, langen Blick auf das Treiben zu werfen. Ein kleines Mädchen mit Schmetterlingsflügeln und einer Tiara, das bei seiner Mutter auf den Schultern saß, lächelte auf mich herab wie ein kleiner Engel. Ich lächelte genau in dem Moment zurück, in dem sein kleiner Arm einen Plexiglasstab auf meinen Kopf krachen ließ.

»Nicht so doll, Tammy!«, tadelte die Mutter und lächelte mir entschuldigend zu.

Ich stakste mit meiner Gehirnerschütterung in Richtung Redfern davon.

Song-Lee, Kaz, Zora und all unsere anderen Lesben hatten unmissverständlich zum Ausdruck gebracht, dass sie eher Heiligabend als in der Mardi-Gras-Nacht arbeiten würden. Insbesondere Celeste und Genevieve, die seit kurzem ein seltsames, aber glückliches Paar waren, wollten ihre neue Liebe feiern. Deshalb standen statt unserer gewohnten zwanzig nur acht Frauen zur Auswahl, Lottie nicht mitgezählt. Doch die Telefone blieben so stumm, dass sogar Sofia zögerte, weitere Frauen zu mobilisieren. Unser spanischer Feldwebel war schon wieder direkt vom Krankenhaus ins Bordell gekommen, diesmal mit einer Sekundärinfektion, die zweifellos auf einen Mangel an Nahrung, Ruhe und arbeitswilligen Sexarbeiterinnen zurückzuführen war.

Ich merkte, dass es mir nichts mehr ausmachte, allein mit Sofia zu arbeiten. Seit wir Hilary zu dem Mann mit dem mechanischen Penis geschickt hatten, waren wir uns irgendwie näher gekommen.

Um zwanzig Uhr erhielten wir den ersten Anruf an diesem Abend. Gerald, der eine eigene Wohnung im Quay Grand hatte, wollte eine Frau, die er noch nicht kannte.

Also schickte Sofia ihm unsere berühmte Gigi, die den ganzen Tag eine Prostituierte am Set von *Moulin Rouge* gemimt hatte.

Um einundzwanzig Uhr klingelte mein Telefon zum zweiten Mal an diesem Abend. Malcolm, der in den Kirribilli Mansions residierte, wünschte die Dienste einer Begleiterin, die in den Dreißigern war. Ich fand seine leise Heiterkeit und höfliche Art auf Anhieb sympathisch, vor allem, als er erklärte, er sei ein Stammkunde, hätte aber in den letzten sechs Monaten in Cambridge studiert.

»Meinst du die Universität von Cambridge, Malcolm?«, fragte ich.

»Genau die meine ich«, bestätigte Malcolm.

»Darf ich fragen, was du studierst?«

»Na ja, was Langweiliges, fürchte ich.« Malcolm lachte. »Ich promoviere über die Architektur der Tudorzeit.«

»Das ist überhaupt nicht langweilig!«, rief ich aus.

Ich weiß nicht, ob Malcolm nur höflich sein wollte, aber er schien sehr beeindruckt, als ich nicht nur die Namen aller sechs Frauen von Heinrich VIII. nennen konnte, sondern auch alle Schauspielerinnen, die sie je gespielt hatten. Und so plauderten wir weiter über Anne Boleyn, Hampton Court, Malcolms Doktorarbeit, den Magistertitel meiner Mutter, die vierhundertjährige Geschichte von Malcolms Vornamen und seine walisische Abstammung, bis ich mich daran erinnerte, weshalb Malcolm eigentlich angerufen hatte.

»Also, an was für einen Typ Frau hast du denn gedacht, Malcolm?«, fragte ich.

»Na ja, ich habe eine Schwäche für Frauen mit französischem oder italienischem Akzent. Meinst du, das wäre möglich, Meredith?«

»Ich tue, was ich kann, Malcolm«, versprach ich.

»Und könnte sie vielleicht vor mir masturbieren, Meredith?«

»Kein Problem, Malcolm«, versicherte ich.

»Danke für deine Mühe, Meredith.«

Ich sah nach, welche Frauen auf dem Schichtplan standen, fast ein bisschen neidisch, dass eine von ihnen zweihundert Dollar dafür bekommen würde, dass sie eine Stunde lang vor einem Akademiker masturbierte. Die Neue klang zu gut, um wahr zu sein. Mignon aus Paris war fünfunddreißig, unterrichtete Französisch an einer Privatschule und war laut Sofia »ein echt steiler Zahn«.

»Und Mignon«, fragte ich sie am Telefon, »es macht dir doch nichts aus, vor einem Mann zu masturbieren, oder?«

»Mais non!«, rief Mignon, als ob das Ganze sowieso eine Erfindung der Franzosen wäre.

»Also, wie sieht sie aus, die kleine Französin?«, sang Patrick von seinem Autotelefon auf seinem Weg zu Mignons Wohnung.

Guter alter Patrick, mit dem ich den ganzen Tag lachend und Tee trinkend im Bett verbracht hatte … Ich warf einen Blick auf Mignons Karte.

»Ähm … zierlich … brünett … Traumfigur …«

»Umwerfend!«, grölte Sofia dazwischen.

»Und recht attraktiv, Patrick. Genügt das?«, fragte ich spitz.

Manchmal wünschte ich, die Frauen würden sich öfter ein Taxi nehmen.

Gegen zehn traf ein übel gelaunter Boris ein. Die Straßensperren wegen des Mardi Gras hatten seine Laune in den Keller und seine Homophobie auf ein Rekordhoch getrieben. Grollend stand er vor meinem Schreibtisch und breitete sich über die liederliche Moral von Eltern aus, die ihren Kindern erlaubten, eine Parade voller »Saftsack-Tunten« und »haariger Mannweiber« anzuschauen, bis Sofia ihn unterbrach.

»Wo zum Teufel steckt Patrick?«, fragte sie mich. »Er müsste Mignon längst abgesetzt haben und sollte jetzt eigentlich Hannah vom Manly Pacific abholen.«

Während ich darauf wartete, dass Patrick sich am Autotelefon meldete, fragte ich Boris, ob ihm noch nicht aufgefallen sei, dass die Hälfte seiner Mitarbeiterinnen lesbisch sei.

»Lesbisch? Quatsch!«, höhnte Boris. »Prostituierte können einen Mann nicht halten, du Hirnödi«, er lachte wie ein Halbirrer, »deshalb treiben sie's miteinander.«

Es war wirklich ein Jammer, dass ich nicht öfter von Boris' klugen Lebensweisheiten profitieren konnte!

»Allo?«, meldete sich schließlich eine französische Stimme an Patricks Autotelefon.

»Patrick?«, fragte ich ungläubig.

»Patriik kann jetzt nischt mit dir spreschen«, informierte mich die Stimme. »Moment …«

Und damit legte Mignon auf!

Sofias Reaktion hätte nicht schlimmer sein können. »Was zur Hölle treiben die da in dem Auto?«

Mit einem bösen Lächeln, das für mich bestimmt war, warf Boris eine Zigarette in die Luft, fing sie mit dem Mund und machte sich auf den Weg ins Kasino.

Ich war jetzt nicht in der Stimmung für Thomas Vomeitz. Ich hasste Thomas Vomeitz. Ich hasste Thomas Vomeitz sogar, wenn Patrick nicht gerade mit einer umwerfenden französischen Prostituierten in einem Mercedes in den Seitenstraßen von Kirribilli verschwunden war. Thomas war ein pedantischer, salbungsvoller österreichischer Langweiler, der uns ständig Vorträge darüber hielt, dass wir ihm die falschen Frauen schickten. Thomas war über siebzig, wie er uns ständig vorhielt, und ein Gentleman, wie er uns ebenfalls ständig vorhielt, deshalb wünschte er keine »billigen jungen Flittchen«. Thomas wollte eine reifere Dame, mit der er sich gepflegt unterhalten konnte, eine Frau mit Stil, die noch nicht so lange in dem Gewerbe tätig war. Was mich am meisten an Thomas ärgerte, war nicht so sehr seine überhebliche Kritik an unseren Frauen, sondern vielmehr die Heuchelei eines Mannes, der aktiv die Dienste einer Prostituierten suchte und sich trotzdem von jeder Frau abgestoßen fühlte, die entfernte Ähnlichkeiten mit einer aufwies. Sofia vertrat die Theorie, dass Thomas Vomeitz ein Nazi war, nicht nur wegen seines Überlegenheitskomplexes, sondern weil er nach dem Krieg einige Jahre in Südamerika gelebt hatte.

»Da sind alle Nazis hingegangen, Schätzchen«, hatte sie mich aufgeklärt, »nach Südamerika. Kannste nachlesen.«

Außerdem hatte Thomas die nervtötende Angewohnheit, dass er ständig versuchte, die Loyalität einer Empfangsdame zu gewinnen, indem er über die Inkompetenz einer anderen lästerte. Häufig fragte er anklagend, wieso wir nicht alle so »intelligent« und »urteilsfähig« sein könnten wie Pip, die ihm immer eine passende Frau schicke oder zumindest ehrlich genug sei, ihm gar keine zu schicken. Diese Vergleiche waren nicht unbedingt dazu angetan, mich für ihn einzunehmen.

Thomas steckte mitten in einer Tirade über Sofia, die kürzlich Bunny zu ihm geschickt hatte. Das sei ein Paradebeispiel für die Unverfrorenheit, mit der Sofia seine Brieftasche und sein freundliches Wesen ausbeute, und Thomas würde ihr das nicht so schnell vergessen. Die achtzehnjährige Bunny, eine stattliche, 1,82 m große Blondine aus den westlichen Vorstädten, war nur einen Monat bei uns gewesen. Sie hatte sich immer wieder über gewalttätige Kunden beklagt, bis wir feststellten, dass sie einen Freund hatte, der ihr von Auftrag zu Auftrag folgte und an ihrem Auto auf sie wartete, um sie zu verprügeln, wenn sie wieder herauskam.

»Also, wie sollte eine Begleiterin deiner Ansicht nach sein, Thomas?«, fragte ich. »Klär mich auf, damit ich dir auch so hervorragende Dienste leisten kann wie Pip.«

Obwohl Thomas so großen Wert auf die Intelligenz anderer legte, entging seiner eigenen Intelligenz mein ironischer Unterton.

»Sie darf kein Roboter sein, Meredith«, setzte er mit salbungsvollem Pomp an, »und natürlich nicht geldgierig. Sie sollte freundlich sein, Meredith, aber nicht plumpvertraulich. Ein Mangel an Raffinesse stört mich nicht. Das kann sogar ganz liebenswert sein, solange sie einwandfreie Manieren und ein natürliches Lachen hat. Ich habe eine instinktive Abneigung gegen Tattoos, und ich bevorzuge eine Dame in den Dreißigern. Aber keinesfalls älter, Meredith«, gluckste Thomas, »es reicht, wenn einer altersschwach ist.«

Doch entgegen seinen ganzen Präferenzen hatte Thomas im Laufe der Jahre ein ausgeprägtes Faible für Marguerita entwickelt, unsere taffe, ausgekochte, glutäugige Argentinierin, die niemals lachte.

»Ist Marguerita immer noch in Spanien?«, fragte er bekümmert.

Marguerita oder Kaz, wie sie sich jetzt nannte, trug gerade ein Stachelhalsband und einen ledernen String-Tanga und tanzte auf einem Mardi-Gras-Floß mit Frank, ihrer Liebsten.

»Immer noch in Spanien, Thomas«, seufzte ich. »Ihrer Mutter geht es noch nicht besser, fürchte ich.«

»Du meine Güte, Niko!«, kreischte Sofia plötzlich in ihr Telefon. »Wie viele Perioden hast du in einem Monat?«

»Ich mag keine Frauen, die sich nicht ordentlich ausdrücken können, Meredith«, fuhr der Österreicher fort, während ich das Periodenbuch an Sofia weiterreichte. »Ich bevorzuge Frauen mit einer gewissen Bildung.«

»Du bist ja selbst ein sehr wortgewandter Mann, Thomas«, sagte ich. »Darf ich fragen, was du beruflich machst?«

Sofia hatte mir bereits erzählt, womit Thomas seinen Lebensunterhalt verdiente.

»Ich fahre Taxi, Meredith«, antwortete Thomas mürrisch, »aber du wärst überrascht, wie viele hoch gebildete Taxifahrer es gibt.«

»Oh, erzähl mir davon, Thomas«, bat ich begeistert. »Wir haben auch lauter überqualifizierte Frauen in unserer Kartei, wie du sicher weißt. Frauen mit akademischen Abschlüssen, sogar mit Doktortiteln. Ich bin immer wieder erstaunt über den hohen Bildungsstand unserer Frauen.«

»Tja, Meredith«, sagte Thomas spitz, »ich kann nur sagen, dass ich durch eure Agentur noch nicht viele davon kennen gelernt habe.«

»Oh, das ist ein Jammer, Thomas«, erklärte ich. »Ich dachte, Pip hätte dir ein paar vorbeigeschickt.«

Und endlich legte der Nazi auf, was mir nur recht war, da unsere Telefonanlage mittlerweile blinkte wie eine weihnachtliche Lichterkette.

Mardi Gras hatte sich tatsächlich auf unser Geschäft ausgewirkt. Abgesehen von einem Millionär, einem Akademiker und einem Nazi hatten wir kaum einen Anrufer gehabt. Aber jetzt, um Mitternacht, verlangte plötzlich jeder Mann, der nicht gerade seinen Hund ausführte, nach einer Asiatin. Was hatte das zu bedeuten?

»Min!«, schrie Sofia, während sie drei Anrufer in der Leitung hielt. »Ich brauche alle deine Mädchen, Min! Ruf mich zurück!«

Und in den nächsten Stunden waren Lan und Patrick damit beschäftigt, sich durch Straßensperren zu kämpfen und torkelnden Drag Queens auszuweichen, während sie jede Menge Asiatinnen kreuz und quer durch Sydney transportierten. Ich war froh, dass Maya zur Abwechslung mal heiß begehrt war. Sie ging sogar das Risiko ein, ihren Kolleginnen im Hilton Hotel, wo sie vormittags als Zimmermädchen arbeitete, in die Arme zu laufen. Sie ließ sich von Patrick am diskreteren Hintereingang absetzen, sodass sie das Treppenhaus benutzen konnte, bevor sie wie Fantomas durch die Korridore schlich. Maya fand das Ganze so aufregend, dass sie danach sogar noch eine weitere Buchung zwei Stockwerke höher annahm.

Es war Zeit, nach Hause zu gehen. Während Sofia noch einen Anruf entgegennahm, machte ich mich auf die Suche nach meinem Fahrer. Ich steckte den Kopf in den Aufenthaltsraum der Frauen, und da, in einer Ecke über eine Zeitschrift gebeugt, saß Patrick.

»Wieso hat Mignon sich an deinem Autotelefon gemeldet?«, fragte ich.

Patrick schaute mich einen Moment lang völlig verdattert an.

»Ach ja!«, sagte er mit einer ruckartigen Bewegung, als es ihm wieder einfiel. »Tankstelle. Ich hab ihr gesagt, sie soll nicht rangehen, aber, na ja, sie ist eben Französin, was?«

Patrick spürte, dass ich müde war, und hörte auf zu kichern. Er legte die Zeitschrift beiseite und schnappte sich seine Schlüssel. Doch bevor wir gehen konnten, erschütterte Sofias dröhnende Stimme das Haus.

»WAS ZUM TEUFEL TUST DU HIER?«

Patrick und ich rannten zum Treppenabsatz und spähten schüchtern über Sofias Schulter, in der Erwartung einen vorwitzigen Freier auf den Stufen zu entdecken.

»Es ist in Ordnung«, wimmerte Leonie und schaute zu Sofia hoch wie ein Seehundbaby, das Prügel fürchtet, »er ist eingeschlafen.«

»WAS?«, Sofia sah entsetzt auf ihre Uhr. »ER HAT BIS SECHS UHR BEZAHLT! WAS IST, WENN ER AUFWACHT?«

Leonie plapperte kläglich weiter und versicherte, Gerald sei »total alle, ej«. Außerdem fühle sie sich »echt groggy« und habe »einfach gedacht –«

»ER IST MILLIONÄR, DU RIESENRINDVIEH!«, fiel Sofia ihr ins Wort und wies auf die Haustür. »Abmarsch!«

Als Leonie hastig die Stufen hinuntereilte, musste ich daran denken, was Sofia über den Tümmler mit dem engen Kleid gesagt hatte.

»KOMM ZURÜCK!«, brüllte Sofia erneut und wandte sich an Patrick. »Bring diese Vollidiotin zurück zum Quay Grand, ja?«

Sofia verdrehte die Augen und trottete erschöpft die Stufen zu ihrem Büro hoch. Ich folgte ihr.

»Und Malcolm will nur, dass du vor ihm masturbierst, Schätzchen, alles klar?«

Entsetzt wirbelte ich herum, sah aber zu meiner Erleichterung, dass die Worte gar nicht mir galten, sondern dass Sofia nur ein unterbrochenes Telefonat mit einer unserer Frauen fortsetzte.

»Danke, Lucy«, sagte sie und legte auf.

Ohne mich anzuschauen, antwortete Sofia zögernd auf meinen stummen Protest.

»Ja, Schätzchen«, seufzte sie. »Nachdem Mignon bei deinem Professor war, hat er Coral und dann Candice gebucht. Und jetzt möchte er Lucy sehen.«

Man hatte schon von Männern gehört, die in einen regelrechten Buchungsrausch gerieten. Einmal hatte ein Mann auf fünf verschiedenen Leitungen nacheinander fünf Frauen gebucht. Ich hätte Donald auch die sechste geschickt, aber er hatte sein Kreditkartenlimit gesprengt.

Patrick war auf dem Nachhauseweg ungewöhnlich schweigsam, und ich fragte mich, ob meine irrationale Eifersucht auf Mignon ihn tatsächlich verärgert hatte. Oder fühlte er sich durch meine Eifersucht vielleicht geschmeichelt und war enttäuscht, weil wir immer noch nicht öffentlich als Paar auftraten? Nicht, dass wir ein Paar gewesen wären. Oder doch? Dachte Patrick das? Und so saß ich neben ihm und überlegte hin und her, wie ich unsere seltsame Feierabend-Beziehung einordnen sollte.

Sie weiß es!

Ich hatte kaum hallo gesagt, als ich von drei Empfangsdamen auf einen Stuhl geschubst, festgehalten und gezwungen wurde, einem verrückten Bayern zuzuschauen, der wie ein Irrer im Zimmer herumhüpfte und ein bizarres Pantomimenrätsel vorführte. Boris kam nur so früh, wenn es eine ausgewachsene Krise gab. Also sollte ich lieber gut aufpassen und richtig erraten, welches Buch, Theaterstück oder Leinwandepos er darzustellen versuchte. Erstes Wort. Explosion? Große Explosion? Zweites Wort. Nebenan? Wand! Mein Schreibtisch?

»Unter meinem Schreibtisch ist eine Bombe?«, schrie ich.

Plötzlich sprangen alle vor mir auf und ab und mimten hektisch *Schsch! Sei still!* Drittes Wort. Idiotin. Vollidiotin! Sei still, du verdammte Vollidiotin! Pip warf die Hände in die Luft und zuckte gequält zusammen, als ob der Klang meiner Stimme ihre Ohren beleidigt hätte, und ich hätte ihr am liebsten eine geknallt. Maxine schüttelte enttäuscht den Kopf über mich. Das sollte sie nicht tun, über niemanden. Und Boris hielt uns flehentlich zu mehr *Pianissimo* an. In so einem Zustand hatte ich sie noch nie erlebt. Das Haus war leer! Wovor versteckten sie sich, und warum flüsterten wir?

»Hier«, fauchte Raelene, kritzelte etwas auf einen Zettel und drückte ihn mir in die Hand.

Ich blinzelte auf Raelenes hastig gekrakelte Hieroglyphen.

»Das Büro ist verwarzt«, las ich laut vor.

Wieder sprangen sie alle im Zimmer herum und flatterten mit den Armen, aber bevor ich auf Hitchcocks *Die Vögel* tippen konnte, schnappte Raelene mir den Zettel wieder weg, kritzelte ärgerlich eine Korrektur und erwürgte mich fast, als sie ihn mir zurückgab.

»Oh, verwanzt!«, flüsterte ich. »Das Büro ist *verwanzt.*«

Meine Kolleginnen brachen erleichtert auf ihren Stühlen zusammen, fächerten sich Luft zu, rollten ausgiebig mit den Augen und gratulierten sich selbst zu ihrer phänomenalen Geduld mit dem Bürotrottel. Boris nahm mich beim Ellbogen und führte mich zu meinem Schreibtisch. Dort angekommen drückte er mich langsam nach unten, bis ich so weit über der Tischfläche lehnte, dass mein Gesicht gegen die kalte Wand gepresst wurde. Es war keine bequeme Position, und ich war froh, dass ich nicht allein mit Boris war. Doch anstatt eines versteckten Mikrofons entdeckte ich hinter meinem Schreibtisch nur ein heilloses Durcheinander von Telefonkabeln und einige gebrauchte Papiertaschentücher. Ich nickte trotzdem tapfer, damit Boris mich endlich losließ.

»Wer?«, fragte ich, während ich das Blut wieder in meine Wange massierte.

Boris lächelte. Völlig baff sah ich meine nickenden Kolleginnen an und wagte nicht, den Namen auch nur zu flüstern.

»Warum?«, fragte ich Boris, der sich nur an die Schläfe tippte, um zu signalisieren, dass seine Frau nicht auf den Kopf gefallen sei.

Falls Didi den Braten gerochen hatte, wäre das allerdings kein Wunder. Seit einigen Wochen hatten wir auf Boris' Drängen angefangen, die Anzahl der unterschlagenen Buchungen zur Subventionierung seiner Spielsucht zu erhöhen. Die Vorstellung, wie Didi über ihrem kontinentalen Frühstück saß, den flauschigen Chihuahua auf ihrem Schoß streichelte und stirnrunzelnd unsere kümmerlichen Auftragsbelege durchging, verursachte mir plötzlich ein sehr flaues Gefühl im Magen.

»Weiß sie von –?«

Boris schüttelte den Kopf und lächelte beruhigend.

Ein Glück. Immerhin hatten wir uns große Mühe gegeben, unsere Spuren zu verwischen. Jede Nacht schrieben wir gewissenhaft unsere Auftragsformulare um, ließen die bar bezahlten Aufträge weg, die Boris für sich verlangte, sammelten das Geld von den Frauen ein und steckten es in einen Extra-Umschlag für Boris. Doch meine Erleichterung verpuffte, als Boris langsam seinen Finger hob wie einen Revolver und ihn mit einem seltsamen Glitzern in den Augen erst auf Raelene richtete, dann auf Pip, auf Maxine und schließlich auf mich. Hatte Didi das Büro verwanzt, weil sie eine ihrer eigenen Empfangsdamen des Diebstahls verdächtigte? Boris kicherte mit infantiler Bösartigkeit, als ob er es höchst amüsant fände, dass seine Vulkan-Gattin eher ihre Angestellten als ihren eigenen Ehemann verdächtigte. Und damit überließ unser Kommandant seine drei verängstigten Empfangsdamen ihrem Schicksal an der Bürofront, wo sie als Pantomimen um ihr Leben kämpfen mussten, und setzte sich selbst ins Kasino ab. Sobald er gegangen war, presste ich meinen Kopf erneut gegen die Wand. Wo war diese verdammte Wanze? Und wieso war sie hinter *meinem* Schreibtisch angebracht? Wieso hinter meinem? Hatte Didi noch nicht mitbekommen, dass ich in *Play School* mitgespielt hatte?!

Etwa eine Stunde lang quälten wir uns mit dem Verlust unserer Redefreiheit herum und saßen in düsterem Schweigen zusammen, belauschten Didi, die uns belauschte, und trauten uns kaum zu atmen, wohl wissend, dass jedes kleinste Schnaufen übertragen wurde. Seit meinem ersten Arbeitstag im Bordell hatte ich mich nicht mehr so befangen gefühlt, wenn ich nervöse Männer zu einstündigen Escort-Buchungen zu überreden versuchte. Doch gegen neun hatte die Unwürdigkeit des Ganzen allmählich unsere Schuldgefühle verdrängt, und gegen zehn rechtfertigten wir unsere heimlichen Aktivitäten durch pantomimische, aber ausdrucksstarke Proteste. Was, flüsterten wir, erwartete Didi denn eigentlich? Zahlte uns zwölf Dollar fünfzig die Stunde und nicht mal Überstunden! Gegen elf hatten wir entschieden, dass die schreiende Ungerechtigkeit des Ganzen nicht mal annähernd dadurch ausgeglichen wurde, dass wir auf Boris' geheimer Gehaltsliste standen.

Nachdem wir uns eine Woche lang mit Zeichensprache verständigt hatten, waren wir erschöpft. Ich bemerkte, dass wir mit jeder Schicht nachlässiger wurden. Wir hatten uns allmählich an den Gedanken gewöhnt, dass wir abgehört wurden, und achteten nicht mehr wie die Schießhunde darauf, unser Geheimnis zu verbergen. Nach zwei Wochen hatten wir das Flüstern ganz aufgegeben. Auf Didi, die wahrscheinlich gestützt auf mehrere Rüschenkissen und einen tibetanischen Tempelhund ihre rätselhaften Aufzeichnungen abhörte, muss die seltsam stockende Sprache voller Halbsätze, ausgelassener Wörter und langer Pausen unglaublich verdächtig gewirkt haben.

»Ist … zu diesem Auftrag gegangen?«

»Ja, geben wir ihn …«

»Hier ist … Wechselgeld von … Kannst du es in …?«

»Ich hab schon drei … gegeben.«

»Möchte noch jemand ein Glas …?«

Und dann kamen die unvermeidlichen Ausrutscher, wenn eine von uns, normalerweise ich, ins Fettnäpfchen trat.

»Ist Pandoras Auftrag offiziell oder geheim?«

In den nächsten Minuten hörte Didi nur das Geräusch von Fäusten, die auf Holz knallten, von Händen, die an Stirnen klatschten, und jede Menge erstickter Rüffel und archaischer Grunzlaute, wenn eine verzweifelte Empfangsdame sich hektisch bei ihren wütenden Kolleginnen entschuldigte. Patrick fand dieses avantgardistische Ballett so erheiternd, dass er aus dem Zimmer flüchten musste und dabei eine feuchte Spur heißen Tees auf dem Teppich hinterließ wie ein blasenschwaches Beuteltier.

Als Leslie ihren CD-Player mitbrachte und vorschlug, wir sollten Musik spielen, um die verräterischen Gespräche zu übertönen, waren wir alle Feuer und Flamme für diese großartige Idee. Leslie war erst seit einem Monat bei uns, hatte sich aber schon häuslich eingerichtet und ihren Schreibtisch mit einer Armee von scheußlichen Latexpuppen dekoriert. Leslie war groß und kräftig, trug die ganze Zeit eine Star Trek-Mütze und hatte schon eine recht alte Seele für ihre vierundzwanzig Jahre. Zuerst war ich empört über ihr johlendes Gebaren am Telefon und die derben Scherze, die sie mit den Kunden trieb, aber da sie die Schultern eines Footballspielers und den Hals eines Boxers hatte, beschloss ich, meine Empörung herunterzuschlucken. Doch keiner von uns ahnte, was für eine Herausforderung es sein würde, telefonische Buchungsbestätigungen durchzuführen, wenn man Tupak, die Foo Fighters oder andere Sangeskünstler aus Leslies bunter Sammlung übertönen musste. Pips Stimme überschlug sich vor Anstrengung, wenn sie am Telefon die Eigenschaften der Frauen beschrieb und sich dabei wütend einen Finger ins freie Ohr steckte. Ich hätte Leslie gebeten, die Musik leiser zu stellen, aber es war so umwerfend komisch, wenn sie dazu rappte und wie ein Brummkreisel mitsang, dass Patrick und ich uns jedes Mal vor Lachen bogen.

»Wie bitte?«, fragte ich die Anruferin. *Ich hab deine Mudder auch schon gefickt, du Schlampe, und sie hat genauso gejault wie du.*

»Ich habe gefragt, ob das Musik im Hintergrund ist, Meredith?«, brüllte sie. »Es klingt, als würdet ihr eine Party veranstalten?«

Heilige Mutter aller Bordelle! Es war Didi.

»Nein, Didi! Nein.«

Während ich schlagartig ganz Ohr war und Patrick eine weitere Teespur auf dem Fußboden hinterließ, stürzte Pip an Leslie vorbei und riss das CD-Kabel aus dem Stecker, als wollte sie allen lärmenden Bands dieser Welt den Saft abdrehen.

»Wir hatten nur … das Radio an …«, stammelte ich, »um zu hören, ob … Offenbar gab es –«

»Okay, Merediss«, unterbrach Didi mich lachend. *Lachend?* »Ich ruf nur an, um zu fragen, ob viel los ist, aber das ist ja anscheinend nicht der Fall. Ach, und übrigens«, fügte sie mit zuckersüßer, spöttelnder Stimme hinzu, »wäre es ganz schön, wenn wir ein paar mehr Barzahlungen verbuchen könnten, nicht wahr?«

»Ja, Didi.«

Ich legte auf und schaute entsetzt zu meinen Kolleginnen. Mehr Barzahlungen. Sie wusste es. Didi wusste es! Es war wie der Moment in *Eine verhängnisvolle Affäre*, wenn die Liebenden denken, dass sie die Frau umgebracht haben, bis sie plötzlich aus der Wanne hochkommt, in der sie gerade ertränkt wurde, und das halbe Publikum einen Herzschlag kriegt. Didi war uns nicht nur auf die Schliche gekommen, sie wollte uns mit ihrer Allgegenwärtigkeit terrorisieren, bis eine von uns – wahrscheinlich ich – unter dem Druck zerbrach wie ein rohes Ei. Hyperventilierend beschrieb ich den grässlichen, zuckersüßen Ton, in dem Didi gesprochen hatte – so als drehe sie gerade eiskalt lächelnd einer Katze den Hals um –, als Leslie mich plötzlich an der Schulter packte und mir sagte, ich solle mich einkriegen. Und das tat ich. Ich kannte keine Frau, die so starke Daumen hatte wie Leslie.

Anstatt alarmiert auf die Nachricht zu reagieren, dass seine Frau eine heiße Spur hatte, die jede Sekunde heißer wurde, blieb Boris unter mir auf den Stufen stehen und sah augenzwinkernd zu mir hoch.

»Meine Frau ist sehr schlau, Meredit«, sinnierte er. »Ich find's gut, dass ich so eine schlaue Frau hab. Das hält mich jung im Kopf.«

Ja, klasse. Sie würde ihm seinen jungen Kopf bald abreißen, wenn er nicht endlich an einem Zwölf-Punkte-Programm teilnahm.

»Tu einfach, was sie sagt.« Er lächelte neckisch. »Und sorg dafür, dass wir mehr Barzahlungen verbuchen können.«

Während ich Boris nachsah, wie er die restlichen Stufen hinuntersprang und summend in seinem Büro verschwand, hatte ich eine seltsame Eingebung. Vielleicht spielte Boris gar nicht mit dem Geld seiner Frau, sondern mit seiner Ehe selbst. Didi zu hintergehen musste sich ähnlich riskant und gefährlich anfühlen wie der Versuch, einem schlafenden Hitler den Bart abzurasieren. Letzteres hätte Boris zwar nie getan, dennoch nahm er sich Zeit für Hitler. Ich machte einmal spätnachts den Fehler, meinen betrunkenen Chef mit einem Hitlergruß auf der Treppe zu begrüßen. Die nächsten zehn Minuten bekam ich einen Vortrag über Hitlers innovative Aufrüstungspolitik und ihre positive Wirkung auf die daniederliegende deutsche Wirtschaft in den Dreißigerjahren. Das Treppengeländer umklammernd wie ein Rednerpult, warnte Boris mich vor dem selektiven Gedächtnis von Kriegshistorikern, die es vorzogen, sich auf Hitlers weniger ruhmreiche Taten zu konzentrieren. Wie vielleicht auf den Mord an fünf Millionen Juden.

Jedenfalls beschlossen wir wieder einmal, uns nicht kleinkriegen zu lassen, und bald darauf fluchten, lachten, tranken und amüsierten wir uns prächtig, so als hätten wir schon immer in einem verwanzten Büro gelebt. Und wenn Didi nicht gefiel, was sie hörte, so war das ihr Problem. Aber hatten wir eigentlich das Recht, so empört auf den Lauschangriff zu reagieren, wenn wir unserem Chef dabei halfen, seine Frau zu bestehlen, die eigentlich diejenige war, die uns eingestellt hatte?

Wenn mein Denken nicht vom Alkohol umnebelt oder von Emotionen gesteuert war und mein schlechtes Gewissen sich regte, rief ich mir ins Gedächtnis, wie Didi reagiert hatte, als Antoinette von dem Mann in dem Bungalow misshandelt worden war. Es war vielleicht kein stichhaltiger moralischer oder juristischer Rechtfertigungsgrund, aber er reichte, um mein Gewissen zu beruhigen.

Um zwei Uhr an einem Donnerstagmorgen sprach ich mit einem sehr betrunkenen und amüsanten Dale aus Darling Point, der eine ungewöhnliche und sehr erfrischende Bitte an mich richtete.

»Schick mir einfach nette Gesellschaft, Meredith. Eine Frau, die Sinn für Humor hat und wenn möglich über fünfunddreißig ist.«

Hört, hört!

»Darf ich fragen, wie alt bist du, Dale?«

»Fünfunddreißig. Hey«, rief Dale, »und wie alt bist du?«

»Ich bin fünfzig, Dale, verheiratet und habe drei Kinder.«

»Super. Wieso kommst du nicht selbst? Die Kinder kannst du mitbringen.«

Ich hatte eine viel bessere Idee, obwohl sie erst dreißig war und Bree hieß.

Ich freute mich, als Dale in der nächsten Woche wieder anrief und die Bitte äußerte, mit mir zu sprechen. Er war zwar genauso betrunken, klang diesmal aber weniger robust und fröhlich als beim letzten Mal, vor allem, als ich ihn fragte, ob er sich wieder mit Bree treffen wolle. Er gab mir eine so ausweichende Antwort, dass ich mich fragte, was bei dem Auftrag schief gelaufen oder möglicherweise gar nicht gelaufen war. Bree hatte zwar exzellente Referenzen, aber immerhin hatte es den bizarren Zwischenfall mit dem Erdnussbuttertoast bei Jocelyn und Graham gegeben. Aber auf meinen zweiten Vorschlag reagierte Dale wesentlich empfänglicher und war so begeistert von der Tatsache, dass Antoinette vierzig war, dass ich ihm beinahe die Wahrheit gesagt hätte.

»Und sie ist vollbusig, Dale, Körbchengröße D, 91 Zentimeter, schlank –«

»Das ist mir wurscht, Meredith«, fiel Dale mir ins Wort. »Wenn du sagst, dass sie nett ist, reicht mir das.«

»Und Meredith!«, rief Dale, als ich gerade auflegen wollte, »sag Antoinette, sie soll 'ne Flasche Wein mitbringen.«

Das ist lustig, dachte ich. Ich hatte Dale noch nicht persönlich kennen gelernt, hatte aber trotzdem das merkwürdige Gefühl, schon mehrere Beziehungen mit ihm gehabt zu haben.

Später an dem Abend traf ich Bree in der Küche und erinnerte mich an meinen ausweichenden Freund am Telefon.

»Bree, wie war's letzte Woche bei Dale in Darling Point?«

Einen Moment lang konnte Bree sich nicht erinnern, welchen Darling-Point-Dale ich meinte, bis ich seine Vorliebe für Alkohol erwähnte.

»Ach, der.« Sie lächelte traurig. »Er wird sich kaum an mich erinnern. Als ich ankam, war er so betrunken, ähm …«, Bree wand sich verlegen. »Na ja, er hat sich quasi selbst bepinkelt.«

Bree brauchte regelmäßig mindestens eine Stunde, um zu einem Kunden zu kommen, was häufig zu Problemen führte, aber normalerweise nicht zu blasentechnischen.

»Aber ich glaube nicht, dass er was davon mitbekommen hat«, fügte sie besänftigend hinzu. »Genau genommen ist er eingeschlafen, nachdem er mich für die Stunde bezahlt hat.«

Ich wandte mich zum Gehen. Das Szenario klang zu traurig, als dass ich weitere Details hören wollte. Bree schien das zu spüren.

»Ein gut aussehender Typ«, rief sie mir in optimistischerem Ton nach.

Als Dale eine Woche später zum dritten Mal anrief, wollte er wieder mit mir sprechen. Diesmal war er zwar auch wieder betrunken, beharrte aber darauf, dass er nicht anrufe, um eine Begleiterin zu buchen.

»Diese Frau, die du mir letzte Woche geschickt hast, Meredith –«

»Antoinette?«, fragte ich und versuchte mich angestrengt an ihre Gemütsverfassung in jener Nacht zu erinnern.

»Ja, Meredith, Antoinette.« Dale klang sehr ernst. Er schwieg. »Vielen Dank. Vielen, vielen Dank.«

»Ich schließe daraus, dass die Buchung ein Erfolg war, Dale?«

Die Buchung war in der Tat so gut gelaufen, dass Dale »den Boss« zu sprechen wünschte. Ich schaute zu Boris hoch, der zufällig direkt vor mir stand, aber Boris sprach nie mit Kunden, unter keinen Umständen, und schüttelte nur den Kopf. Als Dale also mit seiner betrunkenen, aber begeisterten Lobeshymne auf Antoinette fortfuhr, wiederholte ich jedes Wort gut hörbar für unseren »Boss«.

»Antoinette ist die bezauberndste, ehrlichste, liebevollste, sinnlichste, tapferste …«

Bei »bezaubernd« schüttelte Boris angewidert den Kopf und verließ den Raum.

»Dale«, unterbrach ich ihn hastig, solange Maxine und Pip noch mit anderen Anrufern beschäftigt waren. »Dale, sag mir doch mal, Dale«, ich senkte die Stimme, »was macht Antoinette eigentlich genau?«

Es war schamlos, aber ich brannte darauf, endlich zu erfahren, was Antoinette oder auch Kimberley mit den Männern anstellte. Kein Kunde konnte es ertragen, eine dieser beiden Frauen schon nach einer Stunde wieder fortzuschicken, und wir alle wollten wissen *warum*. Doch alles was ich aus Dale herauskriegte, war eine empörende Abfolge von Seufzern und Stöhnlauten, als er die ganze weltbewegende Erfahrung noch einmal durchlebte. Schließlich fragte ich ihn, ob ich ihm Antoinette sofort vorbeischicken sollte.

»Brr, Meredith!« Dale machte plötzlich einen Rückzieher. »Immer langsam mit den jungen Pferden!«

Bitteschön. Dann eben nicht. Meine Pferde und ich drehten um und legten uns in den Schatten. Trotz des unauslöschlichen Eindrucks, den Antoinette auf ihn gemacht habe, erklärte Dale, wolle er es einmal mit einer anderen Frau probieren. Ich fühlte mich betrogen, aber die Pferde hatten es kommen gesehen und erinnerten mich, dass dies die Sexbranche und keine Partnerschaftsvermittlung war.

Es war ein Jammer, weil Antoinette in dieser Nacht einen ihrer Zustände hatte und ich es vorgezogen hätte, dass sie ihn woanders gehabt hätte. Um sieben Uhr war sie in ihrer schwarzen Platzanweiser-Uniform aufgetaucht, mit nassem Haar und einem Gesicht wie zehn Tage Regenwetter. Nachdem sie sich die Haare geföhnt hatte, saß sie zusammengekauert am Küchentisch und funkelte alles an, was sich bewegte. Und jetzt schlurfte sie mit ihren auswärts gedrehten Füßen durchs Haus und gab jedem für alles die Schuld, wahrscheinlich weil sie wieder ihr ganzes Geld an die einarmigen Banditen verfüttert hatte. Obwohl es nie besonders lustig war, wenn Antoinette eine schlimme Nacht hatte, fand ich es manchmal ganz amüsant, wenn ich nach dem Furcht erregenden Spektakel, das eine finstere, Gift und Galle speiende Antoinette in der Küche geboten hatte, nach oben kam, wo eine Empfangsdame gerade säuselte: »Die Frau hat Klasse, ist sehr eloquent und bietet einen hervorragenden Service.«

»Schick mir Coral«, befahl Dale.

Coral war zwar (laut eigener Angabe) erst fünfundzwanzig, aber Dale meinte, »quirlig« klinge gut, und er wolle es einmal mit ihr ausprobieren. Doch bevor ich Coral anrufen konnte, musste ich dringend aufs Klo, wo ich fast mit der knurrigen Antoinette zusammengekracht wäre, die zurückzuckte wie eine wütende Giftspinne.

»Ich hab grad über dich gesprochen«, plapperte ich, während ich die Beine in der Klotür verknotete. »Dale aus Darling Point hält dich für eine Göttin!«

Ich machte mir fast in die Hose. Also knallte ich Antoinette die Tür vor der Nase zu, bevor sie etwas Ungöttinnenhaftes sagen konnte.

Als ich wieder rauskam, saß Antoinette am Küchentisch. Sie machte ein zerknirschtes Gesicht und spielte mit der Zuckerdose, während sie darum kämpfte, die Göttin in sich zu finden. Es war herzzerreißend. Ich würde sie nicht zappeln lassen. An den Türrahmen gelehnt, erzählte ich Antoinette alles, was Dale über sie gesagt hatte. Sie lächelte schüchtern und ein bisschen verlegen, während sie mit einem Löffel den Zucker von einer Seite zur anderen schaufelte. Sie wollte es zwar nicht zeigen, aber Antoinette war sichtlich gerührt von Dales Lobeshymne auf ihr »Talent«. Nur Antoinette benutzte Wörter wie *Talent* und *Können*, um die Aufgaben einer Sexarbeiterin zu beschreiben, und sie schien erfreut, dass jemand ihre Kunstfertigkeit gewürdigt hatte.

»Das überrascht mich wirklich«, sagte sie ein bisschen überheblich, während sie ihren Löffel in die Luft hielt und ihn eingehend betrachtete. »Denn um dir die Wahrheit zu sagen – es war ein hartes Stück Arbeit mit ihm.«

Eine gefährliche Unterströmung in Antoinettes zitternder Stimme erinnerte mich an die Gewitterstimmung, in der sie eingetroffen war, und an die Gefahr von Blitz und Donner.

»Und er ist keineswegs der ›fröhliche Typ‹, als den du ihn beschrieben hast«, fügte sie frostig hinzu, als sie meinen heimlichen Fluchtversuch bemerkte. »Er ist traurig. Todtraurig und unglücklich.«

Ich hatte keinerlei Zweifel an Antoinettes psychologischer Einschätzung von Dale aus Darling Point. Antoinette hatte im

Unglücklichsein promoviert. Aber ich musste wirklich gehen. Dale würde mit jeder Minute betrunkener werden, und ich hatte immer noch nicht bei Coral angerufen, um den Auftrag an sie weiterzugeben. Mit einem abschließenden respektvollen Nicken wandte ich mich zum Gehen.

»Wollte er mich heute wieder treffen?«, rutschte es Antoinette heraus, bevor sie sich zurückhalten konnte.

»Heute nicht«, log ich vom Türrahmen. »Er hat nur angerufen, um ein Loblied auf dich zu singen.«

Plötzlich pikte mich jemand in den Rücken. Als ich sah, wer es war, verdoppelte sich mein Schreck. »Coral!«

»Hi, Kid«, sagte Coral und zwinkerte mir kurz zu. »Kommst du?«, fragte sie Antoinette.

»Ja.« Antoinette griff nach ihrer Handtasche.

Ich starrte mit aufsteigender Panik von einer unberechenbaren Blondine zur anderen, während die beiden zum Aufbruch rüsteten.

»Coral und ich gehen kurz auf einen Drink in den Pub nebenan«, sagte Antoinette.

Aber das ging nicht! Coral musste nach Darling Point, um Dale zu treffen, der sich nicht mit Antoinette treffen wollte, die ich deswegen gerade angelogen hatte.

»Ach, Coral«, platzte ich heraus. »Ich glaube … da ist ein Auftrag für dich.«

»Jetzt?«, fragte sie.

»Ja.«

»Wo?«

»Weiß nich genau.«

»Wer?«

Sie schoss Fragen ab wie ein Maschinengewehr.

»Weiß nich genau.«

»Könntest du dann *bitte* mal die Auftragsdetails holen«, sagte sie, verdrehte die Augen in Antoinettes Richtung und ließ sich auf den nächsten Stuhl fallen.

Da Antoinette gerade damit beschäftigt war, sich eine Zigarette anzuzünden, versuchte ich, Coral durch subtile Zeichen verständlich zu machen, dass sie mir *nach oben* folgen solle, damit ich ihr die Auftragsdetails *unter vier Augen* geben könne.

»Würdest du vielleicht mal 'nen Zahn zulegen?«

»Okay«, sagte ich munter und ging.

Manchmal fragte ich mich, warum wir uns so anstrengten, Antoinette zu beschützen. Niemand konnte ihre rätselhaften Tobsuchtsaufwallungen vorhersagen, geschweige denn verstehen, aber sogar in ihren schlimmen Nächten, wenn Antoinette uns alle verachtete, taten wir unser Möglichstes, um ihr weitere Enttäuschungen zu ersparen. Nach einer Krisensitzung im Büro rieten Maxine und Pip mir, so zu tun, als sei der Auftrag storniert worden, die beiden Frauen zu ihrem Drink gehen zu lassen und Coral dann auf dem Handy anzurufen.

»Oh, Mann, was ist denn jetzt schon wieder?«, schimpfte Coral, als ich sie bei ihrem Scotch und Soda störte.

»Ich hab einen neuen Kunden für dich, Coral«, zwitscherte ich fröhlich, den Rat meiner Kolleginnen befolgend. »Patrick hat die Auftragsbeschreibung. Er wartet draußen im Benz. Also, trink schnell aus, und spring raus ins Auto, ja?«

»Sag mir wenigstens, wo zum Teufel ich hinmuss«, brüllte Coral.

Coral sprach normalerweise nicht in diesem Ton mit uns. Das hatte angefangen, nachdem sie mit einem Typ geschlafen hatte, der unter Zerebrallähmung litt. Wir wollten gerade schließen, als Nathan mit seinem jüngeren Bruder Ollie vorbeikam, dem er einen Bordellbesuch zum Geburtstag schenken wollte. Leider war keine der Frauen bereit, dem zuckenden, gurgelnden Ollie auch nur die Hand zu schütteln, mit Ausnahme von Coral. Und nachdem sie ihre Kolleginnen zusammengestaucht hatte, weil sie keine Ahnung hätten, was der Begriff *Dienstleistung* bedeutete, marschierte sie in den Warteraum, schlang die Arme um den euphorischen, von einem Anfall geschüttelten Ollie und schleifte ihn regelrecht nach oben, um ihm einen unvergesslichen Geburtstag zu bereiten. Es war ein bewegender Moment, und Nathan und ich liebten sie dafür. Doch seitdem hielt Coral sich für Mutter Teresa, und wir waren ihre Überheblichkeit alle ein bisschen leid. Und in diesem Moment saß Coral nebenan im Pub auf einem Barhocker und wollte wissen, wo sie hinsollte.

»Östliche Vororte«, sagte ich schnell und legte auf.

Jetzt musste ich mich nur noch um Dale kümmern. Er wartete schon seit fast einer Stunde auf seine quirlige Blondine mit dem ausgeprägten Sinn für Humor und machte mich verrückt, weil er ständig betrunken anrief und drohte, den Auftrag zu stornieren.

»Wo bleibt sie denn, Merimoo?«

»Sie ist gleich da, Dale. Fast schon zum Greifen nahe.«

Offenbar hatte es einen Unfall in der Wilshire Street gegeben und während der arme Patrick mit Coral im Tunnel feststeckte, plauderte ich Dale durch eine weitere Flasche Wein, ein Erdnussbuttersandwich und eine halbe türkische Soap im Fernsehen. Und jetzt machten wir uns beide eine schöne Tasse Kaffee. Ich fühlte mich wie die Telefonseelsorge.

»Und du bist also Koch, Dale«, sagte ich.

Dale arbeitete sehr erfolgreich als freiberuflicher Koch. In der letzten Woche hatte er ein Geburtstagsdinner für ein internationales Model und ihren Freund zubereitet.

»Vollmeise«, konstatierte Dale.

»Wer?«, fragte ich. »Sie oder er?«

»Beide«, knurrte Dale.

Dann prahlte Dale, er habe einmal für Geoffrey Rush gekocht. Ich hätte ihm so gern erzählt, dass Geoffrey Rush schon einmal für mich gekocht hatte, aber ich ließ es.

»Ich betreibe eine Bar neben einem der Theater.«

Ich kannte die Bar sehr gut. Meine Freundin Rosie jobbte dort zwischen ihren Engagements. Dale zählte jetzt alle Schauspieler auf, die in seiner Bar verkehrten, einschließlich meines Ex-Freundes.

»Er ist nicht schwul, Dale.«

»Stockschwul, Meredith.«

»Ich glaube, da irrst du dich, Dale.«

»Er trinkt Scotch mit Cola, ist allergisch gegen Erdnüsse und hat neulich einem meiner Kellner ein eindeutiges Angebot gemacht. Ich kenne alle Schwulen in der Bell Shakespeare Company, Meredith.«

Ich war am Boden zerstört. Vielleicht hatte Humphrey ja seit Weihnachten sein Coming-Out gehabt, aber für klassische Dichtung hatte er nun wirklich überhaupt kein Talent. Das Ganze entwickelte sich zu einem der bizarrsten Gespräche, die ich je geführt hatte, deshalb war ich erleichtert, als Maxine uns unterbrach.

Maxine hatte Patrick am Apparat, der schwor, er habe die verdrießliche Coral vor zehn Minuten in Darling Point abgesetzt. Aber dann fiel mir wieder ein, dass Dales Wohnung im letzten von drei Häuserblocks lag, ganz am Ende der Auffahrt. Oje. Hoffentlich war Dale zu betrunken, um zu bemerken, dass seine Blondine auch den letzten Rest von Humor verloren haben würde, wenn sie irgendwann gegen seine Tür bollerte.

»Hubschrauber!«, brüllte Dale plötzlich in mein Ohr.

Er musste auf seinem Balkon gestanden haben, denn der Hubschrauberlärm war so laut, dass ich ihn kaum noch verstehen konnte.

»Meredith, das wär doch nicht nötig gewesen!«, rief Dale. »Was hat sie an? Nicht dass ich einem anderen Typ das Mädel wegschnappe.«

Aber ich hörte auch ein Klopfen im Hintergrund, so als hämmere jemand mit seinen Absätzen gegen Holz.

»SIE KLOPFT AN DEINE HAUSTÜR, DALE!«, brüllte ich so laut, dass Pip ärgerlich zusammenzuckte.

Als schließlich auch Dale das Klopfen hörte, legte er auf, ohne sich zu verabschieden, und ich ließ mir von allen auf die Schulter klopfen, bevor ich in die Küche ging, um mir eine Tasse Tee zu kochen.

Am nächsten Tag machte ich etwas sehr Unprofessionelles. Ich tat so, als sei eine Freundin von mir an Dale interessiert und bat meine Freundin Rosie, mir alles über ihren Boss zu erzählen.

Rosie lehnte sich auf ihren Ellbogen nach vorn.

»Bist du sicher, dass du nicht selbst diese Freundin bist, Mer?«, fragte sie. »Dann muss ich dich nämlich warnen. Ich weiß, er ist süß, aber er ist ein seelisches Wrack.«

Ich versicherte ihr, dass es nicht um mich ging, und nach kurzem Nachdenken plauderte Rosie so ausgiebig aus dem Nähkästchen, dass wir uns vor lauter Garnrollen kaum noch bewegen konnten. Dales Freundin hatte ihn vor fünf Monaten verlassen, und die Antidepressiva hatten kaum Wirkung gezeigt, erzählte Rosie, bis er anfing, sie mit Wein herunterzuspülen. Mit immer mehr Wein. Fässerweise Wein. Die Folge war, dass Dale sein Geschäft vernachlässigte und seine vielen Freunde nichts mehr mit ihm zu tun haben wollten. Ein Jammer, seufzte Rosie, die selbst eine kleine Schwäche für ihn hatte.

»Würdest du sagen, er ist todtraurig und unglücklich, Rosie?«, fragte ich.

Rosie nickte. »Und ein Stalker«, fügte sie mit Pathos hinzu.

»Seine Ex-Freundin hat gerade eine Unterlassungsverfügung gegen ihn erwirkt.«

Rosie und ich rührten nachdenklich in unserem Kaffee. Keine von uns war je von einem Ex-Freund verfolgt worden. Nicht mal ansatzweise. Was mich an etwas anderes erinnerte.

»Rosie«, fing ich vorsichtig an, »hast du das von Humphrey gehört?«

Rosie lehnte sich vor und griff nach meiner Hand.

»Du weißt es also schon?«, fragte sie sanft. »Er ist in die Bell Shakespeare Company aufgenommen worden.«

Ich nickte, und Rosie drückte mitfühlend meine Hand.

Im Laufe der folgenden Wochen schickten wir Dale immer mehr Frauen. Und jetzt, wo er alle paar Tage anrief, war ich ein bisschen eifersüchtig, wenn ich hörte, wie er die anderen Empfangsdamen zum Lachen brachte. Raelene erzählte mir, er habe ein besonderes Faible für Sabrina, unsere Neue, und habe sie mehr als zwei Mal getroffen. »Sie sitzt unten.« Sekunden später stand ich in der Küche vor einer zierlichen Blondine. Sabrina war Mitte zwanzig, hatte einen kurzen Bob, blaue Augen, sonnengebräunte Haut und keine Spur von dem »Pferdearsch«, von dem Maxine so abfällig gesprochen hatte.

»Tut mir Leid«, quasselte sie drauflos, bevor ich ein einziges Wort gesagt hatte, »aber ich versteh's nicht. Zwei Tage und überhaupt kein Auftrag. Was hat das zu bedeuten? Bin ich vielleicht 'ne Vogelscheuche, oder was?! Das ist doch unglaublich!« Sie streckte mir ihre Hand entgegen. »Ich heiße übrigens Sabrina.«

Ich verstand, warum Dale Gefallen an ihr fand. Ich stellte mich vor, und Sabrina schüttelte mir lächelnd die Hand, bevor sie mit ihrem aufgekratzten, scherzhaften Gezeter fortfuhr. Sabrina erzählte mir, dass sie in der Finanzbranche arbeite, aber gerade versuche, in die Schauspielerei einzusteigen und deshalb jede Menge Kohle für den Schauspielunterricht brauche. Es deprimierte mich immer, so was zu hören. Nicht mehr lange, und Sabrina würde wahrscheinlich ihr Auto verkaufen, um zweihundert Fotos zu bezahlen und verschiedene Schauspielkurse zu besuchen, einschließlich »Jakobinische Tragödie für Anfänger«, einen Clown-Workshop mit lauter Models und einen Fortgeschrittenenkurs, der von irgendeinem lüsternen, zweitklassigen amerikanischen Schauspieler in einem tristen Gemeindesaal abgehalten wurde. Wenn sie Glück hatte, würde sie danach vielleicht drei Tage Arbeit im Jahr finden.

In den nächsten drei Wochen war es ungewöhnlich ruhig an der Dale-Front, bis ich eines Nachts einen Anruf von einem besonders besoffenen und stinksauren Koch aus Darling Point bekam. Er wolle uns alle nur davon in Kenntnis setzen, begann er bitter, dass wir ein betrügerisches, illoyales und »verlogenes Miststück« beschäftigten. Sabrina habe ihm ihre Dienste »privat« angeboten, erklärte er, und diese Information würde hoffentlich dafür sorgen, dass unsere Agentur ihr keine weiteren Aufträge mehr vermitteln würde. Lallend wetterte er weiter, dass ihr »privates« Arrangement anfangs beiden recht gut gefallen hatte, bis die Sache so ernst wurde, dass Dale vorschlug, Sabrina solle bei ihm einziehen. Sabrinas Reaktion auf Dales Angebot bestand darin, dass sie ihren Preis erhöhte. Ich war nur froh, dass ich nicht dabei gewesen war.

Es war schwierig, Dales Geschichte anzuzweifeln, da er Sabrinas Privat- und Handynummer kannte ebenso wie ihren richtigen Namen und ihre Adresse in Bondi. Doch als Sofia und Boris Sabrina am nächsten Abend zur Rede stellten, stritt sie Dales Version so überzeugend ab, dass sie, falls sie doch die Unwahrheit sagte, keinerlei Schauspielunterricht nötig hatte. Sabrina zufolge hatte sich Dale in sie verliebt und war nur ungemütlich geworden, weil sie sich *geweigert* hatte, ihn privat zu treffen. Ihre persönlichen Daten habe er sich beschafft, erklärte sie, indem er vor Wochen ihre Tasche durchwühlt habe, als sie nach einer Buchung in der Dusche gewesen sei. Seitdem, klagte sie, belästige er sie ständig mit obszönen Telefonanrufen.

»Er verfolgt mich«, rief Sabrina unter Tränen. »Er ist ein Stalker.«

Unheimlich. Aber Sofia blieb misstrauisch. Wieso hatte Sabrina bisher nichts davon erzählt?

So einen Sommerregen hatte ich noch nie erlebt. Während es die zweite Woche hintereinander wie aus Eimern schüttete, ging es mit Dale weiter steil bergab. Als ich Freitagabend zur Arbeit kam, verließ Sabrina gerade mit rot geweinten Augen das Haus. Wie meine Kolleginnen mir berichteten, war in den letzten drei Tagen eine Menge passiert. Sabrina hatte offenbar gar keinen tollen Job in der Finanzbranche. Sie bezog Arbeitslosengeld, und Dale hatte etwas sehr Hässliches getan. Am Anfang der Woche hatte er beim Arbeitsamt angerufen und Angaben über Sabrinas heimliche Einkünfte als Prostituierte gemacht. Sofia und Boris waren alles andere als begeistert über die darauf folgenden Nachforschungen der Behörde und forderten Sabrina auf, ihre Siebensachen zu packen. Was sie tat. Aber wie ich aus den vor Selbstmitleid triefenden Anrufen eines weinerlichen Dale schließen konnte, war Sabrina nicht verschwunden, ohne zum Abschied noch einmal zurückzuschießen. An diesem Morgen hatte man ihm seine zweite, wenn auch etwas durchweichte Unterlassungsverfügung zugestellt.

»Wie fühlst du dich, Dale?«, fragte ich meinen unglücklichen Anrufer.

»Will wieder Antoinette, Meredith«, jammerte Dale kläglich.

Für Antoinette war es in dieser Nacht bislang schlecht gelaufen. Wir hatten ihr keine einzige Buchung verschaffen können. Leslie, die mitbekam, was ich mit Dale besprach, nickte mir flehentlich zu. Sie war gerade mit knapper Not einem Mordanschlag entkommen, als sie Antoinette einen Auftrag in Glebe angeboten hatte.

»*Glebe*?«, kreischte Antoinette so laut, dass Sofia und ich sie mühelos verstehen konnten. *»Damit ich meinem einundzwanzigjährigen Sohn in die Arme laufe? Auf gar keinen Fall fahr ich in das verdammte Glebe!«*

Keine von uns hatte bisher etwas davon gehört, dass Antoinette einen Sohn hatte oder dass Glebe ein Problem darstellte. Aber wir alle respektierten Antoinettes Wünsche, schickten eine andere Frau und vermieden es so lange wie irgend möglich, das Klo im Erdgeschoss zu benutzen. Als sich herausstellte, dass Dales Kreditkarte gesperrt war, spürte ich fast so etwas wie Erleichterung, weil es mir erspart blieb, eine traurige, verzweifelte Prostituierte mit Spielschulden zu einem traurigen, verzweifelten Alkoholiker ohne Kreditrahmen zu schicken.

»Hör mal, Dale«, sagte ich. »Am besten wir vergessen das Ganze.«

Aber Dale hatte eine bessere Idee und legte auf, um in den Regen hinauszuwanken und sich auf die Suche nach dem nächsten Geldautomaten zu machen. Während Sofia mich dafür beschimpfte, dass ich beinahe einen Auftrag vergurkt hatte, weil ich betrunkene, unglückliche Kunden ermunterte, »es einfach zu vergessen«, machte ich mich niedergeschlagen auf die Suche nach Antoinette. Erwartungsgemäß reagierte sie nicht begeistert auf die Aussicht, Dale in Darling Point wieder zu sehen.

»Wieso sucht er sich nicht einfach eine Freundin, verdammt noch mal?«, fauchte sie am Küchentisch und klatschte sich aggressiv mit der Puderquaste ins Gesicht.

»Ich blute, Meredith«, klagte Dale am Telefon, während er auf Antoinette wartete. »Bin hingefallen.«

Er konnte sich nicht erinnern, was passiert war, hielt es aber für möglich, dass er auf dem Weg zum Geldautomaten ausgerutscht war.

»Blutest du sehr stark, Dale?«

»Wie ein Schwein, Meredith«, sagte er traurig. »Hier ist schon eine Riesenpfütze.«

Antoinettes Nacht wurde immer besser.

An diesem Morgen fand ich keinen Trost in Patricks Armen. Ich musste die ganze Zeit an Dale denken und an die abschließende Unterhaltung, die ich vor einer Stunde mit einer tropfnassen Antoinette in der Küche geführt hatte, als ich darauf wartete, dass sie ihre große schwarze Tasche nach dem Geld durchwühlte.

»Ich geh da nicht wieder hin«, erklärte sie knapp, »nicht nur, weil ich denke, dass er gewalttätig werden könnte, sondern weil er schwach und verletzlich ist und wir ihn ausbeuten.«

Kaum in der Lage, mir in die Augen zu sehen, drückte Antoinette mir das Geld in die Hand und ging weg.

Ihre Worte klangen mir im Ohr, als ich mit Dales feuchten, zerknitterten Geldscheinen die Treppe hochstieg. Ich fühlte mich schrecklich. Und jetzt klammerte Patrick sich an mich wie ein Trost suchendes Kind. Als die Sonne aufging und Patrick in mein Ohr schnarchte, fragte ich mich, wann genau wir die Rollen getauscht hatten.

Patrick loslassen

Schließlich hörte es auf zu regnen.

»Gehst du morgen beim Sorry-Marsch mit?«, fragte ich Patrick, während ich mir meinen Bademantel überwarf.

»Was ist das?« Er setzte sich in meinem Bett auf und griff nach seiner Morgenzigarette.

»Na, du weißt schon«, sagte ich, »der Marsch über die Hafenbrücke in Sydney, um Abbitte bei den Aborigines zu leisten.«

»Ach, du meine Güte«, stöhnte Patrick mit einem gequälten Lächeln und zündete seine Marlboro an. »Sag bloß, du machst bei all so'm Quatsch mit?«

Ich betrachtete den schlaksigen, achtundvierzigjährigen Mann, der in meinem Bett saß, Asche auf meine Laken fallen ließ und über meine Frage spottete. Plötzlich fühlte ich mich so leer wie eines von Patricks Sonnenrohren.

Bei manchen Menschen ist es so, dass ihr Körper ihnen sagt, wenn etwas nicht stimmt, indem er Pickel, Gürtelrosen oder Herpesbläschen entwickelt. Andere ertränken ein schlechtes Gewissen in Alkohol oder verstecken sich hinter einer Rauchwand aus Dope. Wenn ich keine Lust habe, mich einer unangenehmen oder schmerzlichen Wahrheit zu stellen, fange ich an zu singen. Drei Wochen bevor ich beschloss, mich von meinem Ex zu trennen, dessen unerschütterliche Gleichgültigkeit mir langsam das Herz brach, verfolgte mich eine bestimmte Zeile aus einem Song von Joni Mitchell. »Don't it always seem to go, that you don't know what you've got till it's gone.« Das ging so weit, dass mein Freund mit einstimmte und wir einträchtig im Duett sangen, bis es die einzige Art von Gespräch war, die wir noch führten, bevor ich ihn verließ. Und als ich jetzt in meiner Küche stand und wartete, dass Patricks Teewasser zu kochen begann, summte ich wieder ein Lied …: »You and I dance to the beat of a different drum.«

Es lag nicht daran, dass Patrick sich nicht bei den Aborigines entschuldigen wollte. Patrick stammte aus Portsmouth und fand, er müsse sich bei niemandem entschuldigen. Es lag eher daran, dass er alles, was so viel Anstrengung kostete wie eine eigene Meinung, als müßig abtat. Und plötzlich hatte ich panische Angst davor, zusammen mit Patrick, Den und Limpy von einem Sog der Unentschlossenheit erfasst zu werden und mit nichts anderem als einem Fernseher und einer Hand voll Dartspfeile in einem schwarzen Loch zu verschwinden. Als ich Patrick an der Haustür seine marineblaue Reißverschlussjacke gab, fühlte sie sich genauso leicht und schwach an wie er selbst.

»Bis heut Abend«, sagte ich und küsste ihn zum Abschied.

Und zum ersten Mal lächelte Patrick mich nicht an und winkte nicht einmal, als er die Gartenpforte öffnete und sanft hinter sich schloss. Als ich ihm nachsah, wie er unsere Straße entlangging, die Hände tief in den Taschen vergraben, wusste ich, dass die Realität uns beide schließlich eingeholt hatte. Und dass Patrick und ich auf jeden Fall eines gemeinsam hatten, nämlich dass keiner von uns eine Aussöhnung wünschte.

Als ich unsere Frühstücksteller abwusch und die Fenster öffnete, fragte ich mich, woher diese grausame Klarheit so unvermittelt kommen konnte. Ich wusste, dass ich das Ende einer Illusion vor mir hergeschoben hatte, aber ich hätte nie gedacht, dass das harte Licht der Wirklichkeit so brutal und abrupt über meine zerbrechliche Beziehung zu dem sanften Fahrer hereinbrechen würde.

Kahlschlag im Lustgarten

Als ich an der Bushaltestelle in der Carrington Road stand und auf den 373-er wartete, um zur Arbeit zu fahren, spürte ich eine Welle der Übelkeit in mir aufsteigen, die von Minute zu Minute stärker wurde, bis ich mich hinsetzen und tief durchatmen musste. Die Vorstellung, auch nur noch eine einzige Nacht im Bordell zu arbeiten, war fast mehr, als ich ertragen konnte. Ich überlegte, ob ich nicht lieber wieder nach Hause gehen sollte, anstatt eine weitere von Sofias Zysten, Maxines Launen oder Boris ätzenden Tiraden über mich ergehen zu lassen. Warum sollte ich auch nur noch ein einziges Mal in dieses Haus gehen? Ich wusste nicht genau warum, aber seit Patrick heute Morgen gegangen war, hatte sich alles, sogar das Wetter, verändert. Ich konnte mir einfach nicht vorstellen, noch eine weitere Frau zu Dale zu schicken oder auch nur ansatzweise höflich zu bleiben, wenn ich mit Thomas Vomeitz sprach. Ich stieg in den Bus und löste eine Fahrkarte. Und wenn Didi anrief, dachte ich, während ich mich auf einen der hinteren Plätze setzte, könnte ich beim besten Willen kein bisschen entsetzt klingen. Und wenn Genevieve schmollend vor mir stünde, würde es mir nichts ausmachen, ihr zu sagen, dass sie endlich aufwachen und sich einen anderen Job suchen solle. Dampfend stieg die Feuchtigkeit vom warmen Gehsteig hoch, als ich zu Mustafa marschierte, um mir eine Portion Falafel zu kaufen. Und wenn der hochehrenwerte Bernard neuen Zehenschmuck wünschte, konnte er ihn selbst kaufen und mich zurückrufen. Ich stieg unsere Stufen hoch und klingelte.

»Hi, ich bin's«, sagte ich.

Und als die Tür sich wie von Zauberhand vor mir öffnete, fragte ich mich, wie oft sie es noch tun würde.

Die Frauen würden tot umfallen, wenn sie von den schockierenden Gesprächen wüssten, die oben im Büro geführt wurden, wo mürrische Empfangsdamen lang und breit über jeden ihrer Pickel und jedes überflüssige Pfund diskutierten.

»Hast du nicht gesagt, sie ist eine Schönheit?«, wandte sich Raelene gerade herausfordernd an Leslie, als ich hereinkam.

»Sie ist schön, bis sie den Mund aufmacht«, räumte Leslie ein.

»Fettarsch«, grummelte Maxine, die gerade Feierabend machte und ihre Sachen zusammenpackte.

»Sie ist billig«, rief Raelene.

»Dann würden wir sie wohl kaum für siebenhundert Dollar losschicken können«, protestierte Leslie.

»Fettarsch«, wiederholte Maxine.

Aber es war immer eine gute Nachricht, wenn wir eine neue Blondine eingestellt hatten, vor allem wenn sie jung war. Und so spielte ich also unter dem Vorwand, Kaffee kochen zu wollen, meine übliche Rolle und täuschte Überraschung über das neue Gesicht vor, als ich mich im Aufenthaltsraum mit Giselle bekannt machte.

Als Erstes fiel mir auf, wie jung Giselle war, und als Zweites, wie ungewöhnlich blass sie aussah. In einem schmalen schwarzen Kleid, das ihre leuchtenden Schultern freigab, saß sie auf dem Fußboden, die langen, schlanken Gliedmaßen alle zu einer Seite geneigt, und schaute Fernsehen. Sie hatte lange blonde Haare, die von zu vielen Dauerwellen strapaziert waren, und sah mit einem kindlichen Lächeln zu mir hoch. Ich erwiderte das Lächeln, während ich mir bereits meinen Protest für Leslie zurechtlegte. Giselle war zu schlaksig, blass und sommersprossig, um schön zu sein, und sie hatte ein bedauerliches Faible für dicke schwarze Eyeliner, die sie aussehen ließen wie eine Horror-Elfe.

»Hi, ich bin Giselle«, sagte sie kokett, »und das ist Celeste.«

Mir war schon aufgefallen, dass die Hand, die zärtlich Giselles langen Nacken liebkoste, zu Celeste gehörte, die oben auf dem Sofa lag und schnurrte wie eine Katze, die eine leckere blonde Maus vernascht.

»Ja«, sagte ich langsam wie eine Kindergärtnerin, »Celeste und ich kennen uns bereits.«

Eine weitere Eroberung für Celeste. Ich fragte mich, was aus Genevieve geworden war.

»Hast du schon gehört?« Raelene freute sich, dass sie diejenige war, die die Neuigkeit verkünden konnte. »Genevieve hat Celeste beim Klauen erwischt und rausgeworfen.«

»Und jetzt ist sie mit Giselle zusammen?«, fragte ich.

»Pip hat die beiden Dienstag als lesbisches Duo losgeschickt«, berichtete Raelene, »und seitdem sind sie ein Paar.«

Leslie kannte Giselle aus ihrer Zeit bei den Blue Angels.

»Pass auf, wenn sie viel Bargeld hat«, warnte sie mich. »Giselle ist eine Koksnase. Sie schnappt sich das Geld und ist tagelang verschwunden.«

»Fettarsch«, murmelte Maxine auf dem Weg zur Tür.

Ich hoffte beinah, dass er nicht rangehen würde.

»Hi, Patrick«, sagte ich, »würdest du Giselle zum Menzies fahren, nachdem du Teresa abgesetzt hast?«

Aber Patrick klang trotz unseres merkwürdigen Abschieds am Morgen genauso vergnügt wie immer.

»Okey dokey!«

In den nächsten Stunden versuchte ich herauszufinden, ob diese unerwartete Heiterkeit echt oder gespielt oder vielleicht etwas war, das Patrick geraucht hatte. Was immer es war, mir graute trotzdem vor unserer langen Heimfahrt und dem unvermeidlichen Gespräch, das uns beide erwartete.

Die Füße von Giselle berührten in dieser Nacht kaum den Boden, so schnell schickten wir sie quer durch Sydney, von einem Kreditkartenauftrag und einem Hotel zum nächsten.

»Hi! Ich bin's!«, zwitscherte sie am Telefon, um eine weitere Verlängerung anzukündigen, und klang untröstlich, als ich nachfragen musste, wer »ich« war.

Ich fand es etwas irritierend, dass die Männer alle ganz wild auf das zerbrechliche, kindliche Geschöpf waren, das ich im Aufenthaltsraum gesehen hatte.

»Das liegt daran, dass sie rasiert ist«, erklärte Raelene.

Ich sah sie an. Rasiert?

»Ja, klar. Du weißt schon«, sagte Leslie, »wenn Frauen ihre ganzen Schamhaare abrasieren oder mit Wachs wegmachen.«

Mit Wachs? Das ganze Dickicht?

Entsetzt von meiner Ignoranz starrten Leslie und Raelene mich an.

»Ja, klar. Die volle Wachs- und Wichsvorlage«, schrie Raelene und fing an zu lachen. »Für ein seidenweiches, glattes Finish.«

»Männer lieben das«, grinste Leslie.

Ich hatte schon von herzförmigen Rasuren, Igelschnitten und dünnen Linienmustern gehört und sogar von einer Dreiecksform, die sich »brasilianisch« nannte, aber der volle Kojak war mir neu. Wahrscheinlich war ich nicht auf dem neuesten Stand. Ich hatte mich erst vor kurzem zum allerersten Mal entschlossen, mich einer Bikini-Enthaarung zu unterwerfen. Dank einer Verschwörung zwischen der Wäsche- und der Schönheitsindustrie sieht heute jede normale Frau, die einen Bikini oder Slip trägt, so aus, als hätte sie einen Yak in der Hose. Aber was, fragte ich meine verdutzten Kolleginnen, war diese Regression zu kompletter Haarlosigkeit anderes als eine weitere Entschuldigung fürs Älterwerden? Wir hatten Diäten gemacht, unsere Gesichter mit Botox voll pumpen lassen, uns die Beine rasiert, und jetzt sollten wir auch noch unser gesamtes Schamhaar opfern? Da konnten wir ja gleich in einem T-Shirt mit dem Aufdruck *Sorry!* rumlaufen!

»Es fühlt sich einfach weicher und glatter an«, erklärte Leslie, den Tränen nahe.

»Aber findest du es nicht beunruhigend, Leslie, dass eine glatte, kahle Vagina auch die Fantasie mancher Männer anregt, die auf kleine Kinder stehen?«

»Nee«, sagte Raelene, die mich ansah, als hätte ich einen an der Murmel, »ein Kerl, der eine glatte Muffi geil findet, ist noch lange nicht pädophil, Meredith.«

Nein? Jetzt war ich selbst den Tränen nahe. Und wer um alles in der Welt hatte sich »Muffi« ausgedacht? Wann war das passiert? Ich überließ meine beunruhigten Kolleginnen der Sorge um meinen Geisteszustand und ging ins Bad, um mir etwas kaltes Wasser ins Gesicht zu spritzen.

Um drei Uhr erhielt ich einen Anruf von einem ziemlich amüsierten Mr. Rogers im Intercontinental.

»Tja, Meredith, ich glaube, die kleine Giselle würde gern noch eine Stunde bleiben.«

Ich hatte das Gefühl, mich dafür entschuldigen zu müssen, dass ich ihr keinen Pyjama eingepackt hatte.

»Geht das in Ordnung?«, fragte Mr. Rogers.

»Ja, natürlich«, versicherte ich ihm, »wenn sie nicht stört, Mr. Rogers.«

»Überhaupt nicht«, versicherte er.

»Juuppiiiie!«, ertönte ein kindlicher Begeisterungsschrei aus dem Hintergrund. »Ich geh überhaupt nie wieder nach Hause! Ich bleib hier, für immer und ewig und ewig!«, gefolgt von infantilem Gekicher.

Und ich wusste einfach, dass Giselle und ihre kahle Muffi auf dem großen Bett von Mr. Rogers auf und ab hüpften.

»Ganz offenkundig«, gluckste Mr. Rogers, »würde sie gern bleiben.«

Und ich wusste einfach, dass der nette Mr. Rogers einen Riesenvorrat an leckerem weißen Kokain hatte.

Als Patrick jetzt in unserem Büro darauf wartete, dass Raelene seinen Lohn ausrechnete, merkte ich, dass seine fröhliche Gelassenheit nur vorgetäuscht war. Sogar wenn ich ihn direkt ansprach, wich Patrick meinem Blick sofort mit einem wackligen, unsicheren Lächeln aus. Ich fühlte mich unsäglich schuldig, und kein Grad an Empathie konnte meine Schuldgefühle lindern, als ich sah, wie er die ganze Zeit über Raelenes Schulter hing.

»Geht's noch?«, knurrte sie gereizt zu ihm hoch, und ich musste wegsehen.

Wenn Patrick doch bloß aufhören würde zu lächeln. Wenn er doch bloß wütend auf mich sein könnte. Das würde alles viel leichter machen. Er wirkte so schrecklich wehrlos. Sogar Leslies freundliche Sticheleien schienen seine verletzliche Haltung wie Pfeile zu durchbohren, während er hilflos darauf wartete, dass die knurrige Raelene seine Zahlen zusammenrechnete.

Nachdem wir Raelene in Bronte abgesetzt hatten, saßen Patrick und ich schweigend vor einer roten Ampel.

»Patrick –«, setzte ich an.

»Ich muss dir was sagen«, fiel er mir mit einer gewissen Dringlichkeit ins Wort.

Mir wurde schlecht, und ich fragte mich, auf welche sexuell übertragbare Krankheit ich mich wohl am nächsten Morgen testen lassen musste.

»Ich möchte dir einen Antrag machen«, sagte er mit schiefem Lächeln.

Dann vielleicht doch lieber die Krankheit und eine starke Antibiotikakur.

»Keinen Heiratsantrag.« Er lachte nervös, hörte dann aber genauso abrupt wieder auf.

Patrick wirkte erregt, als ob er nicht anfangen könnte, solange die Ampel nicht wieder auf Grün gesprungen war. Doch sobald der Wagen anfuhr, legte auch Patrick los und setzte zu einem der seltsamsten Angebote an, die ich je im Leben gehört hatte.

Patricks Röhren standen kurz vor der Vollendung. Die Röhren, die Sonnenlicht in fensterlose Bunker brachten? Ja. Genau die. Patrick wollte seine Idee patentieren lassen, und ein befreundeter Ingenieur in London war schon ganz aus dem Häuschen, weil er es für möglich hielt, dass die Erfindung ein großer, wenn nicht gar ein Bombenerfolg werden würde. Und wir redeten hier von zig Millionen Dollar, möglicherweise. Ich nickte bestätigend, aber Patricks weit aufgerissene Augen und erratische Handbewegungen machten mich allmählich nervös, und ich fragte mich, wieso seine Verrücktheit mir so lange verborgen geblieben war. Sehr bald schon würde Patrick nach London fliegen, sich mit diesem Typ treffen und anfangen, die Werbetrommel für die Röhren zu rühren, bevor sie die Erfindung dann an den Meistbietenden verkaufen würden. Und wir redeten hier von zig Millionen Dollar! Ich nickte erneut. Und möglicherweise Amerika!

»Und da kommst du ins Spiel«, verkündete Patrick aufgeregt.

Ich starrte ihn entsetzt an.

»Mit deinem Talent als Schauspielerin«, fügte er hinzu und sah mich an, um meine Reaktion zu überprüfen.

Ich versuchte zu lächeln, während ich mit Schrecken überlegte, welche mögliche Rolle ich in Patricks hirnrissigem Röhrentraum übernehmen sollte.

»Wir haben gestern über dich gesprochen«, sagte Patrick gerade grinsend. »Und, na ja, wenn wir uns entscheiden, mit deinem Gesicht für unsere Sonnenröhren zu werben, dann machst du vielleicht den größten Reibach von uns allen.«

Das Problem einiger harmloser Dartspfeile schrumpfte zu völliger Bedeutungslosigkeit zusammen, als ich versuchte, mir meine Zukunft mit Patrick vorzustellen. Ich hatte eine Vision von mir selbst, wie ich bis zum Kopf, der aussah wie der von Tinman, in einer langen Metallröhre steckte, aus der meine Arme und Beine herausragten, und den Rudi-Röhren-Tanz für einen Haufen Bauingenieure in Portsmouth aufführte. Ich wollte jetzt sofort aus diesem Auto raus.

Libby butterte nachdenklich ihren Toast, während ich mit wildem Blick auf den Kühlschrank starrte. Ich hatte seit zwei Stunden darauf gewartet, dass sie endlich aufstand.

»Er ist in Panik«, sagte Libby, nachdem sie meine außergewöhnliche Geschichte verdaut hatte. »Er spürt, was los ist, und versucht, sich mit allen Mitteln an dich zu klammern.«

Aber wenn das alles war, wieso hatte ich dann das Gefühl, dass ich das nächste Flugzeug nach Tasmanien nehmen und mich für ein Jahr im Haus meiner Eltern verbarrikadieren sollte?

»Und er raucht 'ne Menge Dope«, sagte Libby und biss in ihren Toast. »Manche Leute werden irre von dem Zeug.«

Ja, das kam der Wahrheit schon näher. Patrick war irre geworden. Aber hallo! Total irre! Und wie, bitteschön, sollte ich unsere Beziehung so anständig zu Grabe tragen, wie sie es verdiente, wenn Patrick sich mir gegenüber wie ein Irrer aufführte?

Das Kindermädchen von Ewan MacGregor

Ich war gerade beim Einkaufen in Coles, als mein Handy klingelte.

»Was machst du gerade?«, fragte meine besorgte Mitbewohnerin.

Ich erzählte Libby, ich stehe in Gang sechs und versuche, mich zwischen Tunfisch und Lachs zu entscheiden.

»Würdest du gern als Kindermädchen für Ewan MacGregor arbeiten?«, fragte sie.

»Meinetwegen«, sagte ich. »Würdest du gern als Gärtnerin für Uma Thurman arbeiten?«

»Ernsthaft«, sagte sie. »Ich habe Ewan und Eve gerade alles über dich erzählt. Sie suchen eine Kinderfrau für ihre kleine Tochter Clara.«

»Ewan MacGregor?« Ich schluckte. »Du hast Ewan MacGregor alles über mich erzählt?«

»Hör zu«, sagte Libby und klang jetzt sehr bestimmt. »Sie wissen, dass du Schauspielerin und zurzeit arbeitslos bist, aber sie finden es toll, dass du mit mir zusammenwohnst und dass du schon Erfahrung als Kindermädchen hast. Und sie fanden es toll, dass du in *Play School* mitgespielt hast, nachdem ich ihnen erklärt hatte, was *Play School* ist. Und wenn du Interesse hast, würden sie dich gern mal kennen lernen.«

»Hast du ihnen gesagt, dass ich in einem Bordell arbeite, Libby?«

»Äh, nein, ich hielt das ehrlich gesagt nicht für besonders hilfreich«, Libby hielt kurz inne. »Ich meine, würdest du immer noch lieber in einem Bordell arbeiten? Anstatt in einer Villa in Double Bay, als Kinderfrau für die dreijährige Tochter von Ewan MacGregor?«

Ich hatte nur vier Stunden geschlafen und konnte mich noch nicht mal entscheiden, ob ich Salzlake oder Öl wollte, geschweige denn, ob ich mein Bordell für Ewan MacGregor aufgeben wollte.

»Wie auch immer«, sagte Libby, »denk drüber nach.«

Ich stand in Gang sieben vor den Windeln und träumte mit offenen Augen, was mir in letzter Zeit häufiger passierte, als mein Handy erneut klingelte.

»Hast du drüber nachgedacht?«, fragte Libby. »Weil Eve dich kennen lernen möchte. Jetzt.«

Nachdem ich den Einkaufswagen gegen ein Taxi getauscht hatte, überquerte ich zwanzig Minuten später die Knox Street in Double Bay, wich Volvos aus, zog mir die Lippen nach und entsorgte mein Kaugummi, und zwar alles gleichzeitig. Als ich Libby an einem Ecktisch im Cosmopolitan entdeckte, dachte ich zuerst, sie unterhielte sich mit einem kleinen Mädchen mit Zöpfen. Aber an der Körpersprache meiner Mitbewohnerin konnte ich erkennen, dass dies kein normales Mädchen war. Als ich näher kam, stand das zierliche Geschöpf auf, um mir die Hand zu schütteln, und lächelte. Keine Frau hatte das Recht, so feine Gesichtszüge zu haben oder ohne Make-up so jung auszusehen oder so ein winziges, aber teures Kleid zu tragen. Eve war bezaubernd. Sie hatte eine makellose, olivbraune Haut, ihre großen braunen Augen waren von den längsten Wimpern umrahmt, die ich je gesehen hatte, und ich kannte Balletttänzerinnen, die Stunden damit verbrachten, ihre Augenbrauen in diese vollendete Form zu bringen. In dem Aufwärtsschwung ihrer perfekten Gesichtszüge lag eine gewisse Dramatik, und von daher war ich kein bisschen überrascht, als ich einen französischen Akzent bei ihr hörte.

»Vielen Dank, dass du gekommen bist«, sagte sie und schüttelte mir mit charmantem Lächeln die Hand.

Schon wenige Sekunden später hatte ich völlig vergessen, mit wem Eve (es wurde »Ev« gesprochen) verheiratet war. Sie hatte eine sehr direkte Art, die fast einschüchternd wirkte, aber ein ansteckendes Lachen. Als ich sie fragte, ob sie auch in der Filmbranche arbeite, nickte sie und erzählte mir, sie sei Artdirector.

»Eve hat schon an vielen Filmen gearbeitet«, warf Libby ein, »einschließlich *Bube, Dame, König, Gras.*«

»Wau«, sagte ich und klang jede Sekunde mehr wie ein Kindermädchen.

»Im Moment übersetzt Eve gerade ein Buch«, fügte Libby hinzu.

Eve schüttelte den Kopf auf eine sehr wegwerfende französische Art, als sei das nicht der Rede wert.

»Sie spricht sechs Sprachen. *Sechs*!«, schrie Libby und lachte über Eves verlegenes Schulterzucken.

Dann wandte sich Eve zu mir, berührte mich sacht am Arm und sagte mir, wie Leid es ihr tue, dass sie mich nie in *Playtime* gesehen hätte. Ich versicherte Eve, das sei keine große Sache gewesen, und hatte in dem Moment tatsächlich das Gefühl, es wäre weniger als nichts. Ich konnte einfach nicht über ihre jugendliche Erscheinung hinwegkommen. Bevor ich die reife Stimme einer Frau in den Dreißigern gehört hatte, hätte ich kein zweites Mal hingeschaut, wenn sie eine Schuluniform getragen hätte.

Dann war es Zeit, zum Geschäftlichen zu kommen. Clara, die kleine Tochter von Ewan und Eve, war drei Jahre alt und sprach Englisch und Französisch.

»Deshalb hätten wir auch lieber ein Kindermädchen, das Französisch spricht«, sagte Eve.

Ich nickte und nahm an, dass sie leider keines gefunden hatten.

»Libby sagt, du kannst ein bisschen Französisch«, fuhr sie hoffnungsvoll fort.

Ich schaute Libby an, die einen vorbeigehenden Kellner anschaute. Es stimmte, dass ich schon einmal durch Paris gewandert und gelegentlich nach einem Baguette gefragt hatte. Ich konnte der kleinen Clara Sätze beibringen wie: »Sie machen wohl Scherze? Fünf Dollar für eine Tasse Kaffee?« Und »Bitte lassen Sie das. Mein Mann wird Sie umbringen.« Das war aber auch schon so ziemlich alles.

»Das macht nichts«, sagte Eve, »es spielt wirklich keine Rolle. Hauptsache, du kannst gelegentlich am Nachmittag auf Clara aufpassen, sie aus der Kinderkrippe abholen und nach Hause fahren.«

Ich schaute wieder Libby an, die schnell nach einem neuen

Kellner Ausschau hielt. Ich war versucht, Eve zu sagen, ich könne Auto fahren, es sei nur nicht offiziell anerkannt, aber dann dachte ich, dass die MacGregors wahrscheinlich etwas Besseres finden konnten.

»Das macht nichts«, sagte Eve wieder, »das Autofahren ist gar nicht so wichtig. Kommst du am Samstagabend zu diesem Dinner?«

Ich schaute Libby an, die begeistert nickte. Klar kam ich zu dem Dinner.

»Gut«, sagte Eve. »Dann kannst du Ewan kennen lernen.«

Ich denke, wir alle wussten, dass die Sache gelaufen war, aber es war trotzdem sehr nett von ihr zu fragen.

Am Samstagmorgen rief ich Didi an und teilte ihr mit, ich hätte Durchfall. Niemand diskutiert über Durchfall. Und man muss seine Stimme nicht verstellen. Aber Didi schien nicht wirklich überzeugt von meinen Verdauungsbeschwerden, bis ich ihr erzählte, dass Trudy für mich einspringen würde. Daraufhin empfahl Didi mir, nur trockenen Toast zu essen, viel Wasser zu trinken und mich mal richtig gut auszuschlafen.

Als Libby, Peter und ich an der Bar des Pascal-Restaurants in Bondi saßen und an unseren Mango-Daiquiris nippten, versicherte ich meiner hilfsbereiten Mitbewohnerin, dass ich das Bordell sofort aufgeben würde, falls die MacGregors mich wider Erwarten als Kinderfrau einstellen wollten. Libby nickte, aber sie machte sich im Moment mehr Sorgen um einen Tisch. Unser intimes Fünfertreffen war unvermittelt auf Sieben angewachsen, da Baz Luhrmann gerade angerufen und uns mitgeteilt hatte, dass er und seine Frau Catherine Martin ebenfalls zu uns stoßen würden. Doch es gab keinen einzigen freien Stuhl, geschweige denn Tisch bei Pascal. Sogar die schwitzende Kellnerin stand eingeschlossen in einem Meer aus Stühlen und balancierte meilenweit entfernt vom Ufer fünf Teller voller Tintenfisch-Pasta, gerösteten Zucchiniblüten und Jerusalemartischocken.

Drei Mango-Daiquiris später waren immer noch keine Tische frei, aber inzwischen hatten Libby und ich die komische Seite daran entdeckt. Und als Ewan und Eve schließlich mit Baz und Gattin im Schlepptau eintrafen, begrüßten wir uns herzlich wie lang vermisst geglaubte Freunde. Ich bekam Küsschen auf beide Wangen von Baz, der mich von der NIDA kannte, wo wir beide Unterricht gehabt hatten, bevor er ein international bekannter Regisseur und ich eine Bordelltelefonistin geworden war. Und als Eve mit meinen Wangen fertig war, stellte sie mich Ewan vor, der sofort die Arme ausbreitete und mich herzte wie eine alte Kinderfrau.

»Sie ist ein sehr willensstarkes Persönchen, unsere kleine Clara«, brüllte Ewan in mein Ohr, um den Krach zu übertönen, als wir uns wieder auf die Barhocker setzten.

Und während er und Eve mir von meinem potenziellen Schützling erzählten, versuchte ich, mich nicht davon ablenken zu lassen, dass sechzig neugierige Augenpaare auf uns gerichtet waren und ein kleinerer Tumult ausbrach, als der Geschäftsführer mehrere schaulustige Gäste praktisch durch die Tür nach draußen schleifte.

»Hast du mal Feuer, Meredith?«, fragte Eve.

Hatte ich. Doch als Ewan MacGregor und seine wunderschöne Frau sich über meine Flamme beugten, wäre ich am liebsten im Erdboden versunken, denn auf dem goldenen Feuerzeug ihres neuen Kindermädchens prangte gut lesbar der goldene Schriftzug *International Escorts* mitsamt Telefonnummer.

Als wir schließlich glücklich einen Tisch ergattert hatten, fand ich mich eingequetscht zwischen meinem Mitbewohner Peter und Catherine Martin wieder. CM, wie sie genannt wurde, brachte mich so heftig zum Lachen, dass ich völlig vergaß, was für ein hohes Tier sie bei der Produktion von *Romeo und Julia, Strictly Ballroom* und *Moulin Rouge* war und sie (zwei Mal) auf den Arm boxte. Doch nach dem Dessert musste ich mich einen Moment lang zurücklehnen, um die Gesichter am Tisch noch einmal bewusst in mich aufzunehmen und diesen ganz besonderen Augenblick in meinem seltsamen Doppelleben, fernab von dem Bordell in Redfern, voll auszukosten. Ich war ungeheuer erleichtert, als Baz großzügig anbot, die Rechnung zu übernehmen, wodurch mir meine Ansparung auf eine Eigentumswohnung erhalten blieb, auch wenn ich traurig war, dass unser Abend zu Ende ging. Während unsere auswärtigen Würdenträger auf ihre Mäntel warteten, schlossen sie uns noch einmal herzlich in die Arme, bevor sie uns ein freundliches Lebwohl entboten und in ihren glänzenden Autos, gesteuert von glänzenden Fahrern, davonglitten.

Libby, Peter und ich versanken einige Minuten lang in zufriedenem, nachdenklichem Schweigen, bis der Kellner uns fragte, ob wir ein Glas Likör möchten. Das war überhaupt der beste und zuvorkommendste Vorschlag, den wir an diesem Abend gehört hatten, und das sagten wir ihm auch bei jeder der drei folgenden Runden.

Zwei Kühe für Dave

Als Libby mir eine Woche später mitteilte, dass die MacGregors eine französische Kinderfrau mit Führerschein gefunden hätten, reagierte ich eher erleichtert als enttäuscht. Ich wusste, es war Zeit für mich, den Bordelljob aufzugeben, aber ich wusste immer noch nicht, wie ich das anstellen sollte oder, genauer gesagt, wie ich mich von Urszula, Maya und natürlich Antoinette verabschieden sollte. Und dann war da noch der Fahrer, sobald er wieder Bodenhaftung bekam. Es war nicht so, dass ich Gefühlsausbrüche zum Abschied befürchtete. Dies war die unsentimentalste Umgebung, in der ich je gearbeitet hatte, aber auch die sensibelste, und ich befürchtete, dass einige Frauen meinen Abschied als eine Art Auftragsstornierung empfinden könnten.

Ich konnte sowieso nicht gehen. Abgesehen von einigen Probeaufnahmen, hatte ich keinen anderen Job in Aussicht. Trotz aktueller Statistiken hatte man mir gesagt, ich sei zu alt, um die Mutter in einer Windelwerbung zu spielen, und zu jung, Gott sei Dank, um unter Inkontinenz zu leiden. Damit blieb nur noch die Sitcom bei Fox. Ich wartete immer noch auf den Bescheid, ob ich vielleicht gerade richtig war, um die nervöse Idiotin in einer neuen Serie mit dem Titel *Flatchat* zu spielen. Im Moment musste ich mich damit begnügen, die dritte Empfangsdame in einer Tragikomödie mit sechzig hinreißenden Frauen und unzähligen Männern in Redfern zu spielen.

Manche Anrufe offenbarten ein so großes Maß an Verachtung und abgrundtiefem Frauenhass, dass es mich sprachlos machte. Seit ich zehn war, wusste ich, dass dieser Hass da draußen existiert. Damals hatte meine große Schwester einem Haufen angetrunkener Jungen, die aus ihren Autofenstern lehnten, erzählt, dass sie sich verpissen sollten. Ich hatte noch nie ein so widersprüchliches Verhalten erlebt. In der einen Minute forderten sie meine Schwester auf, sich auf ihre Gesichter zu setzen, und in der nächsten drohten sie, uns beiden die Köpfe einzuschlagen. Zehn Jahre später wurde mir klar, dass in dieser Art von Verhalten gar kein so großer Widerspruch lag. Und jetzt, achtundzwanzig Jahre später, musste ich mit den gleichen Männern am Telefon verhandeln und tatsächlich eine Frau losschicken, damit sie ihnen genau den Service bot, den sie verlangt hatten.

»Was kann ich für dich tun, Dave?«, fragte ich einen sternhagelvollen Dave, der aus Star City anrief.

»Wir wollen zwei Schnallen«, sagte Dave. »Was habt ihr da?«

»Wie viele seid ihr, Dave?«, fragte ich.

»Nur ich und Jimmy.«

»Habt ihr zwei Räume zur Verfügung, Dave?«

»Moment.«

Ich verzehrte den Rest meiner Falafel-Portion, während ich wartete, dass Dave seine Zimmer zählte.

Er war wieder da.

»Wir haben ein Badezimmer«, schlug Dave hoffnungsvoll vor.

Ich erklärte Dave, dass keine unserer Frauen einen Badezimmerservice anbot, dass ich aber versuchen könnte, zwei Frauen zu finden, denen es nichts ausmachte, sich ein Schlafzimmer zu teilen. »Und an was für einen Typ Frau hast du für heute gedacht, Dave?«

»Ich will keinen australischen Schrott«, erklärte Dave aufsässig. »Ich krieg das Kotzen, wenn ich eine australische Schlampe ficken soll … Moment mal … *Was?*«

Ich vermutete, Dave hatte wenig Glück bei den einheimischen Frauen.

»Jimmy nimmt 'ne australische«, sagte er an mich gewandt. »Er will eine mit großen Titten … *Ich sagte mit großen Titten*!«, brüllte Dave in mein Ohr. »Und blond. Aber ich will 'ne Asiatin, kapiert? Ich will 'ne kleine Asiatin, Meredith. Und, Meredith?«

»Ja, Dave.«

»Ich will nichts Schlaffes. Ich will 'ne feste kleine Asiatin. Kapiert?«

»Alles klar, Dave.«

»Hast du welche, die kein Englisch sprechen?«

Ich hätte Eve anlügen und ihr sagen sollen, dass ich fließend Französisch sprach und nur ein bisschen schwerhörig war. Und dass ich einen Führerschein hatte, aber es vorzog, ganz, ganz langsam zu fahren.

Ich hatte die Nase voll von Anrufern wie Dave. In den Augen dieser Männer bot eine Prostituierte nicht nur einen Blowjob, sie bot den lebenden Beweis, dass es immer noch einige Frauen da draußen gab, die ihren Platz kannten. Frauen, deren finanzielle Abhängigkeit von Männern und deren sexuelle Verfügbarkeit zweifelsfrei bewiesen, dass sie moralisch, körperlich und finanziell unterlegen waren.

»Also eine zierliche Asiatin für dich, Dave, und eine vollbusige Australierin für Jimmy.«

»Tauschen?«, brüllte Dave plötzlich in mein Ohr. *»So'n Scheiß, ej!* … Wart mal, Meredith, Jimmy will tauschen. *Ich will deine Schlampe nich ficken! Wenn sie tauscht, is sie 'ne verdammte Hundefotze, Mann!«*

»Dave, tut mir Leid, wenn ich dich unterbreche«, sagte ich, »aber wenn Jimmy tauschen will, kostet das extra.«

»Nee, Meredith«, erklärte Dave. »Nur die stramme Asiatin und die Tussi mit den großen Titten.«

»Okay, Dave«, sagte ich, »ich ruf dich in ein paar Minuten zurück.«

»Kriegen wir Rabatt? Immerhin nehmen wir zwei.«

»Es sind keine Avocados, Dave.«

Schweigen. Ich hätte Ananas sagen sollen.

Einige Kunden nahmen es übel, dass sie überhaupt bezahlen sollten. Sie waren die ganze Nacht durch die Kneipen und Diskos von Sydney gezogen und hatten sich eine Abfuhr nach der anderen eingefangen, und wenn sie um vier Uhr morgens anriefen, wussten sie nicht genau, ob sie mit einer Frau schlafen oder sie zusammenschlagen wollten. Manchmal konnte ich es an ihrer Stimme hören, und dann schickte ich niemanden los. Doch manchmal fand ich es erst heraus, wenn die Frau zurückkam und ich an ihrem Gesicht ablesen konnte, dass der Mann sie behandelt hatte, als wolle er ihr alle enttäuschenden Erfahrungen heimzahlen, die er zeit seines Lebens mit Frauen gemacht hatte. So viel zum glamourösen Leben einer Begleiterin.

Armer Dave. Die einzigen Asiatinnen, die ich um vier Uhr morgens zur Verfügung hatte, waren Corky und Lil, beide vollbusige, zierliche Thai-Frauen und beide allein erziehende Mütter in den Vierzigern. Corky stand in dem Ruf, dass sie, sobald sie einen Fuß in der Tür des Kunden hatte, eine Hand in seine Hose steckte, bevor er den Auftrag stornieren konnte, während sie mit der anderen das Handy bediente, um uns anzurufen. Und die einzige vollbusige Australierin, die im Moment zur Verfügung stand, war Antoinette. Antoinette war ziemlich schlecht drauf. Sie hatte die ganze Nacht keinen einzigen Auftrag erhalten, hatte auf der Straße mit ihrem libanesischen Liebsten gezankt und schlief jetzt oben, während Stanley wieder einmal Trübsal blasend draußen im schwachen Licht der Telefonzelle stand.

STELLLLLAAAA!

Ich rief Dave zurück, um ihn auf den neuesten Stand zu bringen.

»Och, so'n Kack, Meredith!«, protestierte er. *»Hey, Jimmy!«*, trompetete er erneut in mein Ohr. *»Meine Thai-Schlampe ist vierzig. Was? …«* Jimmy hatte eine Frage. »Wie groß sind Jimmys Titten, Meredith?«

»Antoinette hat einen Brustumfang von 91 Zentimetern und Körbchengröße D«, erklärte ich, »sag Jimmy, das ist 'ne Menge Holz. Sie ist eine wunderschöne Blondine, bietet einen hervorragenden –«

»Moment mal«, unterbrach er mich. *»Hör mal! Ich will keine* *schlaffe Fotze ficken, in der du schon drin warst, Jimmy. Ich fick die asiatische Fotze 'ne Stunde, und du kriegst die Blonde.* Tut mir Leid, Meredith.«

»Schon in Ordnung, Dave«, sagte ich.

»Na gut.« Dave seufzte resigniert. »Aber diese beiden Tussis, Meredith ... sag mir die Wahrheit. Sind das total hässliche Kühe, oder was?«

»Nein, Dave«, sagte ich, »wir haben festgestellt, dass unsere Kühe zu viele Schwierigkeiten mit den Fahrstuhlknöpfen haben.«

Schweigen.

»Also, Meredith«, sagte Dave, »schick sie einfach vorbei. Für mich die Thai und für Jimmy die Blonde mit den Titten.«

»Okay, Dave. Sie sind schon unterwegs.«

Aus einer Ecke des Büros hörte ich Aufbruchsbewegungen.

»Wohin soll ich Antoinette fahren?«, fragte Patrick mit den Autoschlüsseln in der Hand.

»Nirgendwohin«, sagte ich. »Du kannst dich wieder hinsetzen und deine *Cosmopolitan* weiterlesen.«

Als wir in dieser Nacht nach Hause fuhren, brachte ich Patrick schonend bei, dass ich ihm nicht helfen würde, seine Röhren in London, Portsmouth oder auch Amerika an den Mann zu bringen, weil ich ganz zufrieden mit meinem Schauspielberuf hier in Sydney war. Ich hoffte, es würde ein ehrlicher Einstieg in ein ernsthafteres Gespräch über das traurige Ende unserer Beziehung werden, aber Patrick war bereits zu gekränkt.

»Tja, schon komisch, was?«, sagte er mit einem kurzen Blick in meine Richtung, während er das Steuer fest umklammerte. »Ich hab dich doch tatsächlich für wagemutiger gehalten.«

Patrick verwechselte mich offenbar mit irgendeiner tollkühnen und total verrückten Frau. Vielleicht mit einer Darts-Meisterin aus seinem Reservistenverein, die ihren Schatten in die Wüste bringen wollte.

»Ich wollte dir noch mehr sagen«, erklärte er steif, »aber das lass ich jetzt.«

Ich wusste nicht, was ich sagen sollte.

»Wie du willst«, seufzte Patrick, als er vor meinem Haus anhielt, »dein Pech.«

Falls ich je von Mort dem Millionär lesen sollte, der ein Vermögen damit gemacht hat, dass er Sonnenlicht in die Höhlen Afghanistans strömen lässt, werde ich mich aufrichtig für Patrick freuen. Aber ich glaube nicht, dass ich meine Entscheidung je bedauern werde. Ich wollte einfach nicht den Rudi-Röhren-Tanz aufführen.

Ein Licht am Ende des Bordell-Tunnels

In dieser Nacht träumte ich, dass ich fliegen konnte. Ich flog über unser Bordell und beobachtete von oben, wie Patrick und verschiedene Frauen in unserem geschäftigen Haus ein und aus gingen. Sie sahen alle sehr fein aus, in wunderschönen fließenden Gazekleidern und glitzernden Halsketten. Lächelnd gaben sie Patrick die Hand, während sie in sein glänzendes Auto stiegen. Sogar Boris sah mild aus. Er suchte vor der Tür nach seinen Schlüsseln, bis Saphir in ihrem Bademantel herauskam, um eine Zigarette mit ihm zu rauchen und auf der Stufe mit ihm zu plaudern. Es machte mich glücklich, unbemerkt über ihnen zu schweben und sie alle zu beobachten, bis ich ein Telefon läuten hörte. Im harten Neonlicht der Telefonzelle auf der anderen Straßenseite sah ich plötzlich Antoinettes blasses Gesicht, das zu mir hochsah. Eine Faust voller Geldscheine zu mir hochreckend signalisierte sie mir, herunterzukommen und es ihr abzunehmen. Während mein Körper rasend schnell auf sie zustürzte, wurde das Klingeln immer lauter, bis ich, kurz bevor ich von der Telefonzelle gepfählt wurde, vom Läuten des Telefons im Erdgeschoss wach wurde.

»Gute Neuigkeiten, meine Liebe«, krähte meine Agentin in mein Ohr. »Du hast den Job.«

Fox Studios hatten mich als nervöse Idiotin besetzt, und am folgenden Dienstag sollten die Proben beginnen.

Didi reagierte ziemlich verschnupft, als ich zum Ablauf der nächsten Woche kündigte, und meinte zu Recht, ich hätte ihr beim Einstellungsgespräch vor einem Jahr sagen müssen, dass ich Schauspielerin sei. Ich entschuldigte mich für dieses Versäumnis, stand das angespannte Schweigen durch, das folgte, und krümmte mich zum allerletzten Mal innerlich zusammen.

»Na ja, wir hatten schon öfter Schauspielerinnen«, seufzte Didi müde, »und sie sind alle wiedergekommen. Die Schauspielerei ist ja doch ein extrem unsicheres Geschäft, was?«

Unsicher, ja, aber mit bezahlten Überstunden und Essenspausen, Krankengeld, Rentenbeiträgen, Zuschlägen, einer Gewerkschaft, Urlaubsgeld und Freikarten für Premieren.

Ich hüpfte in den Bus, setzte mich nach hinten und grinste wie ein Honigkuchenpferd. Niemand wusste, mit was für erstaunlichen Frauen ich seit fast einem Jahr jedes Wochenende gearbeitet hatte. Ich ignorierte die rote Ampel am Zebrastreifen und winkte den Libanesen zu, die in ihrem Kaffeehaus Backgammon spielten. Geschockt von der Geste starrten sie mich an, die Zigarette im Mundwinkel, während sie automatisch die Arme hoben.

»Ich bin's«, sang ich zum zweitletzten Mal in die Gegensprechanlage.

Und die große hölzerne Tür öffnete sich und forderte mich zum Eintreten auf.

Ich sprang die Stufen zur Küche hoch, wo Patrick auf einer Leiter stand und neue Schlösser in die Fenster hämmerte.

»Hi!«, begrüßte ich meinen exzentrischen Fahrer.

»Hi!«, sang er mit leicht überraschtem Lächeln zurück.

Dann steckte ich den Kopf in den Aufenthaltsraum, wo Urszula und Bree ausgestreckt auf dem Sofa lagen und fernsahen.

»Stimmt es, dass du gehst?«, fragte Bree mit bedauerndem Blick.

Mein Lächeln erstarb. Woher wussten sie das schon?

»Sofia hat es uns gestern Nacht erzählt«, sagte Urszula kurz, ohne vom Fernseher hochzuschauen.

»Ich hab eine Rolle bekommen«, sagte ich entschuldigend, »und Dienstag geht's los.«

Ich wollte, dass Urszula mich ansah, aber sie starrte stur geradeaus und wollte mich lieber bestrafen.

»Wir werden dich vermissen«, sagte Bree.

»Ich nich«, blaffte Urszula und drückte aggressiv auf die Fernbedienung, um das Programm zu wechseln.

Das war genau die Reaktion, die ich befürchtet hatte. Aber als ich die Treppe halb hinaufgestiegen war, hörte ich, wie sie mir nachbrüllte: *»Ich würd sie nur vermissen, wenn sie zu irgendwas nütze wär!«*

Ich begrüßte meine Kolleginnen im Büro mit verhaltener Euphorie, vor allem weil Sofia bereits über das Nichterscheinen irgendeiner unzuverlässigen Mitarbeiterin wütete. Pip und Maxine sahen von ihren Snacks hoch, und an ihrem Blick, der nervös zwischen mir und Sofias Rücken hin- und herhuschte, konnte ich ablesen, dass auch sie schon Bescheid wussten.

»Wir haben gehört, du kommst ins Fernsehen?«, höhnte Sofia.

»Ja, Sofia«, antwortete ich selbstbewusst. »Ich hab eine Rolle in einer neuen Sitcom bei Fox.«

Sofia blies nur ihren Rauch aus, als würde dieser Verrat sie nicht überraschen. Ich hoffte, es würde keine hektische Nacht werden, damit sie sich bald in ihr Büro zurückzog.

»Ich hab dir gesagt, dass es so kommen würde!«, rief Pip und schlang plötzlich in begeisterter Anteilnahme die Arme um meinen Hals.

Jetzt wollte auch Maxine ihrer Freude Ausdruck verleihen und folgte Pips Beispiel, indem sie mir einen klebrigen Baklava-Kuss auf die Wange drückte. Angewidert von diesem Ausbruch an Gefühlsduselei verließ Sofia schließlich den Raum. Sobald sie draußen war, vertrauten mir meine zierlichen Kolleginnen sofort an, dass sie ebenfalls ihre Flucht planten. Eine sprach von »Tarotkarten«, während die andere eine »Modekollektion« erwähnte, und ich war fast erleichtert, als das Geplapper durch die plötzliche Rückkehr unseres spanischen Generals erstickt wurde.

Für den Rest der Nacht gelang es mir trotz aller Bemühungen nicht, meine ausgelassene Stimmung zu verbergen. Sogar als die Telefone schwiegen und das einzige Geräusch das unablässige Geklopfe von Patricks Hammer in der Küche war, fand ich alles irre komisch.

»Na, mal sehen, ob's was genützt hat, Bree«, sagte ich, als das Gehämmer einen Moment verstummte, »versuch doch mal, ob du jetzt laufen kannst.«

Pip und Maxine wollten sich schlapp lachen, aber Sofia verzog keine Miene.

Bong, bong, bong, hämmerte Patrick weiter.

»Okay, Celeste«, sagte ich und versuchte, nicht über meinen eigenen Witz zu lachen. »Kannst du dich jetzt wieder bücken?«

»Ich hoffe, in deiner Sitcom bist zu witziger«, brummte Sofia und schaute missbilligend auf ihre drei hysterischen Empfangsdamen.

Doch das machte es nur noch schlimmer, und als Patrick arglos mit dem Hammer in der Hand an unserer Tür auftauchte, hätte Maxine sich vor Lachen fast in die Hose gemacht.

Es war eine hektische Nacht, und wenn ich nach unten lief, um das Geld von einer zurückkehrenden Frau zu kassieren, nutzte ich die Gelegenheit, um mich gleichzeitig zu verabschieden. Doch schnell begann sich ein merkwürdiges Muster abzuzeichnen. Ich hatte kaum meinen bevorstehenden Abschied angesprochen, da erzählte mir jede Frau, dass sie auch jeden Tag, jede Woche, jede Minute im Begriff sei zu gehen, um in Byron Bay zu leben, einen Friseursalon zu eröffnen, ein Studium zu beginnen oder eine Familie zu gründen. Kimberley wollte ein Baby von Scott, Heather wollte sich auf ihren Gesang konzentrieren, Delilah wollte zurück zu ihrem kleinen Sohn nach Nigeria, und Marilyns Freund wollte ihr einen Schönheitssalon in Newcastle finanzieren. Ich fragte mich, ob sie vielleicht einfach verhindern wollten, dass ich sie in meiner Erinnerung mit dem Bordell in Verbindung brachte. Wie auch immer, anscheinend wollten alle gehen, bis auf Maya, die immer glaubte, dass sie nichts Besseres verdient hätte, und Shelby, die sich an ihren Fünfjahresplan hielt und immer noch sechs Monate vor sich hatte. Und das waren die einzigen beiden Frauen, die sich die Mühe machten, mich nach meinen Plänen zu fragen.

»Es ist nur eine kleine Rolle in einer kleinen Produktion«, erklärte ich Maya, die mit traurigem Lächeln auf den Fernseher schaute.

Auch Shelbys Interesse hielt sich in Grenzen. Sie bedachte meinen neuen Job mit einem anerkennenden Nicken, das fast überzeugend wirkte, bevor sie ihr Brillenetui zuklappte, es in ihrer Handtasche deponierte und durch die Tür zu ihrem nächsten Kunden eilte. Aber ich wusste genau, was die Finanzberaterin dachte. Schauspielerei war etwas für Traumtänzerinnen, die kein Geld auf die hohe Kante legten und in der Gegend herumschliefen, ohne sich dafür bezahlen zu lassen.

»Aaaahhh, Meeeredit«, sang Boris um zwei Uhr morgens in unserem Türrahmen und breitete die Arme aus wie ein Opernsänger.

Sofia schaute mit hochgezogener Augenbraue von ihrem Schreibtisch hoch, und wir alle hatten denselben Gedanken. War Boris vielleicht ein bisschen beschwipst? Doch mein parfümierter Bogart kam sicheren Schritts auf mich zu, und seine Augen waren so klar wie saubere Swimmingpools.

»Ich bin so traurig. Didi hat's mir erzählt, als ich heute Nacht aufgewacht bin.«

Maxine und Pip bekamen wieder einen hysterischen Anfall, aber Boris meinte das nicht als Witz und blies ihr Lachen mit einem ärgerlichen Schnauben aus wie eine Kerze.

»Ich werd dein freundliches Lächeln vermissen«, fuhr Boris mit seiner Ansprache fort, »und dein wabbliges englisches Gesicht. Hier ist dein Geld.«

Ich hatte ein Jahr damit verbracht, Boris zu sagen, dass ich keine Engländerin war, aber das tat seiner Überzeugung keinen Abbruch. Und jetzt sah er mich so lange und nachdenklich an, dass ich rot wurde.

»Ja, Meredit«, sagte er und tätschelte zärtlich meinen Schreibtisch. »Ich werd dich vermissen.«

Ich hatte es aufgegeben, mich um Urszula zu bemühen, die auch noch Stunden später schmollend im Aufenthaltsraum saß. Aber ich freute mich, Antoinette zu sehen, die am Küchentisch saß und ihr Geld zählte, nachdem sie gerade von ihrem Auftrag im Radisson zurückgekehrt war.

»Du gehst?«, fragte sie zerstreut, irgendwo zwischen achtzig und hundert Dollar.

Ich nickte.

»So ein Trottel!«, rief sie und klatschte die Geldscheine vor sich auf den Tisch.

Wieder nicht die Reaktion, die ich erhofft hatte.

»Wenn es etwas gibt, das ich nicht ausstehen kann«, protestierte sie wütend, »dann sind es diese Schwachköpfe, die eine Therapie machen und sich als postkoitale Hobbypsychologen aufspielen, um das Seelenleben von Sexarbeiterinnen zu analysieren. Wieso können sie nicht einfach akzeptieren, dass sie für einen schnellen Fick bezahlen und sich damit zufrieden geben?!«

Na gut. Antoinette wollte in meiner zweitletzten Nacht noch einmal Dampf ablassen. Ich setzte mich schnell hin.

»Und wieso glaubt jeder Hobbyseelenklempner, dass alle Prostituierten irgendwelche Missbrauchserfahrungen haben müssen?«, fragte sie mich. »Schau dich um! Sehen wir alle so kaputt aus?«

Antoinette war wohl einer der unglücklichsten Menschen, die ich je im Leben kennen gelernt hatte, aber sie wäre vielleicht auch die unglücklichste Bibliothekarin, Fußspezialistin oder Morris-Tänzerin gewesen.

»Missbrauchte Frauen findet er in jeder Berufsgruppe, wenn er genauer hinschaut«, knurrte Antoinette und gab mir neunzig Dollar.

»Ich meine«, wetterte sie weiter, »warum stellen die Leute solche beleidigenden Fragen? Wie würde es dir gefallen, wenn ich dich fragen würde, ›Wieso bist du Schauspielerin geworden? Bist du missbraucht worden?‹ Ich meine, stellt man dir je diese Frage?«

Ich verneinte.

»Und warum nicht?«, fragte sie mich. »Es ist kein großer Unterschied zwischen dem, was du tust, und dem, was ich tue, oder?«

Wow. Das konnte interessant werden.

»Du verstehst dich darauf, den Menschen etwas vorzuspielen«, fuhr sie ärgerlich fort, »und du möchtest, dass die Leute sich wohl fühlen. Du trägst also mit deiner speziellen Begabung und Fähigkeit dazu bei, eine Illusion zu erzeugen, die fremde Wünsche und Bedürfnisse befriedigt, und dafür wirst du bezahlt. Diesen Vergleich hast du doch sicher auch schon gezogen, seit du hier bist, oder?«

Das hatte ich nicht, aber es klang einleuchtend.

»Du hast gute Tage und schlechte Tage. Manchmal läuft es wie von allein, und du gehst ganz in der Rolle auf. Manchmal ist es das Letzte, was du tun möchtest, aber die Show muss nun mal weitergehen, weil du deine verdammte Miete bezahlen musst.«

Antoinette nahm sich eine Zigarette aus ihrer Packung und sah mich fragend an.

»Trittst du morgen Abend noch mal auf?«

Die Heimfahrt mit Patrick verlief schweigend, aber wenigstens ohne den peinlichen oder geisteskranken Touch der letzten Fahrten. Und als wir durch die leeren Straßen von Randwick glitten, wartete ich darauf, dass Patrick die Veränderung in meinem Leben ansprechen oder mir gratulieren oder überhaupt irgendetwas sagen würde. Doch mein Fahrer klopfte stattdessen fröhlich mit den Fingern auf sein Lenkrad, bis mir klar wurde, dass er darauf wartete, dass ich die Fragen stellte.

»Irgendwelche Neuigkeiten von der Röhrenfront?«, sagte ich schließlich.

»Ja! Es gibt tatsächlich Neuigkeiten«, platzte er heraus. »Es läuft alles ganz fantastisch an, es gibt da nur ein einziges kleines Problem.«

Während Patrick in den nächsten fünf Minuten einen Röhren-Monolog hielt, ging ich in Gedanken alle meinen früheren Beziehungen durch und fragte mich, ob es jemanden gegeben hatte, dem seine eigenen Probleme nicht wichtiger gewesen wären als meine Leistungen. Einen.

»Du siehst also«, Patrick verzog das Gesicht, während er in meiner Auffahrt den Motor abstellte, »dass ich unbedingt einen Computer brauche.«

Es trat ein unangenehmes Schweigen ein. Patrick wusste, dass ich einen Computer hatte, und ich wünschte, er hätte den Motor nicht abgestellt.

»Du hast keinen?«, fragte ich kühl.

»Natürlich nicht«, rief Patrick aus, fassungslos über diese absurde Frage. »Wie soll ich mir einen Computer leisten?«

Den Stoff aufgeben? Das Rauchen aufgeben? Mehr Schichten arbeiten? Zu Hause essen?

»Irgendwie«, seufzte Patrick, »muss ich tausend Dollar auftreiben. Oder jemanden, der mir tausend Dollar leiht.«

Das erste Schweigen war angenehmer gewesen als dieses.

»Und ich hab mich gefragt ...«, Patricks Stimme stieg hoffnungsvoll an.

Ich hatte nicht die Absicht, dieses unglaubliche Ansinnen auch nur eines Blickes zu würdigen, aber ich spürte, wie Patricks Augenbrauen mich anflehten. Und als ich mich schließlich doch zu ihm umwandte und sein komisches, erwartungsvolles Lächeln sah, musste ich wider Willen lachen.

Ich konnte Patrick verzeihen, dass er mich wegen meiner Sympathie für die Aborigines verspottet hatte, so wie ich hoffte, dass er mir verzeihen würde, dass ich zu blind für die einmalige berufliche Chance gewesen war, die sich mir eröffnete, als ein bekiffter Darts-Champion mit einem Sonnenrohr auf meine Schulter klopfte. Aber um tausend Dollar angepumpt zu werden, von einem Mann, der mir immer noch fünfzig von unserem ersten Date schuldete, war einfach zu traurig für Worte. Patrick machte den Abschied so leicht wie das Abreißen eines durchnässten Pflasters von einem eingeseiften Knie in einem Schaumbad im Regen.

»Gute Nacht, Patrick«, sagte ich und schlug die Autotür zu.

Eine letzte wilde Fahrt

Ich nahm meine Karte noch einmal mit aufs Klo. Die Telefone läuteten ununterbrochen, und es war die einzige Möglichkeit, die Abschiedsgrüße der Frauen ungestört zu lesen.

> Liebe Meredith, du warst meine liebste *Play School*-Moderatorin. Obwohl du nicht singen konntest, hast du immer glücklich gewirkt. Wir werden dich vermissen. Alles Liebe, Deb (Marcelle)

Ich kehrte schnell wieder an meinen Schreibtisch zurück und drückte einen der vielen blinkenden roten Knöpfe.

»Mach schon, verdammt noch mal! Wohin zum Teufel soll ich Lena bringen?«, bellte Urszula aus ihrem Auto.

Patrick hatte sich zum allerersten Mal krankgemeldet. Aber ich hatte keine Sekunde Zeit, um über die mögliche Bedeutung dieser Tatsache nachzudenken.

»Das hab ich dir schon gesagt, Urszula«, rief ich, in meinen Unterlagen wühlend, »zum Furama.«

»Ja, aber in welches verdammte Furama, du Dösbaddel?«, brüllte sie in mein Ohr.

Urszula hatte sich offenbar vom Verdruss der letzten Nacht erholt und war jetzt voll in ihrem Element – fuhr Frauen in ihrem weißen Landrover kreuz und quer durch Sydney und bellte

Beleidigungen über die Inkompetenz bestimmter Empfangsdamen ins Telefon.

»Zentral«, schrie ich.

»Ein Glück, dass du gehst, du nutzlose Null«, schrie sie zurück und legte auf.

Doch das war alles vergessen, als ich zwei Stunden später auf dem Klo saß und über Urszulas selbst gezeichnetes Strichmännchen auf Rollerblades lachte, während ich noch einmal die lustige, liebevolle Botschaft unter ihrer Handynummer las, mit der sie mich aufforderte, weiterhin Kontakt zu halten. Die Frauen hatten mir außerdem eine Schachtel Pralinen und eine Flasche von dem guten St. James Champagner geschenkt, der einst für die einstündigen Buchungen in unserem Bordell vorbehalten war. Ich wusste nicht, ob sie ihn als Witz gekauft hatten oder ob er seit dem Umzug immer noch in Sofias Büro gelegen hatte. Doch dann flog mir die Karte vor Schreck aus der Hand, als mein sentimentaler Klobesuch von einem lauten Bollern an der Tür unterbrochen wurde.

»Meredith«, rief Raelene, »was machst du da? Mr. Moroney ist wieder am Telefon, und er ist stinksauer.«

Mr. Moroney, ein höflicher, wortgewandter Mann mit einer unglaublich tiefen Stimme hatte um drei Uhr morgens von Zimmer 408 im Hilton angerufen und eine ungewöhnliche Bitte geäußert. Mr. Bariton Moroney, der klang, als würde er jede Minute in »Ole Man River« ausbrechen, fragte mich, ob er ganz offen reden könne, bevor er mich von seiner irgendwie prekären Situation in Kenntnis setzte. Er würde gern eine Asiatin treffen, sagte Mr. Moroney, aber nur eine, die einen extrem großen Penis verkraften könne. Ich rief sofort bei Min an, die mir versicherte, dass Hoshi genau die Richtige für diesen Auftrag sei.

»Bist du sicher, Min?«, fragte ich.

Ich hatte Hoshi nie gesehen, aber am Telefon klang sie immer, als sei sie gerade fünf geworden.

»Hoshi, Dali«, krächzte Min beruhigend, kicherte über meine missliche Lage und legte auf.

Ich hatte das Gefühl, eine kleine japanische Maus zu einem riesigen afrikanischen Elefanten zu schicken. Und laut dem wütenden, aber redegewandten Elefanten, der mich jetzt für meinen Mangel an Ehrlichkeit, Respekt und Sensibilität zur Schnecke machte, hatte ich genau das getan. Ich fühlte mich schrecklich, vor allem als ich mit Hoshi telefonierte.

»War der Mann zu groß, Hoshi?«

»Nein!«, kicherte Hoshi. *»Mann zu groß!«* Hoshis Englisch war nicht das Beste. »Ich nur klein.«

Ja, du nur klein, Min nur lügen, ich nur ausbaden.

»Ist er Basketballspieler?«, fragte Raelene mitfühlend. »Davon haben wir einige.«

»Nein«, sagte ich unglücklich. »Er klang nicht wie ein Chicago Bull, eher wie der Vorsitzende der Vereinten Nationen.«

Um fünf Uhr morgens verkündete Sofia, dass ich, da es meine letzte Nacht sei, ausnahmsweise früher gehen dürfe. Ich sah meine erschöpften Kolleginnen Raelene und Trudy an, die mich warmherzig anlächelten und zustimmend nickten. Bevor ich widersprechen konnte, klingelten die Telefone erneut, und einem gebieterischen Winken Sofias gehorchend fing ich an, meine Sachen zusammenzupacken. Fünf Minuten später ließ mich das Taxi-Unternehmen immer noch in der Warteschleife schmoren.

»Was machst du da, Schätzchen«, fragte Sofia in dem Ton, den sie immer anschlug, wenn ich etwas falsch machte.

»Du hast gesagt, ich kann gehen«, antwortete ich verunsichert.

»Ja.« Aber irgendwas machte ich trotzdem falsch. »Und was tust du da?«

»Ich ruf mir ein Taxi, Sofia.«

»Wieso machst du das? Urszula fährt dich natürlich nach Hause, Schätzchen. Sie ist heute Nacht unser Fahrer.«

Ich war so daran gewöhnt, dass Patrick mich nach Hause fuhr, dass es sich irgendwie falsch anfühlte, Urszula darum zu bitten.

»Aber Urszula muss Celeste zu einem Kunden bringen«, sagte ich mit einer Geste auf unseren Buchungsplan.

»Ach so? Dann fährst du eben mit, und sie bringt dich anschließend nach Hause. Dafür wird sie bezahlt! Beeil dich!«

Der Gedanke, in meiner letzten Nacht gemeinsam mit Urszula und Celeste direkt bis vor die Tür eines Kunden zu fahren, erschien mir plötzlich sehr reizvoll.

»Okay!«

Voll gepackt mit meinen Pralinen, meinem Champagner und meiner Tasche küsste und umarmte ich meine Kolleginnen zum Abschied, versprach, mich zu melden, und lief auf der Suche nach Antoinette nach unten. Ich fand unsere zierliche blonde Klassefrau allein am Küchentisch und stand keuchend vor ihr im Türrahmen. Ich wollte meine Sachen abstellen, ließ es dann aber, weil Antoinette ohnehin nichts von Umarmungen hielt und außerdem Urszulas ungeduldige Hupe von draußen ertönte.

»Also dann, alles Gute«, sagte sie mit einem schiefen Lächeln.

»Ich werd dich nie vergessen, Antoinette«, sagte ich, als ich sie endlich trotz meiner zwei pinken Cellophan-Sichtblenden gefunden hatte.

Wir nickten herzlich unseren Füßen zu.

»Deine Anwesenheit in diesem Haus hat mich sehr froh gemacht«, sagte Antoinette mit mühsamem Lächeln, »manchmal mehr als ich sagen kann.«

In diesem Moment schien es ganz unwichtig, dass ich keine Worte fand, um Antoinette zu antworten. Meine Augen füllten sich mit Tränen, und mir stand ins Gesicht geschrieben, wie viel sie mir bedeutete. Mit einem letzten langen Blick auf den zerzausten goldblonden Heiligenschein und ihr scheues Lächeln drehte ich mich um und rannte zum allerletzten Mal die Stufen hinunter.

Ich rannte gerade noch rechtzeitig aus der Tür, um Urszula von einem erneuten Hupkonzert abzuhalten, und kletterte auf den Rücksitz ihres Kompaktwagens. Trotz ihrer Eile schien Urszula hocherfreut, dass ich mit an Bord war, und das galt auch für Celeste, die heute Nacht besonders schön aussah. Sie hatte das Haar hochgesteckt und trug ein langes kunstseidenes Abendkleid mit großen roten Blumen auf schwarzem Grund. Sie sah aus wie Hemingway. Nicht Ernest. Oder Margot. Damit blieb nur Mariel. Celeste sah aus wie Mariel Hemingway, dachte ich, während ich mich nach vorn zwischen die beiden lehnte.

»Wohin fahren wir?«, fragte ich und rieb in gespannter Erwartung meine Oberschenkel, bis es mir bewusst wurde, was ich tat, und damit aufhörte.

»Matraville«, antworteten sie mit gespielter Begeisterung im Chor.

Patrick wohnte in Matraville, wo immer das sein mochte. Ich machte einen kleinen Scherz darüber, wie urkomisch es wäre, wenn Celeste zu ihrem Kunden käme und plötzlich Patrick in Boxershorts vor ihr stünde. Und ich lachte so laut, dass eigentlich kein Zweifel mehr daran bestehen konnte, dass ich das letzte halbe Jahr mit ihm geschlafen hatte. Aber Celeste und Urszula waren zu sehr in ihre Unterhaltung vertieft. Sie sprachen gerade über die letzte Beinverletzung von Rex, die auch der Grund für seine Abwesenheit war.

»Armes Mäuschen«, sagte Celeste in ihrer theatralischen Art und schürzte bedauernd die Lippen.

Ich mochte es, wie Celeste trotz ihrer gerade mal zwanzig Jahre jeden als »Mäuschen« bezeichnete.

»Ist der Typ ein Stammkunde, Celeste?«, unterbrach ich die beiden.

»Was meinst du, Mäuschen? Nein. Oder sagen wir mal, das stellt sich raus, wenn ich da bin.«

Zurück zu Hunden. Heiß und innig geliebte Hunde. Bissige Hunde. Gestorbene Hunde.

»Warten wir draußen, bis Celeste die Buchung bestätigt hat?«, fragte ich Urszula.

»Ja. Wieso? Hast du es eilig?«, fragte Urszula und schaute mich misstrauisch im Rückspiegel an.

»Nein!«

Zurück zu Hunden. Hunde mit psychischen Problemen. Hunde mit Phobien. Keiner wollte von der Arbeit reden. Oder von meiner letzten Nacht.

Ich hatte keine Ahnung, wo wir waren. Wir waren durch Maroubra gekommen, was das Ende der mir bekannten Welt war.

»Wahnsinn! Schaut euch mal diese Riesentannen da an«, unterbrach ich erneut.

Auf dem Gelände einer großen Fabrik zur Linken, hinter einem kilometerlangen mächtigen Metallzaun mit Stacheldraht, stand eine Reihe wundervoller riesiger Tannen.

»Die müsstest du mal Weihnachten sehen, wenn sie geschmückt sind«, sagte Urszula. »Kein schlechter Job für einen Haufen Vergewaltiger und Betrüger«, schnaubte sie und zündete sich mit der freien Hand eine Zigarette an.

Ich verstand nicht.

»Das ist Long Bay, Schätzchen.«

Ich kannte das Long Bay Gefängnis bisher nur aus den Nachrichtenmeldungen über entflohene Mörder. Dieser Ausflug wurde immer besser.

»Hier setzen wir dich aber nicht ab, oder, Celeste?« Ich lachte über meinen zweiten schwachen Witz für heute Abend.

»Na ja …«, sagte Urszula, die jetzt mit einer Straßenkarte, dem Lenkrad und einer Zigarette kämpfte. »Trudy sagte, hinter der Schnellstraße links ab …«

»Oh, nein …«, stöhnte Celeste. »Sag nich, dass ich in einen verdammten Reso-Bau muss!?«

Urszula fuhr langsamer und bog dann links ab. Wir unterhielten uns jetzt nicht mehr über Hunde. Während Celeste immer angespannter wurde, erklärte Urszula mir, dass ein Reso-Bau ein Block mit Sozialwohnungen direkt neben dem Gefängnis sei, wo die Gefangenen im halboffenen Vollzug wohnten.

Wir bogen in eine enge dunkle Straße ein, und ich litt mit Celeste, die ungewöhnlich still war.

»Moment, Moment«, protestierte Urszula hoffnungsvoll, »die Straße geht nach rechts ab. Ja, hier ist es.«

Doch dann rutschte uns das Herz wieder in die Hose, als wir in eine dunkle, baumlose Sackgasse einbogen, in der mehrere Unheil verkündende Blocks mit Sozialwohnungen standen. Und kein einziges parkendes Auto in Sicht. Urszula hielt an, und wir drei betrachteten schweigend die von Neonlampen erleuchteten Fußwege, die zu mehreren drohend aufragenden kalten Backsteintürmen voller Verbrecher führten. Ein einsames Bettlaken flatterte auf einem Balkon im Wind.

»Oh, Süße, das tut mir Leid«, sagte Urszula schließlich.

»Danke«, gab Celeste trocken zurück, während sie ausstieg und die Tür zuknallte.

»Tschüss, Celeste«, rief ich ihr nach.

Aber ich glaube, Celeste war es – in diesem speziellen Moment – egal, dass sie mich vielleicht nie wiedersehen würde.

Wir schauten ihr nach, und es hatte etwas Abartiges, Celeste so elegant gekleidet, groß und stolz, über diesen engen Fußweg auf das Hauptgebäude zugehen zu sehen. Aus dem dunklen Eingang tauchte ein Mann auf, der nur einen kurzen Bademantel trug und unter die Lampe des Vordachs trat, um seine Bestellung anzunehmen. Urszula und ich beobachteten, wie Celeste hochmütig an ihm vorbeiging, einen Rest von Würde wahrend, bevor sie ihm ins Innere folgte.

»Arme Celeste!«, sagte ich.

»Ach, red keinen Stuss«, lachte Urszula. »Führt sich auf wie 'ne verdammte Prinzessin, die Zimperliese.«

Celeste hatte zwar manchmal etwas äußerst Hochtrabendes (»Hol mir doch mal ein Glas Wasser, ja?«), aber in diesem Moment tat sie mir Leid.

»Er hätte uns besser nicht sehen sollen, Urszula. Jetzt weiß er, dass sie nicht mit dem Taxi gekommen ist, für das er bezahlt hat.«

»Nein, es ist gut, dass er uns gesehen hat«, knurrte Urszula. »Jetzt wird er keine komischen Sachen probieren.«

In diesem Augenblick klingelte Urszulas Handy so laut, dass ich wie elektrisiert hochfuhr. Urszula hatte eins dieser Ohrteile, mit denen man freihändig sprechen konnte.

»Ja … ja … also ist alles okay mit ihr?«, fragte sie drängend.

Es war Sofia, die bestätigte, dass Celeste aus dem Zimmer des Mannes angerufen hatte.

»Hat er ihr das Taxigeld gegeben?«, fragte sie. »Gut … Alles klar, dann fahr ich jetzt Meredith nach Hause.«

Und damit brausten wir davon und ließen Celeste in einem Reso-Bau in Long Bay zurück, womöglich mit einem Vergewaltiger, aber ich klammerte mich an die Hoffnung, dass er nur ein Fahrrad geklaut hatte. Und dass er etwas Kokain hatte. Celeste liebte Kokain.

Wir fuhren gemächlich in Richtung Coogee und erörterten gerade die Möglichkeit einer weiteren Rollerblades-Expedition am folgenden Wochenende, als Urszulas Handy erneut klingelte.

»Ja?«, brüllte sie. »Sprich langsam.«

Urzula trat voll auf die Bremse. »Sag Celeste, ich warte draußen.«

Urszula wendete den Wagen abrupt nach rechts, was zur Folge hatte, dass ich unsanft gegen meine Tür geschleudert wurde und alles, was auf dem Armaturenbrett lag, in meinen Schoß flog.

»Halt dich fest, Meredith!«

Aber bevor ich rufen konnte: »Lieber Gott, ich will nicht zusammen mit einer Prostituierten vor dem Long Bay Gefängnis sterben!«, pflügte Urszula über den Grünstreifen, schlitterte zurück auf die Gegenfahrbahn und drückte das Gaspedal durch.

»Celeste steckt in Schwierigkeiten!«

Na, wehe nicht! So viel Angst hatte ich nicht mehr gehabt, seit ich mit einem Flugzeug der Air India in ein Luftloch gesackt war. Plötzlich waren lauter Kurven in der Straße, die vorher nicht da gewesen waren. Bei jeder einzelnen dachte ich, dass wir uns überschlagen würden, deshalb klammerte ich mich an der Decke fest. Es fühlte sich einfach besser an. Da waren wieder die blöden Tannen, die zu Weihnachten geschmückt wurden. Das war jetzt nicht so wichtig. Mein ganzes Leben lief im Zeitraffer vor mir ab. Ein gutes Leben! Ich hätte mehr Milch trinken sollen! Meine Eltern würden untröstlich sein! Meine Hand fasste in etwas Nasses. Was war das? Igitt! Einer von Rex' alten Tennisbällen. Das Auto machte gefährlich unkontrollierte Schlenker. Sofia würde bitterlich bereuen, dass sie mich in meiner allerletzten Nacht gehindert hatte, ein Taxi zu rufen. Es war völlig unmöglich, diese Linkskurve mit dieser Geschwindigkeit zu nehmen. Ich wusste es! Urszula trat auf die Bremse, legte so schnell den Rückwärtsgang ein, dass ich ein Kilo verlor, bog in die enge Straße ein, geriet ins Schlingern, schleuderte nach rechts in die Sackgasse und kam mit kreischenden Bremsen zum Stehen.

Und was jetzt? Urszula sah kampfbereit aus. Wollte sie reingehen? Und wenn ja, sollte ich sie begleiten? Oder sollte ich hier allein im verriegelten Auto sitzen bleiben, in einer Sackgasse voller Krimineller, und warten, bis irgendein Psychopath den Kopf der armen Celeste übers Dach rollte? Oh Mann, was machte ich eigentlich hier?! Ich war Schauspielerin in einer Sitcom bei Fox, verdammt noch mal! Urszula musste auf ihre Wahlwiederholung gedrückt haben, denn einen verrückten Moment lang dachte ich, sie würde mich anbrüllen.

»Was ist los? Soll ich reinkommen? Ja! Ruf mich zurück.«

Offenbar war noch ein zweiter Mann gekommen, als Celeste gerade loslegen wollte. Ein »Freund«, der nur zuschauen wollte. Celeste hatte sich ihre Handtasche geschnappt, sich im Klo eingeschlossen und im Büro angerufen. Während Raelene an einem Telefon saß und Celeste beruhigte, stritt Sofia an einem anderen mit dem halsstarrigen Kunden, und Urszula und ich saßen draußen und warteten.

Schließlich rief Raelene bei Urszula an. Celeste blieb. Der zweite Mann war gegangen, und sie würde mit der Buchung weitermachen. Unglaublich! Wenn ich das gerade durchgemacht hätte, wäre das Härteste, zu dem ich noch zu gebrauchen wäre, ein Scotch. Aber Urszula rührte sich nicht. Ich nahm an, sie wollte sich mit eigenen Augen davon überzeugen, dass der zweite Mann das Gebäude verließ.

»Das ist wie bei 'ner Observation, findest du nicht, Urszula?«, flüsterte ich aufgeregt.

Schweigen.

»Er ist bestimmt weg. Vielleicht wohnt er gleich nebenan.«

»Nein«, knurrte Urszula und startete zögernd den Wagen. »Wie ich Celeste kenne, ist er immer noch da.«

Während wir zum zweiten Mal die Rückfahrt antraten, klärte Urszula mich über einen weiteren einschlägigen Trick auf.

»Meredith, wenn eine Frau bei der Agentur meldet, dass zwei Männer da sind, sagt die Agentur dem Kunden, dass sein Freund verschwinden muss. Aber wenn die Frau feststellt, dass der Freund Kohle hat, und die dumme Gans geldgierig ist, sagt sie der Agentur unter Umständen, dass er weg ist, steckt die Extraknete ein und lässt sie beide ran.«

»Wahnsinn!«, rief ich. »Ist das nicht gefährlich?«

»Sag mal, Meredith, hast du bei uns eigentlich überhaupt nix gelernt?« Bei dieser halsbrecherischen Geschwindigkeit drehte Urszula sich voll zu mir um. »Es ist ein verdammt gefährlicher Beruf!«

Mir fiel ein Stein vom Herzen, als Urszula vor meinem Haus hielt.

»Auch wenn du jetzt ’ne berühmte Schauspielerin wirst«, sagte Urszula und drückte mich an ihre Brust, »vergiss ja nicht die Mädels, die gleich um die Ecke in Redfern sitzen.«

»Nein«, sagte ich.

»*Play School*, verdammt noch mal«, rief sie lachend, als ich ein Bein aus der Tür schwang. »Wie zum Teufel bist du bloß von der Singerei in *Play School* zu einem Job im Bordell gekommen?«

»Wie landet irgendeine von uns im Bordell?«, fragte ich ebenfalls lachend.

»Oh, indem einer ihrer Brüder Geld von seinen Freunden nimmt und ihnen erlaubt, seine Schwester zu ficken.«

Einen Moment lang sah Urszula fast genauso überrascht aus wie ich.

»Ich erzähl dir alles, Meredith«, knurrte sie liebevoll und

startete ihren Wagen, »wenn du nächstes Mal in den Park kommst.«

Noch lange nachdem der Landrover verschwunden war, stand ich in unserer Auffahrt und kostete es aus, dass ich zum letzten Mal im Morgengrauen aus dem Bordell nach Hause kam. Es machte mir nichts aus, dass ich die Pralinen und den Champagner hinten in Urszulas Auto vergessen hatte, solange ich nur die Karte hatte. Meine Karte! Ich kniete mich auf den Beton und durchwühlte hektisch meine Tasche nach der Karte mit den ganzen Abschiedsbotschaften von den Frauen, mit denen ich die letzten elf Monate zusammengearbeitet hatte. Ich fand sie genau dort, wo ich sie gelassen hatte – in dem Buch, in das ich sie gesteckt hatte, damit sie nicht verknickte. Während der Morgen allmählich heraufdämmerte und die Vögel um mich herum zu singen begannen, stand ich in unserer Auffahrt und öffnete noch einmal ungeduldig den Umschlag, um Antoinettes krakelige handschriftliche Notiz zu lesen:

Liebe Meredith. Danke, dass du es mit mir ausgehalten hast. Falls wir uns je wieder treffen, sag doch bitte hallo. Ich heiße Sandra.

Dank

Das Beste an meiner ersten Unternehmungsreise als Autorin war die Entdeckung, wie viel Vertrauen meine Freunde in mich hatten, sogar als noch niemand, einschließlich meiner eigenen Person, genau wusste, was ich eigentlich schrieb. Mein besonderer Dank gilt meiner lieben Freundin Nadine Garner, deren kluge und häufig aufschlussreiche Einsichten mir aus vielen – literarischen und privaten – Talsohlen herausgeholfen haben. Ich danke auch Simon, Sioban, Annie, Susan, Ritchie, Elaine, Jonathan und dem lieben Graeme Legge für ihre Unterstützung und dafür, dass sie einfach da waren. Ich hätte dieses Buch nie schreiben können ohne die außergewöhnliche Rücksicht und Selbstbeherrschung, die meine Mitbewohner und Freunde Libby Sharpe und Peter O'Brien an den Tag legten. Mehr als einmal habe ich gehört, wie sie Daisy, den Hund, baten, mit dem Bellen aufzuhören, damit die begnadete Künstlerin oben ungestört an ihrem ersten Drehbuch, ihrer ersten Sitcom, Mini-Serie oder was immer es war, das sie sich gerade in den Kopf gesetzt hatte, arbeiten konnte. (Besonderer Dank an Libby, die mich an die Hand nahm und durch viele Petticoats in die magische, farbenfrohe Welt von *Moulin Rouge* einführte, wo ich weitere Schützlinge aus ihren wunderbaren Spielgruppen kennen lernte.)

Ich danke meiner Agentin Robyn Gardiner (und auch Margaret), dass sie ihre anfänglichen Bedenken wegen meines Bordelljobs überwunden, mir immer Mut zugesprochen und mich zum Lachen gebracht hat. Dank auch an Garth Nix und Fiona

Inglis für ihre Hilfe und Anleitung und an Alex Mohan und Bernadette Foley für ihre großartige Reaktion.

Ich danke Spocky Wick Knoch (John), Virginia, Emma, Mum und Dad für ihre Liebe.

Ein herzliches Dankeschön geht an all die wunderbaren Frauen bei Allen & Unwin in Melbourne für ihre unglaubliche Fürsorge und für ihr kreatives Talent: In den letzten zwölf Monaten wurde ich von Sue Hines liebevoll und ausdauernd aufgepäppelt, von meiner gewissenhaften und brillanten Lektorin Rachel Lawson in Form geklopft und von Jo Jarrah, deren Reaktion auf mein Buch so großzügig war, dass ich immer noch im siebten Himmel schwebe, noch einmal gründlich überpoliert.

Dank an Andrea McNamara für ihre positiven Beiträge und an Jennifer Castles, die Sue auf mein erstes Manuskript aufmerksam machte und uns alle überhaupt erst zusammenbrachte.

Schließlich möchte ich den vielen Frauen danken, die ich bei meiner Arbeit im Bordell kennen gelernt habe. Es war das interessanteste und glücklichste Jahr meines Lebens, und zwar weil ich eine Gruppe von sehr tapferen, klugen und lustigen Frauen getroffen habe, die an der Frontlinie der Sexindustrie arbeiten. Ich hoffe, dieses Buch trägt dazu bei, den Menschen bewusster zu machen, dass entgegen verbreiteter Überzeugungen viele Frauen aus freien Stücken in der Sexindustrie arbeiten und sich damit ohne Unterschied der Herausforderung stellen, die wohl persönlichste Dienstleistung anzubieten, die man sich vorstellen kann. Ich danke ihnen für eine unschätzbare Erfahrung und für die Inspiration zu meinem ersten Buch.